Thomas Gamer

Dezentrale, Anomalie-basierte Erkennung verteilter Angriffe im Internet

Dezentrale, Anomalie-basierte Erkennung verteilter Angriffe im Internet

von
Thomas Gamer

KIT Scientific Publishing

Dissertation, Karlsruher Institut für Technologie
Fakultät für Informatik, 2010
Gutachter: Prof. Dr. Martina Zitterbart, Prof. Dr. Günter Schäfer

Impressum

Karlsruher Institut für Technologie (KIT)
KIT Scientific Publishing
Straße am Forum 2
D-76131 Karlsruhe
www.uvka.de

KIT – Universität des Landes Baden-Württemberg und nationales
Forschungszentrum in der Helmholtz-Gemeinschaft

KIT Scientific Publishing 2010
Print on Demand

ISBN 978-3-86644-491-1

Dezentrale, Anomalie-basierte Erkennung verteilter Angriffe im Internet

Zur Erlangung des akademischen Grades eines

DOKTORS DER INGENIEURWISSENSCHAFTEN

der Fakultät für Informatik
des Karlsruher Instituts für Technologie (KIT)

genehmigte

Dissertation

von

Dipl.-Inform. Thomas Gamer

aus Karlsruhe

Tag der mündlichen Prüfung: 22. Januar 2010

Erster Gutachter: Prof. Dr. Martina Zitterbart
Karlsruher Institut für Technologie (KIT)

Zweiter Gutachter: Prof. Dr. Günter Schäfer
Technische Universität Ilmenau

Vorwort

Die vorliegende Arbeit entstand während meiner Tätigkeit als wissenschaftlicher Mitarbeiter am Institut für Telematik der Universität Karlsruhe (TH) — seit kurzem Teil des neu gegründeten Karlsruher Instituts für Technologie (KIT). Da diese Arbeit ohne die Unterstützung meines gesamten Umfelds nicht möglich gewesen wäre, möchte ich dieses Vorwort für einige Danksagungen nutzen. An erster Stelle gilt mein herzlicher Dank Frau Prof. Dr. Martina Zitterbart, die mir durch die Anstellung am Institut für Telematik die Promotion ermöglichte und meine Dissertation während der gesamten Zeit mit hilfreichen Diskussionen und Ratschlägen begleitete. In meiner Zeit am ITM konnte ich zudem wertvolle Erfahrungen im Bereich der Forschung und Lehre sammeln. Mein Dank gilt hierbei natürlich auch all denjenigen, die mich in dieser Zeit so hervorragend unterstützt haben.

Herzlich bedanken möchte ich mich bei Herrn Prof. Dr. Günter Schäfer, der sich trotz seiner zahlreichen Verpflichtungen in Forschung und Lehre sofort bereit erklärt hat, das Korreferat für meine Promotion zu übernehmen.

All meinen Kolleginnen und Kollegen am ITM möchte ich für eine einzigartige Zeit in angenehmer Arbeitsatmosphäre sowie für die fachlichen Ratschläge, die Hilfe in organisatorischen Dingen und die Unterstützung bei technischen Unwägbarkeiten danken. Besonderer Dank gilt Herrn Dr. Marcus Schöller und Herrn Dr. Roland Bless für die Betreuung meiner Diplomarbeit, welche mein Interesse an der Forschung sowie an meinem späteren Promotionsthema weckte, und für die auch in der Folgezeit hilfreichen Diskussionen, Anregungen und die immer sehr konstruktive Kritik. Von allen von mir betreuten Studentinnen und Studenten, die durch ihre Studien- und Diplomarbeiten sowie ihre Tätigkeit als wissenschaftliche Hilfskräfte konstruktive Beiträge zu dieser Arbeit geleistet haben, möchte ich hier insbesondere Christoph Mayer, Michael Scharf und Jannis Breitwieser danken.

Zu guter Letzt gilt mein Dank meinen Eltern, meiner Lebensgefährtin und meinen Freunden, die vor allem im letzten Jahr häufig auf meine Aufmerksamkeit und oft auch auf meine Gegenwart verzichten mussten. Besonderer Dank gilt meiner Lebensgefährtin Valerie, die trotz aller Widrigkeiten auf dem Weg zur Promotion nie die Geduld mit mir verloren hat und mich auch in schwierigen Phasen immer unterstützt und motiviert hat. Ohne Euch alle wäre die vorliegende Arbeit nie entstanden!

Karlsruhe, im Februar 2010

Inhaltsverzeichnis

Abbildungsverzeichnis

Tabellenverzeichnis

Verzeichnis der Algorithmen und Listings

1. Einleitung

In unserer heutigen Gesellschaft ist die Verfügbarkeit des Internets aus den unterschiedlichsten Lebensbereichen kaum noch wegzudenken. Vor allem in den Industrienationen sind Breitbandanschlüsse mittlerweile vorherrschend und meist nur noch mit geringen Kosten verbunden. In Deutschland nutzten beispielsweise Anfang 2009 46,3 Mio. Bundesbürger das Internet [89]. Immerhin 66,9 % der deutschen Internetnutzer taten dies über einen Breitbandanschluss. Damit liegt Deutschland im europäischen Vergleich [55] auf Platz 8. In Südkorea besaßen Mitte 2007 bereits 90 % aller Haushalte einen Breitbandanschluss [200]. Aufgrund dieser hohen Verfügbarkeit breitbandiger Anschlüsse ist das Internet mittlerweile in nahezu allen Gesellschaftsschichten ein fester Bestandteil des täglichen Lebens [89]. Der Einzug des Internets in das tägliche Leben bewirkt außerdem, dass immer mehr Geschäfte online abgewickelt werden. Laut Pago Report [145] ist "Online shoppen und Surfen in Deutschland 2008 so beliebt wie noch nie". Weltweit agierende Firmen wie z. B. Amazon oder Ebay generieren ihren gesamten Umsatz über das Internet. Amazon setzte beispielsweise 2008 durchschnittlich etwa $ 36.500 pro Minute um [4]. Durch die Entwicklung der Kommunikationsmuster weg von asymmetrischen Anwendungen, d.h. dem reinen Herunterladen von durch Dienstleister angebotenen Daten, hin zu Peer-to-Peer-Diensten oder Online Communities, die sich durch Nutzer-generierte Inhalte auszeichnen – dem so genannten Web 2.0 – wird dieser Trend zur Internetnutzung in Zukunft voraussichtlich weiter verstärkt. Aufgrund dieser Entwicklungen stellt das Internet heute eine kritische Infrastruktur dar, deren Ausfall schwerwiegende Folgen hat. Diese Entwicklung stellt auch die Netzbetreiber und deren Infrastruktur vor immer höhere Anforderungen.

Mit Blick auf die Zukunft ist damit zu rechnen, dass die Abhängigkeit vom Internet weiter zunimmt und dadurch die hohe Verfügbarkeit des Internets noch wichtiger wird. Bereits heute wird die Möglichkeit der Abwicklung von Geschäften über das Internet, wie z. B. Online Shopping, Online Banking oder Online-Werbung, als selbstverständlich angesehen. Neben der Privatwirtschaft planen aber auch staatliche

Stellen im Rahmen der eGovernment-Initiative einen massiven Ausbau ihrer Online-Dienste. Einer der ersten deutschen Dienste war dabei die Einführung der elektronischen Steuererklärung, welcher bereits heute von 6,3 Millionen Bundesbürgern genutzt wird [22]. Im EU-Ländervergleich der Nutzung öffentlicher Online-Dienste lag Deutschland Ende 2007 nur auf Platz 6. Dies soll sich zukünftig auch mit der vom Bundeskabinett 2008 beschlossenen Einführung des elektronischen Personalausweises (ePA) [106] verbessern, welcher neben biometrischen Merkmalen auch elektronische Zertifikate für eine Online-Authentifizierung, beispielsweise bei Behörden oder Banken, enthalten soll.

Die Bedeutung des Internets für den Alltag führt aber auch dazu, dass das Internet verstärkt in den Fokus böswilliger und krimineller Nutzer rückt. Diese versuchen mit Angriffen bestehende Schwachstellen im Internet auszunutzen. Innerhalb des letzten Jahrzehnts konnten viele verschiedene Formen von Angriffen beobachtet werden. Beispiele für derartige Angriffe sind das gezielte Ausnutzen von Browser- oder Softwarelücken, aber auch großflächige, verteilte Angriffe wie Wurmausbreitungen oder Distributed Denial-of-Service-Angriffe (DDoS). Die Ziele derartiger Angriffe können vielfältig sein und reichen vom Ausspähen persönlicher Daten über den Aufbau so genannter Botnetze, die z. B. zur Verteilung von Spam oder zur Durchführung von DDoS-Angriffen genutzt werden können, hin zu Denial-of-Service-Angriffen, welche die Erreichbarkeit eines bestimmten Dienstes für einen gewissen Zeitraum verhindern. Vor allem Angriffe der letzten Kategorie können zu hohen finanziellen Verlusten führen, wie im Fall von Yahoo im Jahr 2000, als ein dreistündiger Ausfall einen geschätzten Schaden von $ 500.000 verursachte [99]. In den letzten Jahren war außerdem zu beobachten, dass das Ziel von Angriffen sich immer mehr vom Erlangen von Ruhm und Bekanntheit zum Erzielen von finanziellem Gewinn wandelte, d. h. dass derartige Angriffe häufig auch genutzt werden um die Opfer zu erpressen. Im Fall der Million Dollar Homepage wurde der Betreiber beispielsweise 2006 mit Hilfe von DDoS-Angriffen um $ 50.000 erpresst [95]. Allein mit der Vermietung von Botnetzen für ca. 190 000 DDoS-Angriffe konnte im Jahr 2008 ein Gewinn von $ 20 Millionen erzielt werden [136]. Daher ist mit Blick auf die Zukunft davon auszugehen, dass die kriminelle Energie und Kreativität von böswilligen Nutzern auch im zukünftigen Internet zu Angriffen auf dessen Verfügbarkeit führen wird. Ziel von Arbeiten im Bereich der Internet-Sicherheit ist folglich u. a. die Verhinderung und die schnelle und flächendeckende Erkennung derartiger Angriffe.

1.1 Problemstellung

Die zahlreichen Forschungsaktivitäten der letzten Jahre im Bereich der Erkennung und Verhinderung von Angriffen haben nichts an der Tatsache geändert, dass auch heute noch viele Bedrohungen und Angriffe existieren. Dies zeigt sich zum einen dadurch, dass Sicherheitslücken, Wurmausbreitungen und DoS-Angriffe immer wieder Thema in den Nachrichten sind, z. B. im heise Newsticker [80]. Zum anderen zeigt beispielsweise der Worldwide Infrastructure Security Report [6], welcher jährlich auf Basis einer Befragung verschiedener Provider einen Eindruck der derzeitigen Sicherheitslage im Internet zu vermitteln versucht, dass das Thema Angriffe im Internet nicht nur die Opfer, sondern auch die Provider und Netzbetreiber betrifft. Geoff Huston bezeichnet unsere Fähigkeiten, das Netz und seine angeschlossenen Systeme zu schützen, gar als im Großen und Ganzen unwirksam [87].

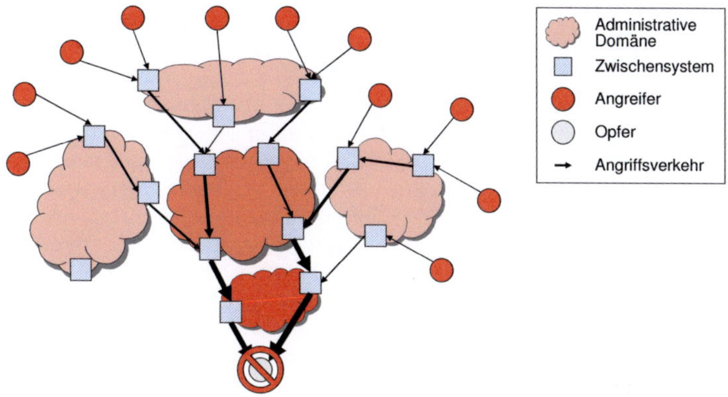

Abbildung 1.1 Vereinfachter Ablauf eines DDoS-Angriffs im Internet

Bei den im Security Report genannten Bedrohungen handelt es sich vorwiegend um verteilte Angriffe, z. B. DDoS-Angriffe, Wurmausbreitungen oder Spam. Diese Art von Angriffen nutzt die Tatsache, dass eine Vielzahl von Angreifern existiert, die im gesamten Netz verteilt sind, um massenhaft Anfragen oder E-Mails zu generieren oder um eine schnelle Verbreitung im gesamten Netz zu erreichen. Abbildung 1.1 zeigt dies beispielhaft an einer vereinfachten Skizze eines DDoS-Angriffs, bei dem eine Vielzahl von Angreifern koordiniert ein einzelnes Opfer angreift. Durch die Konzentration des Angriffsverkehrs aller Angreifer beim Opfer können dessen Ressourcen überlastet werden, so dass die Dienste des Opfers temporär nicht mehr verfügbar sind. Derartige Angriffe ziehen nicht nur die Opfer, sondern durch die ausgelöste Datenflut – im Jahr 2008 wurde beispielsweise ein DDoS-Angriff mit einer Datenrate von über 40 Gbit/s gemeldet – meist auch die Infrastruktur der Netzbetreiber, welche den Verkehr weiterleitet, in Mitleidenschaft. Dies ist in Abbildung 1.1 durch die stärker werdende Einfärbung der administrativen Domänen unterschiedlicher Betreiber dargestellt, welche deren Belastung durch einen DDoS-Angriff andeutet. Ein notwendiger Schritt zum effektiven Schutz vor derartigen Angriffen ist deren Erkennung. Der Fokus der vorliegenden Arbeit liegt daher auf der Weiterentwicklung der Erkennung verteilter, großflächiger Angriffe von lokalen Erkennungsmethoden zu einer effektiven Kooperation verteilter Erkennungssysteme.

Bis heute ist der Einsatz der Angriffserkennung direkt bei den potentiellen Opfern, den Endsystemen am Netzrand, vorherrschend. Um auch bisher unbekannte Angriffe sowie Angriffe, die protokollkonforme Dateneinheiten verwenden, erkennen zu können, wird hierfür meist eine Anomalie-basierte Erkennung eingesetzt. Eine Anomalie stellt dabei eine Abweichung vom erwarteten Verhalten, z. B. ein plötzlicher Anstieg des Verkehrs, dar. Ziel der Angriffserkennung sollte aber sein, Angriffe möglichst nah beim Angreifer zu erkennen, um durch die frühe Erkennung einen besseren Schutz der Opfer zu ermöglichen [102]. Eine Verlagerung der Angriffserkennung von Endsystemen am Netzrand auf Zwischensysteme im Netzinneren, z. B. auf Router, hat zudem den Vorteil, dass auch die meist ebenfalls in Mitleidenschaft gezogene Infrastruktur der Netzbetreiber wirksam geschützt werden kann. Für die Angriffserkennung stehen im Netzinneren aufgrund der hohen Datenraten nur begrenzt Ressourcen wie

Speicherkapazität und CPU-Zeit zur Verfügung. Daher können ressourcenintensive Erkennungsmethoden meist weder dauerhaft noch parallel ausgeführt werden. Des Weiteren weist die Angriffserkennung im Netzinneren aufgrund der höheren Datenraten sowie der geringeren Konzentration von Angriffsströmen meist höhere False negative-Fehlerraten auf, d. h. Angriffe, die tatsächlich stattfinden, werden häufiger nicht erkannt. Eine Steigerung der Effektivität der Erkennung – und damit einhergehend eine Reduzierung der Fehlerraten der einzelnen Erkennungssysteme – kann erreicht werden, wenn statt der lokalen Erkennung eine verteilte Erkennung erfolgt bzw. eine Kooperation verteilter Erkennungssysteme stattfindet. Derartige Ansätze sollten über die Grenzen von administrativen Domänen hinweg einsetzbar sein, um eine schnelle und flächendeckende Erkennung zu ermöglichen. In diesem Zusammenhang sollte zudem die Heterogenität von Erkennungssystemen in Bezug auf deren Hardware-Ausstattung, aber auch auf die eingesetzten Erkennungsmethoden berücksichtigt werden, welche beispielsweise durch unterschiedliche Präferenzen und Ziele der Betreiber verschiedener administrativer Domänen entsteht.

1.2 Zielsetzung und Beiträge der Arbeit

Die Zielsetzung dieser Arbeit ist die Entwicklung einer effektiven dezentralen Erkennung verteilter, großflächiger Angriffe. Dabei fokussiert sich die Arbeit auf die Anomalie-basierte Identifikation von Angriffen sowie auf die dezentrale Kooperation verteilter Erkennungssysteme – die Entwicklung und Verbesserung von Algorithmen zur Erkennung von Anomalie sind nicht Gegenstand dieser Arbeit. Vielmehr basieren die entwickelten Mechanismen auf einem bestehenden Erkennungssystem, welches eine lokale Anomalie-Erkennung durchführt. Zudem werden im Rahmen dieser Arbeit notwendige Werkzeuge entwickelt, mit Hilfe derer die aussagekräftige Evaluierung von Mechanismen im Bereich der dezentralen Erkennung von Angriffen im Internet möglich ist. Beim Entwurf der dezentralen Erkennung wird davon ausgegangen, dass die Erkennungssysteme sich vorranging im Netzinneren befinden, um eine möglichst frühe Erkennung zu erreichen und auch die durch verteilte Angriffe meist in Mitleidenschaft gezogene Infrastruktur der Netzbetreiber zu schützen. Als Basis dieser Arbeit wird ein System zur Anomalie-Erkennung [72] gewählt, das hierarchisch aufgebaut ist und mit Verfeinerung der Erkennungsgranularität arbeitet. Die Wahl dieses Systems stellt allerdings keine Einschränkung für die entwickelten Mechanismen dar, da diese auch in Verbindung mit anderen Systemen [18, 149, 182] genutzt werden können.

Zusammenfassend werden im Rahmen dieser Arbeit die folgenden Beiträge hinsichtlich der Entwicklung und Evaluierung einer dezentralen, Anomalie-basierten Erkennung verteilter Angriffe erarbeitet:

- Entwurf und Umsetzung eines flexiblen Rahmenwerks zur Integration unterschiedlicher Anomalie-Erkennungsmethoden (s. Kapitel 3)
- Werkzeuge zur Evaluierung von Mechanismen zur Erkennung verteilter, großflächiger Angriffe im Internet mit realistischen Randbedingungen (s. Kapitel 4)
- Konzepte zur Anomalie-basierten Identifikation von Angriffen sowie zur Kooperation verteilter Erkennungssysteme, welche eine Weiterentwicklung bestehender lokaler Anomalie-Erkennungssysteme darstellen (s. Kapitel 5)

Das in dieser Arbeit entwickelte *Rahmenwerk zur Angriffserkennung* wird mit dem Ziel entworfen, eine einfache Implementierung und Evaluierung unterschiedlicher

Methoden zur Anomalie- und Angriffserkennung zu ermöglichen. Die wichtigsten Anforderungen an ein solches Rahmenwerk sind die Eigenschaften Flexibilität und Erweiterbarkeit. Diese sind vor allem hinsichtlich aktueller Forschungsarbeiten zum Thema *Future Internet*, welche die Neuentwicklung des Internets unter Berücksichtigung bekannter Probleme und Schwachstellen des derzeitigen Internets zum Ziel haben [168], aber auch im Hinblick auf die kontinuierlichen Veränderungen und Weiterentwicklungen im Bereich der Angriffserkennung wichtig. Das entwickelte Rahmenwerk ist daher modular aufgebaut und ermöglicht mit Hilfe klar definierter Schnittstellen die Austauschbarkeit verschiedener Architektur-Bestandteile. Die eigentliche Angriffserkennung bietet durch die Komposition leichtgewichtiger Module zu komplexen Erkennungsmethoden sowie die nur lose Kopplung an das Rahmenwerk hohe Flexibilität und Erweiterbarkeit. Existierende Systeme unterliegen hingegen in ihrer Flexibilität oft gewissen Beschränkungen: Bro [188] beispielsweise gibt eine Erkennung in genau drei Stufen vor, welche auf Ereignissen basiert. Weitere Systeme zur Angriffserkennung [108, 116, 127] implementieren meist genau eine Erkennungsmethode und sind nicht auf Erweiterbarkeit ausgelegt. Zudem stellt sich gerade im Bereich der dezentralen Erkennung verteilter, großflächiger Angriffe während des Entwurfs neuer Mechanismen das Problem der Evaluierung bzw. des Vergleichs mit existierenden Methoden. Die Entwicklung ist dabei meist auf die Evaluierung in genau einer Laufzeitumgebung ausgelegt. Eine Umsetzung in eine andere Umgebung, z. B. vom Simulator in reale Systeme, erfordert häufig tiefgreifende Änderungen der Implementierung.

Zur *Evaluierung entwickelter Mechanismen* im Bereich der dezentralen Erkennung verteilter, großflächiger Angriffe muss eine realistische Umgebung verwendet werden, um aussagekräftige Ergebnisse zu erhalten. Der Aufbau eines Testbetts zur Evaluierung ist aufgrund der benötigten Größe selbst mit Hilfe der Netzwerk-Virtualisierung teuer. Zudem ist die Wartung und Administration eines großen Testbetts zeit- und arbeitsaufwändig. Eine Evaluierung direkt im Internet ist im Bereich der Angriffserkennung nicht möglich, da eine kontrollierbare Umgebung benötigt wird und sichergestellt werden muss, dass keine Fremdsysteme – beispielsweise durch zu Testzwecken erzeugte Angriffe oder eingesetzte Filter – in Mitleidenschaft gezogen werden. Simulatoren stellen hingegen eine Alternative dar, die sowohl kontrollierbar als auch kostengünstig ist. Die Notwendigkeit der Auswertung von Mechanismen zur Angriffserkennung mit Hilfe von Simulatoren wurde auch durch Ringberg et al. [165] kürzlich aufgezeigt. Dennoch existieren bisher nur wenige derartige Lösungen zur Simulation einer Angriffserkennung in Internet-ähnlichen Netzen, welche zudem realistische Randbedingungen schaffen. DDoSSim [103] scheint sehr gut geeignet, gibt aber kaum Einblicke in die verwendeten Verfahren. Zudem ist die zugehörige Software nicht verfügbar. Im Rahmen dieser Arbeit werden daher Werkzeuge entworfen und umgesetzt, welche die simulative Evaluierung einer dezentralen Angriffserkennung in großen Netzen ermöglichen. Die resultierende Simulationsumgebung schafft möglichst realistische Randbedingungen in Bezug auf Internet-ähnliche Topologien, Normalverkehr sowie Angriffsverkehr.

Der in dieser Arbeit entworfene Mechanismus zur *Identifikation von Angriffen* ermöglicht vor allem in Netzen mit heterogenen Erkennungssystemen – d. h. in Netzen, in denen die einzelnen Erkennungssysteme unterschiedliche Erkennungsmethoden einsetzen oder nach unterschiedlichen Anomalien suchen – eine Kooperation voneinander unabhängig agierender Systeme, indem die Grundlage für ein semantisches

Verständnis der unterschiedlichen Systeme geschaffen wird. Die Identifikation von Angriffen stellt dabei einen rein lokal arbeitenden Mechanismus dar, welcher auf Basis der lokal erkannten Anomalien den zugehörigen Angriffstyp sowie die Eigenschaften des Angriffs identifiziert. Abbildung 1.2 stellt eine solche Situation dar, in der ein Erkennungssystem mit Hilfe zweier Anomalie-Erkennungsmethoden die Anomalien B und D erkennt und aus diesen Informationen auf Angriff 1 schließt – d. h. Angriff 1 identifiziert. Als Grundlage der Identifikation werden vorrangig hierarchische Erkennungssysteme betrachtet, da diese aufgrund der Berücksichtigung nur begrenzt verfügbarer Ressourcen auch für die Anomalie-Erkennung im Netzinneren eingesetzt werden können. Existierende Systeme zur Anomalie-Erkennung führen entweder keine Identifikation des Angriffs durch [17, 212] oder bilden einzelne Anomalien, welche in den jeweiligen Arbeiten die Basis der Erkennung darstellen, direkt auf bestimmte Angriffe ab [90, 108, 127, 182]. Eine solche Abbildung basiert auf dem Wissen darüber, dass der betreffende Angriff die betrachtete Anomalie auslöst. Dabei werden über die jeweilige Arbeit hinaus gehende Zusammenhänge und Abhängigkeiten nicht berücksichtigt – beispielsweise dass eventuell mehrere Angriffe die betrachtete Anomalie auslösen oder dass der identifizierte Angriff nicht nur die betrachtete, sondern u. U. noch weitere Anomalien auslösen kann. Daher wird in der vorliegenden Arbeit zuerst ein verallgemeinertes Modell der wichtigsten Entitäten in Bezug auf die Angriffserkennung erstellt, auf welches sich der anschließende Entwurf eines flexiblen, erweiterbaren Mechanismus zur Identifikation von Angriffen gründet. Im Hinblick auf die Heterogenität von Erkennungssystemen ist außerdem die bisherige Praxis einer statischen, manuell konfigurierten Ablaufsteuerung [33, 72, 182] ungeeignet. Daher wird eine Ablaufsteuerung für die lokale Erkennung und Identifikation entworfen, die sich autonom, d. h. ohne manuelle Eingriffe eines Administrators, an die jeweiligen Randbedingungen eines Erkennungssystems anpasst.

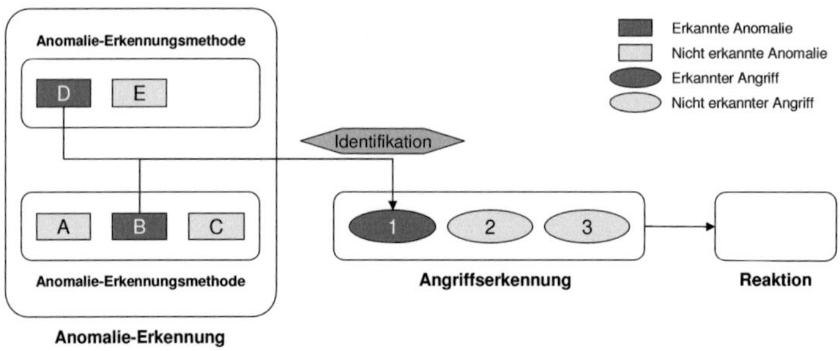

Abbildung 1.2 Identifikation eines Angriffs auf Basis erkannter Anomalien

Die *dezentrale Kooperation* im Netz verteilter Erkennungssysteme wird mit dem Ziel entwickelt, die Effektivität der Erkennung vor allem im Netzinneren zu steigern. Da Erkennungssysteme im Netzinneren – im Vergleich zur Erkennung am Netzrand – aufgrund des höheren Hintergrundverkehrs und der geringeren Konzentration von Angriffsverkehr vorrangig höhere False negative-Fehlerraten aufweisen, liegt der Fokus der Kooperation darauf, diese Fehlerraten zu verbessern. Eine Reduzierung der bei einer Anomalie-basierten Erkennung üblicherweise ebenfalls auftretenden False positive-Fehler wird nicht explizit betrachtet; beachtet werden muss jedoch, dass die Kooperation nicht zu einer starken Erhöhung der False positive-Fehlerrate führen

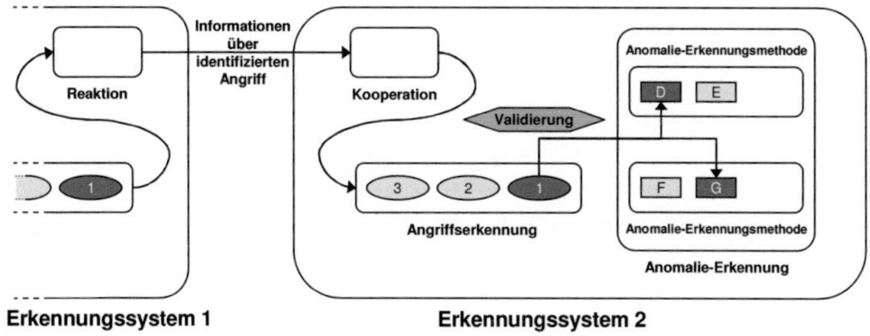

Abbildung 1.3 Dezentrale Kooperation verteilter Erkennungssysteme

darf. Die Kooperation soll dabei nicht nur innerhalb einer administrativen Domäne, sondern Domänen-übergreifend stattfinden, damit alle im Netz verteilten Erkennungssysteme von der Kooperation profitieren können. Existierende Ansätze zur verteilten Erkennung setzen häufig im Netz verteilte Sensoren ein, welche Informationen über den lokal beobachteten Verkehr sammeln und anschließend an einen Manager übermitteln, der die eigentliche Erkennung durchführt [18, 127, 191]. Derartige Ansätze setzen aufgrund des Austauschs interner Informationen wie Verkehrsmuster oder Netzwerk-Strukturen feste Vertrauensbeziehungen zwischen den kooperierenden Systemen und meist auch eine zentrale Kontrollinstanz voraus. Feste Vertrauensbeziehungen sind zwischen unterschiedlichen administrativen Domänen, die meist voneinander unabhängig agieren, jedoch nur selten gegeben [77]. Aus diesem Grund können Sensor/Manager-Ansätze nur innerhalb einer administrativen Domäne eingesetzt werden. Domänen-übergreifende Ansätze [61, 90, 98] basieren meist auf dem reinen Versenden von Informationen über lokal erkannte Angriffe. Feste Vertrauensbeziehungen werden auch in diesen Ansätzen vorausgesetzt, da empfangene Informationen ungeprüft übernommen werden, um den Verkehr – beispielsweise durch Installation eines Filters – aktiv zu beeinflussen. Die in der vorliegenden Arbeit entworfene dezentrale Kooperation beruht daher darauf, dass nur diejenigen empfangenen Informationen, welche durch lokale Beobachtungen validiert werden können, vom Erkennungssystem berücksichtigt werden. Abbildung 1.3 stellt in einer erweiterten Version der vorigen Abbildung dar, wie Erkennungssystem 1 im Anschluss an die Anomalie-Erkennung und Identifikation eines Angriffs mit Erkennungssystem 2 kooperiert. Dieses bildet nach dem Empfang der Informationen den Angriff auf die lokal erkennbaren Anomalien ab und führt eine Validierung der Informationen durch. Der Tatsache, dass für eine Validierung empfangener Informationen nur begrenzt Ressourcen zur Verfügung stehen, wird dabei durch Anwendung einer Metrik-basierten Entscheidungsfunktion Rechnung getragen.

1.3 Gliederung

Die für das Verständnis der vorliegenden Arbeit notwendigen Grundlagen werden in Kapitel 2 erläutert. Die Beschreibung der im Internet vorhandenen Bedrohungen fokussiert sich dabei auf die beiden Angriffsarten Distributed Denial-of-Service (DDoS) und Wurmausbreitung. Außerdem werden unterschiedliche Arten der Angriffserkennung beleuchtet sowie ein Angreifermodell definiert. In Kapitel 3 wird das entworfene Rahmenwerk zur Angriffserkennung vorgestellt, welches auf der Analyse und Dekomposition existierender Ansätze basiert und eine einfache Möglichkeit zur Implementierung und Evaluierung verschiedenster Mechanismen zur lokalen oder verteilten Anomalie- und Angriffserkennung zur Verfügung stellt. In Kapitel 4 werden die im Rahmen dieser Arbeit entwickelten Werkzeuge präsentiert, welche eine simulative Evaluierung von Mechanismen zur Anomalie- und Angriffserkennung unter realistischen Randbedingungen in Bezug auf die verwendeten Topologien, den Hintergrundverkehr sowie verteilte Angriffe ermöglichen. In Kombination mit dem Rahmenwerk ermöglicht die Simulationsumgebung damit eine einfache und schnelle Implementierung und simulative Evaluierung entwickelter Mechanismen sowie die anschließende Umsetzung auf reale Netze. Im Anschluss an die Beschreibung dieser für eine aussagekräftige Evaluierung notwendigen Werkzeuge werden in Kapitel 5 die entworfenen Konzepte zur Identifikation von Angriffen auf Basis erkannter Anomalien sowie zur dezentralen Kooperation verteilter Erkennungssysteme vorgestellt. Hierbei werden zuerst verwandte Arbeiten betrachtet, bevor die Entwurfsentscheidungen diskutiert und begründet werden. Anschließend wird kurz auf die Implementierung der Mechanismen eingegangen bevor die Ergebnisse der Evaluierung ausführlich erläutert werden. Eine abschließende Zusammenfassung und einen Ausblick auf zukünftige Herausforderungen gibt Kapitel 6.

2. Grundlagen

In diesem Kapitel werden die für das Verständnis der gesamten Arbeit notwendigen Grundlagen beschrieben. In Abschnitt 2.1 werden einige für diese Arbeit wichtige Begriffe eingeführt und definiert bevor in Abschnitt 2.2 auf existierende Bedrohungen im Internet und deren Entwicklung über die Zeit eingegangen wird. Hauptaugenmerk liegt bei den Bedrohungen auf verteilten, großflächigen Angriffen. Die bekanntesten Ausprägungen solcher Angriffe sind Distributed Denial-of-Service-Angriffe (DDoS) sowie die Ausbreitung von Internet-Würmern. Die Erkennung von Angriffen im Allgemeinen thematisiert der darauf folgende Abschnitt 2.3. Dabei wird vor allem auf die Unterschiede zwischen der Signatur-basierten und der Anomalie-basierten Angriffserkennung eingegangen. Der aktuelle Stand der Forschung in Bezug auf Systeme zur Angriffserkennung sowie auf Methoden zur Anomalie-Erkennung wird in Abschnitt 2.4 beschrieben. Abschnitt 2.5 definiert das dieser Arbeit zugrunde liegende Angreifermodell – zum einen in Bezug auf die bereits in Abschnitt 2.2 beschriebenen Bedrohungen im Internet. Zum anderen wird ein Angreifermodell benötigt, das die Möglichkeiten von Angriffen gegen die Angriffserkennung selbst spezifiziert.

2.1 Terminologie

Dieser Abschnitt definiert einige Begriffe und Abkürzungen, die im Verlauf der Arbeit häufiger verwendet werden. Die eindeutige und präzise Definition ist notwendig, um Missverständnisse zu vermeiden und bestimmte Begrifflichkeiten klar voneinander abzugrenzen:

Endsystem: Mit dem Internet verbundenes System, welches auf Anwendungsschicht Dienste anbietet oder in Anspruch nimmt, beispielsweise ein Webserver oder das System eines Internetnutzers, der Webseiten abruft.

Zwischensystem: System, das eine Kommunikation zwischen Endsystemen ermöglicht. Im Rahmen dieser Arbeit bezieht sich dieser Begriff vor allem auf Router, welche die Weiterleitung von Dateneinheiten auf der Netzwerkschicht realisieren.

Denial-of-Service-Angriff (DoS): Angriff auf die Verfügbarkeit eines Dienstes, bei dem ein einzelner Angreifer einen oder mehrere Dienste eines einzelnen Opfers angreift. Betrachtet werden in dieser Arbeit nur DoS-Angriffe, die ihr Ziel mittels Fluten zu erreichen versuchen.

Distributed Denial-of-Service-Angriff (DDoS): Angriff auf die Verfügbarkeit eines Dienstes, bei dem mehrere, großflächig im Internet verteilte Angreifer einen oder mehrere Dienste eines einzelnen Opfers angreifen. Betrachtet werden in dieser Arbeit nur DDoS-Angriffe, die ihr Ziel mittels Fluten zu erreichen versuchen. Dies beeinhaltet auch Reflektor-Angriffe, die mit Fluten arbeiten.

Angriffe erster Ordnung: Angriffe auf End- und Zwischensysteme im Internet, beispielsweise DoS-, DDoS-Angriffe oder Wurmausbreitungen.

Angriffe zweiter Ordnung: Angriffe auf Angriffserkennungssysteme. Die Angriffe zielen darauf ab, eine Erkennung von Angriffen erster Ordnung zu verhindern.

Wurmausbreitung: Angriff, bei dem ein von einem Angreifer initiierter Internetwurm versucht, sich in möglichst kurzer Zeit selbständig möglichst großflächig im Netz zu verbreiten. Um dies zu erreichen, nutzt der Wurm Sicherheitslücken und Schwachstellen aus, um verwundbare Systeme zu korrumpieren.

False positive-Fehler: Falsch-positive Erkennung eines Angriffs durch ein Erkennungssystem. Dies bedeutet, dass ein Angriff erkannt wurde, obwohl tatsächlich kein Angriff stattfand.

False negative-Fehler: Falsch-negative Erkennung eines Angriffs durch ein Erkennungssystem. Dies bedeutet, dass ein Angriff, der tatsächlich stattfand, nicht erkannt wurde.

False run-Fehler: Durchführung einer feingranularen Erkennung aufgrund der Benachrichtigung durch ein anderes Erkennungssystem, obwohl lokal kein Angriff vorliegt. Ein solcher Fehler kann nur im Fall einer verteilten Angriffserkennung auftreten, bei der ein Erkennungssystem einen lokal erkannten Angriff an andere Erkennungssysteme kommuniziert, welche daraufhin die empfangenen Informationen lokal zu validieren versuchen.

2.2 Bedrohungen im Internet

Mit dem Einzug des Internets in das tägliche Leben rückte es auch in den Fokus böswilliger Nutzer, die aus Bosheit oder Profitgier darauf aus sind, anderen Schaden zuzufügen. Damit wurde aus dem ursprünglichen Netz mit wenigen Kommunikationspartnern, die sich gegenseitig vertrauten, ein globales unsicheres Netz [34]. Internet-Nutzer stehen daher heute vielfältigen Bedrohungen gegenüber, welche die

Verfügbarkeit und Nutzbarkeit des „Netz der Netze“ immer weiter reduzieren. Immer wieder berichten die Medien über neue *Sicherheitslücken* in Browsern sowie im Internet stark verbreiteten Datenbanken und Programmiersprachen. Beispiele hierfür sind die auf PHP basierende Forensoftware phpBB oder Injection-Angriffe auf MySQL-Datenbanken. Derartige Angriffe wurden früher häufig verwendet, um Inhalte von Webseiten zu verändern oder um Webseiten zu verunstalten. Heute werden Lücken meist genutzt um eine automatische Weiterleitung auf bösartige Webseiten zu installieren. Diese führt den Aufrufer dann auf eine Webseite, die selbständig einen Trojaner oder andere Schadsoftware auf dem System des Opfers installiert.

Eine weitere Bedrohung im Internet stellt der *Identitätsdiebstahl* dar. Bekanntestes Beispiel ist das so genannte *Phishing*, dessen Nutzung vor allem in den letzten Jahren enorm anstieg. Beim Phishing versucht der Angreifer, vertrauliche Daten seines Opfers zu bekommen, die es ihm erlauben, die Identität des Opfers anzunehmen [219]. Bekannt wurde Phishing vor allem in Bezug auf Online Banking. Dabei versucht der Angreifer, in den Besitz vertraulicher Bankdaten des Opfers zu gelangen, welche er anschließend benutzt, um dem Opfer finanziell zu schaden. Weitere Varianten des Identitätsdiebstahls nutzen unerlaubt erlangte Informationen über die Identität eines Internetnutzers beispielsweise in sozialen Netzwerken zur Sammlung persönlicher Daten weiterer Personen. Bei Auktionsplattformen und Internet-Versandhäusern, wie z. B. ebay oder Amazon, wird Identitätsdiebstahl meist genutzt um finanzielle Schäden zu verursachen.

Der Begriff der Trojanischen Pferde, kurz *Trojaner* genannt, steht für Schadsoftware, die ohne Kenntnis des Opfers auf dessen System installiert wird – beispielsweise über vorher durch Ausnutzung von Sicherheitslücken präparierte Webseiten. Die Software tarnt sich nach der Installation als nützlicher Prozess, führt aber bösartige Funktionen wie das Öffnen eines Zugangs für den Angreifer – eine so genannte *Backdoor* – oder das Protokollieren von eingegebenen Passwörtern durch [117].

Im Jahr 1988 führte ein von Robert Morris freigesetzter *Internetwurm*, der bekannte Sicherheitslücken der Programme `sendmail` und `fingerd` ausnutzte, aufgrund seiner schnellen Ausbreitung zu erheblichen Störungen im Internet [164]. Eine besondere Eigenschaft dieses ersten Internetwurms sowie seiner zahlreichen Nachfolger ist die Tatsache, dass sich der Morris-Wurm selbständig verbreiten konnte. Nachdem ein System mittels einer Sicherheitslücke mit dem Wurm infiziert wurde, begann dieses automatisch mit der Suche nach weiteren verwundbaren Systemen. Konnte ein solches gefunden werden, wurde es durch die Übertragung des Schadcodes ebenfalls infiziert. Im Gegensatz zu Internetwürmern arbeiten *Viren* nicht komplett selbständig, sondern sind darauf angewiesen, dass ein Nutzer das Wirtsprogramm, in welchem der eigentlich Schadcode verborgen ist, manuell ausführt [164].

Internetwürmer werden heute vorrangig zum Aufbau so genannter *Botnetze* genutzt. Durch die selbständige Verbreitung von Würmern ist ein Angreifer in der Lage, innerhalb kurzer Zeit eine Vielzahl von Systemen unter seine Kontrolle zu bringen. Die Steuerung derartiger Botnetze erfolgte bisher meist über einen zentralen Knoten, z. B. über einen IRC-Kanal (engl. Internet Relay Chat). In jüngster Vergangenheit konnten jedoch auch Varianten beobachtet werden, die über Peer-to-Peer-Netze gesteuert werden [84] und ihre Kommunikation verschlüsseln. Botnetze können Größen von mehreren Millionen Bots erreichen [157] und werden häufig zur Verteilung von Spam-E-Mail-Nachrichten, aber auch zur Ausführung von verteilten Denial-of-Service-Angriffen verwendet.

Ziel eines *Denial-of-Service*-Angriffs (DoS) ist es, die Erreichbarkeit eines Dienstes bzw. des Opfers selbst einzuschränken oder komplett zu verhindern [24]. Dies wird entweder durch gezieltes Ausnutzen von Implementierungs- bzw. Protokollfehlern oder durch Überfluten der Ressourcen des Opfers erreicht. Bei Angriffen durch Fluten trifft man meist auf die verteilte Variante, den so genannten *Distributed Denial-of-Service*-Angriff (DDoS) [125]. Dabei führen viele verschiedene Angreifer koordiniert einen DoS-Angriff auf ein bestimmtes Opfer durch. Das Resultat des so genannten *Flash Crowd-Effekts* [7] ist ein ähnlicher Effekt wie bei einem DDoS-Angriff – die vorübergehende Nicht-Erreichbarkeit einer Webseite. Dieser Effekt kann auftreten, wenn eine Webseite in einem bekannten Internet-Blog oder einer Online-Zeitung genannt wird. Diese Nennung führt dann dazu, dass unerwartet viele Internetnutzer zur gleichen Zeit die genannte Webseite aufrufen und diese dadurch überlastet wird – und somit temporär nicht mehr verfügbar ist.

Abschließend seien an dieser Stelle *Fehlkonfigurationen* als weitere Herausforderungen im Internet genannt. Ebenso wie beim Flash Crowd-Effekt handelt es sich dabei nicht um einen böswilligen Angriff auf ein bestimmtes Opfer. Die Auswirkungen können aber dennoch ähnlich wie die von echten Angriffen sein und Teile des Internets stören. Im Februar 2009 beispielsweise sorgte ein offenbar fehlkonfigurierter Router durch die Verbreitung fehlerhafter Routing-Informationen zu Verarbeitungsproblemen bei älteren Routern [122]. Dies wiederum resultierte in temporären Routing-Instabilitäten und Konnektivitätsverlusten in Teilen des Internets. Pakistan Telecom verursachte im Februar 2008 infolge einer nicht autorisierten Verbreitung eines YouTube gehörenden Netz-Präfixes sogar eine mehrstündige Nicht-Erreichbarkeit von YouTube [166].

Wie bereits in Kapitel 1 dargelegt, liegt der Fokus der vorliegenden Arbeit auf der Erkennung von verteilten, großflächigen Angriffen, da diese nicht nur die Opfer, sondern auch die Provider und Netzbetreiber betreffen. In den beiden folgenden Abschnitten werden daher die am häufigsten auftretenden verteilten, großflächigen Bedrohungen – Denial-of-Service-Angriffe sowie Wurmausbreitungen – ausführlich vorgestellt.

2.2.1 Denial-of-Service-Angriffe

Von einem *Denial-of-Service*-Angriff (DoS) spricht man, wenn ein einzelner Angreifer versucht die Erreichbarkeit eines oder mehrerer Dienste eines einzelnen Opfers vorübergehend einzuschränken oder zu verhindern. Abhängig von der Art und Weise, wie dieses Ziel erreicht wird, können DoS-Angriffe grob in zwei Klassen eingeteilt werden [24, 125, 131]:

- Ausnutzen einzelner Implementierungsfehler
- Überfluten bestimmter Ressourcen des Opfers, wie Speicherplatz, Rechenzeit oder Bandbreite, beispielsweise durch massenhafte Anfragen

Der so genannte *Ping of Death* [35] ist ein Beispiel für die erste Klasse. Dieser Angriff nutzt einen Implementierungsfehler des IP-Protokolls, um das angegriffene System durch eine fragmentierte ICMP-Dateneinheit mit einer unzulässigen Länge von mehr als 65.535 Byte zum Absturz zu bringen und dadurch temporär vom Netz zu trennen. Angriffe dieser Klasse werden in dieser Arbeit nicht weiter betrachtet, da derartige Angriffe durch das Senden einer einzelnen Dateneinheit ihr Ziel erreichen und nur das Opfer, nicht aber die Infrastruktur der Netzbetreiber in Mitleidenschaft ziehen. Ein TCP SYN-Angriff [37] ist ein Beispiel für Angriffe der zweiten Klasse. Dieser Angriff nutzt die Tatsache, dass beim von TCP verwendeten 3-Wege-Handshake der Kommunikationspartner für jede Verbindungsanfrage eine Bestätigung an den Anfragenden senden und bis zum Ablauf eines Timeouts Zustand für die halboffene Verbindung halten muss [159]. Sendet der Angreifer innerhalb einer kurzen Zeit massenhaft TCP-Verbindungsanfragen an das Opfer-System, ist dessen verfügbarer Speicherplatz für halboffene Verbindungen noch vor Ablauf des ersten Timeouts aufgebraucht und neue, legitime Anfragen anderer Systeme können nicht mehr beantwortet werden – der angegriffene Dienst ist folglich nicht mehr verfügbar. Alternativ kann ein DoS-Angreifer beispielsweise den Netzzugang eines mit geringer Bandbreite an das Netz angebundenen Opfers durch massenhaftes Senden von Daten überlasten (s. Abbildung 2.1).

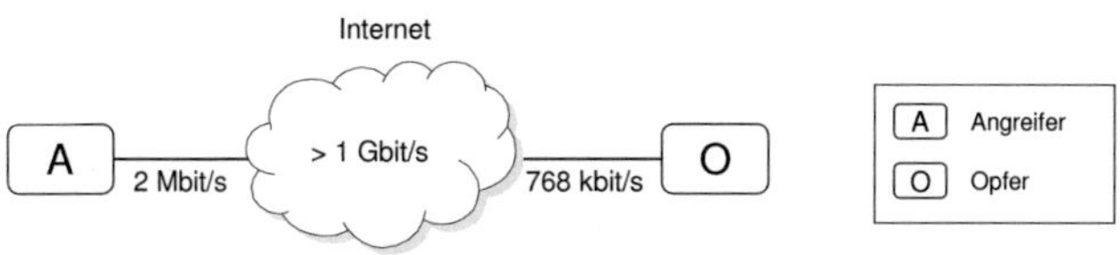

Abbildung 2.1 DoS-Angriff durch Überfluten des Netzzugangs des Opfers

Aufgrund der hohen Verbreitung asymmetrischer Netzzugänge, z. B. ADSL (engl. Asymmetric Digital Subscriber Line), werden DoS-Angriffe heute nur noch selten durchgeführt, da es für einen einzelnen Angreifer kaum möglich ist, über seine geringe Upload-Bandbreite die Ressourcen des mit höherer Download-Bandbreite angebundenen Opfers zu überlasten. Außerdem werden Angreifer, die Angriffsverkehr mit hoher Bandbreite erzeugen, einfacher entdeckt und können somit nur einen einzigen Angriff durchführen. Daher werden heute hauptsächlich verteilte DoS-Angriffe, so genannte *Distributed Denial-of-Service*-Angriffe (DDoS) [151], genutzt. Diese basieren auf einem im Voraus aufgebauten Netz aus so genannten *Zombie-Systemen* – Systeme, die von einem Angreifer beispielsweise durch Ausnutzen einer Sicherheitslücke unter seine Kontrolle gebracht wurden. Die Zombie-Systeme werden vom Angreifer über ein oder mehrere Master-Systeme koordiniert und führen dann zeitgleich jeweils einen DoS-Angriff auf ein gemeinsames Opfer aus (s. Abbildung 2.2). Zombie-Systeme für einen solchen DDoS-Angriff lassen sich beispielsweise aus Botnetzen rekrutieren, die wiederum durch eine vorherige Wurmausbreitung (s. Abschnitt 2.2.2) aufgebaut werden können. Bei DDoS-Angriffen muss ein einzelner Zombie wegen der Vielzahl der Angreifer nur einen vergleichsweise geringen Angriffsverkehr generieren. Dieser aggregiert sich in Richtung des Opfers mit den Angriffsströmen anderer Zombies [131] und überflutet so die Ressourcen des Opfers (s. Abbildung 1.1). Eine sehr feingranulare Taxonomie verschiedener Arten von DDoS-Angriffen bietet [24].

Aufgrund der geringen Bandbreite der einzelnen Angriffsströme sind die Zombies wesentlich schwerer zu entdecken und können mehrfach für Angriffe genutzt werden. Zusätzlichen Schutz vor Entdeckung bietet außerdem die Verwendung gefälschter

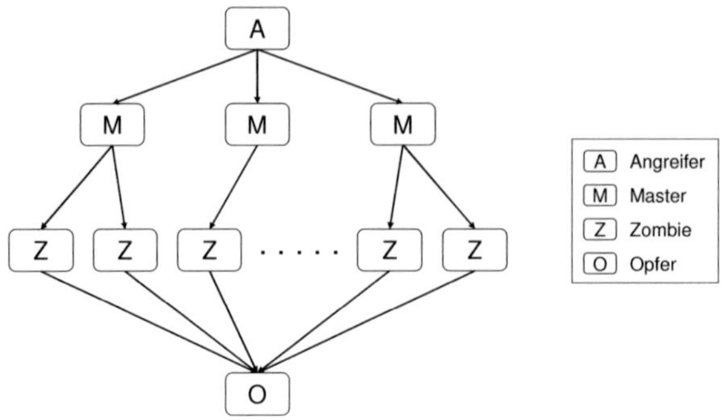

Abbildung 2.2 Hierarchie aller an einem DDoS-Angriff beteiligten Entitäten

Absenderadressen, das so genannte *Spoofing* [79]. Beim Spoofing wird die Tatsache ausgenutzt, dass die Absender-IP-Adresse einer Dateneinheit vom Sender selbst eingetragen wird. Dieser kann folglich auch eine gefälschte Absenderadresse eintragen [134], so dass die gesendete Dateneinheit anschließend nicht mehr ohne weiteres dem Angreifer zugeordnet werden kann. Einen noch besseren Schutz vor Entdeckung bieten *Reflektor-Angriffe* [152]. Bei dieser Variante des DDoS-Angriffs werden so genannte Reflektoren zur Verstärkung des Angriffsverkehrs sowie zur Verschleierung der IP-Adresse der Zombies, welche den Angriff eigentlich ausführen, verwendet (s. Abbildung 2.3). Ein Zombie-System sendet dazu eine Anfrage-Dateneinheit mit gefälschter Absenderadresse – der Adresse des Opfers – an einen Reflektor. Dieser sendet daraufhin eine Antwort-Dateneinheit an das Opfer. Eine Verstärkung wird beispielsweise dadurch erreicht, dass die Antwort des Reflektor meist größer ist als die ursprünglich vom Zombie gesendete Anfrage. Durch die Vielzahl der missbrauchten Reflektoren wird ein verteilter Angriff ausgeführt, der aus Sicht des Opfers nicht von böswilligen Zombies, sondern von sich korrekt verhaltenden Reflektorsystemen ausgeht.

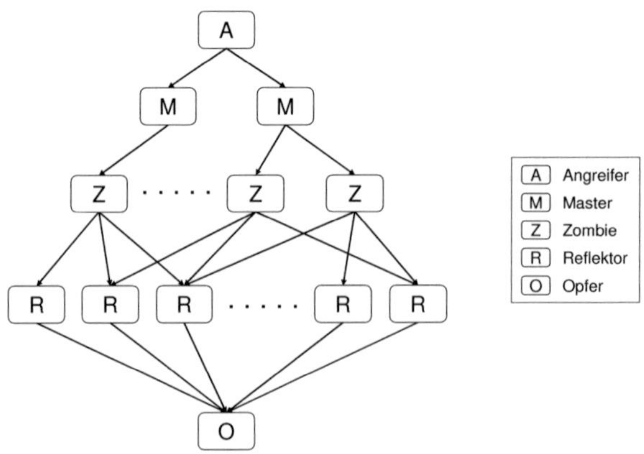

Abbildung 2.3 Hierarchie aller an einem Reflektor-Angriff beteiligten Entitäten

Ein Beispiel für einen Reflektor-Angriff ist der Smurf-Angriff [38], bei dem eine ICMP Echo Request-Dateneinheit [158] an die Broadcast-Adresse eines Netzes gesendet wird. Daraufhin antworten alle Systeme des Netzes mit einer Echo Reply-Dateneinheit. Dies führt zu einer Verstärkung des Angriffs, da die Anzahl der gesendeten Dateneinheiten vervielfacht wird. Reflektorsysteme sind in diesem Fall die sich korrekt verhaltenden Systeme des Netzes, die auf die Anfrage antworten. Ein weiteres Beispiel für derartige Angriffe ist die Ausnutzung rekursiver DNS-Anfragen [42]. Hier wird eine Verstärkung des Angriffs dadurch erreicht, dass die an das Opfer gesendeten Antwort-Dateneinheiten meist deutlich länger sind als die ursprünglichen Anfragen. Hauptziel bei diesem Angriff ist aber meist nicht die vergleichsweise geringe Verstärkung, sondern die Verschleierung der IP-Adressen der Angreifer.

2.2.2 Wurmausbreitungen

Internetwürmer sind darauf ausgerichtet, sich schnell und großflächig im Internet zu verbreiten und können grob in zwei Kategorien unterteilt werden [100]:

- E-Mail-Würmer
- Klassische Würmer

E-Mail-Würmer, wie z. B. Melissa [36], sind meist nicht in der Lage, sich komplett ohne menschliche Interaktion zu verbreiten. Aufgrund dieser Eigenschaft werden E-Mail-Würmer in der Literatur zum Teil auch als Viren oder Trojaner bezeichnet. Derartige Würmer transportieren den Schadcode im Anhang einer E-Mail. Die Neugier des Nutzers soll durch ungewöhnliche und interessante Dateinamen oder wichtig klingende E-Mail-Inhalte geweckt werden, so dass dieser die Datei im Anhang ausführt und dadurch den E-Mail-Wurm installiert. Im Anschluss daran durchsucht der Wurm das infizierte System meist nach E-Mail-Adressen von Freunden und Bekannten, an welche dann weitere E-Mails mit Schadcode gesendet werden.

Klassische Würmer hingegen nutzen Sicherheitslücken und Implementierungsfehler des Betriebssystems um sich selbst ins System einzuschleichen und zu installieren. Kann dies erfolgreich umgesetzt werden, beginnt der Wurm im Anschluss automatisch und ohne Nutzer-Interaktion mit der Suche nach weiteren verwundbaren Systemen (s. Abbildung 2.4). Diese Suche wird bei klassichen Würmern *Scanning* genannt. Die gescannten Systeme werden auf die jeweilige vom betreffenden Wurm genutzte Schwachstelle bzw. Sicherheitslücke getestet. Die für das Scanning eingesetzten Methoden [151, 195] reichen vom Testen aller durch IP adressierbaren Systeme bis hin zu intelligenten Suchmethoden, welche die zu testenden Adressbereiche mit anderen infizierten Systemen koordinieren oder vorrangig Adressen testen, die mit hoher Wahrscheinlichkeit wirklich existieren. Konnte ein verwundbares und noch nicht infiziertes System gefunden werden, wird im nächsten Schritt die Schwachstelle ausgenutzt und der Schadcode auf diesem System installiert. Die Installation geschieht dabei z. B. über Piggybacking des Schadcodes in der Dateneinheit, mit Hilfe derer die Sicherheitslücke ausgenutzt wird. Alternativ kann der Schadcode auch im Anschluss an das Ausnutzen der Sicherheitslücke über den dabei für den Angreifer geöffneten Zugang von einem bestimmten Server herunter geladen werden. Nach der erfolgreichen Infektion des Systems beginnt dieses dann selbst, nach weiteren verwundbaren Systemen zu suchen. Beispiele für klassische Würmer sind neben dem bereits beschriebenen Morris-Wurm der Code Red- [132], Nimda- [156] oder Slammer-Wurm [130]. Eine

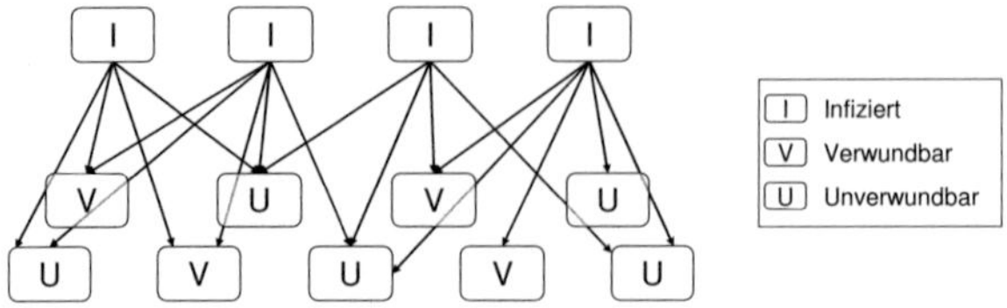

Abbildung 2.4 Zusammenhang der an einer Wurmausbreitung beteiligten Entitäten

klare Grenze zwischen den beiden Kategorien kann allerdings nicht immer gezogen werden. Nimda nutzt beispielsweise neben der selbständigen Verbreitung über Schwachstellen auch die Verbreitung über E-Mails.

Internetwürmer werden meist genutzt, um im Anschluss an die Infektion einer großen Anzahl von Systemen einen Angriff durchzuführen. Der Blaster-Wurm [199] beispielsweise startete zu einem vorgegebenem Datum auf allen infizierten Systemen einen DDoS-Angriff auf die Update-Webseite von Microsoft. Um auch finanzielle Gewinne aus Internetwürmern schlagen zu können, haben neuere Würmer vor allem den Aufbau von Botnetzen zum Ziel. Diese Botnetze können dann nach Belieben gesteuert und für Angriffe genutzt werden. Wurde die Steuerung von Botnetzen bis vor kurzem noch häufig zentral, z.B. über einen IRC-Kanal, ausgeführt, erschwerte das im Jahr 2007 durch den Storm Worm aufgebaute Botnetz seine Erkennung durch eine Steuerung und Kommunikation über eine dezentrale Peer-to-Peer-Struktur (P2P) [84]. Zusätzlich wird die Erkennung neuerer Würmer auch dadurch erschwert, dass diese kontinuierlich mutieren, indem neue Modifikationen und Aktualisierungen über einen vom Angreifer geöffneten Zugang im infizierten System nachgeladen werden. Ein solcher Wurm ist der Conficker-Wurm [157], der Ende 2008 Schlagzeilen machte, da das Ziel des mit mehreren Millionen Bots größten bisher etablierten Botnetzes aufgrund häufiger Mutationen des Wurms auch nach Monaten noch nicht bekannt war.

2.3 Angriffserkennung

Aufgrund der zahlreichen Herausforderungen und Bedrohungen, denen ein Nutzer im Internet begegnet, ist die Entwicklung und anschließende Verwendung von Sicherheitsmechanismen enorm wichtig. Im Bereich der Erkennung von Angriffen wird zwischen präventiven und reaktiven Mechanismen unterschieden [49]. Zu den *präventiven Maßnahmen* gehört u. a. das Auffinden und Schließen von Sicherheitslücken und Schwachstellen, um die Möglichkeiten von Angreifern einzuschränken. In [42] beispielsweise werden Empfehlungen für die Konfiguration von Nameservern gegeben, welche sicherstellen, dass ein Nameserver nicht als Reflektor für DDoS-Reflektor-Angriffe durch rekursive DNS-Anfragen missbraucht werden kann. Die Durchführbarkeit von Angriffen, die Dateneinheiten mit gefälschten Absenderadressen verwenden, kann durch den Einsatz von Ingress Filtering [11, 58] eingeschränkt werden. Dabei werden am Rand einer Domäne die Quell-IP-Adressen der eingehenden Dateneinheiten auf Plausibilität untersucht und verworfen, falls es sich um gefälschte Adressen handelt. Auch auf spezielle Angriffe abgestimmte Lösungen, wie der Einsatz von TCP SYN Cookies zur Verhinderung von TCP SYN-DDoS-Angriffen [53], können präventiv angewendet werden. Das Problem präventiver Maßnahmen ist jedoch, dass deren Entwicklung meist schwierig und zeitaufwändig sowie deren Umsetzung komplex und teuer ist [151]. Daher wird häufig zusätzlich auf reaktive Maßnahmen zurückgegriffen.

Mit dem Begriff *reaktive Sicherheitsmaßnahmen* werden Methoden bezeichnet, die zur Erkennung von Angriffen eingesetzt werden. Im Anschluss an die Erkennung eines Angriffs können außerdem Gegenmaßnahmen ergriffen werden um diesen abzuschwächen. Die Angriffserkennung kann in zwei disjunkte Kategorien unterteilt werden [49, 117, 151]:

- Signatur-basierte Angriffserkennung
- Anomalie-basierte Angriffserkennung

Auf die Eigenheiten der jeweiligen Kategorie wird in den beiden folgenden Abschnitten 2.3.1 und 2.3.2 eingegangen. In der Realität werden heute jedoch nicht nur entweder Signatur-basierte oder Anomalie-basierte Systeme eingesetzt, sondern auch hybride Systeme, die beide Ansätze parallel nutzen. Zusätzlich zur obigen Kategorisierung kann in Bezug auf die Erkennung von Angriffen auch eine Unterteilung in Online- und Offline-Erkennung erfolgen. Bei der *Online-Erkennung* wird die Erkennung in Echtzeit durchgeführt, d. h. der eingehende Verkehr wird sofort analysiert. Dies stellt eine sehr zeitnahe Erkennung sicher, erfordert aber auch eine an die jeweilige Umgebung angepasste Bearbeitung. Das bedeutet, dass die Analyse der Dateneinheiten schnell erfolgen muss um Verzögerungen, z. B. bei latenzkritischem Verkehr, zu vermeiden. Im Gegensatz dazu wird der Verkehr bei der *Offline-Erkennung* aufgezeichnet und erst im Nachhinein auf Angriffe untersucht. Dies verzögert zwar die Erkennung, lässt aber mehr Spielraum bei der eigentlichen Analyse der Daten, z. B. wenn für die Online-Analyse nur stark begrenzte Ressourcen zur Verfügung stehen.

Nach erfolgreicher Erkennung eines Angriffs können Gegenmaßnahmen eingeleitet werden um den Angriff abzuschwächen bzw. lokal komplett zum Erliegen zu bringen. Als Gegenmaßnahme gegen DDoS-Angriffe, die das Opfer mit einer Vielzahl an Dateneinheiten überfluten, kann beispielsweise ein *Rate Limiter* eingesetzt werden [151]. Dieser verwirft so lange Dateneinheiten bis die Datenrate unter einen vorgegebenen Schwellenwert gefallen ist und schwächt somit den Angriff ab. Allerdings unterscheidet der Rate Limiter nicht zwischen Angriffsverkehr und berechtigtem Verkehr, so dass auch legitime Dateneinheiten verworfen werden. Dies kann vermieden werden, wenn statt eines Rate Limiters ein *Filter* eingesetzt wird. Der Filter wird mit einer Beschreibung des Angriffsverkehrs konfiguriert und verwirft alle Dateneinheiten, die auf diese Beschreibung passen. War die Erkennung des Angriffs korrekt und ist die Beschreibung präzise, wird tatsächlich nur Angriffsverkehr verworfen. Diese Korrektheit und Genauigkeit sicherzustellen, ist jedoch eine komplexe und zeitaufwändige Aufgabe.

2.3.1 Signatur-basierte Angriffserkennung

Die Signatur-basierte Angriffserkennung – in der Literatur oft auch als Missbrauch-Erkennung (engl. Misuse Detection) bezeichnet – hat vor allem die Erkennung von Angriffen, die gezielt Sicherheitslücken und Software-Schwachstellen ausnutzen, zum Ziel. Die Erkennung nutzt bekannte Paketmuster, so genannte *Signaturen*, um zu einem Angriff gehörige Dateneinheiten zu erkennen. Eine Signatur definiert eine bestimmte Bitfolge, welche in einer einzelnen, zu einem Angriff gehörenden Dateneinheit vorhanden ist. Ein Beispiel für die Angriffserkennung mittels Signaturen ist das sehr verbreitete Erkennungssystem Snort [170]. Eine einmal bekannte Signatur wird dort in einfachen Regeln hinterlegt, welche das zu suchende Paketmuster sowie eine kurze Beschreibung und ID des Angriffs enthält. Die folgende Regel beispielsweise beschreibt den Wurm Conficker.A [110]:

```
alert tcp any any -> $HOME_NET 445 (msg: "conficker.a shellcode"; content: "|e8 ff ff ff ff c1|^|8d|
N|10 80|1|c4|Af|81|9EPu|f5 ae c6 9d a0|0|85 ea|0|84 c8|0|84 d8|0|c4|0|9c cc|IrX|c4 c4 c4|,|ed c4 c4
c4 94|&<08|92|\;|d3|WG|02 c3|,|dc c4 c4 c4 f7 16 96 96|0|08 a2 03 c5 bc ea 95|\;|b3 c0 96 96 95 92
96|\;|f3|\;|24|i| 95 92|Q0|8f f8|0|88 cf bc c7 0f f7|2I|d0|w|c7 95 e4|0|d6 c7 17 f7 04 05 04 c3 f6
c6 86|D|fe c4 b1|1|ff 01 b0 c2 82 ff b5 dc b6 1b|0|95 e0 c7 17 cb|s|d0 b6|0|85 d8 c7 07|0|c0|T|c7 07
9a 9d 07 a4|fN|b2 e2|Dh|0c b1 b6 a8 a9 ab aa c4|]|e7 99 1d ac b0 b0 b4 fe eb eb|"; sid: 2000001;
rev: 1;)
```

Die Regel führt zu einer Alarmmeldung (`alert`), wenn eine TCP-Dateneinheit (`tcp`) von einer beliebigen Quell-IP-Adresse (`any`) mit beliebigem Quellport (`any`) gefunden wird, die an Port `445` einer IP-Adresse im eigenen Netz (`$HOME_NET`) adressiert ist und das unter `content` angegebene Paketmuster enthält. Die Beschreibung des Wurms ist `conficker.a shellcode` und die zugewiesene ID `2000001`.

Bei der Signatur-basierten Erkennung werden alle eingehenden Dateneinheiten mit allen bekannten Signaturen verglichen. Die hierzu genutzten Signaturen werden lokal in einer Signatur-Datenbank gespeichert. Durch die Verwendung von Signaturen ist die Erkennung allerdings nicht in der Lage, bisher unbekannte Angriffe zu detektieren. Auch Angriffe, die z. B. mit Hilfe von Dateneinheiten, welche der Protokollspezifikation entsprechen, die Ressourcen des Opfers überfluten, können nicht erkannt werden, da kein Paketmuster existiert, welches diese Dateneinheiten von legitimen Dateneinheiten unterscheiden kann.

Problematisch an der Signatur-basierten Angriffserkennung ist auch, dass für jede neue bzw. mutierte Bedrohung erst eine neue Signatur erstellt werden muss, bevor der Angriff erkannt werden kann. Hierfür werden häufig Honeypots [192] und Honeynets [193] genutzt. Derartige Systeme arbeiten nicht im Produktivbetrieb. Sämtlicher eingehender Verkehr stammt daher aus Angriffen oder Fehlkonfigurationen. Der Verkehr wird analysiert, klassifiziert und die zur Erkennung notwendigen Signaturen können abgeleitet werden. Dieser Prozess benötigt oft auch manuelle Eingriffe zur Validierung der Ergebnisse. Weitere Nachteile der Signatur-basierten Erkennung sind, dass die initiale Erstellung der Signaturen eine gewisse Zeit dauert, in der die Angriffe nicht erkannt werden können. Außerdem sind häufige Aktualisierungen der Signatur-Datenbanken in den Erkennungssystemen nötig. In Bezug auf eine Angriffserkennung im Netzinneren bedeutet der Abgleich jeder einzelnen Dateneinheit mit der gesamten Signatur-Datenbank aufgrund der dort herrschenden hohen Datenraten einen enormen Aufwand. Der Vorteil der Signatur-basierten Angriffserkennung ist jedoch, dass Angriffe, für die eine Signatur bekannt ist, zuverlässig und fehlerfrei erkannt werden können.

2.3.2 Anomalie-basierte Angriffserkennung

Die Anomalie-basierte Angriffserkennung analysiert – im Gegensatz zur Signatur-basierten Erkennung – das Verhalten des beobachteten Verkehrs. Die Grundlage der

Anomalie-basierten Angriffserkennung bildet die Beschreibung von normalem Verkehrsverhalten. Meist geschieht dies in Form von Schwellenwerten, die angeben, bis zu welchem Wert das Verhalten als normal angesehen wird. Eine Abweichung vom erwarteten normalen Verhalten wird als *Anomalie* bezeichnet. Beispiele für eine solche Anomalie sind nicht protokollkonformes Verhalten oder ein plötzlicher starker Anstieg des beobachteten Verkehrsvolumens. Dieses Vorgehen ermöglicht die Erkennung bisher unbekannter Angriffe ebenso wie die Erkennung von Angriffen, die protokollkonforme Dateneinheiten nutzen – z. B. DDoS-Angriffe, welche die Überflutung des Opfers mittels TCP SYN-Paketen zum Ziel haben. Auch die Definition des Normalverhaltens kann folglich als Signatur bezeichnet werden. Im Unterschied zur Signatur-basierten Angriffserkennung, welche eine Signatur als Bitmuster innerhalb einer einzelnen Dateneinheit definiert, erfolgt die Definition der Signatur bei der Anomalie-basierten Erkennung in Bezug auf das Verhalten eines Datenstroms, d. h. einer Abfolge von mehreren Dateneinheiten. Im Folgenden wird zur besseren Unterscheidung unter einer Signatur ein Bitmuster innerhalb einer Dateneinheit verstanden.

Abbildung 2.5 zeigt beispielhaft die Entwicklung der von einem Router beobachteten TCP-Dateneinheiten über die Zeit. Zusätzlich ist ein dynamischer Schwellenwert dargestellt, der das erwartete normale Verhalten definiert, von welchem zum Zeitpunkt 605 Sekunden aufgrund eines DDoS-Angriffs abgewichen wird. Das konkret verwendete Verfahren zur Angriffserkennung wird im Rahmen des Standes der Forschung in Abschnitt 2.4.1.1 vorgestellt.

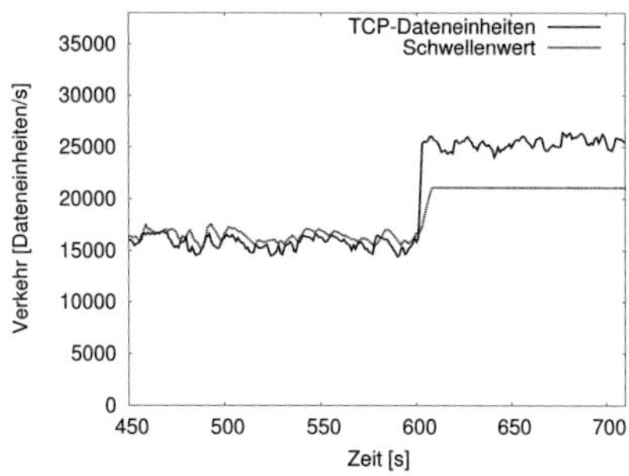

Abbildung 2.5 Volumenanomalie während eines DDoS-Angriffs

Ein Vorteil der Anomalie-basierten Erkennung gegenüber der Signatur-basierten Erkennung ist die Tatsache, dass nicht ständig neue Signaturen bisher unbekannter oder mutierter Angriffe aus Honeypots abgeleitet werden müssen. Außerdem entfällt der Abgleich jeder einzelnen Dateneinheit mit der gesamten Signatur-Datenbank. Dies ermöglicht beispielsweise die Anwendung von Paketselektionsverfahren [230] um die Menge der betrachteten Dateneinheiten zu reduzieren. Allerdings stellt auch die Anomalie-basierte Angriffserkennung gewisse Anforderungen: Normales Verhalten muss initial definiert werden. Die Schwierigkeit, normales Verhalten im Internet präzise zu definieren, führt dazu, dass die Anomalie-basierte Erkennung durch die Unschärfe in der Beschreibung des erwarteten Verkehrsverhalten meist eine höhere False positive-Fehlerrate aufweist als Signatur-basierte Systeme, d. h. es kann beispielsweise vorkommen, dass das System das Vorhandensein eines Angriffs annimmt, obwohl in Wirklichkeit kein Angriff stattfand. Da außerdem nicht jede auftretende Anomalie auf böswillige Angriffe zurückzuführen sein muss [117], ist zum Teil eine manuelle Überprüfung der erkannten Angriffe erforderlich. Zudem stellt die Dynamik des Internets eine Herausforderung für die Anomalie-basierte Erkennung dar, da die Definition des normalen Verhaltens kontinuierlich an die jeweilige Situation angepasst werden muss.

In Bezug auf die Erkennung im Netzinneren hat die Anomalie-basierte Angriffserkennung den bereits erwähnten Vorteil, dass es oft ausreicht, nur eine Teilmenge aller Dateneinheiten, z. B. mit Hilfe von Paketselektionsverfahren, zu betrachten. Dabei muss allerdings darauf geachtet werden, dass die aus der Beobachtung des Verkehrsverhaltens gewonnenen Eigenschaften durch diese Vorgehensweise nicht zu stark verfälscht werden. Die Anomalie-basierte Erkennung im Netzinneren steht allerdings – im Gegensatz zur Erkennung am Netzrand – vor den folgenden Herausforderungen:

- Angriffe sind im Netzinneren schwerer detektierbar

  Vor allem bei gerichteten Angriffen wie den DDoS-Angriffen wird die Erkennung umso schwieriger je weiter das Erkennungssystem vom Opfer entfernt ist. Da es sich um verteilte Angriffe handelt, ist die Wahrscheinlichkeit sehr hoch, dass sich nur noch ein Teil des Angriffsverkehrs vor dem Erkennungssystem aggregiert. Im ungünstigsten Fall durchläuft nur ein einzelner Angriffsstrom das Erkennungssystem, so dass eine Erkennung nahezu unmöglich ist. Ungünstig auf die Erkennung wirkt sich außerdem die höhere Datenrate des Hintergrundverkehrs im Netzinneren aus, welcher den Angriffsverkehr überdeckt. Dies führt zu einer erhöhten Anzahl von False negative-Fehlern im Netzinneren.

- Für die Angriffserkennung sind im Netzinneren weniger Ressourcen vorhanden

  Geht man davon aus, dass die Angriffserkennung auf bereits vorhandenen Systemen, z. B. auf einem Router betrieben wird, sollte die eigentliche Funktionalität dieses Systems durch die Erkennung so wenig wie möglich beeinträchtigt werden. Für die Erkennung stehen daher nur begrenzt Ressourcen wie Speicherkapazität und CPU-Zeit zur Verfügung. Der Grundsatz der Ressourcenschonung gilt bei Anwendungen im Netzinneren aufgrund der hohen Datenraten aber selbst, wenn zusätzliche Hardware zum Einsatz kommen sollte. Somit können ressourcenintensive Erkennungsmethoden meist weder dauerhaft noch parallel ausgeführt werden. Daher eignen sich vor allem hierarchische Erkennungssysteme bzw. Erkennungssysteme, die mit schrittweiser Verfeinerung arbeiten, für den Einsatz im Netzinneren (s. Abschnitt 2.4.1.1).

2.4 Stand der Forschung

Dieser Abschnitt gibt einen Überblick über existierende Arbeiten und Ansätze im Bereich der Angriffserkennung. Die Beschreibung existierender Arbeiten gliedert sich in Systeme zur Angriffserkennung im Allgemeinen (s. Abschnitt 2.4.1) sowie Methoden zur Erkennung einzelner Anomalien (s. Abschnitt 2.4.2). In Abschnitt 2.4.1.1 wird außerdem das System zur Angriffserkennung eingeführt, welches als Grundlage für die in dieser Arbeit entwickelten Mechanismen sowie die Implementierung und Evaluierung der vorgestellten Lösungen dient.

2.4.1 Systeme zur Angriffserkennung

Snort [170] und PreludeIDS [221] sind Signatur-basierte Erkennungssysteme, welche bereits häufig zur Erkennung von gezielten Angriffen auf Sicherheitslücken oder Ausbreitungen bekannter Internetwürmer eingesetzt werden. Die Grundversion von Snort ist als Open Source-Software verfügbar. Zusätzlich existieren zahlreiche kommerzielle Erweiterungen wie Hardwarebausteine zur Erhöhung des Durchsatzes, Systeme zur Lastverteilung [201] oder Managementkonsolen zur Abfrage verteilter Snort-Instanzen [190]. Im letzteren Fall agiert die Managementkonsole als Manager, welcher die Daten verteilter Snort-Instanzen zentral sammelt und auswertet. Die Instanzen agieren als reine Sensoren, die eine Signatur-basierte Erkennung auf den lokal beobachteten Dateneinheiten ausführen und erkannte Angriffe an den Manager melden; es erfolgt keine Kooperation zwischen den Snort-Instanzen. Auch PreludeIDS bietet die Möglichkeit eines solchen Sensor/Manager-Ansatzes, in dem verteilte Sensoren Informationen an die PreludeIDS-Manager-Instanz senden können. Hierbei wird auch der Einsatz fremder Systeme, wie z. B. Nessus [138], als Sensor unterstützt. Da Snort und PreludeIDS Signatur-basiert arbeiten, sind sie allerdings für den Einsatz im Netzinneren bzw. zur Erkennung von DDoS-Angriffen oder unbekannten Bedrohungen ungeeignet.

Bro [188] ist ein System zur Anomalie-basierten Erkennung von Angriffen, welches eine hierarchische Erkennung anwendet. Der eigentliche Netzzugriff, der beispielsweise durch die Anwendung eines Filters auf Dateneinheiten mit bestimmten Eigenschaften eingeschränkt werden kann, erfolgt durch die *Packet Capture*-Schicht. Die darüber liegende *Policy-Neutral Event Engine* verarbeitet die beobachteten Informationen und generiert daraus Ereignisse, welche in der dritten Schicht – dem *Policy Layer* – auf Basis von Benutzer-spezifischen Richtlinien auf Anomalien und Angriffe untersucht werden. Aufgrund der durchgeführten feingranularen Analyse beobachteter Dateneinheiten und erzeugter Events, welche auch Daten höherer Schichten sowie semantisches Wissen benötigt, erzeugt die Anomalie-Erkennung von Bro einen vergleichsweise hohen Aufwand und ist dadurch nicht für die Angriffserkennung im Netzinneren geeignet. Der hierarchische Aufbau von Bro wird nicht für eine schrittweise Verfeinerung der Erkennung genutzt; alle drei Stufen sind durchgängig aktiv. Eine Kooperation verteilter Erkennungssysteme ist außerdem in Bro direkt nicht vorgesehen. Eine Erweiterung [189] zum Austausch von Events und erkannten Angriffen zwischen Bro-Instanzen kann aber beispielsweise einen Sensor/Manager-Ansatz realisieren. Zusätzlich ermöglicht diese Erweiterung eine Erkennung mittels schrittweiser Verfeinerung. Diese wird mit Hilfe von zwei Bro-Instanzen realisiert, indem die erste Instanz nach Erkennen einer Anomalie im Verkehr eines bestimmten Endsystems dessen IP-Adresse an die zweite Bro-Instanz sendet. Diese untersucht dann mit Hilfe eines Filters nur den an das angegriffene Endsystem gerichteten Verkehr auf feingranularere Anomalien und Angriffe. Die Verfeinerung ist folglich auf zwei Stufen beschränkt und nicht mit einer einzelnen Bro-Instanz realisierbar.

Cisco MVP [33] ist ein weiterer Ansatz, der eine hierarchische Angriffserkennung mit Verfeinerung realisiert. Dabei fokussiert sich MVP auf die Erkennung von DDoS-Angriffen. Die Verfeinerung besteht aus zwei Stufen. In der ersten Stufe wird eine bereits relativ feingranulare Überwachung der Verkehrsströme jedes Senders mit Hilfe von Schwellenwerten durchgeführt, welche in der Erkennung von Angreifern sowie der Eigenschaften von Angriffen resultiert. Wurde ein Angriff erkannt, analysiert die zweite Stufe den Verkehr der erkannten Angreifer anschließend auf Anwendungsspezifische Angriffe. Durch den nur zweistufigen Aufbau bietet MVP nur eine geringe Flexibilität. Die bereits in der ersten Stufe durchgeführten ressourcenintensiven Analysen lassen diesen Ansatz vorrangig für die Erkennung am Netzrand geeignet erscheinen. Eine Kooperation verteilter MVP-Instanzen ist nicht vorgesehen.

Zhang et al. [224] schlagen eine fünfstufige Architektur zur verteilten Angriffserkennung vor. Dabei sammeln Sensoren in der ersten Stufe durch Beobachtung des Verkehrsstroms Informationen. Ein *Event Generator* führt in der zweiten Stufe eine Vorverarbeitung der von mehreren Sensoren gesammelten Daten durch. In der dritten Stufe (*Event Detection Agent*) findet die eigentliche Erkennung statt, welche unterschiedliche Erkennungsmethoden – Signatur- und Anomalie-basierte Methoden – verwendet. Eine Korrelation erkannter Angriffe von unterschiedlichen Agenten erfolgt im *Fusion Center*. Eine zentrale Kontrollinstanz bildet die fünfte Stufe der Architektur. Dieses *Controlling Center* koordiniert und überwacht sämtliche beteiligten Entitäten und sorgt beispielsweise für eine geeignete Lastverteilung auf den Entitäten jeder einzelnen Stufe.

Die Angriffserkennung mit Cossack [149] erfolgt räumlich begrenzt innerhalb einer administrativen Domäne mittels eines Sensor/Manager-Ansatzes. Der Manager – als *Watchdog* bezeichnet – erkennt DDoS-Angriffe über vorgegebene Schwellenwerte, wobei die Ziel-IP-Präfixe der lokalen Routing-Tabelle zur Bildung von Aggregaten dienen. Als *Aggregat* wird in diesem Zusammenhang eine Menge von Dateneinheiten bezeichnet, die dieselben Eigenschaften aufweisen. Wird das Überschreiten eines der Schwellenwerte festgestellt, geht das Erkennungssystem davon aus, einen DDoS-Angriff erkannt zu haben. Eine Bestätigung dieser impliziten Identifikation kann über das Vorliegen eines Ramp Up-Verhaltens oder mit Hilfe der Spektralanalyse erfolgen. Die grobgranulare initiale Erkennung wird folglich durch etwas feingranularere Methoden verfeinert. Im Anschluss an die Erkennung eines Angriffs werden lokal Gegenmaßnahmen ergriffen, indem mit Hilfe eines Filters der Angriffsverkehr verworfen wird. Ob hierfür zusätzliche Eigenschaften – außer der Ziel-IP-Adresse – genutzt werden, wird nicht beschrieben. Die von Cossack zusätzlich durchgeführte Kooperation verteilter Instanzen gründet sich auf die Annahme, dass alle administrativen Domänen am Netzrand Cossack einsetzen und neue Hardware ins Netz integrieren, damit der *Watchdog* wie gefordert isoliert arbeiten kann. Eine Erkennung im Netzinneren erfolgt nicht. Informationen über einen auf Basis lokaler Beobachtungen erkannten Angriff werden per Multicast an alle anderen *Watchdogs* im Internet gesendet. Diese überprüfen daraufhin, ob lokal Verkehr beobachtet werden kann, der zu der erhaltenen Angriffsbeschreibung passt. Für jeden erkannten Angriff wird zusätzlich eine neue Multicast-Gruppe eröffnet, der *Watchdogs* beitreten können, die auf die Beschreibung passenden Verkehr lokal beobachten. Die nicht weiter spezifizierte Koordination der Gegenmaßnahmen erfolgt ebenfalls über diese Multicast-Gruppe. Die Verteilung der Informationen über neu erkannte Angriffe per Multicast führt u. U. zu einem sehr hohen Nachrichtenaufwand, da alle Domänen am Netzrand über sämtliche – also auch viele für die Empfänger nicht relevanten – Angriffe informiert werden.

Sehr ähnlich zu dem in dieser Arbeit als Grundlage verwendeten System zur lokalen Erkennung (s. Abschnitt 2.4.1.1) sind die Erkennungssysteme LADS [182] und TOPAS [18], welche alle drei nahezu zeitgleich veröffentlicht wurden. Entwurfsziel dieser Systeme war die skalierbare Anwendbarkeit einer Anomalie-basierten Erkennung von DDoS-Angriffen im Netzinneren. Die Architektur von LADS ist hierfür mehrstufig aufgebaut und arbeitet mit Verfeinerung. In der ersten Stufe wird der beobachtete Verkehr auf Basis von SNMP-Statistiken auf Volumenanomalien untersucht. Dies garantiert eine ressourcenschonende Erkennung mit geringem Aufwand. Als Referenzwert dient eine Vorhersage für normalen Verkehr, welche auf Basis der beobachteten Daten der letzten 5 Wochen berechnet wird. In höheren Stufen, welche nur bei Bedarf geladen werden, kann die Erkennungsgranularität schrittweise erhöht werden. Konkret existiert jedoch nur eine weitere Stufe, in welcher für bestimmte Aggregate – ICMP-, TCP SYN- und TCP RST-Dateneinheiten – geprüft wird, an welche Ziele unerwartet viel Verkehr gesendet wird, d. h. es wird nach Verteilungsanomalien gesucht. Der Fokus dieser Arbeit liegt speziell auf der Erkennung von DDoS-Angriffen, die Identifikation des Angriffstyps auf Basis der erkannten Anomalien erfolgt implizit. Eine Kooperation verteilter Instanzen wurde nicht berücksichtigt.

TOPAS nutzt einen Sensor/Manager-Ansatz zur Erkennung von Angriffen. Dabei wird davon ausgegangen, dass bereits Netzwerkmonitore zur Überwachung des Verkehrs existieren, welche bei Bedarf auch eine Paketselektion oder Vorverarbeitung der Daten durchführen können und Informationen über den beobachteten Verkehr an den Manager – die TOPAS-Instanz – senden. Der Manager bietet eine Modulumgebung, in der verschiedene Anomalie- und Signatur-basierte Erkennungsmethoden die erhaltenen Informationen auf Angriffe analysieren können. Zusätzlich bietet der Manager die Möglichkeit, eine hierarchische Erkennung oder eine Verfeinerung anzuwenden. Bei hoher Last kann der zentrale Manager auch durch verteilte TOPAS-Instanzen realisiert werden. Wie die Last-Verteilung und die Aufteilung der Erkennungsmethoden auf die einzelnen Instanzen in diesem Fall erfolgt, wird nicht beschrieben. Eine Kooperation zwischen den Instanzen findet nicht statt.

PromethOS NP [172] stellt ein Plattform zur Verfügung, welche die Steuerung eines hierarchischen Netzknotens ermöglicht. Als hierarchischer Netzknoten wird dabei ein System bezeichnet, welches neben einem General Purpose-Prozessor zusätzliche Netzwerkprozessoren zur Steuerung und Durchführung der Paketverarbeitung besitzt – die Prozessoren sind hierarchisch angeordnet. Ein solcher Netzknoten realisiert die Erkennung sowie das Filtern von Angriffsverkehr und bietet die Möglichkeit, Deep Packet Inspection aller beobachteten Dateneinheiten im Netzinneren anzuwenden. Allerdings kann der Netzknoten nur mit zusätzlicher Hardware realisiert werden. Die Anomalie-Erkennung dieses Ansatzes erfolgt mit Hilfe vorgegebener, Aggregat-spezifischer Schwellenwerte. Eine weitere Verfeinerung der Erkennung bzw. eine Identifikation des Angriffstyps im Anschluss an die Erkennung einer Volumenanomalie erfolgt nicht. Parallel zur Anomalie-basierten Erkennung wird zusätzlich eine Signatur-basierte Erkennung durchgeführt.

I^{2}MP [173] nutzt spezielle Hardware-Bausteine, um beobachtete Dateneinheiten mit Zeitstempeln zu versehen, aufzuzeichnen und später offline durch eine Software-Einheit zu verarbeiten. Auch die Arbeit von Cormode et al. [40] basiert auf der Offline-Analyse von gesammelten Informationen, wobei eine möglichst zeitnahe Durchführung der Analyse gefordert wird. Die Erkennung von Angriffen sollte möglichst in Echtzeit erfolgen, um eine schnelle Reaktion auf die Bedrohung zu ermöglichen. Dies ist bei der Offline-Analyse nicht gegeben.

Insgesamt zeigt sich bei der Betrachtung der vorgestellten, existierenden Systeme zur Angriffserkennung, dass lediglich die nahezu zeitgleich veröffentlichten Systeme TOPAS, LADS, und das in [72] vorgestellte System für die Erkennung im Netzinneren konzipiert wurden. Systeme wie Snort, PreludeIDS, Bro, Cisco MVP oder Cossack sind vorrangig für den Einsatz am Netzrand geeignet. Im Folgenden erfolgt eine ausführlichere Beschreibung des als Grundlage dieser Arbeit gewählten Systems [72]. Auf einige der anderen vorgestellten Systeme wird im Verlauf dieser Arbeit, z. B. bei der in Kapitel 3 durchgeführten Dekomposition oder der Beschreibung der entwickelten Konzepte zur Identifikation und Kooperation (s. Kapitel 5) erneut eingegangen.

2.4.1.1 Hierarchisches System zur Angriffserkennung mit Verfeinerung

Der im Folgenden vorgestellte Ansatz zur Erkennung von Angriffen im Netzinneren [72] stellt die Grundlage für die in Kapitel 5 entwickelten Mechanismen sowie deren Implementierung dar und wird daher hier ausführlich beschrieben. Der Ansatz berücksichtigt zum einen die Tatsache, dass die Angriffserkennung Anomalie-basiert erfolgen soll. Gründe hierfür sind, dass viele DoS- bzw. DDoS-Angriffe das Opfer des Angriffs mit Dateneinheiten überfluten, die der jeweiligen Protokollspezifikation entsprechen, beispielsweise TCP SYN- oder ICMP Echo Request-Dateneinheiten. Derartige Angriffe können nicht mit Hilfe der Signatur-basierten Erkennung detektiert werden. Des Weiteren können auch bisher unbekannte Angriffe erkannt werden, da die Anomalie-basierte Erkennung das Verhalten des Verkehrs bzw. bestimmter Eigenschaften des Verkehrs im Hinblick auf Abweichungen vom normalen Verhalten analysiert.

Zum anderen soll die Angriffserkennung möglichst nicht auf neu auszubringender, dedizierter Hardware zum Einsatz kommen, sondern auf bereits im Netz vorhandenen Systemen ausgeführt werden. Hierzu eignen sich z. B. Router, welche die Ausführung zusätzlicher Anwendungen durch aktive bzw. programmierbare Plattformen, wie z. B. FlexiNet [62] oder programmierbare Overlay-Router [43], oder durch den Einsatz von virtuellen Knoten unterstützen. Damit das Wirtsystem in seinen primären Aufgaben – bei Routern das schnelle Weiterleiten von Dateneinheiten – möglichst wenig behindert wird, stehen zusätzlichen Anwendungen meist nur begrenzt Ressourcen zur Verfügung. Der Grundsatz der Ressourcenschonung gilt bei Anwendungen im Netzinneren aufgrund der hohen Datenraten aber selbst, wenn zusätzliche Hardware zum Einsatz kommen sollte. Die genutzte Angriffserkennung arbeitet daher *hierarchisch*, d. h. je nach Verfügbarkeit der Ressourcen auf dem Wirtsystem können unterschiedliche Anomalie-Erkennungsmethoden nacheinander gestartet werden. Erkennt eine nach der Initialisierung der Angriffserkennung gestartete Basisstufe eine Anomalie, löst diese das Laden der zweiten Stufe aus. Diese wiederum kann nach Durchführung der Anomalie-Erkennung eine weitere Stufe starten und anschließend beendet werden, so dass nur die Basisstufe durchgehend aktiv ist, die höheren Stufen aber nur bei Bedarf angewendet werden. Diese Vorgehensweise stellt sicher, dass unterschiedliche Anomalie-Erkennungsmethoden auch bei begrenzten Ressourcen ausgeführt werden können, ohne das Wirtsystem zu beeinträchtigen. Hierdurch steigt jedoch u. U. auch die False negative-Fehlerrate, wenn Angriffe Anomalien auslösen, welche nur durch eine feingranulare Betrachtung erkennbar sind.

Um eine zuverlässige und möglichst genaue Erkennung und Beschreibung eines Angriffs realisieren zu können, ist es notwendig, den Paketstrom detailliert zu unter-

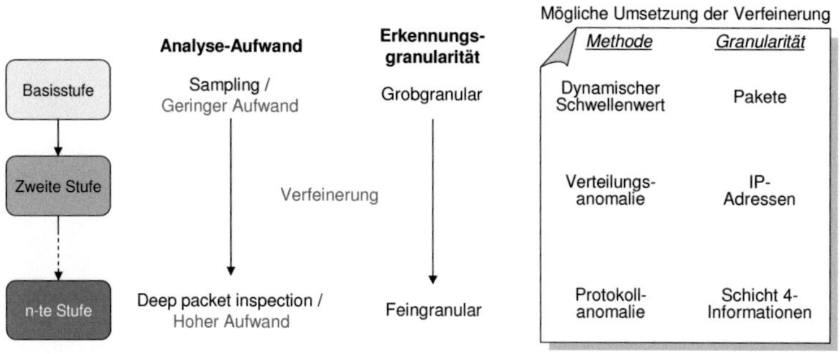

Abbildung 2.6 Hierarchische Angriffserkennung mittels Verfeinerung

suchen. Dies schließt eine Untersuchung der Protokollköpfe höherer Schichten, z. B. der Transport- oder Anwendungsschicht, ein, kann aber aufgrund hoher Bandbreiten und begrenzter Ressourcen im Netzinneren meist nicht durchgeführt werden, ohne entweder den Grundsatz der Ressourcenschonung zu verletzen oder spezielle Hardware-Bausteine einzusetzen. Auf Basis einer hierarchischen Erkennung kann dieses Problem jedoch mit Hilfe einer schrittweisen *Verfeinerung* der Erkennung [73] gelöst werden, deren Grundidee in Abbildung 2.6 skizziert ist. In der Basisstufe, die durchgehend aktiv ist, wird eine Anomalie-Erkennung durchgeführt, die nur einen geringen Aufwand verursacht und dadurch ressourcenschonend arbeitet. Die Erkennung ist allerdings nur sehr grobgranular. In der Umsetzung der Verfeinerung aus [73] (s. Abbildung 2.6) wird beispielsweise ein Schwellenwert-Verfahren eingesetzt, welches jeweils für verschiedene Aggregate einen dynamischen Schwellenwert berechnet. Die Aggregate werden dabei durch das Protokoll der in den IP-Daten enthaltenen Nutzdaten, z. B. TCP oder UDP, definiert. Diese Information wird aus dem Protokollkopf der Netzwerkschicht ermittelt. Der geringe Aufwand dieser Basisstufe wird dadurch sichergestellt, dass das Schwellenwert-Verfahren nur sehr einfache Berechnungen durchführt und keine Daten aus höheren Schichten der Dateneinheit benötigt werden. In der Basisstufe kann außerdem ein Sampling-Verfahren genutzt werden, um den verursachten Ressourcen-Aufwand zu reduzieren. Wird innerhalb eines Aggregats ein mehrmaliges Überschreiten des Schwellenwerts detektiert, wird die zweite Stufe geladen. Ein einmaliges Überschreiten ist aufgrund der Selbstähnlichkeit des Internetverkehrs [153] für das Vorliegen einer Anomalie nicht ausreichend. Der Schwellenwert wird während des Angriffsverdachts nicht weiter angepasst, um auch die Erkennung des Angriffsendes zu ermöglichen. Im Rahmen der Verfeinerung existieren zwei Möglichkeiten für die Untersuchungen der nachfolgenden Stufe:

- Die nachfolgende Stufe wertet Daten aus, die bereits in der vorhergehenden Stufe gesammelt wurden. Dies kann beispielsweise nötig sein, wenn Vergleichsdaten aus dem Zeitraum vor dem Auftreten der Anomalie der vorhergehenden Stufe benötigt werden. In diesem Fall stellt die Verfeinerung sicher, dass die meist rechenintensive Auswertung der gesammelten Daten nur bei Bedarf erfolgt und nicht ständig durchgeführt werden muss. Nachteil dieser Methode ist allerdings, dass zur Sammlung der benötigten Daten Speicherplatz benötigt wird. Dieser kann aber beispielsweise durch die Verwendung eines Ringpuffers limitiert werden. In [73] werden von der Basisstufe gesammelte Daten über die Verteilung der Quell- und Ziel-IP-Adressen in der zweiten Stufe auf Verteilungsanomalien untersucht.

- Die nachfolgende Stufe führt eine Anomalie-Erkennung auf Basis eigener Beobachtungen durch. Die Verfeinerung stellt dabei sicher, dass der zu überwachende Paketstrom im Vergleich zur vorhergehenden Stufe eingeschränkt ist. Dies ermöglicht eine aufwändigere, feingranularere Untersuchung der Dateneinheiten, da nur noch ein Teil des gesamten Paketstroms analysiert wird. In [73] untersucht die dritte Stufe nur Dateneinheiten auf Protokollanomalien, die zum in der Basisstufe als anormal aufgefallenen Aggregat sowie zu den in der zweiten Stufe als anormal ermittelten IP-Adressen gehören. Eine solche Einschränkung kann z. B. durch einen Filter realisiert werden. Aufgrund des dadurch meist deutlich eingeschränkten Paketstroms kann die aufwändigere Anomalie-Erkennung auf Basis von Informationen der Transportschicht in dieser Stufe auch auf Systemen mit begrenzten Ressourcen erfolgen.

Den Ablauf am Beispiel eines konkreten DDoS-Angriffs zeigt Abbildung 2.7. Diese Abbildung basiert auf einer Implementierung der beschriebenen, dreistufigen Angriffserkennung für die programmierbare Plattform FlexiNet, welche auf einem Testbett-Rechner ausgeführt wurde. Legitimer Verkehr wurde durch das Abspielen einer Tracedatei mit Hilfe des Werkzeugs `tcpreplay` erzeugt. Zusätzlich wurde ein DDoS-Angriff auf Basis von ICMP Echo Reply-Dateneinheiten erzeugt, der den legitimen Verkehr überlagerte. Der in der Abbildung dargestellte Ausschnitt des Ablaufs der Angriffserkennung zeigt zum einen die beobachtete Anzahl an ICMP-Dateneinheiten während 30 Zeitintervallen der Dauer 10 s sowie den dynamisch berechneten Schwellenwert im ICMP-Aggregat. Zum anderen ist die zum jeweiligen Zeitpunkt aktive Stufe eingezeichnet. Man sieht, dass nach mehrmaligem Überschreiten des Schwellenwerts in Zeitintervall 11 die zweite Stufe der hierarchischen Erkennung geladen wird, welche nach Verteilungsanomalien auf Basis der von der Basisstufe gesammelten Daten sucht. Anschließend wird die dritte und letzte Stufe der Angriffserkennung geladen, die den durch die vorigen Stufen eingeschränkten Paketstrom tiefergehend auf Protokoll-Anomalien untersucht. Nach Abschluss dieser dritten Stufe wird die Angriffs-Erkennung beendet, da keine weiteren Stufen zur Verfügung stehen. Gegenmaßnahmen werden in dieser Arbeit nicht betrachtet und daher in diesem Beispiel auch nicht eingeleitet, so dass der Angriff auch nach dem Ende der Erkennung weiter beobachtet werden kann. Der dynamische Schwellenwert der ersten Stufe wird erst wieder nach der Erkennung des Angriffsendes in Zeitintervall 27 angepasst; während des Angriffsverdachts erfolgt keine Neuberechnung.

Als Grundlage für die in der vorliegenden Arbeit zu entwickelnden Mechanismen wurde eines der hierarchischen Systeme zur Anomalie-basierten Erkennung mittels Verfeinerung [73, 149, 182] gewählt, da ein solches System aufgrund seiner Ressourcenschonung auch für den Einsatz im Netzinneren geeignet ist. Zusätzlich bietet die Verfeinerung vor allem im Hinblick auf eine flexible Identifikation sowie eine dezentrale Kooperation im Netzinneren viele Möglichkeiten, welche monolithische Systeme – d. h. Systeme, die nur aus einer einzigen Erkennungsmethode bestehen – nicht bieten. Als Nachteil der vorgestellten Systeme wird allerdings die Tatsache gesehen, dass der Ablauf der hierarchischen Verfeinerung meist fest vorkonfiguriert ist

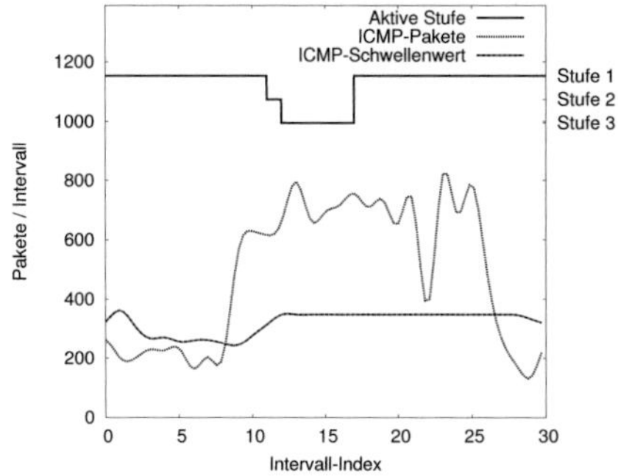

Abbildung 2.7 Ablauf der Angriffserkennung mit Verfeinerung am Beispiel eines ICMP Echo Reply-DDoS-Angriffs

und das System sich daher nur durch manuelle Eingriffe an veränderte Randbedingungen, z. B. eine veränderte Verfügbarkeit von Ressourcen für die Erkennung oder eine veränderte Verkehrslast, angepasst werden kann. Eine autonome und adaptive Ablaufsteuerung ist hier wünschenswert. Ein Mechanismus zur Umsetzung einer solchen autonomen Ablaufsteuerung wird daher im Rahmen dieser Arbeit entwickelt (s. Abschnitt 5.2.4).

2.4.2 Methoden zur Erkennung von Anomalien

Als ressourcenschonendste Methode zur Anomalie-Erkennung gelten Schwellenwert-Verfahren. Diese analysieren das Verkehrsverhalten bestimmter Aggregate und berechnen, z. B. mit Hilfe eines Exponential Weighted Moving Average (EWMA), eine obere Schranke für den als normal angesehenen Verkehr. Kriterien für die Aggregat-Definition können beispielsweise das verwendete Transportschicht-Protokoll oder die Ziel-IP-Adresse sein. DIADEM [127] beispielsweise nutzt neben Signaturen zusätzlich auch Schwellenwerte, um die von Sensoren gesammelten Informationen über den beobachteten Verkehr zentral von einem Manager auf Volumenanomalien untersuchen zu lassen. Kann eine Anomalie gefunden werden, wird implizit von einem DDoS-Angriff ausgegangen und der Manager kann Gegenmaßnahmen einleiten und koordinieren. Das Bundesamt für Sicherheit in der Informationstechnik (BSI) setzt IAS [210] zur Erkennung von Anomalien ein, welches ebenfalls mit Schwellenwerten arbeitet. Als Aggregate werden sämtliche beobachteten Protokolle definiert. Die Anomalie-Erkennung basiert auf Daten, die von unterschiedlichen Standorten durch Sensoren gesammelt und zentral durch einen Manager ausgewertet werden. Die Identifikation eines Angriffs im Anschluss an die Anomalie-Erkennung erfolgt manuell. Carl et al. [26] stellen neben Ansätzen zur Schwellenwert-basierten Erkennung weitere Methoden wie die Cumulative Sum-Methode (Cusum) oder die Nutzung der Spektralanalyse vor. Die Cusum-Methode setzt die Berechnung eines Schwellenwertes voraus. Auf Basis dieses Wertes berechnet die Cusum-Methode die durchschnittliche Summe der Abweichungen von diesem Schwellenwert. Die Spektralanalyse hingegen teilt die beobachteten Informationen in einen normalen und einen anormalen Teil ein und ermöglicht die Erkennung der anormalen Situationen selbst bei nur geringen Ausprägungen.

NSOM [107] nutzt Neuronale Netze, um beobachteten Verkehr mittels Clustering in Normal- und Angriffsverkehr zu unterteilen. Angriffsverkehr ist dabei all derjenige Verkehr, welcher nicht in den in einer Trainingsphase erlernten Cluster für Normalverkehr fällt. Dabei werden nur DoS-Angriffe berücksichtigt, weitere Angriffe werden nicht betrachtet. Um Ressourcenschonung sicherzustellen werden nur Informationen der Netzwerkschicht für die Erkennung verwendet. HIDE [116] ist ebenfalls ein Beispiel für die Anomalie-Erkennung mittels Neuronaler Netze. Dabei ermöglicht HIDE die Erkennung von ungewöhnlichem Verhalten auch bei sehr niedrigen Angriffsraten, indem mehrere unterschiedlich große Zeitfenster gleichzeitig betrachtet werden. Dies erhöht allerdings auch den Aufwand der Erkennung.

Eine Methode um innerhalb kürzester Zeit anormales Verkehrsverhalten zu detektieren stellen Nucci et al. [142] vor. Dabei fokussieren die Autoren die Erkennung von sich schnell ausbreitenden Internetwürmern über die Analyse der im Verkehr enthaltenen Entropie. Die Erkennung basiert darauf, dass von menschlichen Benutzern entwickelte und initiierte Wurmausbreitungen den ansonsten im Verkehr beobachtbaren natürlichen Zufall stören. Dies kann über eine Veränderung der Entropie erkannt werden, indem die Entropie des Verkehrs über die Sammlung verschiedener Daten des Netzes, wie Netflow-Daten oder die CPU-Auslastung der einzelnen Router, berechnet wird.

NETAD [115] führt mit Hilfe eines zweistufigen Aufbaus in der ersten Stufe eine Datenreduktion vor der eigentlichen Anomalie-Erkennung durch. Dabei werden beispielsweise nur Dateneinheiten mit Portnummern kleiner 1024 oder nur die ersten 250 Byte eines Flows an die zweite Stufe weitergegeben. Die zweite Stufe berechnet anschließend für jedes Aggregat, in welches die beobachtete Dateneinheit fällt, einen *Anomaly Score*. In diesen fließt beispielsweise ein, wie häufig eine ähnliche Dateneinheit in den letzten x Minuten gesehen wurde. Zusätzlich fließen die Anomaly Scores vorheriger Dateneinheiten in die Neuberechnung ein. Die Aggregat-Definition erfolgt dabei sehr feingranular.

PAYL [212] führt eine Anomalie-Erkennung für ein einzelnes Endsystem auf Basis der Byte-Häufigkeitsverteilung je Nutzdatenlänge von Dateneinheiten durch. Die erwartete Verteilung muss dabei im Voraus erlernt werden. Als Granularität der verwendeten Verteilung werden die Byte-Häufigkeiten für jede mögliche Nutzdatenlänge von Dateneinheiten pro Portnummer eines Ziel-Systems ermittelt. Dies erfordert aufgrund der sehr feinen Granularität einen hohen Rechen- und Speicheraufwand, da für jeden möglichen Zielport Verteilungen für jede mögliche Nutzdatenlänge ermittelt und verglichen werden müssen. Die eigentliche Anomalie-Erkennung wird durch die Berechnung der Mahalanobis-Distanz zwischen erwarteter und beobachteter Verteilung und anschließendem Vergleich mit einem vorgegebenen Schwellenwert durchgeführt. POSEIDON [17] ist ein zweistufiges System, welches in einer ersten Stufe den beobachteten Verkehr mit Hilfe einer Self-Organizing Map (SOM) in verschiedene Klassen gruppiert. Auf Basis dieses Clustering, welches effektiver und weniger aufwändig als die bei PAYL genutzte Häufigkeitsverteilung ist, wird in der zweiten Stufe der von PAYL verwendete Ansatz zur Erkennung von Anomalien über die Distanz zwischen Beobachtung und zugehörigem Cluster verwendet. Eine Identifikation oder Kooperation mit anderen Erkennungssystemen wird bei beiden Lösungen nicht durchgeführt.

Zur Erkennung von DDoS-Angriffen verwendet Lakhina [108] ein Verfahren, welches mit Hilfe der Principal Component Analysis nach anormalem Verhalten des Verkehrs sucht. Im Gegensatz zur Anomalie-Erkennung auf Basis von Schwellenwert-Verfahren ermöglicht die Principal Component Analysis die Erkennung deutlich kleinerer Verkehrsschwankungen und erreicht dadurch eine wesentlich geringere False negative-Fehlerrate. Allerdings werden aufwändigere Berechnungen durchgeführt als bei Schwellenwert-Verfahren und es wird statt der lokalen Erkennung ein Sensor/Manager-Ansatz genutzt. Als Eingabedaten werden hierbei Informationen über sämtliche Origin/Destination-Flows (OD-Flows) der gesamten administrativen Domäne benötigt. Die Datensammlung erfolgt folglich über Sensoren, die Anomalie-Erkennung wird anschließend zentral von einem Manager durchgeführt. Im Fall einer erkannten Anomalie wird implizit von einem DDoS-Angriff ausgegangen. Ein erweiterter Ansatz [109] führt die Anomalie-Erkennung nicht nur auf den OD-Flow-Daten, sondern gleichzeitig in zusätzlichen Dimensionen aus, d. h. pro OD-Flow werden die Verteilungen der Quell- und Ziel-IP-Adressen sowie der Quell- und Ziel-Ports analysiert. Dies ermöglicht zusätzlich zur Erkennung eine Identifikation des Angriffs.

Die Anomalie-basierte Erkennung von Zanero [220] basiert auf der Überwachung des Nutzerverhalten eines zu schützenden Endsystems. Erwartetes Verhalten wird mit Hilfe eines Hidden-Markov-Model, welches mit Trainingsdaten initialisiert wird, nachgebildet und ermöglicht so die Erkennung von anormalem Nutzerverhalten. Dabei erfolgt die Nachbildung des Verhaltens nur für eine bestimmte Anzahl an Nutzerklassen, um die Skalierbarkeit der Initialisierungsphase sowie der Erkennung sicherzustellen. Im Gegensatz dazu erfolgt die Erkennung von Anomalien in [217] mit Hilfe der Nachbildung des Verhaltens jedes einzelnen Nutzers des Netzes.

D-WARD [126] führt die Anomalie-basierte Erkennung statt im Zugangsnetz des Opfers – wie dies bei den meisten existierenden Ansätzen der Fall ist – in den Zugangsnetzen der Angreifer durch. Dadurch können Angriffe frühzeitig und effektiv bekämpft und nicht nur das Opfer, sondern auch die Netze geschützt werden. Die Erkennung basiert dabei auf der Modellierung des TCP-Staukontroll-Verhaltens. Abweichungen vom Modell – in der vorliegenden Arbeit als Protokollanomalien bezeichnet – werden implizit als DDoS-Angriff identifiziert und die Dateneinheiten der auslösenden Flows werden verworfen. Problematisch ist eine solche Erkennung jedoch, wenn viele Zombie-Systeme koordiniert Angriffsdateneinheiten mit niedriger Rate versenden, d. h. sich den Eigenschaften der Erkennung anpassen, oder Protokolle ohne Staukontroll-Mechanismen nutzen.

FIDRAN [82] – ein Rahmenwerk zur flexiblen Verteilung von Erkennungsfunktionalität auf aktive bzw. programmierbare Plattformen – ermöglicht den skalierbaren Einsatz einer Angriffserkennung auch in größeren Netzen, wobei vorrangig die Erkennung innerhalb einer administrativen Domäne am Netzrand betrachtet wird. Der Fokus liegt dabei auf der Signatur-basierten Erkennung, da diese durch die Analyse aller Dateneinheiten hohen Aufwand verursacht. Die Integration von Anomalie-Erkennungsmethoden oder Honeypots ist aber ebenso möglich. Um den verursachten Aufwand zu reduzieren und Ressourcenschonung zu erreichen, wird die Erkennungsfunktionalität mit Hilfe von *Security Policies* auf mehrere Erkennungssysteme verteilt, die jeweils nur eine Untermenge aller Dateneinheiten analysieren müssen. Eine Kommunikation zwischen Erkennungsmodulen der verteilten Systeme ist angedacht, Ablauf und Umsetzung sind jedoch nicht spezifiziert. Mit Hilfe von analytischen Optimierungsmodellen für die Platzierung der Systeme innerhalb der Domäne kann der für die Erkennung benötigte Aufwand im Vergleich zur manuellen Platzierung oder zentralen Erkennung außerdem deutlich reduziert werden [81].

Das von Holz et al. [83] vorgestellte System ermöglicht die verteilte Untersuchung von Audit Logs mit Hilfe von Signaturen. Die Audit Logs werden hierzu von Sensoren gesammelt und von Agenten verteilt ausgewertet. Es handelt sich folglich um eine Offline-Analyse, welche aufgrund der verteilten Analyse jedoch vergleichsweise zeitnah zur Speicherung durchgeführt werden kann. Die Verteilung der Aufgaben kann mit minimalem Nachrichtenaufwand realisiert werden. Zusätzlich sind die Agenten in der Lage, bei Bedarf die Analyse von Teilen der Audit Logs an weitere Agenten zu delegieren, um Überlast-Situationen zu vermeiden. Die Platzierung der Agenten kann mit Hilfe einer Graph-basierten Modellierung der aktuellen Topologie des Netzes sowie der für die Verteilung anfallenden Kosten, z. B. das Senden von Befehlen oder Audit Logs, optimiert werden [177]. Die Platzierung sollte außerdem dynamisch rekonfiguriert werden, beispielsweise wenn sich die Topologie ändert. In einem neueren Ansatz [209] erfolgt die Koordination der Agenten zudem statt mit Hilfe einer zentralen Kontrollinstanz auf Basis eines Overlay-Netzes. Dieses dient dazu, anderen Agenten verfügbare Ressourcen mitzuteilen sowie Agenten aufzufinden, an welche bestimmte Analyse-Aufgaben delegiert werden können. Die Anomalie-basierte Erkennung von Bedrohungen wird in diesen Arbeiten nicht betrachtet.

Zusammenfassung

Die Anomalie-Erkennung der in diesem Abschnitt vorgestellten Methoden erfolgt rein lokal, d. h. auf lokalen Beobachtungen des Verkehrs bzw. auf innerhalb einer administrativen Domäne gesammelten Daten, welche meist zentral analysiert werden. Viele der hierfür eingesetzten monolithischen Anomalie-Erkennungsmethoden, z. B. die Principal Component Analysis [109], PAYL [212], NETAD [115] oder HIDE [116], führen wenig ressourcenschonende Erkennungsmethoden aus, so dass eine ständige Ausführung dieser Methoden im Netzinneren kaum zu realisieren ist. Auch eine parallele Ausführung mehrerer dieser Methoden ist im Netzinneren schwierig. Eine Integration dieser Methoden in ein Erkennungssystem, welches mit Verfeinerung arbeitet, ist allerdings denkbar und sinnvoll. Die vorgestellten Methoden, welche ressourcenschonend arbeiten, z. B. DIADEM [127] oder NSOM [107], sind im Rahmen eines Systems mit Verfeinerung gut als Basisstufe nutzbar. Eine Anwendung ohne weitere Verfeinerung ist aufgrund der meist ziemlich grobgranularen Erkennung wenig sinnvoll. Aufgrund der höheren Fehlerraten der Angriffserkennung im Netzinneren (s. Abschnitt 2.3.2) ist zusätzlich zur lokalen Angriffserkennung, welche beispielsweise auf Basis der vorgestellten Methoden durchgeführt werden kann, eine Kooperation verteilter Erkennungssysteme wünschenswert, um die Anzahl der fehlerhaften Erkennungen zu reduzieren. Hierzu sollte eine Kooperation nicht nur innerhalb einer administrativen Domäne, sondern Domänen-übergreifend stattfinden. Im Rahmen dieser Arbeit wird daher ein Mechanismus entwickelt, welcher eine dezentrale Kooperation verteilter Erkennungssysteme auch über Domänengrenzen hinweg ermöglicht (s. Abschnitt 5.3).

2.5 Angreifermodell

In diesem Abschnitt wird das der Arbeit zugrunde liegende Angreifermodell beschrieben. Dieses spezifiziert die Fähigkeiten und Möglichkeiten des betrachteten

Angreifers sowie dessen Angriffsziele. Die Definition eines *Standard-Angreifers* bildet im weiteren Verlauf der Arbeit die Grundlage der Sicherheitsbetrachtungen, sowohl im Hinblick auf den Entwurf der dezentralen Angriffserkennung als auch auf die Bewertung der entwickelten Mechanismen. Im Folgenden wird ein zweigeteiltes Angreifermodell etabliert, welches zwischen den vom Erkennungssystem zu detektierenden Bedrohungen im Internet – den *Angriffen erster Ordnung* – und möglichen Angriffen auf die Erkennungssysteme selbst – *Angriffen zweiter Ordnung* – unterscheidet. Die Definition des Angreifermodells orientiert sich dabei teilweise an der Terminologie aus [16].

2.5.1 Angreifermodell bei Angriffen erster Ordnung

Im Fall der betrachteten Bedrohungen im Internet, welche von der in dieser Arbeit entworfenen, dezentralen Angriffserkennung erkannt werden sollen, wird von einem Standard-Angreifer ausgegangen, der in der Lage ist, eine Menge von X Systemen zu korrumpieren, d. h. unter seine Kontrolle zu bringen. Die Korrumpierung der Systeme geschieht dabei vor oder während eines Angriffs gezielt über Sicherheitslücken oder Schwachstellen in den Systemen. Der Angreifer benötigt dazu nicht unbedingt physischen Zugriff auf die Systeme, die Korrumpierung erfolgt vorrangig über die Netzwerkkommunikation. Eine mögliche Automatisierung der Korrumpierung, beispielsweise durch Internetwürmer, erlaubt dem Angreifer innerhalb eines kurzen Zeitraums in viele Systeme einzudringen. Zusätzlich zur Korrumpierung von Systemen kann der Angreifer eigene Systeme ins Netz integrieren.

Für die Anzahl X der vom Standard-Angreifer kontrollierten Systeme – d. h. die Summe der korrumpierten und eigenen Systeme – gilt notwendigerweise $X < n$, wobei n die Gesamtzahl aller am Netz teilnehmenden Systeme ist. Außerdem ist die Anzahl der korrumpierten Systeme durch den zur Korrumpierung notwendigen Aufwand, z. B. den Einsatz von Zeit oder Ressourcen, sowie durch die Anfälligkeit der Systeme gegenüber der zur Korrumpierung ausgenutzten Sicherheitslücke oder Schwachstelle beschränkt. Auch die Integration eigener Systeme ist aufgrund der entstehenden Kosten und des Administrationsaufwands beschränkt. Es wird daher angenommen, dass für die Anzahl der korrumpierten Systeme

$$X \ll n$$

gilt, d. h. der Angreifer kann nur einen vergleichsweise kleinen Anteil aller am Netz teilnehmenden Systeme unter seine Kontrolle bringen. Der Angreifer kann folglich nicht beliebig viele Systeme korrumpieren. Zusätzlich wird angenommen, dass ein Angreifer nicht in der Lage ist, Zwischensysteme zu korrumpieren. Der Standard-Angreifer kann nur Endsysteme korrumpieren. Das bedeutet auch, dass das Abhören von Dateneinheiten auf Netzwerkschicht nicht möglich ist, da Endsysteme keine Weiterleitung von Dateneinheiten durchführen.

Der Standard-Angreifer ist in der Lage, *aktiv* böswilliges Verhalten auf dem korrumpierten System zu initiieren. Dies schließt auch das Erzeugen von Dateneinheiten ein. Ein korrumpiertes System muss sich aber nicht bösartig verhalten. Die Korrumpierung kann dann nicht am Verhalten des Systems erkannt werden. Auf einem korrumpierten System wird meist ein Software-Prozess des Angreifers ausgeführt, der dem Angreifer eine Steuerung des Systems über die Netzwerkkommunikation erlaubt – der Angreifer benötigt folglich keinen physischen Zugriff auf das korrumpierte System. Die Art und Ausführung des Software-Prozesses sei hier nicht näher spezifiziert. Der Standard-Angreifer hat keine *passiven* Fähigkeiten gemäß [16], d. h. er hat nicht Zugriff auf alle Informationen des Systems, sondern nur auf die Informationen, die für die Netzwerkkommunikation – und damit zur Steuerung des Systems sowie zur Durchführung eines Angriffs – notwendig sind. Der Standard-Angreifer wird aufgrund seiner Fähigkeit, aktiv böswilliges Verhalten zu initiieren, und seiner fehlenden passiven Fähigkeiten als *eingeschränkt aktiv* bezeichnet.

Der Vorgang der Korrumpierung erfolgt *statisch*, nicht adaptiv. Dies bedeutet, dass die Auswahl der zu korrumpierenden Systeme bereits vor einem Angriff festgelegt wird, selbst wenn die Korrumpierung weiterer Systeme während eines Angriffs erfolgt. Die Auswahl der Systeme erfolgt nicht adaptiv während eines Angriffs. Der Standard-Angreifer ist in der Lage, das Verhalten korrumpierter Knoten so zu koordinieren, dass ein gemeinsamer zeitgleicher Angriff durchgeführt werden kann. Die Koordinierung erfolgt jedoch nicht im genau gleichen Moment, sondern benötigt u. U. eine gewisse Zeit. Ein Angreifer ist außerdem nicht verpflichtet, generierte Dateneinheiten mit wahrheitsgemäßen Inhalten zu füllen; die Nachrichteninhalte können folglich unwahr sein.

Es wird o.B.d.A. angenommen, dass sich die korrumpierten Systeme gleichverteilt im gesamten Netz befinden, d. h. jedes Endsystem kann mit derselben Wahrscheinlichkeit

$$P = \frac{X}{n}$$

vom Angreifer korrumpiert werden.

Zusammenfassend sind die Fähigkeiten des Standard-Angreifers in Bezug auf Bedrohungen im Internet die Folgenden:

- Korrumpierung von Endsystemen über Sicherheitslücken
- Anzahl korrumpierter Systeme vergleichsweise klein
- Korrumpierung ermöglicht beschränkt aktiven Zugriff auf Systeme
- Korrumpierung erfolgt statisch
- Zeitliche Koordination korrumpierter Systeme möglich
- Korrumpierte Systeme sind global gleichverteilt

2.5.2 Angreifermodell bei Angriffen zweiter Ordnung

Hinsichtlich der Angriffe zweiter Ordnung, d. h. Angriffe gegen die Erkennung selbst, wird davon ausgegangen, dass das Ziel des Angreifers darin besteht, entweder die selbständige Erkennung eines Angriffs durch ein einzelnes Erkennungssystem oder die Erkennung eines Angriffs durch eine Kooperation mehrerer verteilter Erkennungssysteme zu verhindern. Die Kooperation wird dabei im Anschluss an die erfolgreiche Erkennung eines Angriffs durch ein einzelnes System mittels Austausch von Informationen über den erkannten Angriff durchgeführt.

Die Fähigkeiten des Standard-Angreifers in Bezug auf Angriffe gegen die eigentliche Erkennung entsprechen größtenteils denen eines Dolev-Yao-Angreifers [48]. Beim Dolev-Yao-Modell, welches häufig in drahtlosen Netzen Anwendung findet, ist der Angreifer im Stande, Daten abzuhören, zu erzeugen und zu modifizieren. Da es sich beim Internet – im Gegensatz zu drahtlosen Netzen – jedoch nicht um eine einzelne

Broadcast-Domäne handelt, wird in dieser Arbeit einschränkend angenommen, dass diese Möglichkeiten nicht global gegeben sind. Vielmehr ist das Abhören, Modifizieren und Erzeugen von Daten nur möglich, wenn der Angreifer ein Erkennungssystem korrumpiert oder ein von ihm korrumpiertes System sich als Erkennungssystem ausgibt und an der dezentralen Kooperation teilnimmt. In diesen Fällen kann der Angreifer Dateneinheiten, welche an ihn in seiner Rolle als Erkennungssystem gesendet werden, abhören bzw. Dateneinheiten, welche ihm in seiner Rolle als Erkennungssystem zur Weiterleitung auf Anwendungsschicht übermittelt werden, modifizieren, löschen oder zu einem späteren Zeitpunkt wieder einspielen. Zudem ist er in der Lage beliebige Dateneinheiten zu erzeugen und diese an andere Erkennungssysteme zu übermitteln. Die darin enthaltenen Informationen müssen nicht notwendigerweise wahr sein. Die Erzeugung eigener Nachrichten ist jedoch nur in begrenztem Umfang möglich, da die Durchführung von Angriffen evtl. erhöhten Ressourcen-Aufwand auf den korrumpierten Systemen, z. B. durch notwendige rechenintensive kryptographische Berechnungen, erfordert. Der Angreifer kann aufgrund des zur Korrumpierung notwendigen Aufwands nur eine sehr geringe Anzahl von an der dezentralen Kooperation teilnehmenden Erkennungssystemen korrumpieren. Außerdem wird davon ausgegangen, dass der Standard-Angreifer die Funktionsweise der dezentralen Kooperation von Erkennungssystemen kennt.

Im Rahmen dieser Arbeit wird außerdem von der in [28] getroffenen Einschränkung ausgegangen, dass ein Angreifer nicht in der Lage ist, die Vertraulichkeit, Integrität oder Authentizität geschützter Daten zu verletzen, wenn er nicht das passende Schlüsselmaterial besitzt. Dies ist vor allem im Hinblick auf die Kommunikation zwischen verteilten Erkennungssystemen relevant.

Für alle weiteren Fähigkeiten des Angreifers gelten die bereits in Abschnitt 2.5.1 spezifizierten Eigenschaften. Der Standard-Angreifer, der die Erkennung selbst angreift, wird im vorliegenden Angreifermodell lediglich als Erweiterung des Standard-Angreifers in Bezug auf Bedrohungen im Internet gesehen. Dieser Abschnitt spezifiziert daher nur die im Hinblick auf Angriffe zweiter Ordnung besonderen Fähigkeiten des Angreifers. Zusammenfassend sind die zusätzlichen Fähigkeiten des Standard-Angreifers in Bezug auf Angriffe auf die Erkennung selbst:

- Korrumpierung von Erkennungssystemen
- Abhören und Modifizieren von Daten in korrumpierten Erkennungssystemen
- Erstellen einer begrenzten Anzahl von Dateneinheiten
- Geschützte Daten nur mit passendem Schlüsselmaterial angreifbar

2.6 Netzwerksimulatoren

Die Evaluierung der im Rahmen dieser Arbeit entwickelten Mechanismen zur Erkennung verteilter, großflächiger Angriffe soll mit Hilfe eines Simulators erfolgen. Ein Vergleich unterschiedlicher, für eine Evaluierung nutzbarer Plattformen – welcher zu dieser Entscheidung führte – findet sich in Kapitel 4. Folglich musste eine Entscheidung getroffen werden, welcher der zahlreichen existierenden Netzwerksimulatoren als Basis für die entwickelten Werkzeuge zur Evaluierung einer dezentralen Angriffserkennung am besten geeignet ist. Hierzu wurden verschiedene Simulatoren verglichen und hinsichtlich der folgenden Eigenschaften bewertet: Verfügbarkeit, aktive Entwicklung und Eignung für die Simulation Internet-ähnlicher Netze. Die Liste der beschriebenen Simulatoren ist sicherlich nicht vollständig, deckt aber ein breites Spektrum ab und beinhaltet die derzeit am häufigsten verwendeten Simulatoren. Tabelle 2.1 fasst die Eigenschaften der einzelnen Simulatoren zusammen und stellt diese gegenüber.

Simulatoren wie *CLASS* (Cell-Level ATM Services Simulator) [118] oder *NetworkSims* [139] sind hochgradig spezialisiert und eignen sich daher nicht als Grundlage dieser Arbeit. CLASS ermöglicht die gezielte Simulation von ATM-Netzen, wohingegen NetworkSims aus einer Reihe von Simulatoren und Emulatoren für bestimmte Cisco-Produkte besteht. *Parsec* (Parallel Simulation Environment for Complex Systems) [10] – eine auf C basierende Programmiersprache für Simulationen – erlaubt die sequentielle oder parallele Simulation Ereignis-basierter Modelle. Die Wiederverwendbarkeit einmal erstellter Modelle ist schwierig, da keine klare Trennung zwischen Modell und Funktionalität existiert. Einmal implementierte Funktionalitäten lassen sich nicht ohne Änderungen in neue Modelle übernehmen. Mit *GloMoSim* (Global Mobile Information Systems Simulation Library) [223] steht ein Simulator zur Verfügung, dessen Simulationskern auf Parsec aufbaut. GloMoSim definiert klare Schnittstellen zur Realisierung einer Schichtenarchitektur und stellt bereits verschiedene Protokolle bereit. Der Fokus dieses Simulators liegt allerdings auf der Simulation drahtloser Netze; Protokolle und Verfahren zur Simulation drahtgebundener Netze wurden bisher nicht integriert. In GloMoSim wurden, wie auch in Parsec, seit einigen Jahren keine Verbesserungen oder Neuerungen mehr integriert. Aktiv weiterentwickelt wird nur *QualNet* [175], die kommerzielle Variante von GloMoSim.

Die Simulatoren *ns-2* [140], *ns-3* [141] und *OMNeT++* [204] sind für die akademische Nutzung kostenfrei. Dies sind gleichzeitig die Simulatoren, die im Bereich der Kommunikationsnetze häufig Anwendung finden, auch weil sie ständig weiterentwickelt und gepflegt werden. OMNeT++ trennt Modellierung und Funktionalität klar voneinander. Die Modellierung ist sehr flexibel, da OMNeT++ eine beliebige Schachtelung von Modulen erlaubt. Insbesondere durch die graphische Unterstützung bei der Ausführung von Simulationen und der Fehlersuche ist OMNeT++ einfach und unkompliziert einsetzbar. Die im Februar 2009 veröffentlichte neue Version 4.0 von OMNeT++ [206] bietet eine neue, auf Eclipse basierende integrierte Entwicklungsumgebung (IDE, engl. Integrated Development Environment). Diese verbessert die Benutzbarkeit von OMNeT++, indem sie die graphische Erstellung von Modellen unterstützt sowie die Ausführung, Parametrisierung und Fehlersuche von Simulationen mit Hilfe graphischer Oberflächen erleichtert. Die Benutzbarkeit des Simulators ns-2 leidet vor allem darunter, dass die Modellierung mit Tcl/Tk und oTcl erfolgt und äußerst komplex ist. Die Möglichkeiten der Modellierung sind außerdem beschränkt, da eine Schachtelung von Modulen nicht möglich ist. Die eigentliche Funktionalität wird in C++ implementiert. Der Nachfolger ns-3, im Juni 2008 veröffentlicht, basiert ebenfalls auf C++; die Ausführung und Parametrisierung von Simulationen erfolgt in Python. Beim Entwurf von ns-3 wurden die bekannten Schwächen des Vorgängers explizit berücksichtigt, so dass die Modellierung beispielsweise flexibler und weniger komplex ist. Die Stärken von ns-2 und ns-3 liegen vor allem im drahtlosen Bereich, wo gerade für die Simulation der unteren Schichten gute Modelle existieren bzw. im Fall von ns-3 derzeit portiert werden. Der *Java Network Simulator* (JNS) [92] implementiert ns-2 in Java nach, ist aber lange nicht so vollständig wie ns-2. Die Ausführung von Simulationen ist durch die Nutzung von Java deutlich weniger performant, die Benutzbarkeit und Verständlichkeit ist je-

Simulator	Frei verfügbar	Aktive Entwicklung	Internet-geeignet
CLASS	x	-	-
NetworkSims	-	x	o
Parsec	x	-	x
GloMoSim	x	-	-
QualNet	-	x	-
OMNeT++	x	x	x
ns-2	x	x	x
ns-3	x	x	x
JNS	x	-	o
OPNET	-	x	x

Tabelle 2.1 Gegenüberstellung der bewerteten Netzwerksimulatoren

doch höher. JNS wird allerdings seit 2002 nicht mehr weiterentwickelt. Der *OPNET Modeler* [143] als kommerzieller Simulator ist sehr flexibel, bringt eine enorme Anzahl an bereits integrierten Protokollen, Verfahren und Architekturen mit sich und erleichtert die Erstellung eigener Modelle sowie deren Simulation mit graphischen Benutzer-Oberflächen.

Auf Basis der beschriebenen Eigenschaften aller Simulatoren (s. auch Tabelle 2.1) wurde OMNeT++ als Grundlage der in dieser Arbeit entwickelten Möglichkeiten zur Durchführung einer simulativen Evaluierung gewählt. Bei der Entscheidung wurde der freie Simulator OMNeT++ dem kommerziellen Simulator OPNET vorgezogen, da zum einen auch die entwickelten Modelle und Werkzeuge durch die GPL-Lizenz von OMNeT++ wieder frei zur Verfügung gestellt werden können. Zum anderen kann bei der Nutzung von OMNeT++ auf bereits vorhandene Erfahrungen mit dem Simulator aufgebaut werden. Für OMNeT++ spricht auch, dass der Simulator aktiv weiterentwickelt wird und insbesondere in der neuen Version 4.0 noch einfacher benutzbar und leicht verständlich ist. Zusätzlich existieren für OMNeT++ bereits Erweiterungen, welche die notwendigen Protokolle und Modelle zur Simulation drahtgebundener Netze zur Verfügung stellen.

2.6.1 Der zeitdiskrete Ereignissimulator OMNeT++

OMNeT++ [204] ist ein diskreter Ereignis-Simulator, der durch seine objektorientierte Realisierung und den modularen Aufbau sehr flexibel und daher in vielen Bereichen nutzbar ist. Der Simulationskern von OMNeT++ arbeitet Ereignisse in Form von Nachrichten zeitdiskret ab. Die in einer Liste nach aufsteigendem Zeitpunkt der Abarbeitung gespeicherten Ereignisse werden sequentiell abgearbeitet, d. h. es wird nicht die komplette Simulationszeit simuliert, sondern nur die Zeitpunkte, zu denen Ereignisse anstehen. Neben der Modellierung von Hardwaresystemen oder Geschäftsprozessen wird OMNeT++ hauptsächlich zur Modellierung von Kommunikationsnetzen genutzt. Ein Modell in OMNeT++ besteht aus hierarchisch aufgebauten, verschachtelten Modulen. Die Tiefe der Verschachtelung ist dabei nicht limitiert. Die Kommunikation zwischen Modulen findet über Nachrichten statt, welche zwischen den Modulen ausgetauscht werden und beliebig komplexe Datenstrukturen enthalten können. Dadurch eignet sich OMNeT++ sehr gut für die Nachbildung komplexer Strukturen wie Protokoll-Stacks und Internet-ähnlicher Netzwerke.

Abbildung 2.8 zeigt die grundlegenden Bestandteile der Modellierung in OMNeT++. Die von Nutzern definierten Modelle basieren auf hierarchischen verschachtelten Modulen, die miteinander verbunden werden können. Den Grundbaustein der Modellierung bilden dabei die so genannten *Simple Modules.* Diese sind atomar und implementieren die eigentliche Funktionalität der Simulation, d. h. in ihnen werden die verwendeten Algorithmen und Protokolle realisiert. Das Verhalten dieser atomaren Bausteine kann über die *Parameter* der Module in einer Konfigurationsdatei für jede Simulation individuell spezifiziert werden. Der Aufbau komplexer Strukturen erfolgt über so genannte *Compound Modules.* Diese können sowohl Simple Modules als auch Compound Modules enthalten und erlauben somit eine beliebige Verschachtelung von Modulen. Das Modul auf der obersten Hierarchie-Ebene des Modells wird *System Module* genannt und enthält sämtliche für die Modellierung benötigten atomaren und zusammengesetzten Module.

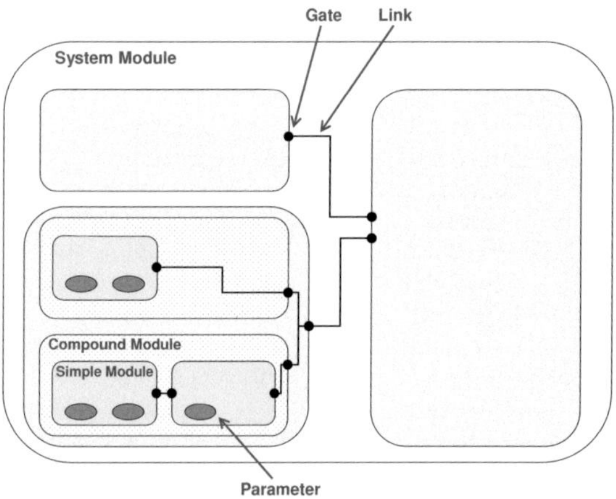

Abbildung 2.8 Aufbau eines Modells in OMNeT++

Die Kommunikation zwischen Modulen erfolgt über so genannte *Gates.* Diese verbinden einzelne Module und ermöglichen das Senden und Empfangen von Nachrichten, so genannter *Messages.* Eine Verbindung, im Kontext von OMNeT++ *Link* genannt, kann dabei immer nur zwischen Modulen derselben Hierarchie-Stufe erfolgen. Auch die Verbindungen besitzen Parameter, die für jede Simulation individuell verändert werden können, z. B. Ausbreitungsverzögerung, Datenrate oder Bit-Fehlerrate. Nachrichten können innerhalb einer Simulation aber nicht nur über Verbindungen zwischen Modulen ausgetauscht werden, sondern auch als so genannte *Self-Messages* die Funktionalität eines Timers übernehmen. Dazu sendet ein Modul eine Nachricht, die zu einem zukünftigen Zeitpunkt ausgeliefert werden soll, an sich selbst.

Die Beschreibung eines beliebigen Simulationsmodells erfolgt in der von OMNeT++ eingeführten Network Description (NED) Language. Diese spezifiziert die einzelnen Bestandteile eines Modells, d. h. die verwendeten atomaren und zusammengesetzten

Module sowie die Verbindungen zwischen diesen. Die Definition von Modulparametern und allgemeinen Randparametern einer Simulation auf Basis des erstellten Modells erfolgt abschließend in der Datei `omnetpp.ini`.

Der Simulationskern von OMNeT++ stellt verschiedene Grundfunktionalitäten für die Simulation zur Verfügung. Neben dem Bearbeiten, Senden, Empfangen und Routen von Nachrichten beinhaltet dies u. a. die Verwaltung der Modul-Hierarchie des verwendeten Modells sowie Möglichkeiten des Logging und der Berechnung und Ausgabe von Statistiken. Zusätzlich wird die Ausführung in unterschiedlichen Umgebungen – mit graphischer Oberfläche oder in der Kommandozeile – unterstützt. Seit der Veröffentlichung der Version 4.0 erhöht außerdem eine auf Eclipse basierende Entwicklungsumgebung die Benutzbarkeit von OMNeT++. Die akademische und nicht kommerzielle Nutzung von OMNeT++ ist kostenlos. Eine kommerzielle Version wird unter dem Namen OMNEST [185] angeboten. Für OMNeT++ bzw. OMNEST existieren bereits einige frei verfügbare Modelle. Das INET Framework [205] beispielsweise erweitert den Simulator um die im Internet gebräuchliche TCP/IP-basierte Schichtenarchitektur von Kommunikationsnetzen sowie die zugehörigen Protokolle. Eine Erweiterung um Modelle der unteren Schichten in drahtlosen Umgebungen stellt das Mobility Framework [128] dar.

3. Ein flexibles Rahmenwerk zur Angriffserkennung

In diesem Kapitel wird das im Rahmen der vorliegenden Arbeit entworfene und umgesetzte Rahmenwerk *Distack* (engl. Distributed Attack Detection) [69] beschrieben. Das Rahmenwerk wurde dabei mit dem Ziel entwickelt, einem Nutzer die Möglichkeit zur einfachen Integration eigener Methoden zur Angriffs- bzw. Anomalie-Erkennung zu bieten. Eine weitere wichtige Anforderungen neben der einfachen Erweiterbarkeit des Rahmenwerks war außerdem, dass – vor allem hinsichtlich des Einsatzes in unterschiedlichen Laufzeitumgebungen, aber auch mit Blick auf heterogene Erkennungssysteme – eine hohe Flexibilität sichergestellt ist. Das Rahmenwerk soll dabei zusätzlich zur lokalen Erkennung auch verteilte Mechanismen unterstützen. In Abschnitt 3.1 erfolgt zunächst die für den Entwurf eines flexiblen und erweiterbaren Rahmenwerks zur Angriffserkennung notwendige Analyse existierender Systeme. Hierzu wird eine Dekomposition der existierenden Ansätze durchgeführt, d. h. es wird untersucht, aus welchen Komponenten eine Angriffserkennung im Allgemeinen aufgebaut ist. Diese Dekomposition bildet die Grundlage für den in Abschnitt 3.2 beschriebenen Entwurf von *Distack* – einem Rahmenwerk, welches sowohl lokale als auch verteilte Anomalie- und Angriffserkennung ermöglicht. In Abschnitt 3.3 wird auf die Implementierung ausgewählter Schnittstellen und Komponenten eingegangen bevor die Integration einer hierarchischen Anomalie-Erkennung in das Rahmenwerk beschrieben wird. Abschließend wird in Abschnitt 3.4 eine Leistungsbewertung des Rahmenwerks durchgeführt.

3.1 Dekomposition existierender Systeme zur Angriffserkennung

Um ein tieferes Verständnis für Systeme zur Angriffserkennung im Allgemeinen zu schaffen sowie bestimmte, in diesem Zusammenhang auftretende Begrifflichkeiten klar zu definieren bzw. voneinander abzugrenzen, wurden bestehende Systeme zur Angriffserkennung (s. Abschnitt 2.4) sowie Ansätze zur verteilten Angriffserkennung (s. Abschnitt 5.3.1) analysiert und deren Komponenten identifiziert. Zusätzlich ermöglicht eine solche Dekomposition den späteren Entwurf eines Komponenten-basierten Rahmenwerks, welches durch die klare Definition von Schnittstellen zwischen den einzelnen Komponenten eine hohe Flexibilität und Erweiterbarkeit bietet. Die aus der Analyse resultierenden einzelnen Komponenten sowie ihre Aufgaben und Ziele werden im Folgenden genauer beschrieben. Es sei darauf hingewiesen, dass nicht jedes System zur Angriffserkennung all diese Komponenten beinhaltet bzw. nutzt. Die Analyse und Identifizierung der allgemein in einem System zur Angriffserkennung vorhandenen Komponenten dienen als Grundlage für den im folgenden Abschnitt durchgeführten Entwurf eines Rahmenwerks zur Angriffserkennung.

Die Komponenten, die in einem System zur Angriffserkennung im Allgemeinen vorhanden sein können und dessen Funktionalität definieren, sind:

- ***Netzzugriff***

  Systeme zur Angriffserkennung, die lokalen Verkehr beobachten, benötigen eine Schnittstelle, um auf diesen Verkehr zugreifen zu können. Hierzu kann unter Linux beispielsweise die pcap-Bibliothek [57] genutzt werden, welche einem im Userspace laufenden System zur Angriffserkennung den Zugriff auf die vorhandenen Netzwerk-Schnittstellen über vordefinierte API-Aufrufe erlaubt. Durch die Erstellung von Kopien aller Dateneinheiten ermöglicht pcap das Auslesen und Analysieren der lokal empfangenen und weiterzuleitenden Dateneinheiten. Dies wird z. B. von den Systemen Bro [188] und Snort [170] genutzt. Eine weitere Möglichkeit, den Netzzugriff unter Linux zu realisieren, ist der Einsatz eines Kernelmoduls, welches die lokal empfangenen und weiterzuleitenden Dateneinheiten an eine vordefinierte Anwendung zur Bearbeitung übergibt. Ein solches Vorgehen wird beispielsweise durch die Erweiterung der programmierbaren Plattform FlexiNet [179] oder des Erkennungssystems Bro [74] unterstützt und stellt – im Gegensatz zur pcap-Bibliothek – nicht nur die Anwendung von Filter-, sondern auch von Sampling-Verfahren bereits vor der Übergabe der Dateneinheiten in den Userspace zur Verfügung. Systeme zur Angriffserkennung, welche die für die Erkennung notwendigen Informationen nicht durch lokale Beobachtung, sondern durch die Kommunikation mit anderen Systemen erhalten – dies ist z. B. der Fall, wenn ein Master auf Basis der von Sensoren gesammelten Daten die Erkennung durchführt [109, 127] – benötigen diese Komponente nicht.

- ***Paketselektion***

  Verfahren zur Paketselektion [230] können in Verbindung mit der Komponente *Netzzugriff* verwendet werden, um den lokal beobachteten Verkehrsstrom einzuschränken. Der Einsatz derartiger Verfahren eignet sich vor allem für die Anomalie-basierte Erkennung, bei der das Verkehrsverhalten analysiert wird und nicht – wie bei der Signatur-basierten Erkennung – jede einzelne Dateneinheit betrachtet werden muss. Die Einschränkung des Paketstroms kann einerseits mit Hilfe eines Paketfilters gezielt erfolgen, d. h. die Auswahl der zu untersuchenden Dateneinheiten erfolgt deterministisch und abhängig vom Inhalt der jeweiligen Dateneinheit. Eingesetzt werden Paketfilter beispielsweise bei

Bro [188] zur Einschränkung auf Dateneinheiten mit bestimmten IP-Adressen oder Anwendungsprotokollen. Andererseits kann die Einschränkung des beobachteten Paketstroms zufällig oder deterministisch und unabhängig vom Inhalt der jeweiligen Dateneinheit erfolgen, indem ein Sampling-Verfahren angewendet wird. Sampling-Verfahren können eingesetzt werden, wenn das Verhalten des gesamten Verkehrs analysiert werden soll, ohne alle Dateneinheiten zu untersuchen. Dabei muss allerdings beachtet werden, dass das ermittelte Verhalten aufgrund des Samplings fehlerbehaftet sein kann. Sampling wird beispielsweise in [63] angewendet.

- ***Konfiguration***

  Eine Komponente, welche in den meisten Systemen zur Angriffserkennung vorhanden ist, ist die Konfiguration. Diese kann beispielsweise über externe Konfigurationsdateien erfolgen, welche durch direktes Editieren oder mit Hilfe einer graphischen Benutzeroberfläche erstellt werden. Die Konfiguration enthält z. B. Informationen in Bezug auf den Netzzugriff, die vorhandenen Erkennungsmethoden sowie deren Parameter und den Ablauf der Erkennung. In seltenen Fällen ist die Konfiguration direkt in die Implementierung integriert, z. B. über Konstanten oder API-Aufrufe. Soll die Konfiguration zur Laufzeit erfolgen, wird zusätzlich eine Benutzerinteraktion benötigt, welche im Folgenden als separate Komponente aufgeführt ist.

- ***Benutzerinteraktion***

  Eine Benutzerinteraktion ermöglicht die Konfiguration bzw. Veränderung bestimmter Parameter des Systems zur Angriffserkennung zur Laufzeit. Dies kann beispielsweise genutzt werden, um neue Anomalie-Erkennungsmethoden zu integrieren oder Parameter der laufenden Erkennung, z. B. die Sampling-Rate oder Filterregeln, an veränderte Randbedingungen anzupassen. Eine Benutzerinteraktion kann aber auch in Verbindung mit der Visualisierung bzw. dem Logging genutzt werden, beispielsweise können im Anschluss an die Erkennung eines Angriffs manuell direkt Gegenmaßnahmen wie der Einsatz eines Filters oder Rate Limiters eingeleitet werden. Im Fall eines unbekannten Angriffs können über die Benutzerinteraktion die Ergebnisse einer manuellen Identifikation und Analyse in die Angriffserkennung integriert werden, um derartige Angriffe zukünftig erkennen zu können.

- ***Ablaufsteuerung***

  Die Ablaufsteuerung eines Systems zur Angriffserkennung bezieht sich direkt auf die Komponente *Angriffserkennung*, welche die eigentlichen Erkennungsmethoden implementiert. Eine Ablaufsteuerung wird benötigt, wenn mehrere Erkennungsmethoden vorhanden sind, die z. B. wegen begrenzter Ressourcen nicht durchgehend parallel ausgeführt werden können, oder eine hierarchische Erkennung erfolgen soll [63, 188]. Die Ablaufsteuerung kann statisch oder dynamisch erfolgen. Im statischen Fall bezieht die Ablaufsteuerung die benötigten Informationen meist aus der Konfiguration; die Funktionalität beschränkt sich auf das reine Laden und Entladen von Erkennungsmethoden zu vorgegebenen Zeitpunkten oder Ereignissen. Im dynamischen Fall kann die Ablaufsteuerung auf Basis einer Interaktion mit dem Benutzer erfolgen. Alternativ kann die Ablaufsteuerung über Informationen, die in der Konfiguration enthalten sind, in die Lage versetzt werden, autonom – d. h. ohne Benutzerinteraktion – Entscheidungen über den Ablauf der Angriffserkennung in konkreten Situationen zu treffen.

- ***Angriffserkennung***

  Die eigentliche Angriffserkennung wird in dieser Komponente realisiert. Hierzu können eine oder mehrere Erkennungsmethoden zur Verfügung stehen. Im Fall mehrerer Methoden ist eine parallele oder sequentielle Ausführung aller Methoden sowie eine hierarchische Erkennung möglich. In welcher Reihenfolge bzw. wann welche Methoden angewendet werden, kann durch die Ablaufsteuerung entschieden werden oder bereits fest in der Implementierung kodiert sein. Zur Angriffserkennung eingesetzt werden können Signatur-basierte [170, 221] oder Anomalie-basierte Methoden [109, 116, 188]. Die tatsächlich zur Angriffserkennung eingesetzten Methoden können sich beispielsweise in der zu detektierenden Anomalie, der Komplexität oder im Ressourcen-Verbrauch unterscheiden.

- ***Datensammlung bzw. -speicherung***

  Während der Angriffserkennung analysieren die eingesetzten Erkennungsmethoden beobachtete Dateneinheiten, Ereignisse oder von anderen Systemen an sie übermittelte Informationen und führen auf diesen Daten verschiedene Berechnungen und Auswertungen durch. Die resultierenden Daten, z. B. Schwellenwerte, Adressverteilungen oder Informationen über erkannte Angriffe, müssen teilweise für die spätere Verwendung gespeichert werden. Im Fall der hierarchischen Angriffserkennung mittels Verfeinerung [73] werden beispielsweise Daten aus vorhergehenden Stufen zur Auswertung durch höhere Stufen benötigt. Soll eine Visualisierung durchgeführt oder sollen die Ergebnisse der Angriffserkennung nachträglich überprüft werden, müssen die Daten ebenfalls gesichert werden. Eine Speicherung der Daten kann allerdings nicht nur in Bezug auf die Komponente *Angriffserkennung*, sondern z. B. auch im Bereich der Kommunikation sinnvoll sein, um von anderen Instanzen empfangene Daten vorübergehend vorzuhalten.

- ***Kommunikation***

  Mit Hilfe dieser Komponente kann eine verteilte oder dezentrale Angriffserkennung, wie z. B. in [50, 91, 178], realisiert werden. Die eigentliche Logik der verteilten Erkennung ist in der Komponente *Angriffserkennung* implementiert. Die Komponente *Kommunikation* übernimmt lediglich die Aufgabe, den Austausch von Daten zwischen unterschiedlichen Erkennungssystemen durchzuführen. Dies umfasst die Definition der verwendeten PDU-Formate sowie die Erstellung der zu sendenden Dateneinheiten. Broccoli [105], eine Erweiterung des Erkennungssystems Bro, ermöglicht beispielsweise beliebigen Anwendungen die Kommunikation mit Bro-Instanzen. Zusätzlich zum Austausch von Dateneinheiten müssen die Informationen über Kommunikationspartner verwaltet und bei Bedarf Kommunikationspartner aufgefunden werden – bei pfadgebundener Kommunikation z. B. durch die in GIST [181] integrierte Nachbarfindung. Optionale Aufgaben der Kommunikation sind die Komprimierung der Daten oder die Sicherung der Kommunikation, beispielsweise durch Authentifizierung des Kommunikationspartners oder Verschlüsselung bzw. Integritätsschutz der übermittelten Daten.

- ***Visualisierung / Logging***

  Die Logging-Funktionalität wird meist verwendet, um Informationen über erkannte Angriffe und Anomalien in Ausgabedateien zu schreiben. Zusätzlich kann das Logging auch verwendet werden, um Informationen über den Systemzustand sowie Debug-Meldungen zu sichern. Dadurch ermöglicht diese Komponente zum einen, den Status des Systems zur Angriffserkennung zu vergangenen Zeitpunkten festzuhalten. Zum anderen können die Daten auch außerhalb des Systems zur Angriffserkennung zugänglich gemacht werden. Eine Visualisierung [31, 101] der erkannten Anomalien bzw. Angriffe sowie des Systemzustands, d. h. eine graphische Aufbereitung der Daten, erleichtert einem Nutzer außerdem die Wartung und Administration des Systems.

- ***Utilities***

  Unter Utilities werden Funktionalitäten eingeordnet, welche nicht direkter Bestandteil der in der Komponente *Angriffserkennung* verwendeten Erkennungsmethoden, für die Durchführung der Erkennung aber notwendig sind. Zeitgeber werden beispielsweise häufig benötigt, um den beobachteten Verkehr in Zeitintervalle einzuteilen oder temporäre Daten zu löschen. Diese Funktionalität kann innerhalb der Angriffserkennung unabhängig von den konkret verwendeten Erkennungsmethoden als Utility zur Verfügung gestellt werden.

Im Bereich der Erkennung von verteilten Angriffen im Internet existieren zahlreiche Ansätze, die sich in ihrer Vorgehensweise, Komplexität und ihren Methoden z. T. deutlich unterscheiden. Die Verschiedenheit der existierenden Lösungen betrifft auch die Komponenten, welche von den jeweiligen Ansätzen verwendet werden, um die vorgegebenen Ziele zu erreichen, d. h. die meisten Ansätze realisieren die Angriffserkennung nur mit Hilfe einer Teilmenge der beschriebenen Komponenten. Dies ist zum einen der Tatsache geschuldet, dass bestimmte Funktionalitäten, z. B. die Visualisierung oder die verteilte Erkennung, von einigen Ansätzen nicht betrachtet werden. In diesem Fall werden auch die betreffenden Komponenten nicht benötigt. Zum anderen erfolgt die Implementierung existierender Systeme meist nicht basierend auf einer klaren Trennung unterschiedlicher Komponenten. Die jeweils angesprochenen Komponenten wurden erst im Rahmen der Dekomposition identifiziert und spiegeln sich daher nicht notwendigerweise in der Umsetzung aller Ansätze wider.

3.2 *Distack* – Rahmenwerk zur verteilten Angriffserkennung

Mit *Distack* (engl. Distributed Attack Detection) [69] wurde im Rahmen der vorliegenden Arbeit eine Möglichkeit zur einfachen Integration verschiedener Mechanismen und Methoden zur Anomalie- und Angriffserkennung geschaffen. Ein solches Rahmenwerk ist eine notwendige Voraussetzung um neue Algorithmen, Methoden und Mechanismen zur Lösung bekannter Herausforderungen im Bereich der Anomalie-basierten Angriffserkennung – z. B. die Reduktion der False positive- und False negative-Fehlerraten oder die Definition von Normalverhalten als Grundlage der Anomalie-Erkennung – einfach und schnell entwickeln, umsetzen und evaluieren und mit anderen Mechanismen vergleichen zu können.

Mit der Berücksichtigung aller im vorigen Abschnitt identifizierten Komponenten von Systemen zur Angriffserkennung bietet *Distack* eine hohe Flexibilität und Erweiterbarkeit. Dem Benutzer wird die Fokussierung auf die Implementierung der eigentlichen Angriffserkennung ermöglicht, indem administrative Aufgaben wie das Parsen von Dateneinheiten, der Netzzugriff oder die Ablaufsteuerung durch das Rahmenwerk zur Verfügung gestellt werden. Bei der Umsetzung des Rahmenwerks wurden auch Mechanismen berücksichtigt, die eine verteilte Erkennung oder eine Kooperation verteilter Erkennungssysteme ermöglichen.

Die vorrangigen Anforderungen an die Entwicklung des Rahmenwerks sind die Eigenschaften Flexibilität und Erweiterbarkeit, so dass ein Rahmenwerk zur Angriffserkennung möglichst modular aufgebaut sein und die einfache Austauschbarkeit verschiedener Bestandteile berücksichtigen sollte um an verschiedenartige, zukünftige Lösungen anpassbar zu sein. Zudem ermöglichen diese Eigenschaften – vor allem in Kombination mit der in Kapitel 4 vorgestellten Simulationsumgebung – die schnelle und einfache Evaluierung neu entwickelter Mechanismen. Die *Erweiterbarkeit* eines Rahmenwerks zur Angriffserkennung ist im heutigen Internet aufgrund der kontinuierlichen Veränderungen und Weiterentwicklungen im Bereich der Angriffserkennung wichtig. Dabei bezieht sich die Erweiterbarkeit zum einen auf die durch das Rahmenwerk zur Verfügung gestellten Funktionalitäten wie das Parsen von Dateneinheiten oder die Kommunikation mit entfernten Instanzen, zum anderen aber auch auf die unkomplizierte Integration neuer Erkennungsmethoden. Um letzteres zu erreichen, sind vor allem klar definierte Schnittstellen sowie die Entkopplung der eigentlichen Angriffserkennung von den restlichen Bestandteilen des Rahmenwerks notwendig. *Flexibilität* ist ebenfalls in mehrfacher Hinsicht erforderlich: da eine Auswertung implementierter Erkennungsmethoden in unterschiedlichen Laufzeitumgebungen, wie realen Systemen oder Netzwerksimulatoren, möglich sein soll, muss das Rahmenwerk ohne die Notwendigkeit von Änderungen der Implementierung in den unterschiedlichen Umgebungen nutzbar sein. Andererseits muss die zunehmende Heterogenität im Internet berücksichtigt werden, d. h. die Angriffserkennung sollte einfach an unterschiedliche Anforderungen und Randbedingungen – z. B. verschiedene Hardware-Ausstattungen oder die Nutzung unterschiedlicher Erkennungsmethoden aufgrund der Lokation des Systems oder der Präferenzen des Betreibers – anpassbar sein sowie die Realisierung beliebiger Methoden zur Angriffserkennung ermöglichen.

Verbreitete Systeme zur Angriffserkennung wie Snort [170], PreludeIDS [221] oder Bro [188] sind in ihrer Flexibilität und Erweiterbarkeit um neue Methoden zur Angriffserkennung meist beschränkt. Bro, beispielsweise, gibt eine Event-basierte Erkennung in drei Stufen vor. Snort und PreludeIDS hingegen arbeiten vorrangig Signatur-basiert und ermöglichen daher vor allem die Integration neuer Paketmuster. Weitere Systeme zur Angriffserkennung implementieren meist genau eine Erkennungsmethode, z. B. Schwellenwerte [127], Principal Component Analysis [108] oder Neuronale Netze [116], und sind nicht auf Erweiterbarkeit ausgelegt. Problematisch ist bei existierenden Erkennungssystemen außerdem, dass diese entweder für den Einsatz in realen Systemen oder die Evaluierung mit Hilfe eines Simulators ausgelegt sind. Eine Umsetzung in die jeweils andere Laufzeitumgebung ist häufig nicht ohne tiefgreifende Änderungen der Implementierung möglich.

Programmierbare Plattformen, wie z. B. FlexiNet [62] oder programmierbare Overlay-Router [43], sind vorrangig zur Ausführung auf Software-Routern konzipiert.

Eine einfache Integration in weitere Laufzeitumgebungen, wie z. B. einen Netzwerksimulator, ist bei aktiven oder programmierbaren Plattformen wie FlexiNet aufgrund der Verzahnung von Linux-Kernel und Execution Environment (EE) der Plattform häufig nur mit tiefgreifenden Änderungen möglich. OverSim [14], eine Simulationsumgebung zur Evaluierung unterschiedlicher Overlay-Netze, ist eine Erweiterung des Netzwerksimulators OMNeT++. Neben der simulativen Evaluierung von Overlay-Netzen ermöglicht OverSim auch die Ausführung einzelner, am Overlay teilnehmender Systeme auf realen Systemen. Hierzu enthält das auf diesem System ausgeführte Simulationsszenario allerdings lediglich ein einzelnes System, welches über das Öffnen eines TCP-Sockets mit anderen Overlay-Systemen kommunizieren kann – die Ausführung des einzelnen Systems erfolgt weiterhin innerhalb des Netzwerksimulators OMNeT++.

Das im Rahmen dieser Arbeit entwickelte Rahmenwerk *Distack* bietet daher die folgenden Vorteile:

- Einsetzbarkeit in unterschiedlichen Laufzeitumgebungen, wie z. B. in Linux-basierten Systemen oder im Netzwerksimulator OMNeT++, durch die Realisierung der Komponente Netzzugriff mit Hilfe einer generischen Schnittstelle. Dies ermöglicht vor allem in Kombination mit der in Kapitel 4 beschriebenen Simulationsumgebung eine aussagekräftige und einfach zu realisierende Evaluierung neu entwickelter Mechanismen.
- Integration eigener Methoden zur Angriffs- bzw. Anomalie-Erkennung durch leichtgewichtige Module mit in sich abgeschlossener Funktionalität.
- Wiederverwendbarkeit von Funktionalitäten und hohe Flexibilität der Konfiguration durch Komposition von Modulen.
- Einfache Austauschbarkeit von Erkennungsmethoden durch Entkopplung der eigentlichen Angriffserkennung vom Rahmenwerk.
- Optimale Unterstützung der Entkopplung durch ein datenzentrisches, internes Nachrichtensystem.
- Austauschbarkeit der zur verteilten Erkennung oder Kooperation verwendeten Kommunikationsmethode.

3.2.1 Architektur und Zusammenspiel der einzelnen Bestandteile

Abbildung 3.1 zeigt die unter Berücksichtigung der im vorigen Abschnitt beschriebenen Anforderungen entwickelte Architektur des Rahmenwerks *Distack*. Der Entwurf von *Distack* erfolgte auf der Basis einer Analyse existierender Systeme zur Angriffserkennung und den in Abschnitt 3.1 identifizierten Komponenten. Die Netzwerkumgebung (`NetworkManager`) realisiert die Komponente Netzzugriff, indem eine generische Schnittstelle zum Netz zur Verfügung gestellt wird. Diese abstrahiert von der tatsächlichen Implementierung des Netzzugriffs und ermöglicht dadurch – im Gegensatz zu existierenden Systemen – eine transparente Evaluierung der Angriffserkennung in verschiedenen Laufzeitumgebungen. Hierdurch müssen Methoden zur Angriffserkennung nur einmal implementiert werden und können anschließend – ohne die Notwendigkeit einer erneuten Implementierung der Angriffserkennung bzw. einer Änderung von Teilen der Implementierung – sowohl im Simulator zur Evaluierung als auch anschließend in echten Systemen eingesetzt werden. Dies war bei bisherigen Lösungen, z. B. Bro [188], Snort [170] oder PreludeIDS [221], meist nicht möglich, weshalb diese oft nur für reale Systeme implementiert wurden und nicht im Simulator evaluiert werden konnten. Die Vorteile einer simulativen Evaluierung werden in Kapitel 4 diskutiert.

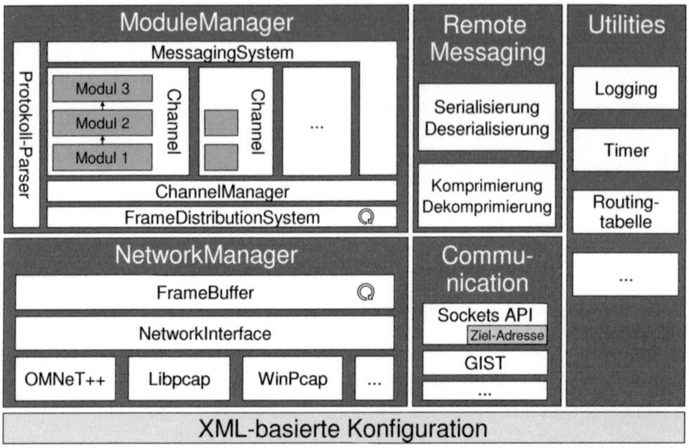

Abbildung 3.1 Architektur des Rahmenwerks *Distack*

Die im vorigen Abschnitt identifizierte Komponente Angriffserkennung wird durch die Modulumgebung (`ModuleManager`) realisiert. Leichtgewichtige *Module* implementieren in sich abgeschlossene Funktionalitäten. Die Umsetzung einer konkreten Methode zur Angriffs- bzw. Anomalie-Erkennung wird durch die Komposition vorhandener Module erbracht. Einmal implementierte Funktionalitäten können durch die Komposition einfach wiederverwendet werden. Die Komposition erfolgt dabei manuell mit Hilfe der `XML-basierten Konfiguration` (s. Abschnitt 3.2.3.2), welche die Komponente Konfiguration realisiert. Zudem erfolgt die Parametrisierung der einzelnen Module über die XML-basierte Konfiguration. Die einzelnen Module der Modulumgebung sind vom Rahmenwerk stark entkoppelt und werden dynamisch zur Laufzeit geladen. Die aus der Komposition und Entkopplung entstehende Flexibilität ermöglicht die Realisierung verschiedenster Methoden zur Angriffserkennung ebenso wie eine hierarchische Erkennung oder die parallele Nutzung mehrerer Erkennungsmethoden und ist dadurch den oft unflexiblen, auf eine einzelne Erkennungsmethode fokussierten Ansätzen, z. B. [108, 116, 127], im Hinblick auf die einfache Erweiterung und Weiterentwicklung überlegen. Die starke Entkopplung der Module vom Rahmenwerk erfordert ein internes Nachrichtensystem (`MessagingSystem`), welches den Modulen die Kommunikation untereinander erlaubt. Dieses interne Nachrichtensystem arbeitet datenzentrisch, so dass beim Senden einer Nachricht das empfangende Modul nicht notwendigerweise bekannt sein muss. Diese Art der Kommunikation zwischen unterschiedlichen Teilen der Angriffserkennung ist im Vergleich zu einfachen Funktionsaufrufen aufwändiger. Die von *Distack* erzielte Flexibilität rechtfertigt jedoch die aufgrund des notwendigen Nachrichtensystems geringere Leistungsfähigkeit des Gesamtsystems.

Die Kommunikation mit entfernten Erkennungssystemen fügt sich transparent in das interne Nachrichtensystem ein. Zusätzlich wird vor dem Senden eine Serialisierung

Komponente	Architektur-Bestandteil
Netzzugriff	NetworkManager
Paketselektion	ModuleManager
Konfiguration	XML-basierte Konfiguration
Ablaufsteuerung	XML-basierte Konfiguration
Benutzerinteraktion	—
Angriffserkennung	ModuleManager
Datensammlung bzw. -speicherung	ModuleManager
Kommunikation	MessagingSystem, RemoteMessaging, Communication
Utilities	Utilities
Logging	Utilities

Tabelle 3.1 Abbildung der aus der Analyse resultierenden Komponenten auf *Distack*-Architektur-Bestandteile

bzw. vor dem Empfangen eine Deserialisierung der internen Nachrichten durchgeführt (`RemoteMessaging`). Durch dieses Vorgehen wird trotz der Vielzahl möglicher interner Nachrichtenformate nur ein PDU-Format für die externe Kommunikation benötigt und eine Umsetzung zwischen unterschiedlichen Formaten vermieden. Das eigentliche Senden der Daten und die Erstellung der PDU übernimmt die Kommunikation (`Communication`), welche die serialisierten Daten mit einem *Distack*-spezifischen Header versieht und an den bzw. die Kommunikationspartner übermittelt. Die Austauschbarkeit der zur externen Kommunikation verwendeten Kommunikationsmethode, über welche die Daten tatsächlich gesendet werden, ist durch eine klar definierte einheitliche Schnittstelle sichergestellt. Die in Abschnitt 3.1 identifizierte Komponente Kommunikation wird folglich durch die Architektur-Bestandteile `MessagingSystem`, `RemoteMessaging` und `Communication` realisiert und unterstützt sowohl lokale als auch verteilte Ansätze zur Angriffserkennung. Die `Utilities` komplettieren das *Distack*-Rahmenwerk. Dieser Bestandteil stellt häufig benötigte Funktionalitäten, wie z. B. Logging, zur Verfügung sowie Funktionalitäten, die abhängig von der verwendeten Laufzeitumgebung variieren. In Netzwerksimulatoren nutzen Timer beispielsweise eine andere Zeitdomäne als in realen Systemen; auch der Zugriff auf Informationen der Routingtabelle unterscheidet sich oft. Die in Abschnitt 3.1 identifizierten Komponenten Datensammlung und Paketselektion können in *Distack* innerhalb der Modulumgebung realisiert werden. Die Komponente Ablaufsteuerung wird mit Hilfe der Zuordnung von Modulen zu Stufen erbracht, welche in der XML-basierten Konfiguration spezifiziert wird. Komplexere Abläufe können aber auch innerhalb der Modulumgebung umgesetzt werden. Bisher nicht berücksichtigt wurde die Komponente Benutzerinteraktion, da das Ziel dieser Arbeit der Entwurf einer autonomen, adaptiven Angriffserkennung ist, welche keine manuellen Eingriffe benötigt. Tabelle 3.1 verdeutlicht noch einmal die Abbildung der im vorigen Abschnitt identifizierten Komponenten einer Angriffserkennung auf die konkreten Architektur-Bestandteile von *Distack*.

Insgesamt ermöglicht *Distack* damit die einfache Vergleichbarkeit unterschiedlicher Ansätze zur Angriffserkennung und bildet die Grundlage für die Implementierung der in Kapitel 5 entwickelten Mechanismen dieser Arbeit. Außerdem stellt das Rahmenwerk eine gute Ergänzung zur Simulationsumgebung *ReaSE* (s. Kapitel 4) dar und bietet eine transparente Portierbarkeit der Angriffserkennung in reale Systeme.

Die einzelnen Bestandteile der Gesamtarchitektur werden in den folgenden Abschnitten ausführlich beschrieben. Abschnitt 3.2.2 erläutert die durch den `NetworkManager` realisierte Netzwerk-Abstraktion bevor Abschnitt 3.2.3 auf die eigentliche Angriffserkennung innerhalb der Modulumgebung eingeht. Die Kommunikation zwischen verteilten Erkennungssystemen beschreibt abschließend Abschnitt 3.2.4. Zusätzliche Informationen zu Entwurfsentscheidungen sowie zur Implementierung des als Open Source-Software veröffentlichten Rahmenwerks [66] finden sich in [69, 120].

3.2.2 Netzwerk-Abstraktion

Der `NetworkManager` stellt der eigentlichen Angriffserkennung eine einheitliche Schnittstelle für den Zugriff auf das unterliegende Netz zur Verfügung und verbindet damit die beiden Architektur-Bestandteile der Netzwerk- und Modulumgebung. Die Definition dieser mit `NetworkInterface` bezeichneten Schnittstelle ermöglicht den Einsatz des Rahmenwerks in unterschiedlichen Laufzeitumgebungen. Die Schnittstelle definiert die folgenden virtuellen Methoden zum Öffnen und Schließen der unterliegenden Verkehrsquelle sowie zum iterativen Lesen von Dateneinheiten:

```
bool    NetworkInterface::open  ()
bool    NetworkInterface::close ()
Frame*  NetworkInterface::read  ()
```

Soll ein konkretes Verfahren für den Netzzugriff realisiert werden, muss die zu implementierende Klasse vom generischen Interface `NetworkInterface` abgeleitet werden und diese drei als virtuell gekennzeichneten Methoden implementieren. Die Methode `open()` muss dabei dafür sorgen, dass die Verkehrsquelle geöffnet wird, d. h. dass der Zugriff auf die vom Netz empfangenen Dateneinheiten aktiviert wird. Im Anschluss an den Aufruf der `open()`-Methode muss folglich das Auslesen von Dateneinheiten von der entsprechenden Verkehrsquelle möglich sein. Im Fall einer Tracedatei wird diese für das anschließende Auslesen der enthaltenen Daten geöffnet, im Fall eines realen Interfaces in einer Linux-Umgebung kann beispielsweise die Pcap Library [57] genutzt werden, um Zugriff auf das gewünschte Netzwerk-Interface zu erhalten. Entsprechend muss die Methode `close()` dafür sorgen, dass der Zugriff auf die Verkehrsquelle ordnungsgemäß geschlossen und ein Zustand erreicht wird, in welchem ein erneuter `open()`-Aufruf möglich ist.

Die `read()`-Methode muss das eigentliche Lesen von Dateneinheiten aus einer vorher geöffneten Verkehrsquelle durchführen. Die `read()`-Methode sollte außerdem immer eine Kopie der aktuellen Dateneinheit erstellen, um Verzögerungen der originalen Dateneinheit aufgrund der Verarbeitung durch die Angriffserkennung zu vermeiden. Dies ist vor allem dann notwendig, wenn die Angriffserkennung auf einem Router betrieben wird, da ansonsten die Weiterleitung der Dateneinheit – und damit die eigentliche Aufgabe des Routers – u. U. stark verzögert werden wird. Die von der Verkehrsquelle gelesenen Dateneinheiten müssen in einem `Frame` gespeichert werden, welcher neben den eigentlichen Daten zusätzliche Meta-Informationen enthalten kann, beispielsweise einen Zeitstempel, welcher die Ankunft der Dateneinheit an der Verkehrsquelle angibt. Die Dateneinheiten müssen nicht vom Netzzugriff bereits interpretiert und in die verschiedenen enthaltenen Protokollköpfe zerlegt werden, sondern werden als reine Abfolge von Bytes behandelt. Die Interpretation erfolgt erst in der Modulumgebung mit Hilfe der dort vom Rahmenwerk zur Verfügung gestellten Protokoll-Parser. Das Lesen von Dateneinheiten erfolgt iterativ und wird vom `FrameBuffer` – einem vom `NetworkManager` zur Verfügung gestellten Puffer für gelesene Dateneinheiten – ausgeführt. Dieser Puffer wird genutzt, damit die jeweilige Verkehrsquelle nicht durch *Distack* blockiert wird. Der Puffer ist als eigenständiger Thread realisiert und sorgt zum einen dafür, dass die Verarbeitung von Dateneinheiten durch das unterliegende Netz nicht aufgrund der Angriffserkennung verzögert bzw. blockiert wird, da weitere Dateneinheiten gelesen werden können, auch wenn die Verarbeitung der aktuellen Dateneinheit durch die Angriffserkennung noch nicht beendet ist. Trotz der hierdurch angestrebten Minimierung der Beeinflussung des originalen Verkehrsstroms kann jedoch nicht ausgeschlossen werden, dass durch das Erstellen von Kopien der originalen Dateneinheiten das Verhalten des Verkehrsstroms im Vergleich zu einer Situation ohne Angriffserkennung u. U. verändert wird. Eine solche minimale Veränderung kann jedoch im Allgemeinen nicht verhindert werden, wenn tatsächlich eine Angriffserkennung ausgeführt, d. h. der Verkehrsstrom beobachtet werden soll. Durch die Nutzung des Puffers können andererseits auch kurzzeitige Bursts des unterliegenden Netzes abgefangen werden. Die maximale Größe des verwendeten Puffers kann über die Konfiguration von *Distack* festgelegt und damit an die für die Angriffserkennung zur Verfügung stehenden Ressourcen angepasst werden. Bei der Nutzung des Puffers muss allerdings beachtet werden, dass die Zwischenspeicherung von Dateneinheiten zu Veränderungen des originalen Verkehrsprofils aufgrund von Verzögerungen bei der Bearbeitung der gepufferten Dateneinheiten führen kann. Derartige Beeinflussungen des Verkehrsprofils können verhindert werden, wenn Dateneinheiten beim Einfügen in den Puffer mit einem Zeitstempel versehen werden und die Angriffserkennung diesen Zeitstempel bei der Bearbeitung berücksichtigt. Das Hinzufügen eines Zeitstempels beim Erstellen einer Kopie der Dateneinheit wird beispielsweise von der Pcap Library in Linux- und Windows-Umgebungen unterstützt. *Distack* stellt eine entsprechende Unterstützung für die Nutzung von Zeitstempeln bereit, indem Dateneinheiten in `Frames` gespeichert werden, welche die zusätzliche Speicherung von Meta-Daten wie z. B. Zeitstempeln ermöglichen. Bei Nutzung des Netzwerksimulators OMNeT++ kann es hingegen nicht zu Veränderungen des Verkehrsprofils kommen, da es sich um einen zeitdiskreten Simulator handelt. Auch die Nutzung eines Puffers bringt in diesem Fall keinen Mehrwert.

In *Distack* bereits enthalten sind Implementierungen der generischen Schnittstelle für den Netzwerksimulator OMNeT++ sowie für den Pcap-basierten Netzzugriff in realen Linux- und Windows-Systemen. Der Netzzugriff in realen Systemen ermöglicht außerdem sowohl den Zugriff auf Tracedateien als auch auf im System vorhandene Netzwerk-Interfaces. Die Konfiguration der konkret verwendeten Verkehrsquelle erfolgt über die XML-basierte Konfiguration von *Distack*.

3.2.3 Anomalie- und Angriffserkennung

Der `ModuleManager` schafft eine Umgebung für die Implementierung der eigentlichen Angriffserkennung in *Distack*. Die Logik der Angriffserkennung wird dabei in möglichst kleinen, in sich abgeschlossenen Bausteinen – den so genannten *Modulen* –

implementiert. Dieses Vorgehen bietet hohe Flexibilität und einfache Erweiterbarkeit. Dies ist vor allem im Hinblick auf zukünftige Entwicklungen im Bereich der Angriffserkennung wichtig, da immer wieder Verbesserungen und Weiterentwicklungen bestehender Systeme bzw. die Integration zusätzlicher oder neuer Erkennungsmethoden aufgrund veränderter Randbedingungen, z. B. der Entdeckung neuer Angriffe, notwendig sind. Die einfache Anpassung der Angriffserkennung an diese Entwicklungen wird durch den modularen Ansatz von *Distack* optimal unterstützt. Zum anderen ermöglicht dieser Ansatz die Wiederverwendbarkeit von Funktionalitäten, die in verschiedenen Methoden zur Angriffserkennung eingesetzt werden. Beispielsweise können Filter- und Sampling-Verfahren [230] nach einmaliger Implementierung von unterschiedlichen Erkennungsmethoden genutzt werden. Der Nachteil der Anwendung der Paketselektion in der Modulumgebung liegt darin, dass alle Dateneinheiten an das Rahmenwerk übergeben werden müssen, und nicht wie bei Nutzung eines Kernelmoduls die Selektion bereits vor der Übergabe erfolgt.

Die Komposition vorhandener Module ermöglicht die Realisierung komplexer Mechanismen und Methoden. Realisiert wird eine solche Komposition im *Distack*-Rahmenwerk mit Hilfe der XML-basierten Konfiguration, welche die Definition von *Channels* ermöglicht. Diese erfüllen komplexe Aufgaben durch die sequentielle Ausführung mehrerer zu dem Channel gehöriger Module. Sollen mehrere Channels gleichzeitig ausgeführt werden, können diese zusätzlich zu einer *Stage* zusammengefasst werden. Die Stage bildet folglich ein logisches Konstrukt zur parallelen Ausführung mehrerer Channels, welches zur Umsetzung einer hierarchischen Angriffserkennung genutzt wird. Abbildung 3.2 verdeutlicht die Zusammenhänge der unterschiedlichen Kompositionselemente, wobei eine hierarchische, aus drei Stufen bestehende Angriffserkennung dargestellt ist. Die Stages 1 und 3 beinhalten jeweils zwei Channels, welche parallel ausgeführt werden, wenn die jeweilige Stage geladen ist. Die Channels wiederum bestehen aus der Komposition unterschiedlich vieler Module, welche jeweils bestimmte in sich abgeschlossene Funktionalitäten implementieren. Ein konkretes Beispiel einer Angriffserkennung, welche sich aus unterschiedlichen Modulen, Channels und Stages zusammensetzt, wird in Abschnitt 3.3.2 beschrieben.

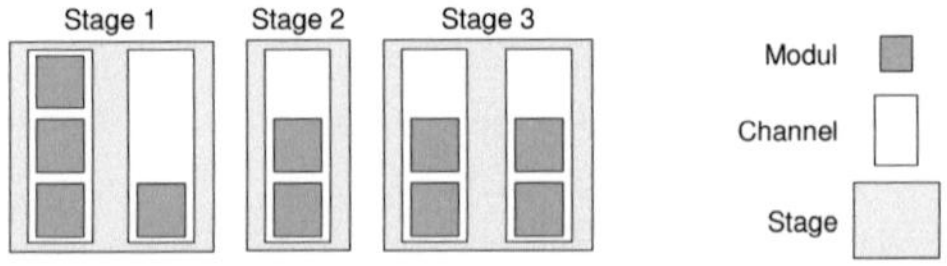

Abbildung 3.2 Komposition von Modulen in *Distack*

Der `ChannelManager` der Modulumgebung lädt beim Start von *Distack* alle Channels der Stage mit der kleinsten Identifikationsnummer n – im Beispiel der Abbildung 3.2 ist dies Stage 1. Entdeckt eines der dadurch geladenen Module eine Anomalie und sendet eine Alarm-Nachricht ins lokale Nachrichtensystem wird anschließend Stage $n + 1$ geladen. Die Definition von Stages ermöglicht folglich eine hierarchische Angriffserkennung, welche nicht – wie zum Beispiel im Fall von Bro – auf eine feste Anzahl von Stufen festgelegt ist. Dies erlaubt beispielsweise eine Erkennung auch in Systemen mit begrenzten Ressourcen mit Hilfe einer schrittweisen Verfeinerung [73]. Die Ablaufsteuerung ist in diesem Fall statisch und basiert auf den verfügbaren

Channels, welche in der Konfiguration zu unterschiedlichen Stages zusammengefasst werden. Werden den Channels keine Stages zugewiesen – d. h. wird die Möglichkeit der statischen Ablaufsteuerung nicht genutzt – kann die Logik und Durchführung einer komplexeren Ablaufsteuerung innerhalb eines Moduls realisiert werden.

Das als eigenständiger Thread realisierte `FrameDistributionSystem` verbindet die Modul- mit der Netzwerkumgebung durch das iterative Auslesen der Dateneinheiten, welche im `FrameBuffer` vorhanden sind. Eine gelesene Dateneinheit wird dem ersten geladenen Channel der ersten geladenen Stufe übergeben. Die zu einem Channel zusammengefassten Module verarbeiten die Dateneinheit anschließend sequentiell. Jedes Modul innerhalb des Channels kann außerdem die Bearbeitung der Dateneinheit für den gesamten Channel abbrechen. Dies ist z. B. sinnvoll, wenn eines der Module eine Filtermethode realisiert und die Dateneinheit von den nachfolgenden Modulen aufgrund der Filterregel nicht bearbeitet werden soll. In diesem Fall wird die Dateneinheit direkt dem nächsten Channel zur Verarbeitung übergeben.

Die Module, welche innerhalb der Modulumgebung zur Realisierung der Angriffserkennung genutzt werden, sind vollständig vom Rahmenwerk entkoppelt, um hohe Flexibilität zu garantieren. Erreicht wird die Entkopplung der Module vom Rahmenwerk dadurch, dass jedes Modul als externe Bibliothek übersetzt wird, die anschließend von der ausführbaren Datei, die das *Distack*-Rahmenwerk realisiert, geladen werden kann. Dies hat den Vorteil, dass Module auch zur Laufzeit noch von *Distack* nachgeladen werden können. Außerdem können mehrere Instanzen desselben Moduls mit unterschiedlichen Konfigurationen verwendet werden, ohne dass eine erneute Übersetzung notwendig ist. Die lose Kopplung der Module an das Rahmenwerk erfordert aber auch ein flexibles, von der eigentlichen Erkennung losgelöstes internes Nachrichtensystem, das die Kommunikation zwischen Modulen ermöglicht. Dieses Nachrichtensystem wird im folgenden Abschnitt detailliert beschrieben.

3.2.3.1 Datenzentrisches Nachrichtensystem

Das interne Nachrichtensystem der Modulumgebung von *Distack* arbeitet datenzentrisch und wird mit Hilfe eines Publish/Subscribe-Ansatzes umgesetzt. Die datenzentrische Arbeitsweise ist notwendig, da Module durch die Realisierung als einzelne externe Bibliotheken stark voneinander sowie vom Rahmenwerk selbst entkoppelt sind und erst zur Laufzeit von *Distack* geladen werden. Dies garantiert zwar eine hohe Flexibilität und Erweiterbarkeit, verhindert aber eine Kommunikation zwischen Modulen, z. B. mittels einfacher Funktionsaufrufe, da ein sendendes Modul in *Distack* aufgrund des nicht vorhandenen globalen Wissens nicht notwendigerweise alle Empfänger einer Nachricht bestimmen kann. Das interne Nachrichtensystem (s. Abbildung 3.3) arbeitet daher mit einer `SubscriptionTable`, in der sich alle aktiven Module für bestimmte Nachrichtentypen registrieren können. Ein sendendes Modul sendet seine Informationen – versehen mit dem Nachrichtentyp – in das interne Nachrichtensystem. Dieses verteilt die Nachricht auf Basis der Informationen aus der `SubscriptionTable` anschließend an alle registrierten Module. Eine zusätzliche Unterscheidung von Nachrichten in Anfrage- und Antwort-Nachrichten ermöglicht außerdem das direkte Anfragen bestimmter Informationen, ohne dass das Modul bekannt sein muss, welches diese Informationen bereitstellt. Hierfür muss sich auch das sendende Modul für den von ihm gesendeten Nachrichtentyp registrieren, damit es die Anfragen erhält.

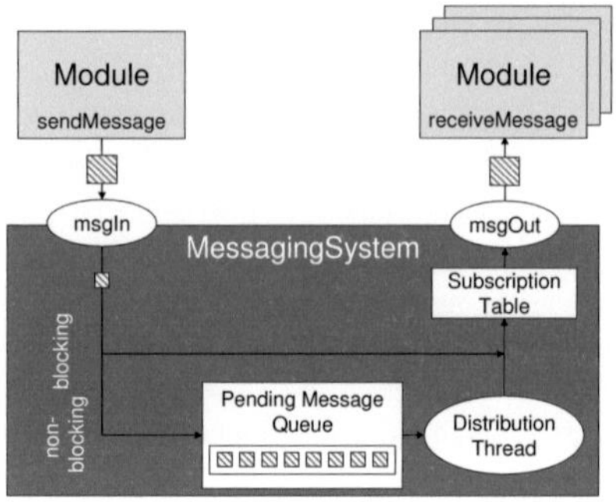

Abbildung 3.3 Internes Nachrichtensystem der *Distack*-Modulumgebung

Das Senden von Nachrichten kann in *Distack* wahlweise synchron oder asynchron erfolgen. Die Entscheidung darüber trifft jeweils das sendende Modul. Beim asynchronen Senden wird die Nachricht vom Nachrichtensystem in die `PendingMessageQueue` eingereiht und asynchron an die registrierten Module ausgeliefert. Das sendende Modul kann weiterarbeiten sobald die Nachricht in die Warteschlange eingereiht wurde. Da beim synchronen Senden das sendende Modul blockiert wird bis alle registrierten Module die Nachricht verarbeitet haben, sollte diese Art des Sendens nur in Ausnahmefällen gewählt werden. Das synchrone Senden kann aber beispielsweise bei enger Kopplung zweier Module notwendig sein, wenn die Ausführung einer bestimmten Funktion eines anderen Modul sichergestellt sein muss, bevor das sendende Modul weiter arbeiten kann. Die Nutzung des vorgestellten datenzentrischen Publish/Subscribe-Ansatzes hat gegenüber dem einfachen Broadcast – bei dem jede gesendete Nachricht an alle aktiven Module ausgeliefert wird – den Vorteil, dass weniger Nachrichten intern gesendet werden müssen und dass Module nur die Nachrichten verarbeiten müssen, deren Inhalt für sie relevant ist. Ein weiterer Vorteil des hier genutzten Ansatzes ist, dass sich auch die externe Kommunikation transparent in das interne Nachrichtensystem integrieren lässt (s. Abschnitt 3.2.4). Realisiert wird das Nachrichtensystem mit Hilfe der Boost Signals-Bibliothek [76].

3.2.3.2 Konfiguration

Die Konfiguration von *Distack* ist über eine externe Datei realisiert und basiert auf XML [19]. Die Nutzung einer externen Datei ermöglicht eine einfache Bearbeitung der Konfiguration, wohingegen die Nutzung von XML eine gute Verständlichkeit und einfache Lesbarkeit auch für nicht versierte Benutzer sicherstellt. Die Konfiguration von *Distack* lässt sich in drei Kategorien unterteilen:

- Allgemeine Einstellungen
- Modul-Konfiguration
- Channel-Konfiguration

In den *allgemeinen Einstellungen* werden Parameter wie die zu nutzende Verkehrsquelle, die Genauigkeit der Log-Ausgaben oder die für die externe Kommunikation zu verwendende Methode spezifiziert. In der *Modul-Konfiguration* werden alle verfügbaren Module spezifiziert. Hierzu wird jede externe Bibliothek mit einer oder mehreren unterschiedlichen Konfigurationen belegt, d. h. ein einmal implementiertes Modul kann über die Konfiguration mehrfach mit unterschiedlichen Parametern instanziiert werden. Die Unterscheidung der unterschiedlichen Instanzen erfolgt über den ebenfalls zu spezifizierenden eindeutigen Namen jedes Moduls. Ein Beispiel hierfür zeigt Listing 3.1: Das als externe Bibliothek `ModuleSamplingUniformProbabilistic` vorliegende Modul zur Durchführung eines Sampling-Verfahrens wird mit zwei unterschiedlichen Konfigurationen instanziiert. Dieses Vorgehen stellt die einfache Wiederverwendbarkeit einmal implementierter Funktionalität sicher und vermeidet unnötige Code-Redundanz.

```
<module name="Modules">
  <submodule library="ModuleSamplingUniformProbabilistic" name="Sampling30">
    <configitem name="Probability">30</configitem>
  </submodule>
  <submodule library="ModuleSamplingUniformProbabilistic" name="Sampling10">
    <configitem name="Probability">10</configitem>
  </submodule>
  <submodule library="ModuleTrafficAnalyzer" name="ThresholdDetector">
    <configitem name="Alpha">0.1</configitem>
  </submodule>
  <submodule library="ModuleThresholdCollector" name="ThresholdCollector">
    <configitem name="HistoryLength">15</configitem>
  </submodule>
  <submodule library="ModuleUtilityTimer" name="SyncTimer">
    <configitem name="Duration">1000</configitem>
  </submodule>
</module>

<module name="Channels">
  <submodule name="AnomalyDetection" stage="1">
    <configitem name="Module1">Sampling30</configitem>
    <configitem name="Module2">SynTimer/configitem>
    <configitem name="Module3">ThresholdDetector</configitem>
  </submodule>
  <submodule name="DataStorage" stage="1">
    <configitem name="Module1">ThresholdCollector</configitem>
  </submodule>
</module>
```

Listing 3.1 Instanziierung und Komposition leichtgewichtiger Module

Die Komposition der verfügbaren Module zu Channels erfolgt im letzten Teil der Konfiguration, der *Channel-Konfiguration*. In der Modul-Konfiguration definierte Module können in unterschiedlichen Channels verwendet werden, so dass auch in dieser Kategorie eine einfache Wiederverwendbarkeit möglich ist. Aufgrund der Entkopplung der Module voneinander können beliebige Modul-Instanzen ohne Restriktionen zu Channels komponiert werden. Dadurch ermöglicht *Distack* eine einfache Weiterentwicklung der verwendeten Erkennung sowie die Anpassbarkeit an zukünftige Anforderungen. Zusätzlich zur Definition der Channels kann jeder Channel einer Stage zugewiesen werden, um eine hierarchische Angriffserkennung zu realisieren. Werden die Stage-Zuweisungen ausgelassen, lädt *Distack* zur Laufzeit alle verfügbaren Channels. Listing 3.1 zeigt exemplarisch eine Konfiguration zweier Channels, welche gemeinsam als Stage 1 ausgeführt werden. Der erste Channel komponiert drei der in der Modul-Konfiguration instanziierten Module, so dass eine Anomalie-Erkennung auf Basis von periodisch berechneten Schwellenwerten durchgeführt wird. Hierzu führt das Modul `SyncTimer` eine Unterteilung des beobachteten Verkehrs in Zeitintervalle einer Dauer von 1 000 ms durch. Das Modul `TrafficAnalyzer` zählt die beobachteten Dateneinheiten innerhalb eines Zeitintervalls und berechnet mit Hilfe des EWMA-Verfahrens einen Schwellenwert. Zudem führt das Modul `Sampling30` eine Paketselektion zur Reduzierung des Aufwands durch. Der zweite konfigurierte Channel besteht lediglich aus einem einzelnen Modul (`ThresholdCollector`), welches die vom Modul `TrafficAnalyzer` ins interne Nachrichtensystem gesendeten periodischen Schwellenwerte sammelt und speichert.

Um auch nicht versierten Anwendern die Nutzung von *Distack* zu ermöglichen, wurde eine graphische Benutzeroberfläche entwickelt [65], welche dem Benutzer die Konfiguration erleichtert, indem alle möglichen Konfigurationsparameter vorgegeben werden. Zusätzlich können bei nicht frei konfigurierbaren Parametern nur die möglichen Werte selektiert werden. Da in ein Simulationsszenario u. U. sehr viele *Distack*-Instanzen integriert werden sollen, bietet eine Erweiterung der entwickelten GUI zusätzlich die Möglichkeit einer skalierbaren Zuweisung von Konfigurationen an die Vielzahl der in einer Simulation vorhandenen Instanzen. Eine Beschreibung der entstandenen graphischen Benutzeroberfläche findet sich in Anhang A.1 sowie in [65].

3.2.4 Externe Kommunikation

Die externe Kommunikation des Rahmenwerks wird durch die Architektur-Bestandteile `RemoteMessaging` und `Communication` realisiert. Im `RemoteMessaging` werden die zu sendenden Daten zum Versand an entfernte Instanzen bzw. die empfangenen Daten zur Auslieferung in die lokale Modulumgebung vorbereitet. Hierzu werden die Daten der lokalen Nachrichten mit Hilfe der Boost Serialization-Bibliothek [162] serialisiert bzw. die empfangenen Daten deserialisiert. Die Serialisierung der Nachrichten sorgt dafür, dass nicht für jedes lokale Nachrichtenformat ein PDU-Format für die externe Kommunikation spezifiziert werden muss. Ein einzelnes PDU-Format, welches die serialisierten Daten als Nutzdaten transportiert, ist zum Versenden aller internen Daten ausreichend. Das interne Nachrichtenformat kann beim Empfänger durch Deserialisierung wieder hergestellt werden. Optional können im `RemoteMessaging` weitere vorbereitende Maßnahmen durchgeführt werden, z. B. eine Komprimierung der zu sendenden Daten oder das Hinzufügen eines Integritätsschutzes.

In `Communication` wird das von *Distack* verwendete PDU-Format definiert, welches neben den serialisierten Daten ein Längenfeld sowie Felder für die Quell- und Ziel-IP-Adressen der beiden Kommunikationspartner enthält. Außerdem sorgt dieser Architektur-Bestandteil dafür, dass die erstellte PDU an das Ziel der externen Kommunikation gesendet wird. Zur Realisierung dieser beiden Aufgaben stellt das Rahmenwerk eine einheitliche Schnittstelle zur Verfügung, welche die Austauschbarkeit der konkret verwendeten Kommunikationsmethode sicherstellt. Dies ermöglicht die unkomplizierte Anpassung einer verteilten Erkennung an die konkrete Umgebung des Systems durch Nutzung der für die jeweilige Umgebung sinnvollsten Kommunikationsmethode. Derzeit ist diese Schnittstelle für verschiedene Kommunikationsmethoden in realen Systemen sowie im Netzwerksimulator OMNeT++ implementiert. Die Kommunikation in OMNeT++ kann über TCP-Sockets, pfadgebunden, ringbasiert, per Multicast oder über ein Overlay-Netz erfolgen. In realen Systemen kann die Kommunikation derzeit lediglich über TCP-Sockets erfolgen. Eine Integration weiterer Methoden ist für die Zukunft geplant.

Wie das konkrete Ziel der externen Kommunikation ermittelt wird, hängt von der verwendeten Kommunikationsmethode ab. Diese wird über die XML-basierte Kon-

```
<module name="General">
  <submodule name="Remote">
    <configitem name="Neighbors">192.168.1.1,192.168.4.1</configitem>
    <configitem name="Messaging">TCP_SOCKETS</configitem>
  </submodule>
</module>
```

Listing 3.2 Konfiguration der konkret verwendeten Kommunikationsmethode

figuration aus der Menge der zur Verfügung stehenden Methoden ausgewählt (s. Listing 3.2). Bei der im Beispiel gewählten Nutzung von TCP-Sockets in realen Systemen müssen die Ziel-IP-Adressen der Kommunikationspartner durch die XML-basierte Konfiguration oder direkt vom sendenden Modul vorgegeben werden. Eine solche Kommunikationsmethode ist beispielsweise sinnvoll, wenn eine Kommunikation mit wenigen anderen, im Voraus bekannten Erkennungssystemen – z. B. innerhalb einer administrativen Domäne – erfolgen soll. Sind die Kommunikationspartner nicht im Voraus bekannt, muss eine Kommunikationsmethode verwendet werden, welche diese selbständig bei Bedarf ermittelt. Dies lässt sich beispielsweise mit Hilfe einer pfadgebundenen Kommunikation, welche sich in realen Systemen z. B. mittels GIST umsetzen lässt, realisieren. Eine manuelle Konfiguration der Kooperationspartner ist dann nicht notwendig. Alternativ kann die generische Schnittstelle durch ein Overlay-Protokoll implementiert werden, welches die Teilnahme des Erkennungssystems an einem Overlay-Netz ermöglicht. Diese Kommunikationsmethode bietet eine Kommunikation mit vielen anderen Erkennungssystemen, ohne dass eine manuelle Konfiguration aller Kommunikationspartner notwendig ist.

Die externe Kommunikation bettet sich transparent in die Mechanismen der internen Kommunikation ein (s. Abbildung 3.4). Ein sendendes Modul gibt beim Senden an, ob die Nachricht an interne Module, an externe Kommunikationspartner oder an beide gesendet werden soll. Analog dazu kann ein empfangendes Modul bei der Registrierung angeben, ob lokale, externe oder alle Nachrichten des jeweiligen Typs empfangen werden sollen. Der einzige Unterschied zwischen externer und interner Kommunikation ist, dass Nachrichten an entfernte Instanzen immer asynchron gesendet werde, um ein Blockieren des sendenden Moduls sowie des Nachrichtensystems für längere Zeit zu vermeiden.

Zusammenfassend bietet das Nachrichtensystem von *Distack* eine einfache und flexible Möglichkeit sowohl lokale als auch verteilte bzw. dezentrale Mechanismen der Angriffserkennung umzusetzen. Die durch die Modulumgebung und die Entkopplung vom Rahmenwerk zur Verfügung gestellte Flexibilität und Erweiterbarkeit wird durch das datenzentrische Nachrichtensystem optimal unterstützt.

3.3 Implementierung

Im folgenden Abschnitt 3.3.1 werden die wichtigsten Schnittstellen des Rahmenwerks beschrieben und diskutiert. Dabei wird vorrangig auf die Schnittstellen der Module, welche die eigentliche Funktionalität beinhalten, sowie der externen Kommunikation eingegangen. Die Schnittstelle der Netzwerk-Abstraktion wurde bereits in Abschnitt 3.2.2 detailliert erläutert. Eine ausführlichere Beschreibung des gesamten Rahmenwerks findet sich in [120]. Abschnitt 3.3.2 führt anschließend am Beispiel

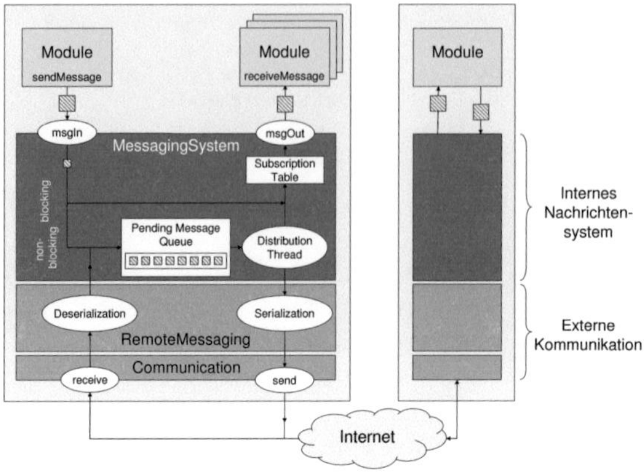

Abbildung 3.4 Vollständiges Nachrichtensystem des *Distack*-Rahmenwerks

einer konkreten Angriffserkennung aus, wie die Umsetzung der als Grundlage dieser Arbeit verwendeten Angriffserkennung in das Rahmenwerk *Distack* erfolgte. Zudem wird dabei erläutert, wie die einfache Komposition von Modulen zu einer hierarchischen Angriffserkennung realisiert wird. Abschließend wird in Abschnitt 3.3.3 kurz ein Werkzeug zur Zustandsvisualisierung eines Erkennungssystems vorgestellt, welches das schnelle Erfassen der aktuellen Bedrohungssituation anhand des graphisch aufbereiteten Zustands ermöglicht.

3.3.1 Generische Schnittstellen des Rahmenwerks

Wichtige Anforderungen beim Entwurf des Rahmenwerks zur verteilten Angriffserkennung waren Flexibilität und Erweiterbarkeit. Diese beiden Eigenschaften wurden durch die Definition generischer Schnittstellen an verschiedenen Stellen der Architektur sichergestellt.

Implementierung eines Moduls

Den wichtigsten Architektur-Bestandteil des Rahmenwerks *Distack* bildet die Modulumgebung, da innerhalb dieses Bestandteils die eigentliche Angriffs- bzw. Anomalie-Erkennung ausgeführt wird. Hierzu kann ein Benutzer verschiedene Module implementieren, deren Komposition die konkrete Erkennung realisiert. Um eine einfache Erweiterbarkeit des Rahmenwerks in Bezug auf die realisierbaren Methoden zur Angriffs- und Anomalie-Erkennung sicherzustellen, ist es folglich wichtig, klare Schnittstellen zu definieren und dem Benutzer eine Fokussierung auf die Implementierung der Angriffserkennung zu ermöglichen.

Diese Anforderungen werden durch die generische Schnittstelle `DistackModuleInterface` umgesetzt, von welcher ein vom Benutzer implementiertes Modul erbt. Die Schnittstelle definiert die beiden folgenden Methoden als virtuell:

```
bool    configure    (ModuleConfiguration& configList)
bool    frameCall    (Frame& frame)
```

In der vom Benutzer zu implementierenden `configure()`-Methode wird dem Modul ein Objekt vom Typ `ModuleConfiguration` übergeben. Dieses beinhaltet die konkreten Konfigurationsparameter für das Modul, welche aus der XML-basierten Konfiguration ausgelesen wurden. Zudem beinhaltet dieses Objekt den Namen der Shared Library des Moduls sowie den eindeutigen Namen, unter welchem dieses Modul in der Konfiguration instanziiert wurde. Die letztgenannten Werte werden vom `ChannelManager` (s. Abbildung 3.1) benötigt, um das Modul zur Laufzeit zu laden. Das Modul selbst benötigt lediglich die Konfigurationsparameter. In der `configure()`-Methode müssen die Konfigurationsparameter auf Validität und Vollständigkeit geprüft werden. Außerdem liegen sämtliche Parameter nur als Zeichenketten vor und müssen daher innerhalb dieser Methode in die entsprechenden Datentypen der jeweiligen Parameter umgewandelt werden. Passende Methoden zur Umwandlung stellt die `ModuleConfiguration`-Klasse dem Benutzer direkt zur Verfügung. Nach Abschluss dieser Methode stehen dem Modul folglich alle zur Erbringung der eigentlichen Funktionalität benötigten Parameter zur Verfügung.

Die Methode `frameCall()` muss ebenfalls vom Benutzer implementiert werden. Diese Methode wird vom `FrameDistributionSystem` aufgerufen, sobald eine Dateneinheit zur Analyse vorliegt. Eine solche Dateneinheit wird sequentiell allen Modulen eines Channels zur Bearbeitung zur Verfügung gestellt. Kehrt die `frameCall()`-Methode mit dem Rückgabewert `false` zurück, wird die Bearbeitung der Dateneinheit innerhalb des Channels abgebrochen; die Dateneinheit wird an den nächsten Channel weitergegeben. Dies ermöglicht beispielsweise die Umsetzung von Filter- oder Sampling-Verfahren im Rahmen der Angriffserkennung. Soll innerhalb der `frameCall()`-Methode auf Informationen der Dateneinheit zugegriffen werden, muss diese zuerst in die enthaltenen Protokolle unterteilt und interpretiert werden. Dies ist notwendig, da die Dateneinheit nach dem Einlesen durch den Netzzugriff als reine Bytefolge behandelt wird. Die enthaltene Semantik wird für die bearbeitenden Module erst durch Anwendung der vom Rahmenwerk zur Verfügung gestellten Protokoll-Parser verfügbar. Hierzu kann ein Modul die Methode `Frame::parsePackets()` aufrufen, welche das Parsen einer Dateneinheit einmalig und vollständig durchführt. Weitere Aufrufe dieser Methode erkennen, dass die Struktur der Dateneinheit bereits bekannt ist und führen keinen erneuten Parse-Vorgang durch.

Abbildung 3.5 zeigt ein UML-Klassendiagramm der für die Implementierung eines neuen Moduls genutzten Klassen. Die vom Benutzer zu implementierende Schnittstelle `DistackModuleInterface` erbt von den beiden Klassen `MessagingNode` und `Timer` und stellt dadurch neuen Modulen die darin enthaltenen Funktionalitäten direkt zur Verfügung. Dies erleichtert dem Benutzer die Fokussierung auf die Implementierung eigener Methoden zur Anomalie- und Angriffserkennung. Durch die Vererbung der `Timer`-Klasse kann jedes Modul einmalige und periodische Zeitgeber ohne Mehraufwand nutzen. Gestartet werden können die Zeitgeber über die Methode `Timer::start()`, welche den daraufhin gestarteten Zeitgeber eindeutig dem aufrufenden Modul zuordnet. Die bei Ablauf des Zeitgebers auszuführende Funktionalität muss innerhalb des Moduls durch Implementierung der folgenden, als virtuell definierten Methode umgesetzt werden:

```
void    eventFunction    ()
```

Die Anbindung an das interne Nachrichtensystem wird mit Hilfe der Vererbung der Klasse `MessagingNode` realisiert. Dabei werden – im Anschluss an das dynamische

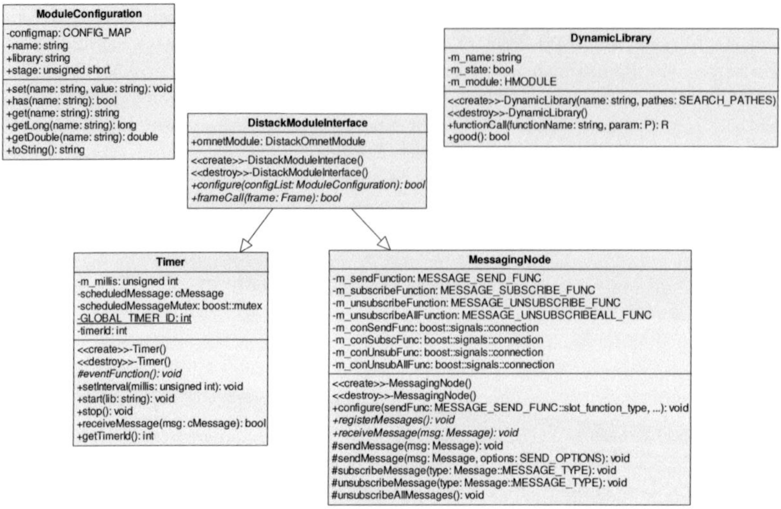

Abbildung 3.5 UML-Modellierung der für die Implementierung eines Moduls benötigten Klassen

Laden eines Moduls – die entsprechenden Funktionsaufrufe des Nachrichtensystems mit Hilfe der Boost Signals-Bibliothek an die Methoden gebunden, welche dem Modul von der Klasse `MessagingNode` zur Verfügung gestellt werden. Die zur Ausführung dieser Anbindung notwendigen Aufrufe werden beim Laden eines Moduls automatisch ausgeführt. Soll ein vom Benutzer implementiertes Modul das datenzentrische Nachrichtensystem des Rahmenwerks verwenden, müssen die folgenden, als virtuell definierten Methoden implementiert werden:

```
void    registerMessages     ()
void    receiveMessage       (Message* msg)
```

Innerhalb der `registerMessages()`-Methode kann sich ein Modul für verschiedene Nachrichtentypen registrieren. Hierzu muss die von der Klasse `MessagingNode` durch Vererbung zur Verfügung gestellte Methode `subscribeMessage()` aufgerufen werden, welche als Parameter den Typ der Nachricht enthält, für welche sich das Modul registrieren möchte. Sendet ein anderes Modul eine Nachricht dieses Typs in das Nachrichtensystem von *Distack*, wird diese Nachricht an alle registrierten Module ausgeliefert. Dies geschieht über den Aufruf der Methode `receiveMessage()` der registrierten Module. Innerhalb dieser Methode muss der Benutzer die Bearbeitung der Nachrichten, für welche sich das Modul registriert hat, sowie weitere, durch den Empfang einer Nachricht ausgelöste Funktionalität implementieren.

Das Senden eigener Nachrichten in das interne Nachrichtensystem erfolgt über die Methode `sendMessage()`, welche mit Hilfe der Boost-Bibliothek beim Laden des Moduls an das Nachrichtensystem gebunden wurde. Als Parameter dieser Methode können zusätzlich zur eigentlichen Nachricht Sendeoptionen übergeben werden.

Diese spezifizieren, ob die Nachricht synchron oder asnychron gesendet werden soll und ob die Nachricht nur intern oder auch an entfernte Erkennungssysteme gesendet werden soll. Für Nachrichten, welche an entfernte Systeme gesendet werden sollen, können außerdem die IP-Adressen der Ziele explizit spezifiziert oder die in der XML-basierten Konfiguration spezifizierten IP-Adressen verwendet werden. Werden keine Sendeoptionen übergeben, werden die Nachrichten eines Moduls standardmäßig asynchron und nur intern gesendet.

Zuletzt findet sich im Klassendiagramm der für die Implementierung eines Moduls benötigten Klassen (s. Abbildung 3.5) die Klasse `DynamicLibrary`, welche Betriebssystem-spezifische Funktionen zum dynamischen Laden bzw. Entladen von Shared Libraries zur Verfügung stellt. Derzeit implementiert ist darin die Unterstützung für Linux- und Windows-basierte Systeme.

Insgesamt ist die Implementierung eigener Module für einen Benutzer mit *Distack* vergleichsweise einfach möglich, da lediglich die eigentliche Funktionalität der Anomalie- bzw. Angriffserkennung implementiert werden muss. Die Anbindung an das interne Nachrichtensystem erfolgt automatisch; zusätzliche Funktionalität zur Bearbeitung von Dateneinheiten, z. B. das Parsen der Dateneinheiten, wird vom Rahmenwerk zur Verfügung gestellt. Auch häufig benötigte Funktionalitäten wie die Nutzung von Zeitgebern können von neuen Modulen ohne zusätzlichen Aufwand direkt genutzt werden.

Externe Kommunikation

Wie bereits in Abschnitt 3.2.4 beschrieben, kann die externe Kommunikation in die beiden Architektur-Bestandteile `RemoteMessaging` und `Communication` unterteilt werden. Letzter stellt mit Hilfe einer generischen Schnittstelle die Austauschbarkeit der konkret verwendeten Kommunikationsmethode sicher. Hierzu definiert die Schnittstelle `RemoteCommSystem` die Methode

```
bool    write   (DISTACK_REMOTE_DATA data,
                 MessagingNode::SEND_OPTIONS options)
```

als virtuell. Diese muss von konkreten Kommunikationsmethoden implementiert werden und eine Möglichkeit zur Verfügung stellen, zu sendende Daten an die jeweiligen Kommunikationspartner zu übermitteln. Werden vom sendenden Modul nicht explizit die IP-Adressen der Kommunikationspartner mit Hilfe der Sendeoptionen spezifiziert, obliegt es der jeweils implementierten Kommunikationsmethode, die benötigten Kommunikationspartner aufzufinden. Dies kann entweder – wie im Fall der bereits implementierten Kommunikation über TCP-Sockets – mit Hilfe der XML-basierten Konfiguration oder über ein von der Kommunikationsmethode selbst zur Verfügung gestelltes selbständiges Auffinden von möglichen Kommunikationspartnern erfolgen – wie z. B. im Fall einer pfadgebundenen Kommunikation mittels GIST oder bei der Nutzung eines Overlay-Netzes.

Der `write()`-Methode werden vom `RemoteMessaging` bereits serialisierte Daten übergeben, so dass sich die Kommunikationsmethode lediglich um die Übermittlung des Bytestroms an die Kommunikationspartner kümmern muss. Von entfernten Erkennungssystemen empfangene Daten werden über die `read()`-Methode der Schnittstelle `RemoteCommSystem` an den Architektur-Bestandteil `RemoteMessaging` zur Deserialisierung und Auslieferung in das interne Nachrichtensystem übergeben.

3.3.2 Hierarchische Anomalie-Erkennung mit Verfeinerung

Im Folgenden wird beschrieben, wie die in Abschnitt 2.4.1.1 eingeführte Anomalie-basierte Angriffserkennung, welche als Grundlage der in dieser Arbeit entwickelten Mechanismen zur Identifikation und Kooperation dient, in das Rahmenwerk *Distack* integriert wurde. Die Beschreibung beschränkt sich dabei auf die Umsetzung der auf Verfeinerung basierenden, hierarchischen Angriffserkennung in verschiedene Module, Channels und Stages sowie die datenzentrische Kommunikation zwischen den Modulen. Dabei zeigt sich, dass die Komposition leichtgewichtiger Module zu komplexerer Funktionalität einfach möglich ist und der Komponenten-basierte Ansatz die Hinzunahme neuer Module sowie das Entfernen bzw. den Austausch von Modulen auch für technisch nicht versierte Benutzer ermöglicht. Die datenzentrische Kommunikation zwischen Modulen stellt die lose Kopplung der Module sicher, welche die einfache Austauschbarkeit bzw. Veränderung der Komposition erst möglich macht. Die konkrete Integration der Funktionalität zur Anomalie-Erkennung wurde anhand der im vorigen Abschnitt beschriebenen Implementierung der generischen Schnittstelle `DistackModuleInterface` durchgeführt und wird im Folgenden nicht weiter erläutert. Die resultierende hierarchische Anomalie-Erkennung mittels Verfeinerung wurde außerdem als Open Source-Software veröffentlicht [66].

Das ursprüngliche, in Abschnitt 2.4.1.1 eingeführte System zur hierarchischen Anomalie-basierten Angriffserkennung besteht aus drei Stufen, welche mit Verfeinerung arbeiten. Die Funktionalitäten der einzelnen Stufen werden im Folgenden kurz zusammengefasst:

- ***Stufe 1:*** Untersuchung verschiedener Protokoll-Aggregate auf Volumenanomalien. Hierzu wird der beobachtete Verkehrsstrom in Zeitintervalle gleicher Dauer unterteilt. Die Anomalie-Erkennung wird mit Hilfe eines Schwellenwerts gemäß des EWMA-Verfahrens durchgeführt, welcher am Ende jedes Zeitintervalls pro beobachtetem Aggregat neu berechnet wird. Zudem erfolgt in Stufe 1 die Sammlung und Speicherung von Informationen über die Verteilung der Quell- und Ziel-IP-Präfixe, welche aus der lokalen Routing-Tabelle ermittelt werden. Diese Informationen über die Verteilung vor einem Angriff werden von der zweiten Stufe im Fall eines Angriffsverdachts benötigt, d. h. die Auswertung erfolgt nur im Bedarfsfall. Zur Reduzierung des Analyseaufwands kann außerdem in Stufe 1 ein Paketselektionsverfahren eingesetzt werden.
- ***Stufe 2:*** Vergleich der Verteilungen der Quell- und Ziel-IP-Präfixe vor und während eines vermuteten Angriffs. Eine Anomalie in der Verteilung der Quell-IP-Präfixe deutet auf einen verteilten Angriff hin, wohingegen die Untersuchung der Ziel-IP-Präfixe eine Unterscheidung zwischen gerichteten und ungerichteten Angriffen ermöglicht. Im Fall eines gerichteten Angriffs wird der Angriffsverkehr in Richtung eines einzelnen Ziel-IP-Präfixes gesendet.
- ***Stufe 3:*** Die Suche nach Protokoll-Anomalien basiert statt auf der Auswertung vorher gesammelter Daten wieder auf der Beobachtung des Verkehrsstroms. Dieser kann allerdings durch die bereits vorhandenen Ergebnisse der ersten beiden Stufen mit Hilfe eines Paketfilters auf das verdächtige Aggregat sowie bei gerichteten Angriffen auf das verdächtige Ziel-IP-Präfix eingeschränkt werden.

Um die von *Distack* zur Verfügung gestellten Möglichkeiten der Wiederverwendbarkeit von Funktionalität und der Komposition von leichtgewichtigen Modulen optimal nutzen zu können, wurde vor der Implementierung der Anomalie-Erkennung eine Dekomposition der drei vorhandenen Stufen in möglichst kleine, in sich abgeschlossene Bausteine durchgeführt. Diese resultierte in der Implementierung der folgenden, in sich abgeschlossenen Module:

- ***Paketselektion:*** Durchführung einer Paketselektion auf Basis des Uniform Probabilistic Sampling-Verfahrens [230]. Dieses selektiert Pakete mit einer vorgegebenen Wahrscheinlichkeit auf Basis gleichverteilter Zufallszahlen zur Analyse durch die Anomalie-Erkennung.
- ***Paketfilter:*** Einsatz eines Paketfilters, welcher nur Dateneinheiten, die auf die Beschreibung des Filters passen, z. B. ein bestimmtes Ziel-IP-Präfix, an die Angriffserkennung zur Analyse weitergibt.
- ***Zeitgeber:*** Ein globaler Zeitgeber ermöglicht die Synchronisation verschiedener Module. Zeitgeber, die nur innerhalb eines einzelnen Moduls benötigt werden, können mit Hilfe derjenigen Zeitgeber realisiert werden, die die generische Schnittstelle `DistackModuleInterface` zur Verfügung stellt, und müssen nicht als separates Modul realisiert werden.
- ***Erkennung von Volumenanomalien:*** Untersuchung verschiedener Aggregate auf Volumenanomalien. Dies beinhaltet auch die Neuberechung des Schwellenwerts am Ende jedes Zeitintervalls.
- ***Speicherung der beobachteten und berechneten Werte:*** Die vom vorigen Modul beobachteten und berechneten Werte werden gesammelt und in einem Ringpuffer gespeichert, damit diese für eine gewisse Zeit noch zur Verfügung stehen, beispielsweise zur Visualisierung oder zur nachträglichen manuellen Analyse der Daten.
- ***Speicherung der IP-Präfix-Verteilungen:*** Die Informationen über die Verteilungen der Quell- und Ziel-IP-Präfixe werden im Rahmen der Verfeinerung in Stufe 2 zur Auswertung und Untersuchung auf Verteilungsanomalien benötigt. Die Sammlung der Daten ist allerdings nur vor Erkennung einer Volumenanomalie möglich, da nur dann Vergleichswerte des normalen Verkehrs zur Verfügung stehen.
- ***Erkennung von Verteilungsanomalien:*** Die Auswertung der gesammelten Verteilungen der Quell- und Ziel-IP-Präfixe erfolgt nur bei Bedarf und untersucht die gesammelten Daten auf Verteilungsanomalien.
- ***Erkennung von Protokollanomalien:*** Diese feingranularen Erkennungsmethoden untersuchen das Verhalten des Verkehrsstroms auf höheren Schichten, z. B. der Transportschicht. Verhält sich der Verkehr unerwartet – werden z. B. deutlich mehr Verbindungsanfragen (TCP SYN-Dateneinheiten) als Antworten auf diese Anfragen (TCP SYN/ACK-Dateneinheiten) beobachtet – stellt dies eine Protokollanomalie dar.

Diese Module wurden mit Hilfe der XML-basierten Konfiguration von *Distack* instanziiert und derart zu Channels und Stages komponiert, dass die Funktionalität der ursprünglichen Anomalie-basierten Angriffserkennung erreicht wurde. Die resultierende Komposition der Module ist in Abbildung 3.6 dargestellt. Stufe 1 besteht in *Distack* aus drei Channels: Der erste Channel realisiert die Erkennung von Volumenanomalien sowie die Speicherung der beobachteten und berechneten Werte. Bei Bedarf kann zusätzlich ein Verfahren zur Paketselektion genutzt werden, so dass nur eine Teilmenge aller beobachteten Dateneinheiten tatsächlich von den Modulen zur Anomalie-Erkennung bearbeitet wird. Der zweite Channel stellt einen

Zeitgeber zur Synchronisation aller in Stufe 1 vorhandenen Module bereit, welcher die Unterteilung des Verkehrsstroms in Zeitintervalle gleicher Dauer durchführt. Im letzten Channel der ersten Stufe erfolgt die Sammlung der Informationen über die IP-Präfix-Verteilungen. Stufe 2 besteht aus einem einzelnen Channel, welcher nur ein Modul enthält. Dieses führt die Erkennung von Verteilungsanomalien durch. In Stufe 3 werden mehrere Channels parallel geladen, welche den Verkehrsstrom auf unterschiedliche Protokollanomalien untersuchen. Jeder einzelne Channel nutzt zusätzlich einen Paketfilter zur Einschränkung des zu beobachtenden Verkehrsstroms auf das verdächtige Aggregat sowie bei gerichteten Angriffen zusätzlich auf das verdächtige IP-Präfix. Das Hinzufügen weiterer Anomalie-Erkennungsverfahren in diesen hierarchischen Ablauf ist aufgrund der losen Kopplung und der Durchführung der Komposition über die XML-basierte Konfiguration einfach möglich.

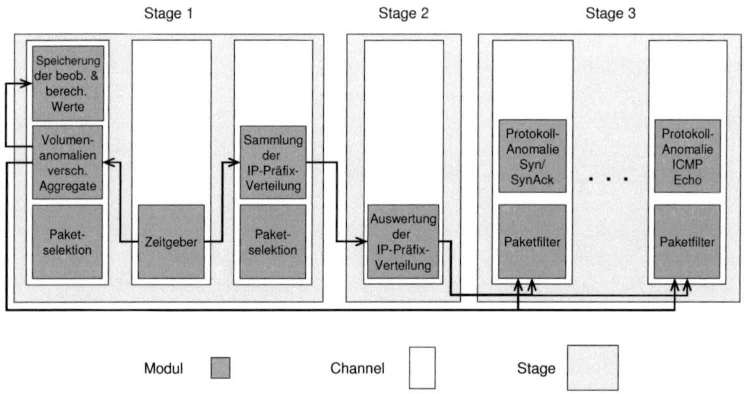

Abbildung 3.6 Komposition der hierarchischen Anomalie-Erkennung in *Distack*

Die Kommunikation zwischen den implementierten Modulen ist über das interne Nachrichtensystem möglich, welches durch die Vererbung der Klasse `MessagingNode` an die generische Modul-Schnittstelle `DistackModuleInterface` gebunden wird (s. voriger Abschnitt). Neben der Konfigurations-basierten Komposition von Modulen unterstützt diese datenzentrische Kommunikation die einfache Austauschbarkeit von Modulen bzw. Veränderung der Anomalie-Erkennung optimal. Die Kommunikation der Module basiert im Fall der hierarchischen Anomalie-Erkennung mittels Verfeinerung auf den folgenden unterschiedlichen Nachrichtentypen, welche von der Basisklasse `Message` abgeleitet sind:

- `MessageAlert`: Dieser Nachrichtentyp gibt das Ergebnis einer Anomalie-Erkennungsmethode an und wird vom Rahmenwerk verwendet, um weitere Verfeinerungsstufen zu laden bzw. Stufen zu entladen.
- `MessageTimer`: Dieser Nachrichtentyp wird von einem Zeitgeber-Modul gesendet und dient zur Synchronisation mehrerer aktiver Module. Die zu synchronisierenden Module müssen sich für diesen Nachrichtentyp registrieren.
- `MessageAggregatWatchValues`: Dieser Nachrichtentyp enthält die von der Anomalie-Erkennung der Stufe 1 beobachteten und berechneten Werte des abgelaufenen Zeitintervalls. Das Modul zur Speicherung dieser Werte muss sich für dieses Modul registrieren.

- `MessageAddressDistribution`: Dieser Nachrichtentyp enthält die gesammelten Historien-Informationen über die Verteilungen der Quell- und Ziel-IP-Präfixe der letzten Zeitintervalle. Stufe 2 benutzt diesen Nachrichtentyp, um die für die Anomalie-Erkennung benötigten Informationen vom Nachrichtensystem anzufordern. Das Modul, welches die Informationen sammelt, ist für die Anfrage-Nachricht registriert und sendet daraufhin eine Antwort-Nachricht vom selben Typ mit den benötigten Informationen.
- `MessageLastSuspiciousAggregate`: Dieser Nachrichtentyp wird verwendet, um das aktuell verdächtige Aggregat anzugeben, für welches eine Volumenanomalie erkannt wurde. Diese Information wird von Stufe 3 zur Konfiguration des Paketfilters genutzt.
- `MessageLastSuspiciousAnomalyType`: Dieser Nachrichtentyp gibt an, ob eine in Stufe 2 erkannte Verteilungsanomalie auf einen gerichteten oder ungerichteten Angriff hinweist. Wird ein gerichteter Angriff vermutet, kann zusätzlich das verdächtige Ziel-IP-Präfix kommuniziert werden. Diese Information wird ebenfalls von Stufe 3 zur Konfiguration des Paketfilters genutzt.

Abbildung 3.6 stellt zusätzlich zur Komposition der Module in die ursprünglichen drei Stufen ein Schema der für die hierarchische Angriffserkennung notwendigen Kommunikation zwischen diesen Modulen dar. Während dieses Schema beispielsweise in der früheren Implementierung auf Basis der programmierbaren Plattform FlexiNet genau so umgesetzt wurde – d. h. die Kommunikation erfolgte direkt über Funktionsaufrufe anderer Module – ist die Kommunikation in *Distack* durch die Realisierung mittels vom Empfänger unabhängiger Nachrichten wesentlich flexibler und einfacher erweiterbar. Durch die Registrierung für die benötigten Nachrichtentypen kann die Kommunikation zwischen den Modulen über den Umweg des internen Nachrichtensystems ebenso stattfinden wie im Fall direkter Funktionsaufrufe; die einfache Austauschbarkeit von Modulen sowie eine Veränderung der Anomalie-Erkennung bleibt – im Gegensatz zu direkten Funktionsaufrufen – aber gewährleistet.

3.3.3 Zustandsvisualisierung der Angriffserkennung

Zusätzlich zum Rahmenwerk zur Angriffs- und Anomalie-Erkennung wurde ein Werkzeug zur Visualisierung des Systemzustands eines *Distack*-Erkennungssystems implementiert [54]. Wert wurde bei der Entwicklung dieses Werkzeugs vorrangig darauf gelegt, dass die hierarchische Erkennung sowie die jeweiligen Ergebnisse der einzelnen Stufen der Verfeinerung für einen Benutzer oder Administrator gut nachvollzogen werden können. Zudem sollte nicht nur der Zustand eines einzelnen Erkennungssystems, sondern nach Möglichkeit der Zustand mehrerer Erkennungssysteme mit Hilfe einer einzigen Instanz der Visualisierung überwacht werden können.

Abbildung 3.7 zeigt die graphische Oberfläche der Zustandsvisualisierung, welche grob in 3 Bereiche unterteilt werden kann. Bereich ① enthält die Visualisierung der von einem System zur Angriffserkennung empfangenen Daten gemäß der Konfiguration des Benutzers. Exemplarisch ist in der Abbildung die graphische Darstellung der beobachteten Anzahl an Dateneinheiten sowie des berechneten Schwellenwerts des TCP-Aggregats dargestellt. Zusätzlich können über die Tabs, welche direkt über der Graphik angeordnet sind, weitere darstellbare Informationen, z. B. die Verteilung der Ziel-IP-Präfixe oder die Verteilung der Dateneinheiten pro Aggregat, ausgewählt

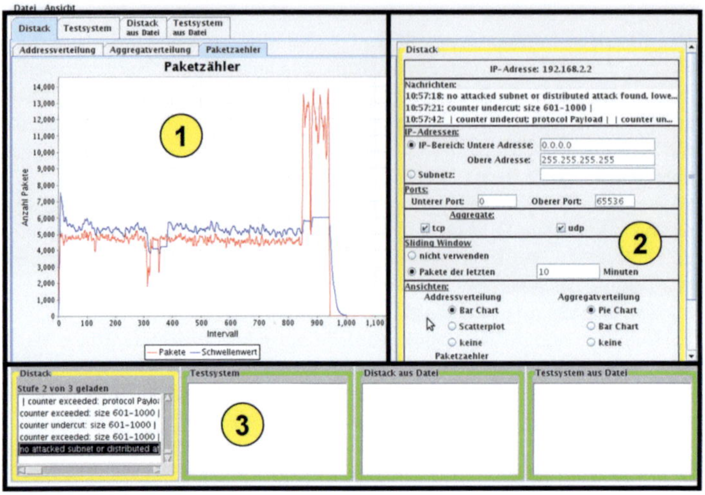

Abbildung 3.7 Graphische Oberfläche der Zustandsvisualisierung

werden. Über die Tabs ganz oben in diesem Bereich können die Zustandsvisualisierungen aller derzeit aktiven Systeme zur Angriffserkennung ausgewählt werden – die Visualisierung des Zustands mehrerer unterschiedlicher Systeme wird durch das entwickelte Werkzeug unterstützt. Bereich ② gibt dem Benutzer verschiedene Konfigurationsmöglichkeiten und stellt allgemeine Informationen über das gerade aktive Erkennungssystem, wie z. B. dessen IP-Adresse sowie die letzten empfangenen Nachrichten, dar. Die Konfigurationsmöglichkeiten erlauben dem Benutzer beispielsweise die Einschränkung der dargestellten Daten auf bestimmte Bereiche, z. B. kann der Benutzer konfigurieren, von welchen Aggregaten Paketzahlen und Schwellenwert dargestellt werden soll. Zudem kann zwischen den verfügbaren Darstellungsformen gewählt werden – die Adressverteilung kann beispielsweise wahlweise als Kuchendiagramm oder als Balkendiagramm visualisiert werden. Bereich ③ gibt für alle aktiven Erkennungssysteme einen kurzen Überblick über deren aktuellen Zustand. Neben der Information, welche Stufe derzeit aktiv ist und welche Anomalien im aktuellen Verlauf der Verfeinerung bereits erkannt wurden, deutet die Farbe der Umrandung mit Hilfe der Ampelfarben ebenfalls den Systemzustand an und ermöglicht dadurch einen schnellen Überblick über sämtliche visualisierten Erkennungssysteme.

3.4 Leistungsbewertung

Die im Folgenden beschriebene Leistungsbewertung des Rahmenwerks *Distack* berücksichtigt die Ausführung der in Abschnitt 2.4.1.1 beschriebenen Angriffserkennung, deren Umsetzung in das Rahmenwerk *Distack* in Abschnitt 3.3.2 erläutert wurde, auf einem realen System. Eine Evaluierung, welche die Leistungsdaten des Rahmenwerks bei einem Einsatz in einem Netzwerksimulator auswertet, erfolgt in Abschnitt 4.5.1 im Anschluss an die Vorstellung der verwendeten Simulationsumgebung. Betrachtet wird bei der Evaluierung vorrangig der Speicherverbrauch der

Erkennung sowie im Zusammenhang mit dem Netzwerksimulator auch die Simulationslaufzeit sowie der während einer Simulation erzeugte Simulationsaufwand.

Ausführung auf einem Linux-basierten System

Um bewerten zu können, inwiefern die von *Distack* zur Verfügung gestellte Flexibilität und Erweiterbarkeit sich negativ auf Eigenschaften wie den Speicherverbrauch des Systems auswirkt, wurde wie folgt vorgegangen: Die Angriffserkennung wurde auf einem Linux-basierten System für eine Dauer von ca. 160 Sekunden ausgeführt. Als Verkehrsquelle diente eine Tracedatei mit normalem Hintergrundverkehr, welche ab dem Zeitpunkt 80 s mit einem DDoS-Angriff überlagert wurde. Implementiert war die Angriffserkennung dabei zum einen innerhalb der programmierbaren Plattform *FlexiNet* [72], zum anderen in *Distack* [69]. Gemessen wurde der während der Angriffserkennung verbrauchte virtuelle Speicher. Dieser Wert beinhaltet Code, Daten und Stack des jeweiligen Prozesses. Abbildung 3.8 zeigt die gemessenen Werte sowie die zum jeweiligen Zeitpunkt aktive Stufe der hierarchischen Angriffserkennung.

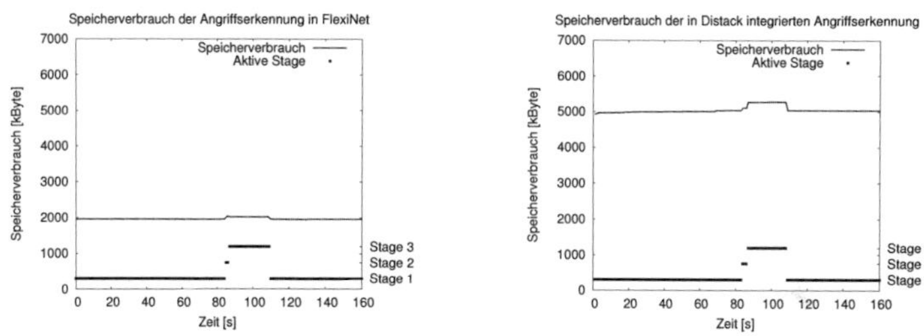

(a) *FlexiNet* (b) *Distack*

Abbildung 3.8 Speicherverbrauch der Angriffserkennung in unterschiedlichen Systemen

Die innerhalb von *FlexiNet* implementierte Angriffserkennung (s. Abbildung 3.8(a)) belegt in Stufe 1 ca. 2 MB an virtuellem Speicher, wobei nur ca. 210 kB des Speichers tatsächlich für Stufe 1 benötigt werden; die restlichen 1 750 kB benötigt die Execution Environment der programmierbaren Plattform *FlexiNet* selbst. Sobald Stufe 2 geladen wird, werden weitere 100 kB Speicher benötigt. Stufe 3 benötigt im Vergleich zu Stufe 1 nur 70 kB zusätzlichen Speicher. Abbildung 3.8(b) zeigt deutlich, dass die in *Distack* integrierte Angriffserkennung mit ca. 5 MB signifikant mehr Speicher benötigt als die Angriffserkennung in *FlexiNet*. Dies ist einerseits auf die von *Distack* verwendeten externen Bibliotheken Boost und Xerces zurückführen, welche 400 kB bzw. 1,9 MB zum Speicherverbrauch beitragen. Andererseits benötigt *Distack* für den Puffer des `NetworkManagers` sowie für das interne Nachrichtensystem zusätzlichen Speicher. Zudem führt die mit Hilfe der Boost Signals-Bibliothek realisierte lose Kopplung der Module, welche als einzelne Shared Libraries kompiliert sind, an das interne Nachrichtensystem zu einem erhöhten Speicherbedarf.

Im Vergleich zur programmierbaren Plattform *FlexiNet* zeichnet sich *Distack* durch eine erhöhte Flexibilität in Bezug auf die Nutzung unterschiedlicher Laufzeitumgebungen aus. Die Execution Environment von *FlexiNet* ist teilweise innerhalb des

Linux-Kernels implementiert und nutzt die Möglichkeiten der Linux-Werkzeuge *iptables* und *Netfilter*, um auf den vom System beobachteten Verkehrsstrom zuzugreifen und eine Angriffserkennung durchzuführen. Eine Portierung auf andere Systeme ist nicht ohne starke Veränderungen an der Execution Environment möglich. Die Integration der eigentlichen Angriffserkennung erfolgt sowohl bei *FlexiNet* als auch bei *Distack* über Module, welche als Shared Libraries kompiliert werden und bei Bedarf flexibel von der programmierbaren Plattform bzw. dem Rahmenwerk geladen werden können. *FlexiNet* unterstützt die einfache Ausführung einer hierarchischen Erkennung dabei jedoch nicht explizit. Die Umsetzung einer solchen hierarchischen Erkennung ist nur möglich, indem geladene Module nach Erkennung einer Anomalie weitere Module zur Erkennung feingranularer Anomalien nachladen. Die Ablaufsteuerung muss folglich direkt in die Angriffserkennung implementiert werden und lässt sich nicht ohne Änderungen an den Modulen selbst verändern. *Distack* hingegen ermöglicht eine hierarchische Erkennung, indem den Channels, welche in der XML-basierten Konfiguration definiert sind, Stufen zugewiesen werden – eine Änderung an den Modulen selbst ist nicht notwendig. Zudem ermöglicht *Distack* die Instanziierung von einmal kompilierten Modulen mit unterschiedlichen Konfigurationen, wohingegen bei *FlexiNet* sämtliche Konfigurationsparameter direkt im Quellcode enthalten sind. Eine Änderung der Parameter erfordert daher die erneute Übersetzung des Moduls. Eine mehrfache Instanziierung mit unterschiedlichen Konfigurationen ist nur durch mehrfache Übersetzung in unterschiedliche Shared Libraries möglich und führt dadurch zu Code-Redundanz.

Ein weiterer Vorteil des Rahmenwerks *Distack* gegenüber *FlexiNet* ist das Vorhandensein eines datenzentrischen Nachrichtensystems, in welchem sich Module für bestimmte Nachrichten registrieren. Die Kommunikation von Modulen kann über dieses Nachrichtensystem erfolgen, ohne dass der Empfänger einer Nachricht bekannt sein muss. In *FlexiNet* erfolgt die Kommunikation zwischen Modulen über direkte Aufrufe von als öffentlich deklarierten Methoden. Hierzu muss zuerst das Modul aufgefunden werden, mit welchem kommuniziert werden soll, bevor der Funktionsaufruf durchgeführt werden kann – das Modul muss folglich bekannt sein. Zudem ist die Kommunikation direkt in den Quellcode integriert und dadurch weniger flexibel und erweiterbar. Der Mehraufwand an Speicher des Rahmenwerks *Distack* im Vergleich zur programmierbaren Plattform *FlexiNet* ist folglich der höheren Flexibilität und Erweiterbarkeit geschuldet.

Insgesamt muss jedoch auch festgestellt werden, dass keine der beiden Plattformen in der Lage wäre, die im Netzinneren üblichen hohen Datenraten im Gigabit-Bereich zu verarbeiten, da dies derzeit nur mit speziellen Hardware-Bausteinen möglich ist. Ziel der vorliegenden Arbeit ist allerdings auch nicht, technische Lösungen für den Einsatz von *Distack* im Netzinneren zu entwerfen, sondern eine Möglichkeit zur schnellen und einfachen Evaluierung neu entwickelter Mechanismen zur Verfügung zu stellen sowie Konzepte zu entwickeln, welche eine effektive Angriffserkennung und -identifikation überhaupt erst ermöglichen.

4. Werkzeuge zur Evaluierung einer Erkennung verteilter Angriffe

In diesem Kapitel werden verschiedene, im Rahmen dieser Arbeit entwickelte Werkzeuge vorgestellt, welche eine aussagekräftige und sinnvolle Evaluierung von Mechanismen zur Erkennung verteilter, großflächiger Angriffe ermöglichen. Die Anforderungen an die Wahl einer geeigneten Methodik zur Evaluierung sowie die Entwicklung der hierfür notwendigen Werkzeuge sind:

- Realistische Randbedingungen
- Vermeidung unvorhersehbarer Störungen und Seiteneffekte
- Keine Störung anderer Systeme bzw. Teilnehmer
- Evaluierung in großen Netzen
- Variation der Evaluierungsszenarien
- Reproduzierbarkeit der Ergebnisse
- Einfache Erweiterbarkeit

Hauptanforderung an die Evaluierung einer Erkennung verteilter Angriffe ist, dass die der Evaluierung zugrunde liegenden Netze *realistische Eigenschaften* aufweisen müssen. Dies ist zwingend notwendig, da die Aussagekraft der Ergebnisse einer Evaluierung stark von der Realitätsnähe der Randbedingungen abhängt. Stellt die zur Evaluierung verwendete Umgebung keine realistischen Randbedingungen zur Verfügung, können aus den erhaltenen Ergebnissen auch keine aussagekräftigen Schlüsse gezogen werden. Zudem sollten unvorhersehbare Störungen und Seiteneffekte während der Durchführung einer Evaluierung möglichst vermieden werden, da diese die Ergebnisse verfälschen bzw. die Analyse der Ergebnisse stark erschweren. Außerdem muss sichergestellt sein, dass durch selbst-generierte Angriffe zum Zweck der Bewertung der entwickelten Mechanismen keine unbeteiligten Dritten in Mitleidenschaft gezogen werden. Der Fokus der vorliegenden Arbeit liegt auf der Erkennung verteilter, großflächiger Angriffe mit Hilfe einer dezentralen Kooperation der beteiligten Erkennungssysteme. Da die betrachteten verteilten Angriffe sich in sehr großen Netzen abspielen und ihre charakteristischen Eigenschaften vor allem in großen Netzen zeigen, muss die Evaluierung der Angriffserkennung in derartigen Netzen durchgeführt werden. Die verwendete Umgebung sollte folglich skalierbar in Bezug auf die Anzahl der Systeme in den zur Evaluierung verwendeten Netzen sein. Zudem sollte eine Variation der zur Evaluierung verwendeten Szenarien möglich sein, um entwickelte Methoden zur Angriffs- und Anomalie-Erkennung nicht nur in wenigen speziellen, sondern in vielen unterschiedlichen Szenarien auswerten zu können. Eine weitere wünschenswerte Eigenschaft der gewählten Methodik ist die Reproduzierbarkeit von Ergebnissen. Dies stellt sicher, dass ein Vergleich unterschiedlicher Varianten der Angriffserkennung bzw. unterschiedlicher Systeme zur Angriffserkennung unter denselben Bedingungen möglich ist.

Zusätzlich zu den bisher genannten Anforderungen wurde die einfache Erweiterbarkeit als weitere Anforderung an die Entwicklung geeigneter Werkzeuge identifiziert. Diese Eigenschaft stellt einerseits sicher, dass zukünftige Weiterentwicklungen und Neuerungen problemlos in die geschaffene Umgebung integriert werden können. Andererseits ermöglicht sie eine unkomplizierte Integration existierender Mechanismen und Methoden und dadurch die Vergleichbarkeit verschiedener Lösungen unter denselben Randbedingungen.

Grundsätzlich stehen zur Evaluierung entwickelter Algorithmen, Protokolle und Architekturen im Bereich der Netzwerkkommunikation die folgenden Plattformen zur Verfügung:

- Internet als real genutztes Netz
- Testbett
- Experimentierplattform
- Netzwerksimulator

Die Nutzung des Internets als Beispiel für ein *real genutztes Netz* ist in Bezug auf Realitätsnähe und Größe des Netzes die bestmögliche Plattform für die Evaluierung der dezentralen Angriffserkennung. Problematisch ist jedoch, dass keine eigenen Angriffe generiert werden können, da eine Isolation derartiger Experimente im Internet nicht möglich ist. Zudem kann auf die Knoten des Netzes und auf deren Verhalten selten direkt Einfluss genommen werden, da nur sehr wenige Knoten unter eigener Kontrolle stehen. Dies führt zum einen dazu, dass Eigenschaften wie Topologie oder Hintergrundverkehr der für die Evaluierung verwendeten Szenarien nicht kontrolliert variiert werden können. Zum anderen ist die Reproduzierbarkeit der Ergebnisse nicht gewährleistet, da mit hoher Wahrscheinlichkeit unvorhersehbare Störungen und Seiteneffekte auftreten, welche die Ergebnisse beeinflussen.

Der Aufbau eines *Testbetts* für die Evaluierung bietet die Möglichkeit, eigene Angriffe zu generieren ohne Dritten zu schaden. Dadurch, dass ein Testbett meist in sich abgeschlossen und nicht mit anderen Netzen verbunden ist, sind unvorhersehbare Störungen durch andere Teilnehmer ausgeschlossen. Die exakte Reproduzierbarkeit von Ergebnissen ist aufgrund der Komplexität und möglicher Wechselwirkungen und Abhängigkeiten einzelner Komponenten heutiger Hard- und Software häufig dennoch nicht gewährleistet [13]. Zudem sind realistische Bedingungen zwar in einigen Aspekten – reale Hardware und Betriebssysteme – gegeben, in anderen Bereichen wie Hintergrundverkehr aber überhaupt nicht vorhanden. Die Umsetzbarkeit dieser Lösung ist außerdem fraglich, da der Aufbau eines Testbetts der benötigten Größe mit hohen Kosten und einer komplexen und zeitaufwändigen Administration verbunden ist [202].

Wird ein Testbett durch eine Vielzahl von Partnern realisiert, spricht man meist von einer *Experimentierplattform*. Im Gegensatz zum Testbett sind die Systeme einer Experimentierplattform außerdem meist in reale Systeme eingebunden. Dadurch stellt die Experimentierplattform einen Kompromiss aus realem Netz und Testbett dar, da sie einerseits die Kontrolle über die beteiligten Systeme bei geringen Kosten und Administrationsaufwand ermöglicht, andererseits aber durch ihre Einbindung in reale Netze die Voraussetzungen für realistische Bedingungen schafft. Da die Kommunikation zwischen den Systemen der Experimentierplattform über das Internet abläuft, ist die Generierung von Angriffen bzw. eine Isolation der Evaluierung nicht möglich. Auch die Reproduzierbarkeit der Ergebnisse sowie die Vorhersagbarkeit von Störungen und Seiteneffekten können nicht sichergestellt werden, da neben der Nutzung realer Netze zur Kommunikation die lokalen Ressourcen meist unter mehreren Nutzern aufgeteilt werden. Die Anzahl der während der Evaluierung kontrollierbaren Systeme ist durch die Größe der Experimentierplattform eingeschränkt. PlanetLab – eine der größten frei nutzbaren Experimentierplattformen – besteht aus ca. 1000 Systemen an ca. 500 verschiedenen Standorten [39], von denen allerdings meist nur ca. 650 Systeme verfügbar sind.

Die Nutzung eines *Netzwerksimulators* bietet vor allem in Bezug auf Reproduzierbarkeit und Kontrolle der Systeme große Vorteile. Dadurch, dass im Simulator sämtliche Vorgänge deterministisch ablaufen, liefert eine Simulation auch bei mehrfacher Ausführung immer dasselbe Ergebnis, falls für die Pseudozufallszahlengeneratoren gleich bleibende Seeds genutzt werden. Nicht vorhersehbare Störungen und Seiteneffekte durch andere Systeme können nicht auftreten. Die Simulation einer vergleichsweise hohen Anzahl von Systemen ist meist problemlos möglich, wobei der Simulator auch bei solch großen Topologien kaum Kosten oder Administrationsaufwand verursacht. Die tatsächliche zu realisierende Größe hängt dabei vom Detailgrad der Simulation ab. Zudem sind beliebige Variationen der verwendeten Szenarien möglich. Diesen positiven Eigenschaften müssen jedoch zwei schwerwiegende Nachteile gegenüber gestellt werden: Ein Simulator stellt meist keine realistischen Randbedingungen zur Verfügung – es werden meist nur stark vereinfachte Randbedingungen angenommen und in den Simulator integriert. Vom Realismus der Randbedingungen hängt jedoch direkt die Aussagekraft der Simulationsergebnisse ab. Der zweite Nachteil ist, dass die entwickelten Mechanismen im Anschluss an eine simulative Evaluierung meist erneut für reale Systeme implementiert werden müssen, um sie tatsächlich nutzen zu können. Dies stellt einen hohen Mehraufwand dar.

4.1 *ReaSE* – Realistische Simulationsszenarien für OMNeT++

Aufgrund der genannten Vorteile und der Tatsache, dass nicht vorhersehbare Störungen und Seiteneffekte die Bewertung der Ergebnisse bei den anderen Plattformen erschweren, fiel die Entscheidung bei der Wahl einer für diese Arbeit geeigneten Methodik auf die Durchführung einer simulativen Evaluierung. Als Grundlage der simulativen Evaluierung entwickelter Mechanismen wurde der für akademische Zwecke frei verfügbare zeitdiskrete Ereignis-Simulator OMNeT++ [204] genutzt. Dieser ist einfach nutzbar, wird aktiv weiterentwickelt und ermöglicht durch seine Verfügbarkeit unter der GNU Public Licence (GPL) eine ebenfalls freie Weitergabe und Veröffentlichung der in dieser Arbeit entwickelten Werkzeuge. Eine ausführliche Gegenüberstellung existierender Simulatoren sowie die Beschreibung des genutzten Simulators OMNeT++ findet sich in den Grundlagen dieser Arbeit (s. Abschnitt 2.6).

Vor der Durchführung einer simulativen Evaluierung muss jedoch bedacht werden, dass in Simulatoren realistische Randbedingungen häufig fehlen und weitgehende Vereinfachungen angenommen werden. Ein weiterer, bereits angesprochener Nachteil der Nutzung eines Netzwerksimulators ist die Tatsache, dass die entwickelten Mechanismen im Anschluss an die simulative Evaluierung häufig erneut für reale Systeme implementiert werden müssen. Im Rahmen dieser Arbeit wurde daher die Möglichkeit zur Durchführung einer simulativen Evaluierung von Mechanismen zur Erkennung verteilter Angriffe geschaffen [70, 176], indem Werkzeuge entwickelt wurden, welche diese beiden Nachteile beheben. Dabei wurde darauf geachtet, in Bezug auf die Evaluierung einer Erkennung verteilter Angriffe im Internet möglichst realistische Simulationsszenarien zu erstellen und Aspekte, die für diese Problemstellung bedeutend sind, nicht zu sehr zu vereinfachen. Berücksichtigt wurden dabei vorrangig die folgenden Aspekte:

- Internet-ähnliche Topologien
- Hintergrundverkehr
- Verteilte Angriffe

Das in Abschnitt 4.2 beschriebene Werkzeug berücksichtigt die Erzeugung realistischer, *Internet-ähnlicher Topologien*, welche hierarchisch aufgebaut sind. Die aus zwei Hierarchie-Ebenen bestehenden Topologien bilden sowohl die Topologie auf der Ebene der Autonomen Systeme als auch die tatsächliche Realisierung auf Router-Ebene innerhalb jedes Autonomen Systems nach. Die resultierenden Topologien erfüllen dabei die Powerlaw-Eigenschaften. Ein Werkzeug zur Generierung von *Hintergrundverkehr* mit realistischen Eigenschaften wird in Abschnitt 4.3 beschrieben. Die Generierung des Hintergrundverkehrs erfolgt dabei auf Basis von Verkehrsprofilen automatisch während einer Simulation und ist dadurch sehr flexibel, gut skalierbar und einfach erweiterbar. Der erzeugte Verkehr weist einerseits eine realistische Verteilung der Protokolle auf der Transportschicht auf; zum anderen zeigt der Hintergrundverkehr die auch im Internet beobachtbare Selbstähnlichkeit. Ein Werkzeug zur Erzeugung von *Angriffsverkehr* bzw. zur Integration von Angreifern in die Simulationsszenarien beschreibt Abschnitt 4.4. Dabei liegt der Fokus auf verteilten, großflächigen Angriffen wie z. B. DDoS-Angriffen oder Wurmausbreitungen.

Die durch die Vereinigung der entwickelten Werkzeuge entstandene Simulationsumgebung – im Folgenden *ReaSE* (engl. Realistic Simulation Environments) genannt – bildet damit die Grundlage für die simulative Evaluierung der in Kapitel 5 entwickelten Mechanismen und ermöglicht die zur Evaluierung notwendige Erstellung möglichst realistischer Simulationsszenarien. Eine Leistungsbewertung der von *ReaSE* erzeugten Simulationsszenarien in Bezug auf Simulationslaufzeit, Speicherverbrauch und während einer Simulation durch OMNeT++ generierte Nachrichten erfolgt abschließend in Abschnitt 4.5. Hierbei wird auch eine Leistungsbewertung der Integration des Rahmenwerks *Distack* in von *ReaSE* erzeugte Simulationsszenarien durchgeführt.

Die einfache Benutzbarkeit der Simulationsumgebung wird durch eine graphische Benutzeroberfläche (engl. GUI, Graphical User Interface) unterstützt. Diese bietet dem Benutzer eine graphische Schnittstelle zu den entwickelten Werkzeugen und erleichtert die Definition sämtlicher benötigter Parameter sowie die Ausführung aller notwendigen Programme und Skripten zur Erstellung realistischer Simulationsszenarien. In vier verschiedenen *Tabs* können die Parameter für die Topologie-Erstellung, die Integration von Client- und Server-Systemen, die verwendeten Verkehrsprofile sowie die Integration von Entitäten zur Angriffserzeugung und -erkennung spezifiziert werden. Eine Beschreibung der graphischen Oberfläche findet sich in Anhang A.2 sowie in [65].

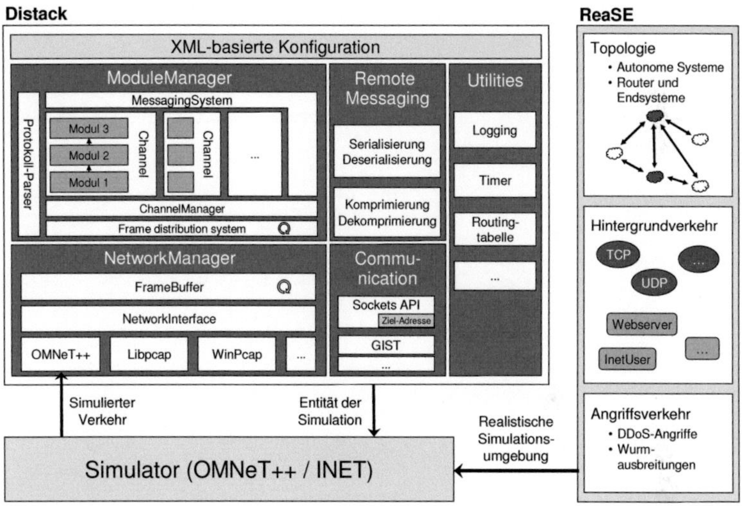

Abbildung 4.1 Zusammenspiel der für die Evaluierung genutzten Werkzeuge

Abbildung 4.1 zeigt das Zusammenspiel aller in dieser Arbeit entwickelten Werkzeuge [65] mit dem als Basis dienenden Simulator OMNeT++ und dem INET-Framework – einer Erweiterung des Simulators um Internet-spezifische Protokolle wie IP oder TCP. *ReaSE* fasst dabei die Werkzeuge zur Erzeugung von hierarchischen Topologien sowie von Hintergrund- und Angriffsverkehr zu einer Simulationsumgebung mit möglichst realistischen Randbedingungen für OMNeT++ zusammen. Das ebenfalls in dieser Arbeit entwickelte, bereits in Kapitel 3 vorgestellte Rahmenwerk *Distack* bietet die Möglichkeit, lokale und verteilte bzw. dezentrale Mechanismen zur Angriffserkennung sowie Methoden zur Anomalie-Erkennung einfach und schnell zu integrieren. Die Angriffserkennung ist dabei modular aufgebaut und bietet durch die Möglichkeit der Komposition von leichtgewichtigen Modulen zu komplexen Funktionen und Methoden eine hohe Flexibilität. Die Netzwerk-Abstraktion von *Distack* ermöglicht zudem die transparente Evaluierung der Erkennung im Simulator sowie in realen Systemen und vermeidet dadurch die Notwendigkeit zur erneuten Implementierung der Erkennung für unterschiedliche Laufzeitumgebungen. Im Rahmen der simulativen Evaluierung kann *Distack* von OMNeT++ geladen werden und wird somit als Entität der Simulation behandelt. Dadurch kann die Angriffserkennung in den durch *ReaSE* erzeugten Simulationsszenarien ausgewertet werden. Somit ermöglichen die in dieser Arbeit geschaffenen Werkzeuge zur Realisierung der simulativen Evaluierung einer Erkennung verteilter Angriffe die Auswertung entwickelter Mechanismen in Topologien mit mehr als 100 000 Systemen und schaffen einen Rahmen für zukünftige Vergleiche mit existierenden sowie neuen Mechanismen und Methoden zur Angriffs- und Anomalie-Erkennung.

In Abschnitt 4.6 wird abschließend ein weiteres Werkzeug – *PktAnon* (engl. Packet Anonymization) [68] – vorgestellt, welches die Aufzeichnung von realem Verkehr ermöglicht. Aufgrund von Datenschutz-rechtlichen Bestimmungen darf realer Verkehr meist nicht ohne vorherige Anonymisierung aufgezeichnet und nie ohne vorherige Anonymisierung verwendet werden. *PktAnon* erlaubt daher die Online- sowie Offline-Anonymisierung von realem Verkehr. Dabei können beliebige Anonymisierungsprimitive auf beliebige Protokollfelder angewendet werden. Zusätzlich garantiert die externe Definition von Anonymisierungsprofilen auf Basis von XML die einfache Umsetzung von auf den jeweiligen Einsatzzweck abgestimmten Anonymisierungrichtlinien.

4.2 Erzeugung realistischer Topologien

Dieser Abschnitt befasst sich mit der Erzeugung realistischer Topologien, welche die Basis der Evaluierung einer Erkennung von verteilten, großflächigen Angriffen im Internet bilden. Um diesen Aspekt der Simulationsumgebung möglichst wenig zu vereinfachen, müssen Internet-ähnliche Topologien nachgebildet werden. Dies bedeutet, dass auch die im Internet existierende Teilung in zwei Hierarchie-Ebenen berücksichtigt werden muss. Gemäß der Definition in [112] wird im Folgenden von

- AS-Level-Topologie und
- Router-Level-Topologie

gesprochen. Als *AS-Level-Topologie* wird die obere Hierarchie-Ebene im Internet bezeichnet, welche die Menge der *Autonomen Systeme* (AS) umfasst. Ein Autonomes System steht unter der administrativen Kontrolle eines einzelnen Betreibers. Die Kommunikation zwischen Autonomen Systemen unterschiedlicher Betreiber wird über Richtlinien (engl. Policies) geregelt. Dabei geht es weniger um technische Aspekte oder Leistungsfähigkeit als vielmehr um finanzielle Gesichtspunkte. Man spricht hierbei von der *Inter-AS*-Kommunikation. Man kann Autonome Systeme außerdem hinsichtlich ihrer Funktion bei der Weiterleitung von Dateneinheiten klassifizieren. Ein so genanntes *Stub AS* befindet sich am Rand des Netzes aus Autonomen Systemen, d. h. Dateneinheiten gehen von einem Stub AS aus oder sind an ein Stub AS gerichtet. Eine Weiterleitung von Dateneinheiten durch ein Stub AS erfolgt nicht. Im Gegensatz dazu können Dateneinheiten durch ein *Transit AS* hindurch weitergeleitet werden. Transit ASe ermöglichen damit eine Kommunikation zwischen verschiedenen Autonomen Systemen über mehrere Hops hinweg. Eine noch feingranularere Klassifizierung der Transit ASe in *Tier-x* ASe wird in der vorliegenden Arbeit als nicht sinnvoll erachtet und daher nicht berücksichtigt, da eine solche Klassifikation auf strategischen und nicht auf technischen Überlegungen beruht und keinen Einfluss auf die Ergebnisse der Evaluierung hat.

Die untere Hierarchie-Ebene im Internet – also die technische Realisierung des abstrakten Begriffs der Autonomen Systeme – wird als *Router-Level-Topologie* be-

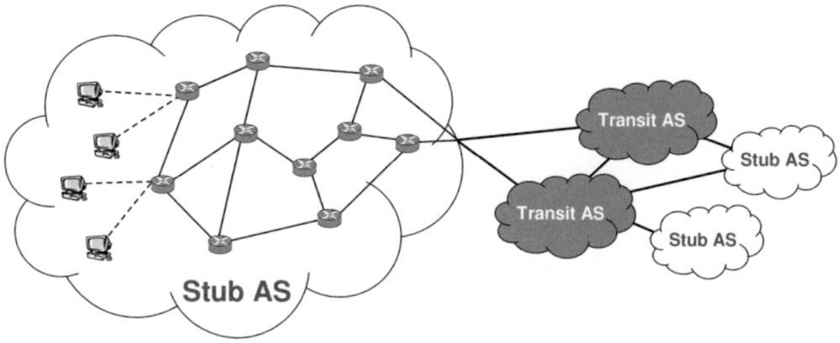

Abbildung 4.2 Schema der Internet-Topologie

zeichnet. Sie umfasst alle zu einer administrativen Domäne gehörigen Zwischensysteme: die Router. Diese führen die Weiterleitung gesendeter Dateneinheiten durch. Die Verbindung der Router erfolgt vorrangig auf Basis technischer Gesichtspunkte, z. B. der Leistungsfähigkeit des Gesamtsystem, der Verhinderung von Stausituationen oder der Reduzierung der Latenzen. Die Kommunikation innerhalb einer Router-Level-Topologie wird als *Intra-AS*-Kommunikation bezeichnet. Die Endsysteme im Internet werden in dieser Arbeit nicht als Teil der Router-Level-Topologie gesehen, da sie nicht am Routing teilnehmen. Faktisch sind die Endsysteme aber direkt mit den Knoten der Router-Level-Topologie verbunden. Abbildung 4.2 skizziert den Zusammenhang zwischen AS-Level- und Router-Level-Topologie und deutet an, dass jedes Autonome System durch eine Router-Level-Topologie realisiert wird, welche wiederum den Endsystemen Zugang zum Internet bietet.

Möglichkeiten zur Erstellung von Topologien

Es existieren zwei grundsätzlich unterschiedliche Methoden, Topologien für eine simulative Evaluierung zu erzeugen:

- Auf Basis realer Messungen
- Basierend auf mathematischen Modellen

Zur Erzeugung einer AS-Level-Topologie können beispielsweise BGP Routing-Daten herangezogen werden. Das als Inter-AS-Routingprotokoll genutzte *Border Gateway Protocol* (BGP) [163] dient der Etablierung und dem Management von Routingpfaden zwischen Autonomen Systemen und berücksichtigt dabei auch die zwischen den einzelnen Betreibern ausgehandelten Policies. Durch Beobachtung der zwischen Autonomen Systemen ausgetauschten BGP-Nachrichten können Rückschlüsse auf die Verbindungen zwischen ASen und damit auf die Beschaffenheit der Topologie gezogen werden. Eine weitere Möglichkeit, Informationen über die reale Topologie zu erhalten, ist die Nutzung öffentlich verfügbarer BGP-Routingtabellen. Diese beinhalten die aktuellen Pfade von einem Autonomen System zu allen bekannten Routingpräfixen. Solche so genannten *Looking Glass Server* werden von vielen Betreibern zur Verfügung gestellt. Das Routeviews-Projekt [144] sammelt und speichert die Routingtabellen sowie die beobachteten BGP Update-Nachrichten von derzeit 14 BGP-Routern mehrmals täglich. Neben der Nutzung von BGP-Daten kann die Topologie auch mit Werkzeugen wie z. B. `traceroute` vermessen werden. Hierzu sind allerdings viele Messpunkte notwendig, da von jedem Autonomen System jeweils zu jedem anderen Autonomen System gemessen werden müsste um vollständiges Wissen über die Topologie zu erhalten. Das Archipelago-Projekt [88] führt derartige Messungen von derzeit 33 Systemen im Netzinneren zu je einer zufällig gewählten IP-Adresse jedes erreichbaren /24-Präfixes durch. Anschließend werden die IP-Adressen der Zwischensysteme auf Autonome Systeme abgebildet. Die resultierenden Informationen über Verbindungen zwischen Autonomen Systemen werden öffentlich zur Verfügung gestellt.

Die Erstellung von Router-Level-Topologien auf Basis realer Daten bzw. Messungen ist deutlich schwieriger zu realisieren. Intra-AS-Protokolle propagieren ihre Informationen nicht an Systeme außerhalb des eigenen Autonomen Systems und können daher nur lokal mitgehört werden. Die Ermittlung der Topologie mit Hilfe von Messungen wird auf Router-Ebene durch die notwendige, oft fehlerhafte und unvollständige IP Alias-Auflösung erschwert [194]. Außerdem versuchen Betreiber meist, die Router-Level-Topologie ihrer administrativen Domäne geheim zu halten, um Angreifern die Analyse der Sicherheit sowie das Auffinden verwundbarer Systeme zu erschweren. Selbst wenn die Topologien weniger Autonomer Systeme bekannt sein sollten, reicht dies nicht aus, um ein reales Abbild der gesamten Topologie zu erstellen, da Router-Level-Topologien stark von wirtschaftlichen und technischen Gesichtspunkten abhängen und sich daher in unterschiedlichen Domänen stark voneinander unterscheiden können. Es kann folglich nicht von wenigen bekannten Topologien auf alle weiteren geschlussfolgert werden.

Nachteil der Nachbildung von Topologien auf Basis realer Daten ist der hohe Aufwand, der betrieben werden muss, um die benötigten Daten zu bekommen. Des Weiteren resultiert diese Vorgehensweise in nur einer einzelnen, für die Evaluierung verwendbaren Topologie. Soll das Szenario variiert werden – beispielsweise um die Grenzen eines zu evaluierenden Algorithmus oder Protokolls auszuloten – werden neue Daten benötigt.

Topologie-Generatoren ermöglichen – im Gegensatz zur Nutzung realer Daten – die Erstellung einer Vielzahl an Topologien mit unterschiedlichen Größen und Eigenschaften. Dies hat den Vorteil, dass ein entworfener Mechanismus in verschiedenen Situationen evaluiert werden kann und dadurch besser für zukünftige Veränderungen der realen Gegebenheiten gerüstet ist. Zudem werden außer einem mathematischen Modell und dem daraus resultierenden Algorithmus keine weiteren Daten benötigt, um beliebig viele Topologien zu erzeugen. Frühe Generatoren wie z. B. das Waxman-Modell [214] wurden als *Random Graph Model* bezeichnet. Generatoren dieser Klasse erzeugen Knoten gleichverteilt auf einer vorgegebenen Fläche und erstellten Verbindungen zwischen den Knoten abhängig von deren Entfernung zueinander. Die zweite Generation der Generatoren, beispielsweise GT-ITM [222] oder TIERS [47], berücksichtigte bereits die Tatsache, dass Topologien gewissen strukturellen Bedingungen wie z. B. Hierarchien oder Clustering unterliegen und nicht völlig zufällig entstehen. Seit der Entdeckung [56], dass die Knotengrade von Internet-Topologien – im Gegensatz zu den durch strukturelle Generatoren erzeugten Topologien – einer Powerlaw-Verteilung unterliegen, existiert die dritte und noch immer aktuelle Generation der als *Degree-based Graph Model* bezeichneten Generatoren. Generatoren dieser Klasse, z. B. BA [218], GLP [21], Inet-3.0 [216] oder TopGen [180], können hinsichtlich des zur Erzeugung der Topologie verwendeten Algorithmus unterschieden werden. Der erste Algorithmus erzeugt zuerst die gewünschte Menge an Knoten mit Powerlaw-verteilten Knotengraden, d. h. es gibt wenige Knoten mit vielen Kanten und viele

Knoten mit wenigen Kanten. Anschließend werden diese Knoten unter Berücksichtigung ihrer Knotengrade verbunden. Der zweite, *Preferential Attachment* genannte Algorithmus fügt iterativ neue Knoten und neue Kanten zur bestehenden Topologie hinzu. Die Auswahl der Knoten für das Einfügen neuer Kanten geschieht dabei mit einer vom Knotengrad abhängigen Wahrscheinlichkeit. Dies stellt sicher, dass Knoten mit hohem Knotengrad weitere Kanten mit hoher Wahrscheinlichkeit hinzugefügt werden und dadurch die Powerlaw-Verteilung der Knotengrade entsteht. Weitere Details zur Generierung sowie den angesprochenen Generatoren finden sich u. a. in [3, 112, 226].

Im Folgenden werden das im Rahmen von *ReaSE* zur Erstellung von Topologien verwendete Werkzeug sowie dessen grundlegende Konzepte und Eigenschaften beschrieben. Bei der Erstellung der Topologien berücksichtigt werden die folgenden Aspekte:

- Erstellung von AS-Level-Topologien
- Klassifizierung der Autonomen Systeme
- Erstellung von Router-Level-Topologien
- Addressvergabe und Routing

Zur Erstellung von AS-Level-Topologien wird das Positive-Feedback Preference Model (PFP) [226] verwendet. Da bisher kein Generator verfügbar ist, welcher Topologien auf Basis des PFP-Modells erstellt, musste der in der Veröffentlichung enthaltene Algorithmus implementiert werden. Zudem wurde der Nachweis der Powerlaw-Eigenschaft der resultierenden Topologien wesentlich ausführlicher, d. h. mit Hilfe mehrerer, unterschiedlicher Topologien anstatt am Beispiel von nur zwei vergleichsweise kleinen Topologien, erbracht. Im Anschluss an die Topologie-Erstellung wurde außerdem eine Klassifizierung der Autonomen Systeme in Stub ASe und Transit ASe durchgeführt. Diese weitere realistische Eigenschaft kann in das entwickelte Werkzeug integriert werden, da nicht nur die reine Topologie-Erstellung, sondern auch die Integration in den Simulator OMNeT++ umgesetzt wird. Die Erzeugung von Router-Level-Topologien beruht auf Heuristically Optimal Topology (HOT)-Graphen [112]. Da die Autoren im Wesentlichen die Grundidee der Topologie-Erstellung sowie die Vorgehensweise zur Durchführung nur vage beschreiben, musste im Rahmen dieser Arbeit ein konkreter Algorithmus zur Umsetzung dieser grundlegenden Ideen entwickelt werden. Zudem wurde der Simulator OMNeT++ derart erweitert, dass die Unterteilung der Topologie in Autonome Systeme sowohl bei der Vergabe von IP-Adressen als auch bei der Erstellung der Routing-Tabellen berücksichtigt wird. Diese Erweiterung ist notwendig, um die realistischen Eigenschaften der erstellten Topologien – beispielsweise, dass Verkehr zwischen Autonomen Systemen nur über Transit ASe weitergeleitet wird – auch tatsächlich im Simulator widerspiegeln zu können.

Existierende Generatoren, wie Waxman, GT-ITM oder TIERS, wurden nicht als Grundlage der Topologie-Erstellung berücksichtigt, da sie keine Topologien der aktuellen Generation erzeugen. Inet-3.0 ist lediglich in der Lage, flache AS-Level-Topologien aus Knoten und Verbindungen zu erzeugen. Eigenschaften, wie z. B. unterschiedliche Rollen oder Bandbreiten, werden den erzeugten Knoten und Verbindungen nicht zugewiesen. BA und GLP sind ebenfalls auf die Erstellung von AS-Level-Graphen ausgelegt. Hier fiel die Entscheidung zugunsten des neueren PFP-Modells, da dieses in der Erzeugung von realistischen Eigenschaften dem BA-Modell überlegen ist [228]. BRITE [123] bietet als Rahmenwerk zur Topologie-Erstellung die Nutzung unterschiedlicher Modelle. Zur Erstellung von Router-Level-Topologien existiert allerdings kein Modell, welches zusätzlich zur Powerlaw-Verteilung der Knotengrade auch wirtschaftliche und technische Randbedingungen berücksichtigt wie dies beim HOT-Modell der Fall ist. Da BRITE seit einigen Jahren nicht mehr aktiv weiterentwickelt und unterstützt wird, wurden die in dieser Arbeit verwendeten Modelle nicht in dieses Rahmenwerk integriert, sondern es wurde mit *ReaSE* eine Simulationsumgebung geschaffen, welche neben der Erstellung von Topologien weitere Aspekte wie die Generierung von Hintergrund- und Angriffsverkehr berücksichtigt. Dadurch ermöglicht *ReaSE* die Nutzung einer kompletten Simulationsumgebung, ohne dass eine Einarbeitung in unterschiedliche Werkzeuge nötig ist.

Erstellung von AS-Level-Topologien

Die Erzeugung von AS-Level-Topologien des im Rahmen dieser Arbeit entworfenen Werkzeugs zur Erstellung realistischer, Internet-ähnlicher Topologien wird mit Hilfe des von Zhou et al. entwickelten *Positive-Feedback Preference Models* (PFP) [226] durchgeführt. Dieses Modell fällt in die Klasse der Preferential Attachment-Algorithmen und erzeugt Topologien, deren Knoten Powerlaw-verteilte Knotengrade aufweisen. Zusätzlich wird auch das in realen Topologien auftretende *Rich Club-Phänomen* [227] nachgebildet, d. h. Knoten mit hohen Knotengraden sind mit den anderen Knoten, die einen hohen Knotengrade aufweisen, verbunden. Die in Bezug auf ihren Knotengrad „reichen“ Knoten sind folglich auch untereinander vernetzt. Ein Vergleich von AS-Level-Topologien, die mit Hilfe des PFP-Modells erzeugt wurden, mit Kennzahlen realer Topologien bestätigt die in Bezug auf Metriken wie Verteilung der Knotengrade, Rich Club-Phänomen oder Pfadlänge gute Nachbildung der Realität [228]. Der Vergleich basierte dabei auf zwei vergleichsweise kleinen Topologien mit jeweils ca. 80 Knoten.

(a) Möglichkeit 1 (b) Möglichkeit 2

Abbildung 4.3 Initialisierungsschritt des PFP-Modells

Im Folgenden wird die Erzeugung von Topologien gemäß dem von Zhou et al. entwickelten PFP-Modell kurz skizziert. In einem Initialisierungsschritt wird eine Basistopologie aus drei Knoten erzeugt. Für die Wahl der initialen Verbindungen zwischen diesen drei Knoten stehen zwei Möglichkeiten zur Verfügung (s. Abbildung 4.3). Die Auswahl erfolgt zufällig, wobei beide Möglichkeiten mit derselben Wahrscheinlichkeit gewählt werden können. Im Anschluss an die Initialisierung wird iterativ in jedem Schritt ein neuer Knoten zur Topologie hinzugefügt. Während dieses Wachstums werden außerdem in jedem Schritt drei neue Kanten hinzugefügt. Hierzu werden aus den vorhandenen n Knoten drei unterschiedliche Knoten ausgewählt. Die Auswahl basiert auf der Positive-Feedback Preference genannten

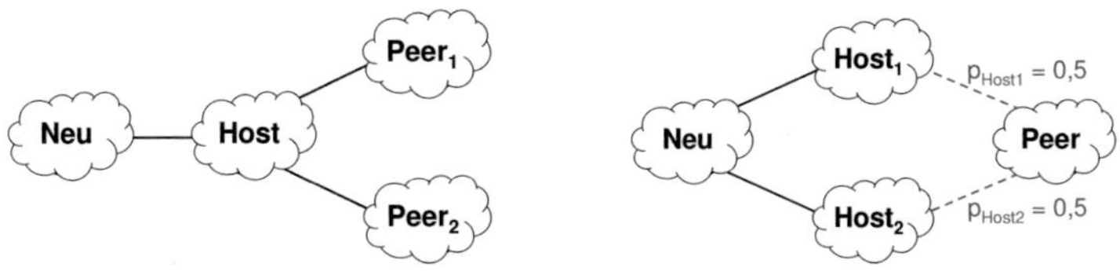

(a) Möglichkeit 1 (b) Möglichkeit 2

Abbildung 4.4 Wachstumsphase des PFP-Modells

Methode. Diese besagt, dass die Selektionswahrscheinlichkeit $P(x)$ eines Knotens i von dessen Knotengrad k sowie von einem vordefinierten Parameter δ abhängt:

$$P(x_i) = \frac{k_i^{1+\delta \log k_i}}{\sum_{j=1}^{n} k_j^{1+\delta \log k_j}}$$

Eine solche Selektionswahrscheinlichkeit sorgt dafür, dass Knoten mit hohem Knotengrad häufiger gewählt werden, woraus die Powerlaw-verteilten Knotengrade der erstellten Topologie resultieren. Die ausgewählten Knoten werden unterschieden in *Host-* und *Peer*-Knoten. Host-Knoten werden mit dem neuen Knoten verbunden, Peer-Knoten hingegen erhalten eine neue Verbindung mit einem bereits bestehenden Knoten. Auch beim Hinzufügen von Kanten existieren zwei Möglichkeiten (s. Abbildung 4.4). Der vordefinierte Parameter p gibt die Selektionswahrscheinlichkeit für die erste Möglichkeit vor. Die zweite Möglichkeit wird folglich mit Wahrscheinlichkeit $q = 1 - p$ gewählt. Wird die zweite Möglichkeit gewählt, muss eine weitere Zufallszahl erzeugt werden, welche darüber entscheidet, welcher der beiden Host-Knoten eine Kante zum Peer-Knoten erhält. Die Auswahl-Wahrscheinlichkeit beträgt dabei für beide Host-Knoten 50 %.

Klassifizierung von Autonomen Systemen

Im Anschluss an die Erstellung der AS-Level-Topologie wird im Rahmen der Erstellung realistischer Topologien in dieser Arbeit eine Einteilung der erzeugten Autonomen Systeme in Stub ASe und Transit ASe vorgenommen. Dieses Vorgehen geht über das PFP-Modell, welches zur Erzeugung der AS-Level-Topologie verwendet wird, hinaus und wird zusätzlich durchgeführt um eine weitere Eigenschaft realer AS-Level-Topologien abzubilden. Der in Pseudocode notierte Algorithmus 4.1 liefert eine Menge an Transit ASen, die sicherstellt, dass jedes Autonome System der Topologie von jedem anderen AS über mindestens eine Inter-AS-Route erreichbar ist. Dabei wird außerdem berücksichtigt, dass möglichst Knoten mit hohen Knotengraden als Transit ASe ausgewählt werden. Stub ASe besitzen auch in realen Netzen meist nur einen geringen Knotengrad. Zudem wird sichergestellt, dass Stub ASe nur als Endknoten einer Inter-AS-Route auftreten, d. h. ein Stub AS muss keinen Verkehr an andere Autonome Systeme weiterleiten.

Abbildung 4.5 zeigt eine beispielhafte, aus dem Algorithmus resultierende AS-Level-Topologie. Ein zusätzlich eingeführter Parameter `TransitThresh` erlaubt Benutzern einen minimalen Knotengrad anzugeben, ab dem Autonome Systeme automatisch als Transit ASe klassifiziert werden. Diese zusätzliche Klassifikation wird erst nach

```
1  Startknoten = Knoten mit höchstem Grad;
2  ErreichbareUnklassifizierteKnoten = {Startknoten};
3  ErreichbareKnoten = {Startknoten};
4
5  While (ErreichbareKnoten != Menge aller Knoten) {
6    Foreach(Nachbar Of Startknoten) {
7      If(Nachbar Not In ErreichbareKnoten) {
8        ErreichbareUnklassifizierteKnoten += Nachbar;
9        ErreichbareKnoten += Nachbar;
10
11       // Knoten ist Transit AS, da er mehrere ASe verbindet
12       Startknoten.Typ = "Transit AS";
13       ErreichbareUnklassifizierteKnoten -= Startknoten
14     }
15   }
16
17   // Wähle neuen Knoten für nächsten Iterationsschritt
18   Startknoten = Knoten mit höchstem Grad aus
        ErreichbareUnklassifizierteKnoten;
19 }
20
21 Foreach(Knoten Of ErreichbareUnklassifizierteKnoten) {
22   Knoten.Typ = "Stub AS";
23 }
```

Algorithmus 4.1 Algorithmus zur Klassifikation in Transit und Stub ASe

Durchführung des eigentlichen Algorithmus – also nach Zeile 18 – auf die Menge der erreichbaren und unklassifizierten Knoten angewendet. Die anschließend noch verbleibenden Knoten werden als Stub AS klassifiziert. Diese Erweiterung der Menge der Transit ASe ermöglicht u. U. alternative Inter-AS-Routingpfade – in Abbildung 4.5 würde beispielsweise *stubAS1* im Fall von `TransitThresh` = 3 zusätzlich als Transit AS klassifiziert um einen alternativen Routingpfad z. B. von *transitAS2* zu *stubAS5* bieten.

Erstellung von Router-Level-Topologien

Die Erstellung von Router-Level-Topologien durch das in dieser Arbeit entwickelte Werkzeug basiert ebenfalls auf der Erzeugung eines Graphen mit Powerlaw-verteilten Knotengraden. Bei der Erstellung von Router-Level-Topologien gibt es allerdings noch weitere Randbedingungen zu beachten, da diese – im Gegensatz zu den abstrakten Konstrukten der Autonomen Systeme – auf realen Hard- und Software-Systemen basieren. Li et al. [112] setzen daher bei der Erzeugung ihrer *Heuristically Optimal Topology* (HOT)-Graphen auf das Neuverbinden der erzeugten Knoten unter Einbeziehung technischer und wirtschaftlicher Gesichtspunkte. Die Autoren argumentieren beispielsweise, dass Betreiber von Autonomen Systemen ihre Zwischensysteme hierarchisch anordnen. Dies ist zum einen darauf zurückzuführen, dass Zwischensysteme, die sehr hohe Datenraten unterstützen, hohe Kosten verursachen. Zum anderen werden hohe Datenraten am Rand des Netzes, d. h. zur Anbindung von Endsystemen, nur selten benötigt, da erst die Aggregation von Verkehr in Richtung anderer Netze zu hohem Bandbreitenbedarf führt. Folglich werden zur Anbindung der Endsysteme

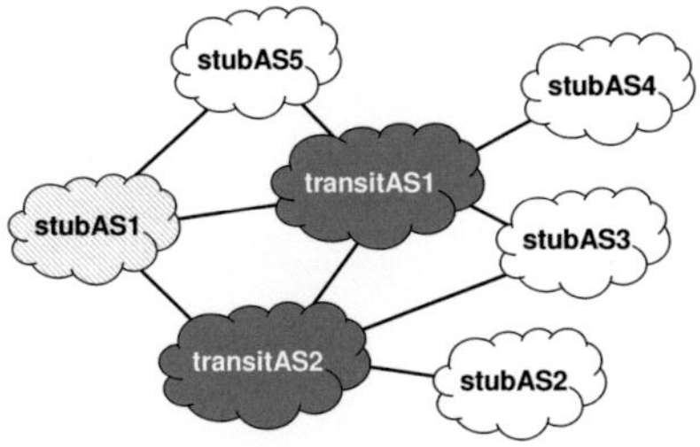

Abbildung 4.5 Beispielhafte AS-Level-Topologie nach Anwendung des Algorithmus zur Klassifikation

viele kostengünstige Zwischensysteme mit vergleichsweise geringen Datenraten benötigt; mit steigender Aggregation werden jedoch wenige, meist teure Zwischensysteme mit hohen Datenraten notwendig. Zudem sind Knoten einer Hierarchie-Ebene oft untereinander vernetzt, um innerhalb eines Autonomen Systems die Routingpfade zu verkürzen.

Die Autoren geben keinen präzisen Algorithmus zur Erzeugung einer realistischen Router-Level-Topologie vor, sondern beschreiben lediglich die aus ihrer Argumentation resultierenden Implikationen und skizzieren grob die von ihnen verwendete Methode zur Erstellung der Topologien: Zur Erzeugung einer Knotenmenge mit Powerlaw-verteilten Knotengraden verwenden sie das BA-Modell [2]. Die von dem jeweils verwendeten Modell erzeugten Kanten werden anschließend wieder gelöscht, es werden nur die Knotengrade weiter verwendet. Neue Kanten werden so eingefügt, dass Knoten mit mittleren Knotengraden zu Core-Routern – den Routern auf der höchsten Hierarchie-Ebene – werden; die Knoten mit hohen Knotengraden werden zu Gateway-Routern. Knoten mit niedrigen Graden werden verworfen. Anschließend werden Verbindungen zwischen den Core- und Gateway-Routern sowie innerhalb der beiden Hierarchie-Ebenen erstellt. Konkrete Aussagen zur Erstellung der Verbindungen werden nicht gemacht. Die danach noch freien Grade der Gateway-Router werden mit Edge-Routern – zusätzlich erstellten Knoten mit Knotengrad 1 – verbunden. Die Zahl der Router in der resultierenden Topologie stimmt folglich nicht mehr mit der für die ursprüngliche Erzeugung gemäß BA-Modell vorgegebenen Knotenzahl überein. Die Powerlaw-Verteilung der Knotengrade sollte jedoch erhalten bleiben.

Aufgrund der nur vagen Beschreibung des Ablaufs durch die Autoren des HOT-Modells wurde im Rahmen dieser Arbeit ein Algorithmus zur Erstellung realistischer Router-Level-Topologien entworfen, welcher neben der Powerlaw-Verteilung der Knotengrade zusätzlich die genannten wirtschaftlichen und technischen Gesichtspunkte berücksichtigt. Der entworfene Algorithmus konkretisiert dabei nicht nur die Zuweisung der Knoten zu verschiedenen Hierarchie-Ebenen bzw. Router-Rollen, sondern auch das Verbinden der Knoten untereinander. Der im Folgenden vorgestellte Algorithmus zur Erzeugung einer Router-Level-Topologie wurde auf Basis der Überlegungen zum HOT-Modell entworfen, ist jedoch nicht die einzig mögliche Realisierung dieser Überlegungen, wie z. B. der in [180] genutzte, ebenfalls auf dem HOT-Modell basierende Ansatz zeigt.

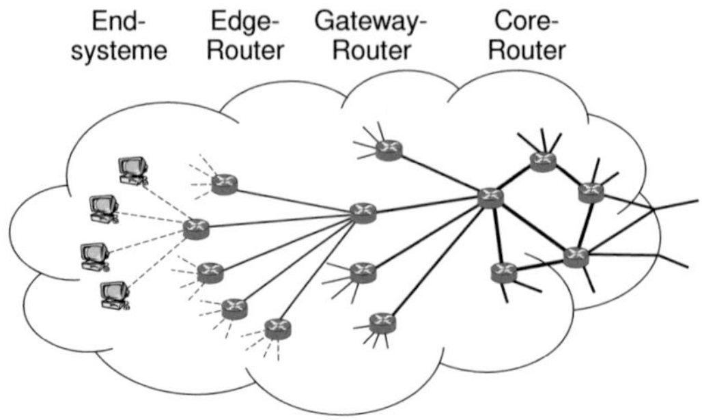

Abbildung 4.6 Hierarchischer Aufbau der Router-Level-Topologien

Abbildung 4.6 zeigt das aus der Durchführung des Algorithmus resultierende Schema der Router-Level-Topologie mit 3 Hierarchie-Ebenen: den Core-, Gateway- und Edge-Routern. Lediglich die Core-Router sind untereinander vernetzt. Um die Vernetzung der Core-Knoten sicherzustellen, bilden diese einen Ring. Zusätzlich werden weitere Kanten zwischen zufällig gewählten Core-Knoten hinzugefügt. Der relative Anteil dieser Kanten in Bezug auf alle möglichen Kanten zwischen Core-Knoten wird durch den Konfigurationsparameter `CrossLinkRatio` vorgegeben. Die ebenfalls in der Abbildung dargestellten Endsysteme, die mit den Edge-Routern verbunden sind, gehören nominell nicht zur Router-Level-Topologie.

Der in der vorliegenden Arbeit entworfenen Algorithmus basiert auf einer initial erzeugten Knotenmenge mit Powerlaw-verteilten Knotengraden. Da es hierbei lediglich um die Einhaltung der Powerlaw-Eigenschaft geht, setzt das in der vorliegenden Arbeit entwickelte Werkzeug für diesen ersten Schritt auf das bereits im vorigen Abschnitt vorgestellte PFP-Modell anstelle des BA-Modells. Die initial erzeugte Knotenmenge wird zuerst nach absteigendem Knotengrad sortiert. Anschließend ermittelt der entworfene Algorithmus 4.2 auf Basis dieser sortierten Menge die Core- und Gateway-Knoten. Zuerst wird anhand des Konfigurationsparameters `CoreRatio`, welcher den Anteil der Core-Knoten an der Gesamtknotenmenge vorgibt, die Anzahl der Core-Knoten ermittelt. Die benötigte Anzahl an Core-Knoten wird dann aus der absteigend sortierten Knotenmenge entnommen. Reicht die Summe der Grade aller Core-Knoten aus, um sowohl den Ring als auch die vorgegebene Anzahl an Kanten zwischen zufälligen Core-Knoten zu bilden, ist eine gültige Menge an Core-Knoten gefunden. Ansonsten wird der höchstwertige Knoten aus der Menge der Core-Knoten entfernt und der nächste noch nicht selektierte Knoten stattdessen dieser Menge hinzugefügt. Endet dieser Teil des Algorithmus mit einer gültigen Menge an Core-Knoten, verbleiben mindestens so viele höherwertige Knoten, dass die noch freien Grade der Core-Knoten verbunden werden können. Diese höherwertigen Knoten bilden die Gateway-Knoten der Router-Level-Topologie. Dieses Vorgehen stellt sicher, dass tatsächlich – wie im HOT-Modell beschrieben – diejenigen Knoten mit hohen Knotengraden zu Gateway-Knoten werden und die Core-Knoten mittlere Knotengrade aufweisen. Im Anschluss an die durch Algorithmus 4.2 spezifizierte Auswahl der Core- und Gateway-Knoten wird jeder Gateway-Knoten mit genau einer freien Kante eines Core-Knotens verbunden. Im letzten Schritt der Topologie-Erstellung wird jede freie Kante eines Gateway-Knotens mit einem hierfür neu erstellten Edge-

Knoten verbunden. Diese Edge-Knoten weisen folglich den Grad 1 auf. Aufgrund der ursprünglichen Powerlaw-Verteilung der Knotengrade sowie der Auswahl der höchstwertigen Knoten als Gateway-Knoten ist sichergestellt, dass die Edge-Router den Großteil aller Router bilden. Da diese lediglich einen Knotengrad von 1 besitzen und die Knoten mit mittlerem und hohem Knotengrad bei der Rekonfiguration der ursprünglichen Knotenmenge erhalten blieben, wird dafür gesorgt, dass auch die resultierende Knotenmenge einen Powerlaw-verteilten Knotengrad aufweist. Der Nachweis dieser Eigenschaft erfolgt in Abschnitt 4.2.1. Nachdem mit Hilfe des vorgestellten Algorithmus eine Router-Level-Topologie erstellt wurde, wird abschließend noch jeder Edge-Knoten mit einer zufälligen Anzahl an Endsystemen verbunden. Die Anzahl der Endsysteme wird gleichverteilt aus dem durch die Parameter `MinHosts` und `MaxHosts` definierten Intervall gewählt.

```
Require: Knoten[] // Nach absteigendem Knotengrad sortiert

// Berechne Anzahl der Core-Router
AnzahlCoreKnoten = CoreRatio * AnzahlCoreKnoten;
coreOffset = -1;

For(i = 1 To (GesamtzahlKnoten - AnzahlCoreKnoten)) {
  SummeCoreGrade = 0;
  For(j = i To (AnzahlCoreKnoten + i)) {
    SummeCoreGrade += Knoten[j].Knotengrad;
  }

  FreieCoreGrade = SummeCoreGrade;

  // Für Ringbildung benötigte bidirektionale Kanten
  FreieCoreGrade -= (2 * AnzahlCoreKnoten);

  // Für geforderte Querverbindungen benötigte bidirektionale Kanten
  FreieCoreGrade -= (CoreCrossLinkRatio * SummeCoreGrade);

  // Verbleibende Anzahl an Kanten zur Anbindung von Gateway-Knoten
  If(FreieCoreGrade > 0 && FreieCoreGrade <= i) {
    coreOffset = i;
    break;
  }
}

AnzahlGatewayKnoten = FreieCoreGrade;

Ensure: coreOffset > 0
```

Algorithmus 4.2 Algorithmus zur Selektion der Core- und Gateway-Router

Der vorgestellte Algorithmus nimmt gegenüber den Überlegungen des HOT-Modells in einem Punkt Vereinfachungen an: den Kanten werden keine Bandbreiten zugewiesen. Dies erfolgt bei *ReaSE* erst im Zusammenhang mit der Generierung von realistischem Hintergrundverkehr und nicht bereits bei der Erstellung der Topologie. Auch dann wird allerdings allen unidirektionalen Links zwischen zwei Knoten-Klassen –

also z. B. allen Links zwischen Edge- und Gateway-Routern – dieselbe Bandbreite zugewiesen und nicht darauf geachtet, dass jeder Teilbaum unabhängig von der Anzahl der Knoten dieselbe Gesamtbandbreite erhält. Dies stellt jedoch im Hinblick auf die Evaluierung von Systemen zur Angriffserkennung keine Einschränkung dar.

Adressvergabe und Routing innerhalb der Simulation

Das Ergebnis der Topologie-Erstellung, welche auf den in den vorigen Abschnitten beschriebenen Algorithmen basiert, ist eine von OMNeT++ verarbeitbare Topologiedatei im NED-Format. Diese wird während der Initialisierungsphase einer Simulation vom Simulationskern eingelesen. Bevor die Simulation eines Kommunikationsnetzes auf Basis der eingelesenen Topologie gestartet werden kann, müssen den zu simulierenden Systemen noch IP-Adressen zugewiesen und die für die Wegewahl notwendigen Routingtabellen erstellt werden. In der derzeitigen Version von *ReaSE* erhält jedes Autonome System ein /16-Präfix. Den Systemen der zugehörigen Router-Level-Topologie sowie den zugehörigen Endsystemen werden in aufsteigender Reihenfolge ihrer von OMNeT++ vergebenen Modul-ID IP-Adressen aus dem Adressblock des Autonomen Systems zugewiesen. Ein AS darf derzeit folglich nicht aus mehr als 65 536 Systemen bestehen und es darf nicht mehr als 65 536 ASe geben. Die Größe des für alle ASe verwendeten Präfixes ist einfach änderbar. Eine individuelle Konfiguration der Autonomen Systeme ist derzeit jedoch nicht vorgesehen.

Im Anschluss an die Adressvergabe werden die Routingtabellen aller simulierten Systeme berechnet. Um Speicherplatz und Rechenzeit für die Routing-Lookups einzusparen, werden wenn möglich Default-Routen angelegt. Dies ist innerhalb eines Autonomen Systems immer dann der Fall, wenn Dateneinheiten an eine höhere Hierarchie-Ebene gesendet werden sollen, beispielsweise von Endsystemen in Richtung eines Core-Routers. Für alle nicht über eine Default-Route erreichbaren Systeme desselben Autonomen Systems werden die jeweils kürzesten Wege berechnet und das ausgehende Interface sowie der nächste Hop werden in der Routingtabelle gespeichert. Da Core-Router die höchste Hierarchie-Ebene darstellen, benötigen diese außer den AS-internen Pfaden zusätzlich Routen zu allen anderen Autonomen Systemen. Bei der hierfür notwendigen Berechnung der kürzesten Inter-AS-Pfade wird die Rolle des jeweiligen Autonomen Systems berücksichtigt, da nur Transit ASe Dateneinheiten weiterleiten dürfen. Die Berechnung kürzester Pfade erfolgt mit Hilfe einer vom Simulationskern zur Verfügung gestellten Methode, welche den Dijkstra-Algorithmus unter Berücksichtigung der AS-Rolle verwendet. Die Unterteilung realer Netze in zwei Hierarchie-Ebenen, welche sich auch im Intra- und Inter-AS-Routing wiederfindet, wird bei der Erzeugung von Topologien in *ReaSE* folglich ebenfalls nachgebildet.

4.2.1 Powerlaw-Eigenschaft der Topologien

AS- und Router-Level-Topologien müssen bezüglich der Knotengrade Powerlaw-Eigenschaften aufweisen, um realistische Eigenschaften des Internets nachzubilden. Die Autoren der Modelle PFP und HOT, auf denen die Topologie-Erstellung von *ReaSE* basiert, zeigen mit Hilfe von wenigen, vergleichsweise kleinen Topologien bereits deren Powerlaw-Eigenschaften. Diese sollen im Folgenden auch für die von *ReaSE* erzeugten Topologien nachgewiesen werden, wobei hierbei verschiedene Topologiegrößen und mehrere Seeds zur Erzeugung verwendet werden. Wichtig ist dieser

	Eigenschaft 1	Eigenschaft 2	Eigenschaft 3
Multi	-0,89	-1,22	-0,45
Oregon	-0,74	-1,12	-0,48

Tabelle 4.1 Powerlaw-Exponenten der beiden Referenztopologien gemäß [184]

Nachweis vor allem bei den Router-Level-Topologien, da nur die vage Beschreibung des Ablaufs von den Autoren selbst stammt, der konkrete Algorithmus aber im Rahmen dieser Arbeit entworfen wurde. Die Erzeugung von Topologien erfolgt über ein auf C++ basierendes Werkzeug, welches als Ergebnis eine von OMNeT++ verarbeitbare NED-Datei erstellt. Diese enthält die Definition der zu simulierenden Topologie in Form von End- und Zwischensystemen sowie der Verbindungen zwischen diesen.

Der Nachweis der realistischen Eigenschaften der erzeugten Topologien erfolgt auf Basis der drei von Faloutsos et al. definierten Powerlaw-Eigenschaften [56]. Eigenschaft 1 bezieht sich auf das Verhältnis von Knotengrad zu Knotenrang, Eigenschaft 2 betrachtet das Verhältnis der Häufigkeit von Knoten mit gleichem Knotengrad zum Knotengrad und Eigenschaft 3 den Zusammenhang zwischen den Eigenwerten der zugehörigen Adjazenzmatrix und deren Rang. Als Referenzwerte dienen die von Siganos et al. [184] herangezogenen Topologien *Oregon* und *Multi*, welche im Mai 2001 auf Basis von BGP-Routingdaten ermittelt wurden. Zusätzlich wurden in [184] Topologiedaten der Jahre 1997 bis 2002 mit den beiden Referenztopologien verglichen um sicherzustellen, dass die Werte dieser Topologien aussagekräftig sind. Tabelle 4.1 listet die Werte der drei Powerlaw-Eigenschaften für die beiden Referenztopologien. Neuere Publikationen [114, 180] betrachten meist nur Eigenschaft 2, wobei deren Referenzwerte bei -1,4 und -1,9 – und damit etwas niedriger als die in dieser Arbeit verwendeten – liegen. Diese geringe Abweichung stellt aber keine Einschränkung für die folgenden Auswertungen dar.

Zur Auswertung der von *ReaSE* erzeugten Topologien wurden die beiden Hierarchie-Ebenen AS- und Router-Level separat betrachtet. Zur Evaluierung der Ebene der Autonomen Systeme wurden Topologien unterschiedlicher Größe – von 20 ASen bis zu 10 000 ASen – erstellt, wobei je 200 Seeds pro Topologiegröße verwendet wurden. Für jede erzeugte Topologie wurden die Powerlaw-Exponenten der drei Powerlaw-Eigenschaften berechnet und anschließend über die 200 Seeds gemittelt. Abbildung 4.7(a) zeigt die berechneten Mittelwerte sowie die 95 % Konfidenzintervalle aller Topologiegrößen und Powerlaw-Eigenschaften. Die Konfidenzintervalle sind in den meisten Fällen vernachlässigbar klein. Die Werte der ersten Eigenschaft liegen für alle Topologiegrößen im Bereich von -0,871 bis -0,958 und entsprechen damit etwa den Werten der Referenztopologien. Auch die zweite Eigenschaft – das Verhältnis der Häufigkeit von Knoten mit gleichem Knotengrad zum Knotengrad – zeigt nur kleinere Abweichungen von den Referenzwerten. Dies bestätigen auch die in Tabelle 4.2 aufgeführten Korrelationskoeffizienten zwischen ausgewählten, von *ReaSE* erzeugten Topologien und der Referenztopologie *Multi*, welche für die ersten beiden Powerlaw-Eigenschaften neben den dargestellten Werten für alle Topologiegrößen zwischen 0,99 und 1,0 liegen. Starke Abweichungen lassen sich im Fall der dritten Eigenschaft in kleineren Topologien bis zu einer Größe von 100 Knoten beobachten. Die vergleichsweise großen Konfidenzintervalle zeigen zusätzlich, dass es bei der Erstellung verschiedener Topologien zu größeren Schwankungen im Powerlaw-

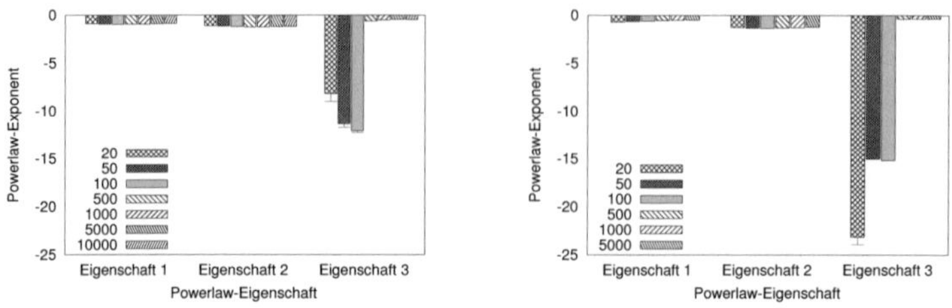

(a) AS-Level-Topologien (b) Router-Level-Topologien

Abbildung 4.7 Powerlaw-Exponenten der 3 Powerlaw-Eigenschaften für unterschiedliche Topologiegrößen

Exponenten der dritten Eigenschaft kommt. Bei größeren Topologien ab einer Größe von 500 Knoten zeigt aber auch diese Powerlaw-Eigenschaft realistische, mit den Referenzwerten vergleichbare und stabile Werte. Die starken Abweichungen in kleinen Topologien sowie die beobachteten Schwankungen lassen sich durch die Art der Berechnung der dritten Powerlaw-Eigenschaft erklären. Bei der Abschätzung des Powerlaw-Exponenten werden gemäß [56] nur die größten Eigenwerte berücksichtigt, welche lediglich einen kleinen Teil aller Eigenwerte darstellen. Zur Abschätzung des Exponenten berücksichtigen Faloutsos et al. [56] beispielsweise bei Topologiegrößen von ca. 3 000 Systemen nur die 20 größten Eigenwerte. Da der Anteil der zur Abschätzung des Exponenten verwendeten Eigenwerte in kleinen Topologien jedoch vergleichsweise hoch gewählt werden muss, um überhaupt eine Abschätzung zu ermöglichen, hat diese dritte Powerlaw-Eigenschaft in solchen Topologien nur wenig Aussagekraft.

Für die Evaluierung der Router-Level-Topologien wurden Größen von 20 bis 5 000 Knoten als Eingabeparameter der Topologie-Erstellung gewählt. Es wurden ausschließlich Router-Level-Knoten erzeugt, Endsysteme wurden in dieser Auswertung nicht berücksichtigt. Beim Eingabeparameter von 5 000 Knoten wurden statt der bisherigen 200 Seeds nur 25 Seeds verwendet, da die Berechnung der dritten Powerlaw-Eigenschaft – das Verhältnis der Eigenwerte der Adjazenzmatrix zu ihrem Rang – mit ca. 24 Stunden unverhältnismäßig lange dauerte. Wie bereits bei der Beschreibung der zur Generierung verwendeten Algorithmen (s. Abschnitt 4.3) erläutert, enthält die erstellte Router-Level-Topologie nicht notwendigerweise die vorgegebene Anzahl an Knoten. Dies ist darauf zurückzuführen, dass der Eingabewert nur für die im ersten Schritt des Algorithmus erzeugte Knotenmenge verwendet wird. Die – im Unterschied zur Topologie-Erstellung auf AS-Ebene – anschließend durchgeführte Rekonfiguration der Kanten auf Router-Ebene führt dazu, dass die Anzahl der Knoten in der resultierenden Topologie aufgrund der unterliegenden Powerlaw-Verteilung oft deutlich über den Eingabewerten liegt. Bei einem Eingabewert von 5 000 Knoten enthielt die generierte Router-Level-Topologie beispielsweise durchschnittlich 19 505 Knoten, bei einem Eingabewert von 100 Knoten waren es im Mittel 316 Knoten. Die Tatsache, dass die resultierende Anzahl an Routern meist deutlich über dem Eingabewert liegt, muss vom Benutzer bei der Generierung von Router-Level-Topologien berücksichtigt werden; die Powerlaw-Eigenschaften der To-

	Eigenschaft 1	Eigenschaft 2	Eigenschaft 3
AS-Level-Topologien			
500	0,99847	0,99983	0,99030
10 000	0,99974	0,99992	0,99998
Router-Level-Topologien			
50	0,98601	0,99938	0,38944
1 000	0,87736	0,99995	0,99910

Tabelle 4.2 Korrelationskoeffizienten zwischen erzeugten Topologien und den Referenztopologien

pologie werden durch dieses Phänomen jedoch nicht verändert. Werden zusätzlich zu den Routern auch Endsysteme in der Router-Level-Topologie betrachtet, fällt diese Abweichung außerdem deutlich weniger ins Gewicht, da die Endsysteme – welche dann den Großteil der Topologie ausmachen – einer Gleichverteilung unterliegen und dadurch die Abweichung, welche durch die Powerlaw-Verteilung der Router ausgelöst wird, abschwächen. Aufgrund der erläuterten Abweichung und der Nicht-Berücksichtigung von Endsystemen konnten AS-Level-Topologien mit einem Eingabewerte der Größe 5 000 und 10 000 problemlos evaluiert werden, wohingegen dies bei Router-Level-Topologien nicht möglich ist.

Die in Abbildung 4.7(b) dargestellten Powerlaw-Exponenten für Router-Level-Topologien verhalten sich ähnlich wie die bereits diskutierten Werte der AS-Level-Topologien. Die Exponenten der ersten Eigenschaft sind mit -0,728 bis -0,487 etwas kleiner. Auch in [56] wurde dieses Phänomen bereits beobachtet. Dort wurden eine Router-Level- und drei AS-Level-Topologien aus den Jahren 1997 und 1998 auf ihre Powerlaw-Eigenschaften untersucht. Die AS-Level-Topologien zeigten ähnlich den hier verwendeten Referenztopologien Werte zwischen -0,74 und -0,82, wohingegen die Router-Level-Topologie einen etwas kleineren Wert von -0,48 aufwies. Dass nur wenige Untersuchungen zu den Eigenschaften von Router-Level-Topologien existieren, lässt sich auf die Geheimhaltung der Netzbetreiber in Bezug auf Informationen über deren Netze zurückführen, welche Angreifern die Analyse der Sicherheit sowie das Auffinden verwundbarer Systeme erschweren soll.

Zusammenfassend hat sich gezeigt, dass die von *ReaSE* erstellten AS- und Router-Level-Topologien im Hinblick auf deren Powerlaw-Eigenschaften realistische Eigenschaften gut nachbilden. Auch wenn kleinere Topologien in der dritten Powerlaw-Eigenschaft zum Teil starke Abweichungen von den realistischen Werten zeigen, sind die Verteilungen der Knotengrade sowie das Verhältnis von Knotenrang zu Knotengrad auch bei diesen Topologiegrößen realistisch nachgebildet.

4.3 Generierung von realistischem Hintergrundverkehr

In Bezug auf Internetverkehr ist eine der grundlegenden realistischen Eigenschaften die *Selbstähnlichkeit* des aggregierten Verkehrs [153]. Der Begriff der Selbstähnlichkeit bezeichnet ein mathematisches Phänomen, bei dem ein Objekt unabhängig von der zur Betrachtung verwendeten Skala immer dieselbe Struktur aufweist. Im Bereich der Kommunikationsnetze gilt diese mathematische Sicht nicht völlig unabhängig von der gewählten Skala, ist aber dennoch in weiten Skalenbereichen beobachtbar. Teilt man beispielsweise die Zeit in Intervalle fester Länge ein und beobachtet in einem lokalen Netz die Anzahl der Pakete pro Zeitintervall, verhalten sich diese selbstähnlich [111]. Im Fall von Internetverkehr bezieht sich die Selbstähnlichkeit vor allem darauf, dass unabhängig von der gewählten Intervalldauer immer wieder starke Ausschläge, so genannte *Bursts*, auftreten. Selbstähnlichkeit lässt sich aber nicht nur in lokalen Netzen, sondern auch auf Routern im Netzinneren beobachten [41, 111]. Eine Nachbildung dieser Selbstähnlichkeit in aggregiertem Verkehr ist beispielsweise durch heavy tailed-verteilte ON/OFF-Intervalle der simulierten Sender möglich [215], d. h. die Zeitspannen von Aktivität und Inaktivität eines jeden Senders können durch eine heavy tailed-Verteilung modelliert werden. Eine weitere Möglichkeit, Selbstähnlichkeit des Verkehrs zu erreichen, ist die Verwendung heavy tailed-verteilter Größen von Dateneinheiten [150].

Ein weiterer wichtiger Aspekt von realistischem Internetverkehr ist die Existenz einer Vielzahl an Protokollen bzw. Diensten. Auf der Transportschicht z. B. nutzen ca. 85 % der beobachteten Dateneinheiten das TCP-Protokoll. Nur ein kleiner Anteil von ca. 15 % basiert auf dem UDP-Protokoll [111]. Betrachtet man statt der Anzahl gesendeter Dateneinheiten die gesendete Datenmenge, verändert sich die Aufteilung mit ca. 90 % über TCP und nur ca. 10 % über UDP gesendeter Daten nur geringfügig. Zusätzlich kann in diesem Zusammenhang das ICMP-Protokoll betrachtet werden, welches nominell auf der Netzwerkschicht angesiedelt ist, aber dennoch – wie auch TCP und UDP – als Nutzdaten des IP-Protokolls gesendet wird. Der Anteil an ICMP-Dateneinheiten ist allerdings relativ gering und liegt unter 1 %. Weitere, im Abstand von einigen Jahren durchgeführte Arbeiten [59, 93, 94, 121] bestätigen diese Aufteilung der Protokolle TCP, UDP und ICMP. Trotz des zunehmenden Einflusses von Peer-to-Peer-Anwendungen oder Video-Streaming, welche z. B. auf einigen Links im Sprint Backbone-Netz bis zu 60 % der gesendeten Daten erzeugen, hat das TCP-Protokoll auch auf solchen Links einen Anteil von ca. 90 % [59]. Die Entwicklung und Einführung von UDP-basierten Anwendungen wie Video-Streaming führt folglich nicht zu veränderten Verhältnissen, sondern wird durch die ebenfalls steigende TCP-Kommunikation ausgeglichen [121]. Nimmt man allerdings die Anzahl der Kommunikationsverbindungen statt der Dateneinheiten bzw. Datenmenge als Vergleichsgrundlage, verändern sich die Verhältnisse stark. Eine Kommunikationsverbindung definiert sich dabei über das 5-Tupel eines *Flows*, welches das verwendete Transportprotokoll, die Quell- und Ziel-IP-Adresse sowie den Quell- und Ziel-Port enthält. In diesem Fall nimmt UDP einen Anteil von ca. 70 % und TCP nur ca 30 % ein [146]. Betrachtet man den Mix an unterschiedlichen Protokollen feingranularer auf Anwendungsschicht, zeigt sich, dass ein Großteil der UDP-Flows, z. B. DNS-Anfragen, kurzlebig sind und nur geringe Datenmengen austauschen, aber sehr häufig vorkommen. Dies erklärt den hohen Anteil in Bezug auf die beobachteten Flows und den gleichzeitig geringen Anteil an Dateneinheiten und gesendeten Daten.

Im Rahmen der vorliegenden Arbeit wird die Nachbildung einer realistischen Protokollvielfalt auf Transportschicht als ausreichend angesehen, da auch das verwendete Erkennungssystem die Informationen höherer Schichten derzeit nicht verarbeitet. Daher werden keine speziellen Anwendungsprotokolle nachgebildet. Die charakteristischen Eigenschaften unterschiedlicher Anwendungen, z. B. die Dauer eines Flows oder die ausgetauschte Datenmenge, werden jedoch modelliert. Die entworfene und umgesetzte Lösung berücksichtigt außerdem explizit, dass in Zukunft evtl. eine wesentlich detailliertere Modellierung auf Anwendungsschicht notwendig ist, und stellt daher einfache Erweiterbarkeit und Flexibilität sicher. Neben dieser Anforderung muss die Generierung von realistischem Hintergrundverkehr im Rahmen der simulativen Evaluierung zudem vor allem skalierbar sein, d. h. der Konfigurationsaufwand muss sich auch im Fall von 100.000 Systemen und mehr in Grenzen halten. Zusammengefasst müssen die folgenden Anforderungen erfüllt werden:

- Nachbildung der Selbstähnlichkeit
- Nachbildung einer realistischen Protokollverteilung auf Transportschicht
- Skalierbarkeit der Konfiguration in Bezug auf die Anzahl simulierter Systeme
- Erweiterbarkeit

Existierende Arbeiten zur Generierung von Verkehr lassen sich in zwei Kategorien unterteilen: Verkehrsgeneratoren für echte Netze und speziell auf Netzwerksimulatoren abgestimmte Generatoren. Verkehrsgeneratoren für echte Netze sind meist darauf ausgelegt, realistischen Verkehr zwischen genau zwei Kommunikationspartnern zu erzeugen. Zusätzlich sind derartige Generatoren häufig auf wenige ausgewählte Anwendungsprotokolle eingeschränkt. TTCP [135] und Iperf [52] sind einfach Tools, die vorrangig mit dem Ziel des Benchmarking der Übertragungsstrecke zwischen zwei Systemen – auf Basis des UDP- oder TCP-Protokolls – Verkehr erzeugen. Antonatos et al. [5] stellen ein erweiterbares und flexibles Rahmenwerk zur Verfügung, welches Verkehr speziell zum Testen eines Signatur-basierten Erkennungssystems generiert. Die Integration neuer Verkehrsklassen ist allerdings aufwändig. Außerdem wird Verkehr für genau ein Client-System generiert. D-ITG [8] erzeugt keinen konkreten Anwendungsverkehr, sondern modelliert dessen Eigenschaften durch die beiden Parameter Inter Arrival Time und Packet Size. D-ITG ist dadurch sehr flexibel, die Verkehrserzeugung erfolgt allerdings zwischen je zwei Systemen auf der Basis von jeweils einzeln zu konfigurierenden Flows. Der Traffic Generator [155] ermöglicht ebenfalls die Generierung zwischen genau zwei Systemen. Die Eigenschaften des zu erzeugenden Verkehrs können dabei mit Hilfe einer eigenen Spezifikationssprache definiert werden. Die Fokussierung auf die Erzeugung von Verkehr zwischen genau zwei Systemen ist besonders im Hinblick auf die Skalierbarkeit, d. h. die Nachbildung sehr großer Netze, – wie dies in der vorliegenden Arbeit der Fall ist – problematisch, da der Verkehrsgenerator für jedes mögliche Client/Server-Paar konfiguriert werden muss. Der hierfür erforderliche Aufwand liegt bei $\mathcal{O}(n^2)$, wobei n die Anzahl der in der Topologie vorhandenen Endsysteme angibt, und ist gerade bei großen Netzen manuell kaum umsetzbar. Ein weiteres Problem der Generatoren für echte Netze in Bezug auf die vorliegende Arbeit ist die Tatsache, dass diese meist nicht auf die Integration in einen Simulator ausgelegt und daher im Rahmen der simulativen Evaluierung ungeeignet sind.

Verkehrsgeneratoren für Netzwerksimulatoren sind häufig speziell auf die zu evaluierenden Probleme abgestimmt. PackMime-HTTP [25] erzeugt HTTP-Verkehr für den Simulator ns-2, wobei die Modellierung in dieser Lösung nicht die einzelnen Client- und Server-Systeme berücksichtigt, sondern eine möglichst realistische Nachbildung der im Netzinneren beobachteten HTTP-Verbindungen ermöglicht. HttpTools [96] hingegen modelliert Web-Verkehr für den Simulator OMNeT++ über die von Client-Systemen ausgelöste Kommunikation mit in der Simulation vorhandenen Servern. Swing [208] ist ein Rahmenwerk zur Erzeugung realistischer Verkehrsdateien, welche sowohl in realen Umgebungen als auch im Simulator genutzt werden können. Modelliert wird dabei allerdings nur Verkehr, der von genau einem System beobachtet wird. Auch der erst kürzlich veröffentlichte Generator LiTGen [171] erzeugt Verkehrdateien und basiert dabei, ähnlich wie der in dieser Arbeit vorgestellte Ansatz, auf der Nutzung flexibler und erweiterbarer Verkehrsprofile. BonnTraffic [169] ist ein Simulator-unabhängiger Verkehrsgenerator, welcher vorhandene Verkehrsklassen, wie z. B. HTTP-Verkehr, zwischen je zwei Systemen nachbildet. Derzeit beschränkt sich die Nutzung allerdings auf ns-2, da für andere Simulatoren kein Exporter existiert. TrafGen [45] ist ein Werkzeug zur Erzeugung von selbstähnlichem Verkehr speziell für OMNeT++-Simulationen. Sowohl BonnTraffic als auch TrafGen haben allerdings den Nachteil, dass sämtliche in der Simulation vorhandene Endsysteme einzeln konfiguriert werden müssen. Dies bedeutet – wie schon bei den Generatoren für echte Netze – einen enormen Aufwand und bietet wenig Flexibilität. Derartige Verkehrsgeneratoren sind folglich für den Einsatz im Simulator aufgrund ihres Konfigurationsaufwands nicht skalierbar in großen Simulationen einsetzbar. Generatoren hingegen, die spezielle Anwendungsprotokolle nachbilden, können in die Lösung dieser Arbeit evtl. integriert werden, wurden aber aufgrund ihrer Fokussierung auf einzelne Protokolle nicht berücksichtigt.

Verkehrsprofile

Die entworfene Lösung zur Generierung von selbstähnlichem Hintergrundverkehr, welcher auf Transportschicht eine realistische Protokollvielfalt und -verteilung aufweist, basiert auf der Definition von *Verkehrsprofilen* sowie der Zuweisung einer bestimmten Rolle – Client oder Server – an jedes Endsystem der zugrunde liegenden Topologie [70]. Ein Verkehrsprofil definiert die grundlegenden Eigenschaften eines Anwendungsprotokolls, wobei die Eigenschaften aus Sicht der Transportschicht definiert werden. Dies ist ausreichend, da die Protokollverteilung lediglich auf Transportschicht nachgebildet werden soll. Um sicherzustellen, dass tatsächlich eine realistische Protokollvielfalt nachgebildet wird, werden mehrere unterschiedliche Verkehrsprofile benötigt. Die im Rahmen dieses Werkzeugs bereits zur Verfügung gestellten Verkehrsprofile basieren auf der Arbeit von Pang et al. [146] und erzeugen Verkehr auf Basis der Protokolle TCP, UDP und ICMP. Tabelle 4.3 gibt einen Überblick über die verfügbaren Verkehrsprofile, die genutzten Transportprotokolle sowie die Selektionswahrscheinlichkeiten der einzelnen Profile. Die Nutzung dieser unterschiedlichen Profile bietet die Möglichkeit einer einfachen Erweiterung um weitere Aspekte realistischen Verkehrs – d. h. um Verkehr weiterer Anwendungen. Diese können sich auf die Verteilungen der Protokolle auf Transportschicht auswirken, ohne dass sämtliche verfügbaren Verkehrsprofile neu konfiguriert werden müssen. Zudem bietet dieses Vorgehen die Möglichkeit einer einfachen Erweiterbarkeit, falls einzelne Anwendungsprotokolle tatsächlich direkt im Simulator nachgebildet werden sollen.

Die zur Definition eines Verkehrsprofils verwendeten Parameter sind die Folgenden:

Größe der Dateneinheiten: Der spezifizierte Wert x gibt die minimale Größe einer Anfrage- bzw. Antwort-Dateneinheit an und wird als Eingabe-Parameter einer Wahrscheinlichkeitsverteilung genutzt. Der tatsächliche Wert wird jeweils pro Anfrage bzw. Antwort zufällig auf Basis einer Pareto-Verteilung mit shape-Parameter 3 und location-Parameter x bestimmt und modelliert somit heavy tailed-verteilte Größen von Dateneinheiten.

Name des Verkehrsprofils	Transport-protokoll	Selektions-wahrscheinlichkeit
Backup Traffic	TCP	1,57
Interactive Traffic	TCP	4,71
Web Traffic	TCP	11,52
Mail Traffic	TCP	4,19
Nameserver Traffic	UDP	56,54
Streaming Traffic	UDP	1,05
Misc Traffic	UDP	14,14
Ping Traffic	ICMP	6,28

Tabelle 4.3 Zur Generierung von Hintergrundverkehr verfügbare Verkehrsprofile

Anzahl Dateneinheiten: Der spezifizierte Wert gibt die Anzahl von Dateneinheiten an, welche pro Antwort von der Anwendung gesendet werden. Im Fall einer Anfrage an einen Webserver antwortet dieser z. B. mit mehreren Dateneinheiten, die jeweils ein Objekt einer Webseite enthalten. Eine Anfrage besteht generell nur aus einer einzelnen Dateneinheit. Der jeweils verwendete tatsächliche Wert berechnet sich aus der Addition des konfigurierten Wertes und einem zufälligen Wert auf Basis einer Normalverteilung $N(0,1)$.

Wartezeit: Der spezifizierte Wert gibt die minimale Zeit zwischen Anfragen, Antworten oder Kommunikationsverbindungen – so genannten *Flows* – eines Systems an und dient als location-Parameter einer Pareto-Verteilung. Der tatsächliche Wert wird jeweils zufällig auf Basis dieser Pareto-Verteilung mit shape-Parameter 1 bestimmt und modelliert dadurch heavy tailed-verteilte ON/OFF-Intervalle.

Anzahl Anfragen: Der spezifizierte Wert gibt die Anzahl an Anfragen einer Kommunikationsverbindung an. Der tatsächliche Wert berechnet sich aus der Addition des konfigurierten Wertes und einem zufälligen Wert auf Basis einer Normalverteilung $N(0,1)$.

Selektionswahrscheinlichkeit: Der spezifizierte Wert gibt an, mit welcher Wahrscheinlichkeit dieses Verkehrsprofil ausgewählt wird. Die Selektionswahrscheinlichkeiten aller verfügbaren Verkehrsprofile geben somit eine Wahrscheinlichkeitsverteilung vor, welche die Steuerung einer realistischen Protokollverteilung ermöglicht.

Lokalität: Der spezifizierte Wert gibt an, mit welcher Wahrscheinlichkeit die Kommunikationsverbindung zwischen zwei Systemen im selben Autonomen System stattfindet. Dieser Wert spiegelt die Tatsache wider, dass bestimmte Kommunikationsverbindungen, z. B. DNS-Anfragen, häufig lokal stattfinden.

Bevor eine Simulation mit automatischer Generierung von realistischem Hintergrundverkehr durchgeführt werden kann, muss allen Endsystemen der zugrunde liegenden Topologie eine der beiden möglichen Rollen zugewiesen werden: Client- oder Server-System. Im Falle eines Server-Systems muss zusätzlich die Art des Server-Systems festgelegt werden, da unterschiedliche Server-Rollen existieren, welche jeweils genau ein Verkehrsprofil – und dadurch auch die Generierung von Verkehr genau eines Transportprotokolls – unterstützen. Ein Webserver ist folglich nur in der Lage, auf Anfragen des Verkehrsprofils `Web Traffic` zu antworten. Ausnahmen bilden die beiden Verkehrsprofile `Misc Traffic` und `Ping Traffic`, welche von je-

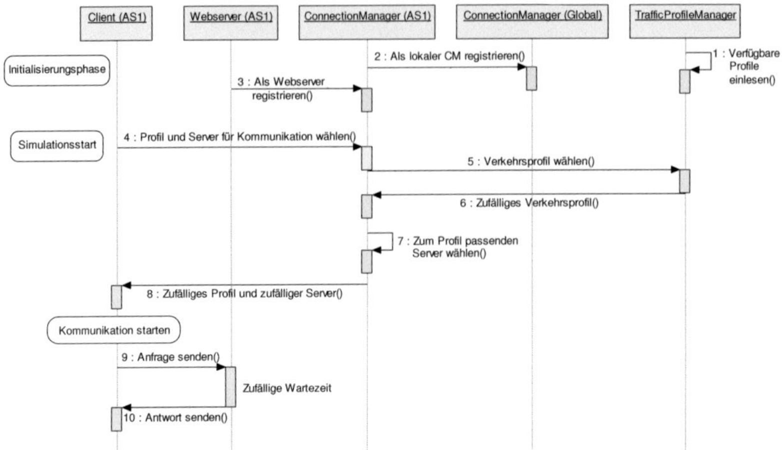

Abbildung 4.8 Sequenzdiagramm zur Generierung von realistischem Hintergrundverkehr

dem Client- und Server-System sowohl initiiert als auch beantwortet werden können. Dies spiegelt die Tatsache wider, dass beispielsweise ICMP Echo-Dateneinheiten von jedem Endsystem sowohl gesendet als auch beantwortet werden können.

Um die Generierung von Hintergrundverkehr im Simulator umzusetzen, werden neben den neuen Entitäten, welche die Client- sowie die unterschiedlichen Server-Systeme realisieren, zwei weitere Entitäten benötigt: der `TrafficProfileManager` und der `ConnectionManager`. Der `TrafficProfileManager` liest während der Initialisierung einer Simulation alle verfügbaren Verkehrsprofile aus einer Konfigurationsdatei ein. Der `ConnectionManager` wird mehrfach instanziiert: je einmal pro AS sowie einmal als globales Modul. Beim AS-internen `ConnectionManager` registrieren sich sämtliche Server-Systeme des Autonomen Systems; beim globalen Modul hingegen registrieren sich sämtliche lokalen `ConnectionManager`. Diese zusätzlichen Entitäten ermöglichen mit dem durch die Registrierung und Konfiguration erlangten Wissen die Anfrage und Auswahl von zufälligen Verkehrsprofilen und passenden Kommunikationspartnern durch Client-Systeme während der Simulation.

Den grundsätzlichen Ablauf der Generierung von Hintergrundverkehr innerhalb einer Simulation skizziert Abbildung 4.8. In der Initialisierungsphase der Simulation werden die zusätzlichen Entitäten `TrafficProfileManager` und `ConnectionManager` instanziiert. Der `TrafficProfileManager` liest im ersten Schritt alle verfügbaren Verkehrsprofile aus der Konfigurationsdatei ein. In Schritt 2 registrieren sich alle `Connection-Manager` auf AS-Ebene beim globalen `ConnectionManager`. Anschließend registrieren sich alle Server-Systeme beim `ConnectionManager` ihres AS, wie dies in der Abbildung exemplarisch für einen Webserver dargestellt ist. Endsysteme in der Rolle eines Client-Systems fordern nach dem Simulationsstart zufällig eines der verfügbaren Verkehrsprofile sowie ein zu dem Verkehrsprofil passendes Server-System bei ihrem lokalen `ConnectionManager` an. Das Verkehrsprofil wird vom

`TrafficProfile-Manager` auf Basis der definierten Wahrscheinlichkeiten zufällig gewählt und an den anfragenden `ConnectionManager` übermittelt. Soll die Kommunikation lokal stattfinden, wählt dieser aus der Menge der registrierten Server zufällig ein Server-System aus, dessen Server-Rolle zum Verkehrsprofil passt (Schritt 7). Im Fall einer Kommunikation über AS-Grenzen hinweg, wird ein passendes Server-System beim globalen `ConnectionManager` angefragt, welcher diese Anfrage an den `ConnectionManager` eines zufällig gewählten, vom anfragenden Autonomen System verschiedenen AS weiterleitet. Dieser wählt lokal ein passendes Server-System aus und übermittelt dessen IP-Adresse über den globalen `ConnectionManager` an das anfragende AS. Das gewählte Profil sowie die IP-Adresse des gewählten Server-Systems werden in Schritt 8 an das Client-System übermittelt, welches die durch das Verkehrsprofil spezifizierte Kommunikation bestehend aus mehreren Anfragen und Antworten mit dem Server-System durchführt. Nach Abschluss der Kommunikation wird die durch das Profil vorgegebene Zeitspanne zwischen zwei Flows gewartet bevor der gesamte Vorgang mit der Auswahl eines neuen Verkehrsprofils erneut gestartet wird.

Der Vorteil der entworfenen Lösung ist die skalierbare Generierung von Hintergrundverkehr im Hinblick auf die große Zahl der zu simulierenden Systeme. Durch die periodische, automatische Auswahl eines Verkehrsprofils durch die Client-Systeme und die auf dem Profil basierende Auswahl des Kommunikationspartners müssen vor Beginn einer Simulation lediglich die Verkehrsprofile vom Benutzer spezifiziert sowie den Endsystemen ihre jeweiligen Rollen zugewiesen werden. Eine manuelle Konfiguration der Kommunikationsmuster für alle Client- und Server-Systeme ist nicht notwendig. Während der Simulation erfolgt die gesamte Generierung des Verkehrs autonom und ohne manuelle Eingriffe. Durch die einfache Erweiterbarkeit um neue Protokolle auf Transportschicht sowie die einfache Integration weiterer Verkehrsprofile und Server-Rollen für neue Anwendungen ist die entworfene Lösung äußerst flexibel und für zukünftige Anforderungen erweiterbar. Eine Auswertung der Eigenschaften des resultierenden Verkehrs erfolgt in den folgenden Abschnitten.

Implementierung

Die Umsetzung des Werkzeugs zur Generierung von Hintergrundverkehr erfolgte zum Teil direkt im Simulator OMNeT++ in Form neuer oder erweiterter Module, zum Teil aber auch durch ein externes Programm. Dieses externe Programm – ein zu *ReaSE* gehörendes Perl-Skript – benötigt als Eingabe eine Topologie in Form einer NED-Datei, welche die Router und Endsysteme sowie deren Verbindungen untereinander enthält. Mit Hilfe des externen Programms werden alle in der Topologie vorhandenen Endsysteme auf Basis einer vom Benutzer erstellten Konfigurationsdatei zufällig entweder als Client- oder als Server-System klassifiziert. Die Konfigurationsdatei enthält dabei die prozentualen Anteile der jeweiligen Systeme sowie die unterschiedlichen Arten von Server-Systemen und deren prozentuale Relation zueinander. Zudem fügt das externe Programm der Topologie alle zusätzlich benötigten Entitäten wie `TrafficProfileManager` oder `ConnectionManager` hinzu. Vor dem Starten einer Simulation müssen abschließend die zu nutzenden Verkehrsprofile vom Benutzer definiert werden. Die Generierung des realistischen Hintergrundverkehrs erfolgt innerhalb der Simulation durch die neuen Module und Funktionalitäten, welche die in die Topologie integrierten Client- und Server-Systeme realisieren.

4.3.1 Zum Nachweis realistischer Eigenschaften verwendete Simulationsszenarien

Zur Evaluierung der durch *ReaSE* zur Verfügung gestellten Werkzeuge bzw. zum Nachweis der realistischen Eigenschaften, wurden verschiedene Simulationsszenarien generiert. Diese werden sowohl im Folgenden zum Nachweis der realistischen Eigenschaften in Bezug auf den generierten Hintergrundverkehr – Selbstähnlichkeit und Protokollverteilung – als auch für die in Abschnitt 4.5 durchgeführte Leistungsbewertung verwendet.

Topologiegröße	Anzahl ASe x Anzahl Router pro AS		
1 000	5x200	10x100	20x50*
5 000	10x500*	20x250	50x100
10 000	10x1000*	20x500	50x200
50 000	20x2500	50x1000*	100x500
100 000	20x5000*	50x2000	100x1000
Anzahl unterschiedlicher Verkehrsprofil-Konfigurationen:			
2			
Simulationszeit (in Sekunden):			
	1 800	3 600	18 000

Tabelle 4.4 Zur Evaluierung von *ReaSE* verwendete Simulationsszenarien

Tabelle 4.4 gibt einen Überblick über die erzeugten Simulationsszenarien. Gewählt wurden für die Evaluierung Szenarien, deren Topologien Größen von 1 000, 5 000, 10 000, 50 000 und 100 000 Systemen aufwiesen. Für jede Szenariogröße wurde außerdem die Anzahl der Autonomen Systeme variiert. Die Konfiguration der Router-Level-Topologien ist dabei für jedes AS gleich, die konkreten Ausprägungen der Router-Level-Topologien unterscheiden sich jedoch aufgrund der Verwendung von Zufallszahlen. Die Auswertung der Selbstähnlichkeit und Protokollverteilungen wurde aufgrund der aufwändigen Berechnungen und der zum Teil langen Simulationslaufzeit nur für je ein Szenario jeder Größe (mit * markiert) durchgeführt. Zusätzlich wurden für die Größe von 10 000 Systemen alle drei Szenarien evaluiert um zu zeigen, dass die ermittelten Werte auch über die verschiedenen Szenarien einer Größe hinweg stabil bleiben. Um den Einfluss der Verkehrsprofile beurteilen zu können wurden zwei verschiedene Konfigurationen verwendet. Beide Konfigurationen beinhalteten alle acht, in Tabelle 4.3 aufgeführten Verkehrsprofile. Die beiden Konfigurationen unterschieden sich jedoch bei allen verwendeten Verkehrsprofilen vor allem in den Parametern, welche die Wartezeiten zwischen Anfragen, Antworten und Flows definieren. Die Selektionswahrscheinlichkeiten der einzelnen Verkehrsprofile sowie deren Lokalität blieben hingegen in beiden Konfigurationen gleich. Tabelle 4.5 zeigt den Unterschied exemplarisch am TCP-basierten `Web Traffic` sowie am UDP-basierten `Nameserver Traffic`. Die Simulationszeit betrug abhängig von den auszuwertenden Aspekten 30 Minuten (1 800 s), 1 Stunde (3 600 s) oder 5 Stunden (18 000 s).

4.3.2 Selbstähnlichkeit des Verkehrs

Der Nachweis der Selbstähnlichkeit des Verkehrs, welcher innerhalb der Simulationen auf Basis der Verkehrsprofile generiert wird, erfolgt im Folgenden über die Be-

Parameter	Web Traffic		Nameserver Traffic	
	Konf. 1	Konf. 2	Konf. 1	Konf. 2
RequestLength	200	200	100	100
RequestsPerFlow	10	15	1	1
ReplyLength	1000	1000	200	300
RepliesPerRequest	30	20	1	1
TimeBetweenRequests	2,0	0,8	1,0	0,5
TimeToRespond	0,5	0,2	0,1	0,05
TimeBetweenFlows	3,0	1,2	0,8	0,4
SelectionProbability	36,0	36,0	38,9	38,9
WANProbability	73,0	73,0	6,0	6,0

Tabelle 4.5 Auszug aus den zur Evaluierung verwendeten Profil-Konfigurationen

rechnung des *Hurst-Parameters*. Liegt dieser zwischen 0,5 und 1 deutet dies auf Selbstähnlichkeit des Verkehrs hin, wobei ein Wert nahe 1 auf eine starke heavy tailed-Abhängigkeit hinweist. Die Berechnung des Hurst-Parameters erfolgt in dieser Arbeit mit Hilfe der Methode der aggregierten Varianzen [111]. Hierbei wird der Verkehr in Intervalle gleicher zeitlicher Länge unterteilt, in denen die Anzahl weiterzuleitender Dateneinheiten vom Router mitprotokolliert wird. Für die daraus resultierende Zahlenfolge wird die Varianz berechnet. Anschließend werden je 2 aufeinander folgende Werte aggregiert, d. h. aufsummiert, und ebenfalls die Varianz der neuen Folge berechnet. Dieses Vorgehen wird für $i = 3..m$ wiederholt. Da die Varianzen der Folgen für große m aufgrund der geringen Anzahl an Werten nicht mehr aussagekräftig sind, werden diese stark streuenden Werte nicht berücksichtigt. Weisen die auf einer Log-Log-Skala aufgetragenen Varianzen aller m-aggregierten Folgen die Form einer Geraden auf, kann der Hurst-Parameter H aus der Steigung m der Näherungsgeraden wie folgt berechnet werden:

$$H = 1 + \frac{m}{2}$$

Abbildung 4.9(a) zeigt die m-aggregierten Varianzen, die während einer Simulation mit einer Simulationszeit von 1 Stunde (3 600 s) basierend auf Konfiguration 1 der Verkehrsprofile – im Folgenden kurz als Verkehrsprofil 1 bezeichnet – von einem Edge-Router mit einer Intervalldauer von 100 ms aufgezeichnet wurden. Die Aufzeichnung begann dabei erst nach einer Einschwingphase von 400 s. Man sieht deutlich die resultierende Form einer Geraden, welche mit einer Steigung von -0.6913 – und folglich einem Hurst-Parameter von 0,65435 – auf Selbstähnlichkeit hinweist. Auch die Folge des in Abbildung 4.9(b) dargestellten Gateway-Routers weist bei einer Intervalldauer von 1 s und sonst unveränderten Parametern mit einem Hurst-Parameter von 0,738 Selbstähnlichkeit auf.

Zum Nachweis der Selbstähnlichkeit des erzeugten Verkehrs wurden auf Basis der in Tabelle 4.4 mit * markierten Szenarien Simulationen mit einer Simulationszeit von je 3 600 s durchgeführt. Zur Ermittlung der Hurst-Parameter wurden bis zu 1 200 Router durch die Entität `TraceRouter` ersetzt, damit sie nach der Einschwingphase von 400 s über die restliche Simulationszeit die Anzahl der beobachteten Dateneinheiten pro Zeitintervall in eine Ausgabedatei schreiben. Als Intervalldauer wurden 100 ms sowie 1 s verwendet. Zusätzlich wurde die Rolle des Routers – Edge, Gateway oder Core – protokolliert. Abbildung 4.10(a) zeigt beispielhaft die berechneten

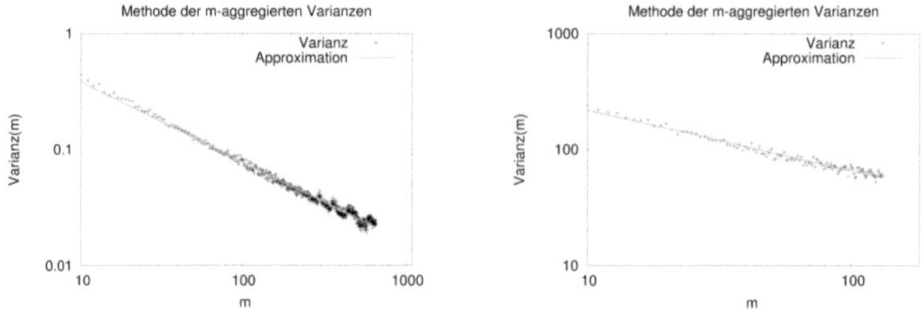

(a) Edge-Router, Intervalldauer: 100 ms (b) Gateway-Router, Intervalldauer: 1 s

Abbildung 4.9 Methode der aggregierten Varianzen am Beispiel zweier Router

Hurst-Parameter aller `TraceRouter` im evaluierten Szenario der Größe 1 000. Auf der x-Achse sind dabei von links nach rechts zuerst alle im Szenario vorhandenen Edge-Router (178), danach alle Gateway- (33) und Core-Router (26) abgetragen. Die Anzahl der ersetzten Router ist hier lediglich 237, da nicht mehr Router im Szenario der Größe 1 000 vorhanden sind – alle anderen Knoten sind Endsysteme. Abbildung 4.10(b) zeigt die entsprechenden Werte für das Szenario der Größe 100 000. Die Abbildung zeigt dabei die Hurst-Parameter von zufällig aus den 22 000 Routern des Szenarios ausgewählten Edge- (700), Gateway- (48) und Core-Routern (9). In diesen beiden Abbildungen lässt sich bereits erkennen, dass nur vereinzelte Router einen Hurst-Parameter kleiner 0,5 aufweisen, der überwiegende Teil aber die Selbstähnlichkeit des Verkehrs bestätigt. Außerdem deutet sich hier bereits an, dass in größeren Szenarien der Wert des Hurst-Parameters bei Gateway- und Core-Routern im Vergleich zu Edge-Routern deutlich ansteigt. Dies ist auf die stärkere Aggregation des Verkehrs in Richtung der Core-Router zurückzuführen und ist in der folgenden Abbildung 4.11, welche die Hurst-Parameter aller durchgeführten Simulationen darstellt, deutlicher zu erkennen.

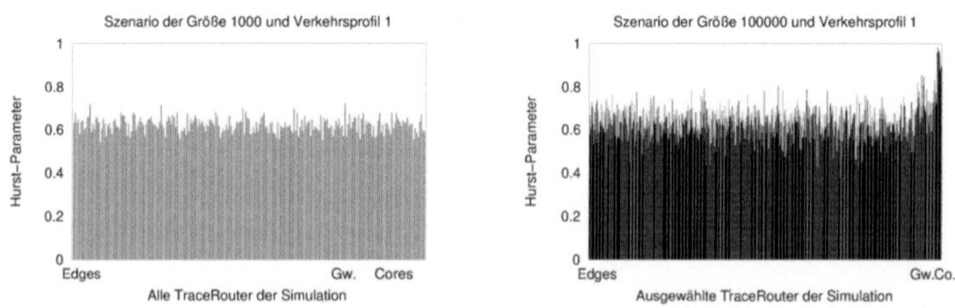

(a) Größe: 1 000, Intervalldauer: 100 ms (b) Größe: 100 000, Intervalldauer: 1 s

Abbildung 4.10 Hurst-Parameter der `TraceRouter` einer Simulation bei unterschiedlicher Intervalldauer

Die Simulationen zum Nachweis der Selbstähnlichkeit wurden für jede der gewählten Szenariogrößen mit je 5 Seeds durchgeführt. Für jede einzelne Simulation wurden die Hurst-Parameter aller `TraceRouter` berechnet und dann für alle Router einer

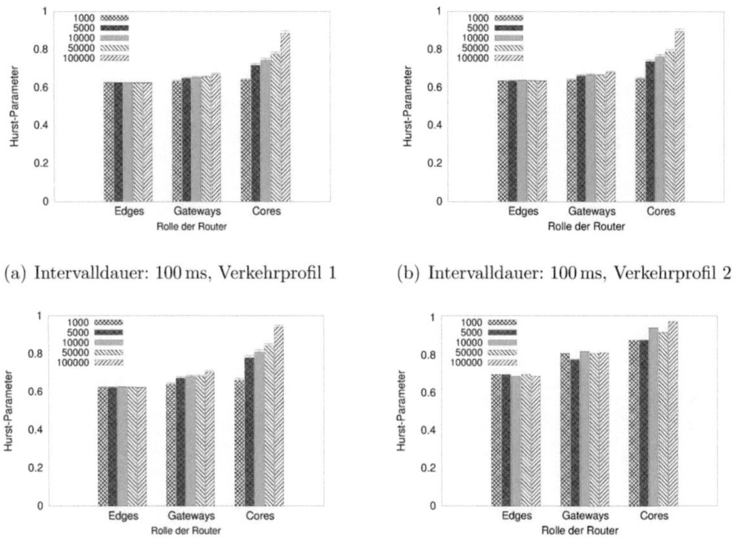

(a) Intervalldauer: 100 ms, Verkehrprofil 1

(b) Intervalldauer: 100 ms, Verkehrprofil 2

(c) Intervalldauer: 1 s, Verkehrprofil 1

(d) Intervalldauer: 1 min, Verkehrprofil 1

Abbildung 4.11 Hurst-Parameter aller `TraceRouter` über alle Szenariogrößen

Rolle – Edge, Gateway und Core – gemittelt. Die Graphen in Abbildung 4.11 zeigen den Mittelwert sowie das 95 %-Konfidenzintervall der so ermittelten durchschnittlichen Hurst-Parameter über alle 5 Seeds einer Szenariogröße. Abbildung 4.11(a) zeigt die Hurst-Parameter bei einer Intervalldauer von 100 ms unter Verwendung von Verkehrsprofil 1. Man sieht, dass vor allem die Hurst-Parameter der Core-Router mit steigender Szenariogröße deutlich von 0,629 auf 0,883 ansteigen. Die Werte der Edge-Router sind stabil bei ca. 0,62, wohingegen die Werte der Gateway-Router leicht auf 0,668 ansteigen. Dies ist auf die Aggregation des Verkehrs in Richtung der Core-Router zurückzuführen, welche bei steigender Anzahl von Endsystemen zu realistischeren Bedingungen führt. Abbildung 4.11(b) stellt die unter Verwendung von Verkehrsprofil 2 ermittelten Hurst-Parameter dar. Vergleicht man diese mit Abbildung 4.11(a), zeigt sich, dass die unterschiedlichen Verkehrsprofile keinen nennenswerten Einfluss auf die Selbstähnlichkeit des generierten Verkehrs haben. Die Abbildungen 4.11(c) und 4.11(d) resultieren aus Simulationen mit veränderten Skalen zur Berechnung der Selbstähnlichkeit: 1 s und 1 min. Um auch bei einer Intervalldauer von 1 min die Methode der m-aggregierten Varianzen sinnvoll anwenden zu können, wurde die Simulationszeit für Abbildung 4.11(d) auf 5 Stunden (18 000 s) erhöht. Außerdem wurden aufgrund der langen Simulationszeiten keine unterschiedlichen Seeds verwendet. Daher konnten auch keine Konfidenzintervalle berechnet werden. Auch die aus den veränderten Skalen resultierenden Hurst-Parameter weisen auf die Selbstähnlichkeit des erzeugten Verkehrs hin und zeigen damit, dass der Nachweis der Selbstähnlichkeit des von *ReaSE* erzeugten Verkehrs Skalen-invariant ist. Abbildung 4.11(d) zeigt jedoch für alle Router-Rollen höhere Hurst-Parameter

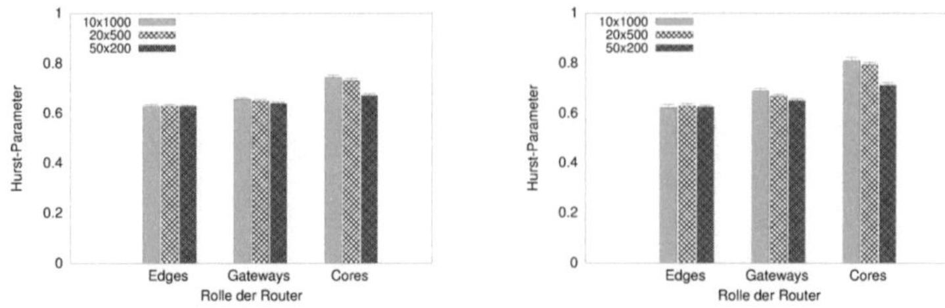

(a) Intervalldauer: 100 ms, Verkehrprofil 1 (b) Intervalldauer: 1 s, Verkehrprofil 1

Abbildung 4.12 Hurst-Parameter aller `TraceRouter` der Szenariogröße 10 000

als die restlichen Abbildungen. Dies lässt sich darauf zurückführen, dass die Berechnung aufgrund der hohen Intervalldauer von 1 Minute auf vergleichsweise wenigen Werten – nur 300 Zeitintervalle statt der 3 600 bei 1 s bzw. der 36 000 bei 100 ms Intervalldauer – durchgeführt wurde.

Zusätzlich zu den mit * markierten Szenarien aus Tabelle 4.4 wurde die Evaluierung der Selbstähnlichkeit für alle Szenarien der Größe 10 000 mit Verkehrsprofil 1 durchgeführt. Abbildung 4.12(a) stellt die Hurst-Parameter sowie die 95 %-Konfidenzintervalle für die unterschiedlichen Szenarien der Größe 10 000 bei einer Intervalldauer von 100 ms und Verkehrsprofil 1 dar, Abbildung 4.12(b) zeigt die berechneten Werte bei einer Intervalldauer von 1 s. In beiden Abbildungen lässt sich klar erkennen, dass die Variation der Anzahl der Autonomen Systeme bei gleich bleibender Szenariogröße die realistische Nachbildung der Selbstähnlichkeit nur geringfügig beeinflusst, d. h. die Werte liegen in allen Szenarien deutlich über 0,5. Vor allem bei den Core-Routern zeigt sich aber auch, dass die deutlich geringere Anzahl an Endsystemen innerhalb eines Autonomen Systems zu geringerer Aggregation führt, was die kleineren Werte für die Hurst-Parameter im Szenario mit 50 ASen erklärt.

Zusammenfassend zeigt sich, dass *ReaSE* die im Internet beobachtbare Selbstähnlichkeit gut im Simulator nachbilden kann. Die Verkehrsgenerierung basiert dabei auf der Definition von Verkehrsprofilen, welche von Client-Systemen der Simulation zufällig gewählt und abgearbeitet werden.

4.3.3 Protokollverteilung auf Transportschicht

Zum Nachweis der Protokollverteilung wurden auf Basis der in Tabelle 4.4 mit * markierten Szenarien Simulationen mit einer Simulationszeit von 1 Stunde (3 600 s) durchgeführt. Ausgewählte Simulationen wurden außerdem mit einer längeren Simulationszeit von 5 Stunden (18 000 s) ausgeführt, um abzuschätzen, wie stabil die ermittelte Protokollverteilung tatsächlich ist. Betrachtet wurde die Verteilung der Protokolle TCP, UDP und ICMP. Weitere Protokolle der Transportschicht, wie z. B. das Stream Control Transmission Protocol (SCTP) [197], wurden in der vorliegenden Arbeit aufgrund ihres derzeit noch geringen Einflusses nicht berücksichtigt, können aber bei Bedarf aufgrund der Erweiterbarkeit des entwickelten Werkzeugs einfach hinzugefügt werden. Zur Ermittlung der Protokollverteilung wurden – wie bereits

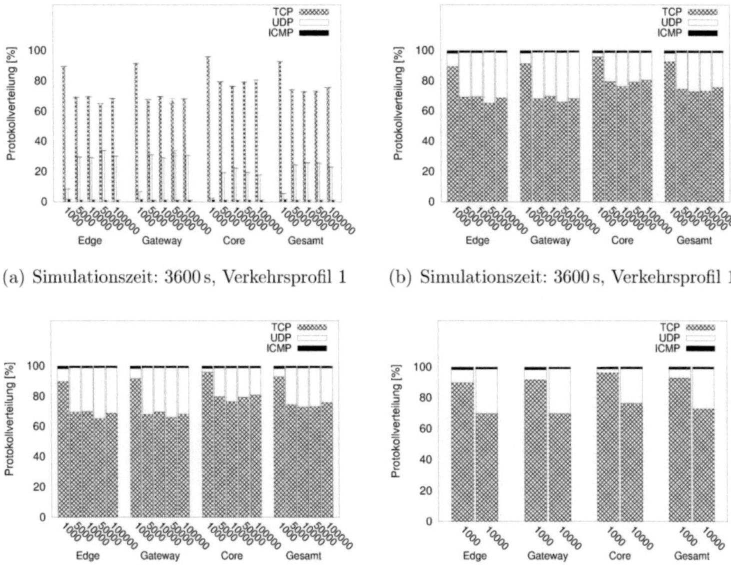

(a) Simulationszeit: 3600 s, Verkehrsprofil 1 (b) Simulationszeit: 3600 s, Verkehrsprofil 1

(c) Simulationszeit: 3600 s, Verkehrsprofil 2 (d) Simulationszeit: 18 000 s, Verkehrsprofil 1

Abbildung 4.13 Protokollverteilung aller `TraceRouter` über alle Szenariogrößen

im vorigen Abschnitt zum Nachweis der Selbstähnlichkeit – bis zu 1 200 Router `TraceRouter` in die Szenarien integriert. Diese schreiben die Anzahl der über die gesamte Simulationszeit beobachteten TCP-, UDP- und ICMP-Dateneinheiten in eine Ausgabedatei. Zusätzlich wurde die Rolle des Routers protokolliert. Die resultierende Protokollverteilung wurde anschließend über alle Router pro Rolle sowie über alle im Szenario vorhandenen Router gemittelt. Abbildung 4.13(a) stellt die in je 5 Simulationen mit unterschiedlichen Seeds auf Basis von Verkehrsprofil 1 ermittelte, durchschnittliche Protokollverteilung für alle Rollen und Szenariogrößen als Histogramm dar. Dabei ist auf der y-Achse der relative Anteil des jeweiligen Transportprotokolls am gesamten Verkehr abgetragen. Zusätzlich sind für jeden Wert die 95 % Konfidenzintervalle eingezeichnet. Die geringe Breite der Konfidenzintervalle zeigt, dass die ermittelten Werte bei unterschiedlichen Seeds nur sehr geringen Schwankungen unterliegen. In Abbildung 4.13(b) ist die Protokollverteilung aus Abbildung 4.13(a) ohne Konfidenzintervalle als übersichtlicheres Stapel-Balkendiagramme dargestellt. Man kann erkennen, dass die Protokollverteilungen der meisten Szenariogrößen sehr ähnlich sind: ca. 70 % des beobachteten Verkehrs nutzt das TCP-Protokoll, ca. 30 % das UDP-Protokoll und nur ca. 1 % das ICMP-Protokoll. Im Szenario der Größe 1 000 hingegen unterscheidet sich die Protokollverteilung von den restlichen Szenarien, da ein höherer Anteil von ca. 90 % des beobachteten Verkehrs auf TCP basiert. Auf die Gründe hierfür wird im Verlauf dieses Abschnitts noch eingegangen.

Die Gegenüberstellung der beschriebenen, auf Basis von Verkehrsprofil 1 ermittelten Protokollverteilung und der in Abbildung 4.13(c) gezeigten Protokollverteilung unter Anwendung von Verkehrsprofil 2 zeigt, dass sich die Protokollverteilungen der beiden Verkehrsprofile kaum unterscheiden. Die Parameter Wartezeit zwischen Anfragen bzw. Antworten sowie Größe und Anzahl der Dateneinheiten, in denen die Profile differieren, haben folglich nur einen sehr geringen Einfluss auf die Verteilung. Durch die verschiedenen Verkehrsprofile ausgelöste Unterschiede zeigen sich lediglich in der Anzahl der beobachteten Dateneinheiten, welche in den Abbildungen nicht dargestellt ist. Diese ist bei Verkehrsprofil 2 durchschnittlich etwa 10 % höher als bei Verkehrsprofil 1, was aufgrund der niedrigeren Werte für die Wartezeiten zu erwarten war. Ein Vergleich mit den Protokollverteilungen bei längerer Simulationszeit (s. Abbildung 4.13(d)) zeigt außerdem, dass sich die Werte nicht merklich verändern, d. h. die Protokollverteilung stabilisiert sich schnell und hängt nicht von der Simulationszeit ab.

Zusätzlich zu den mit * markierten Szenarien aus Tabelle 4.4 wurde die Evaluierung der Protokollverteilung für alle Szenarien der Größe 10 000 durchgeführt. Die aus der Simulation dieser Szenarien resultierende Verteilung der Protokolle TCP, UDP und ICMP zeigt Abbildung 4.14. Abbildung 4.14(a) stellt die relative Häufigkeit der Protokolle mit den aus 5 Seeds ermittelten 95 %-Konfidenzintervallen für alle Router-Rollen sowie für die Gesamtmenge aller Router dar. Die sehr geringe Größe der Konfidenzintervalle zeigt auch hier die Stabilität der Ergebnisse. In der übersichtlicheren Darstellung als Stapel-Balkendiagramm in Abbildung 4.14(b) lässt sich klar erkennen, dass die Variation der Anzahl der Autonomen Systeme bei gleich bleibender Szenariogröße die realistische Nachbildung der Protokollverteilung auf Transportschicht nur geringfügig beeinflusst.

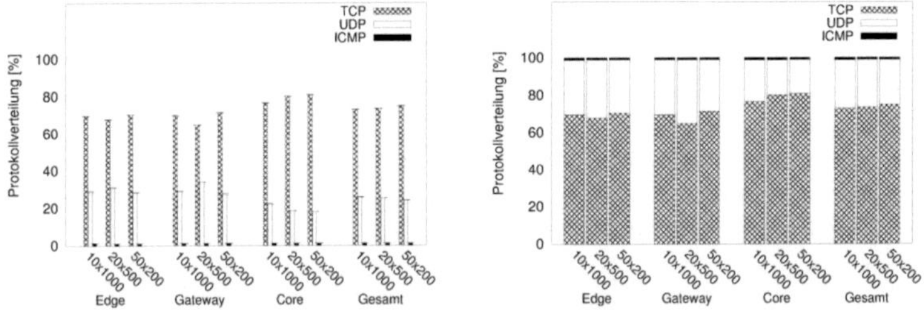

(a) Simulationszeit: 3600 s, Verkehrsprofil 1 (b) Simulationszeit: 3600 s, Verkehrsprofil 1

Abbildung 4.14 Protokollverteilung für die Szenariogröße 10 000

Abschließend wurde untersucht, wodurch der Unterschied in der Protokollverteilung des Szenarios der Größe 1 000 von den restlichen Szenarien in Abbildung 4.13 ausgelöst wurde. Dabei wurde festgestellt, dass im Szenario der Größe 1 000 keine Name-, Backup- und Streaming-Server vorhanden waren. Aufgrund der geringen Anzahl an Endsystemen in diesem Szenario sowie dem geringen Anteil der betroffenen Server-Arten an der Gesamtmenge der Server, wurden während der Integration der Client- und Server-Systeme in die erstellte Topologie keine derartigen Server-Systeme hinzugefügt – die Simulationen basierten folglich auf einem reduzierten Verkehrsprofil, d. h. die Profile für Name-, Backup- und Streaming-Verkehr konnten von den Client-Systemen nicht gewählt werden und folglich konnte kein derartiger Verkehr erzeugt werden. Daher wurden weitere Simulationen durchgeführt, in welchen die fehlenden Server-Arten manuell integriert wurden. Zudem wurden zur Bestätigung der Auswirkungen reduzierter Verkehrsprofile weitere Simulationen im Szenario der Größe 10 000 durchgeführt, in denen weder Name-, noch Backup- oder Streaming-Server vorhanden waren. Die Simulationen wurden auf Basis von Verkehrsprofil 1 mit je 5 Seeds ausgeführt; die Simulationszeit betrug 1 Stunde (3 600 s). Die Auswirkungen des Fehlens dieser drei Server-Arten zeigt Abbildung 4.15(a). Hierbei sind jeweils die Protokollverteilungen der Simulationen mit allen Server-Arten denen der Simulationen mit reduziertem Verkehrsprofil (-r.) gegenübergestellt. Es lässt sich klar erkennen, dass der Anteil des UDP-Protokolls bei reduziertem Verkehrsprofil deutlich geringer ist. Dies ist darauf zurückzuführen, dass durch das Fehlen der Name-Server ein UDP-Verkehrsprofil nicht verwendet wird, welches eine sehr hohe Selektionswahrscheinlichkeit hatte. Die daraus resultierende häufigere Auswahl von TCP-Verkehrsprofilen führt zu der sichtbaren Verschiebung der Protokollverteilung zugunsten des TCP-Protokolls. Die zum Nachweis der Selbstähnlichkeit genutzten Hurst-Parameter, die für diese veränderten Simulationsszenarien ebenfalls berechnet wurden, wiesen im Gegensatz zur Protokollverteilung keine sichtbaren Veränderungen auf (s. Abbildung 4.15(b)).

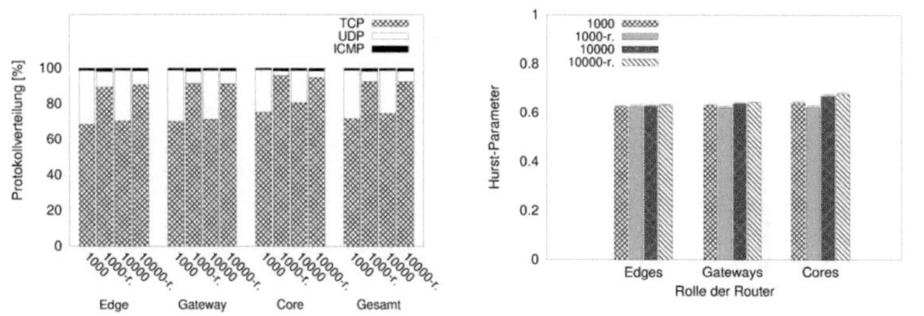

(a) Protokollverteilung (b) Hurst-Parameter, Intervalldauer: 100 ms

Abbildung 4.15 Evaluierung bei reduzierten Verkehrsprofilen

Zusammenfassend lässt sich feststellen, dass die Protokollverteilung in den Simulationsszenarien, die mit Hilfe der Werkzeuge von *ReaSE* erstellt wurden, die charakteristischen Eigenschaften realer Netze widerspiegelt, in denen das TCP-Protokoll im Vergleich zu UDP deutlich häufiger genutzt wird und nur ein sehr geringer Anteil von ca. 1 % ICMP-Dateneinheiten auftritt. Es ist außerdem zu beobachten, dass der Anteil an UDP-Dateneinheiten an Core-Routern im Vergleich zu Edge- und Gateway-Routern geringer ist. Dies ist darauf zurückzuführen, dass UDP-Profile – z. B. zur Simulation von DNS-Anfragen – häufig eine lokale Kommunikation auslösen und sich daher weniger stark im Netzinneren auswirken. Deutliche Unterschiede in der Protokollverteilung können gezielt durch die Verwendung einer reduzierten Menge an Server-Arten bzw. Verkehrsprofilen oder durch die Veränderung der Selektionswahrscheinlichkeiten der verwendeten Verkehrsprofile erreicht werden.

4.4 Simulation verteilter Angriffe

Neben der Nachbildung der bisher diskutierten Aspekte Internetverkehr und Topologien muss auch die Simulation von verteilten, großflächigen Angriffen möglichst realistisch erfolgen, um aussagekräftige Ergebnisse erhalten zu können. Daher wurde im Rahmen dieser Arbeit die Funktionalität eines realen Tools zur Durchführung von Denial-of-Service-Angriffen – das *Tribe Flood Network* (TFN) [46] – in der Simulationsumgebung nachgebildet. TFN ermöglicht zu einem beliebigen Zeitpunkt die Aktivierung von im Internet verteilten Zombie-Systemen zur Ausführung eines DDoS-Angriffs. Da die zeitliche Koordinierung aller beteiligten Zombies aufgrund von Latenzen, Stausituationen im Netz oder nicht präzise synchronisierten Uhren nicht völlig zeitgleich erfolgen kann, kommt es zu Beginn eines DDoS-Angriffs zum so genannten *Ramp-up Behavior* [86]. Der DDoS-Angriff erreicht folglich nicht sofort seine volle Stärke, sondern benötigt ein wenig Zeit bis alle Angreifer am Angriff teilnehmen. Im Simulator wurde dieses Verhalten derart modelliert, dass zusätzlich zur Startzeit des Angriffs ein weiterer Parameter eingeführt wurde, welcher die initiale Verzögerung angibt. Diesem Parameter kann eine Wahrscheinlichkeitsverteilung übergeben werden, so dass die Angreifer dem Angriff beispielsweise gleichverteilt bis spätestens zwei Minuten nach dem Startzeitpunkt beigetreten sind. Die eigentlich über ICMP-Dateneinheiten ausgetauschten Steuerbefehle zwischen Master und Zombie werden vereinfachend nicht simuliert, da diese für eine Anomalie-basierte Angriffserkennung nicht relevant sind. Abbildung 4.16 zeigt exemplarisch den von 79 Zombie-Systemen erzeugten Angriffsverkehr in einem Simulationsszenario der Größe 50 000. Der Angriffsverkehr wurde im Autonomen System des Opfers aufgezeichnet; zusätzlicher Hintergrundverkehr wurde nicht erzeugt. Der Wert für die Verzögerung wurde mit

```
**.attackStartDiff = uniform(0,30)
```

spezifiziert, d. h. alle am DDoS-Angriff teilnehmenden Zombies treten dem Angriff innerhalb der ersten 30 Sekunden bei. Als Startzeitpunkt für den Angriff wurde die Simulationszeit 400 s spezifiziert. Das aufgrund der zusätzlichen Verzögerung entstehende Ramp-up Behavior innerhalb der ersten Sekunden des Angriffs ist deutlich zu erkennen.

Zur eigentlichen Durchführung eines DDoS-Angriffs durch Überfluten der Ressourcen des Opfers bietet TFN eine Vielzahl an möglichen Angriffsvarianten, beispielsweise ICMP Ping Request-, UDP Echo- oder TCP SYN-Dateneinheiten. Jeder Angriff nutzt genau eine dieser Varianten, die vom Master gewählt werden kann. Die verwendeten Dateneinheiten werden vom Zombie direkt erstellt und über einen Raw Socket an das Opfer gesendet. In der Simulation kann die zu verwendende Variante über einen Konfigurationsparameter gewählt werden, das Senden der Dateneinheiten erfolgt – wie beim Original – direkt über die Netzwerkschicht. Soll in der Simulation ein Angriff gestartet werden, entscheidet jeder Zombie mit einer konfigurierbaren Wahrscheinlichkeit, ob er an diesem Angriff teilnimmt oder nicht. Dies entspricht der Tatsache, dass auch in realen Netzen zum einen nicht immer alle Zombies erreichbar sind, zum anderen in manchen Situationen explizit nur ein Teil der Zombies am Angriff teilnehmen soll. Werden mehrere Angriffe auf unterschiedliche Opfer zeitgleich durchgeführt oder startet ein neuer Angriff während ein früherer noch läuft, kann dennoch jeder Zombie nur an einem Angriff teilnehmen. Jeder Zombie muss folglich

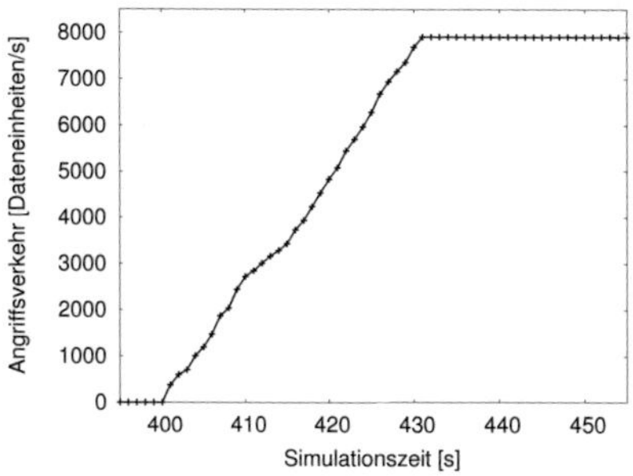

Abbildung 4.16 Ramp-up Behavior eines simulierten DDoS-Angriffs

entscheiden, ob und an welchem Angriff er teilnimmt. Diese lokale Entscheidung stellt eine Vereinfachung des realen Tools dar, bei welchem die Entscheidung vom Master getroffen wird oder Zombies evtl. auch zeitgleich an mehreren Angriffen teilnehmen könnten. Negative Einflüsse auf die Evaluierung aufgrund dieser Vereinfachung sind jedoch nicht zu erwarten.

Zusätzlich zur Nachbildung von DDoS-Angriffen wurde eine neue Entität zur Simulation einer Wurmausbreitung in die Simulationsumgebung integriert. Mit der Rolle eines `WormHost` ausgezeichnete Systeme entscheiden zu Beginn einer Simulation jeweils zufällig, ob sie initial infiziert oder nur in Bezug auf die durch den Wurm ausgenutzte Schwachstelle verwundbar, aber nicht infiziert sind. Die Entscheidung basiert dabei auf einem Konfigurationsparameter, welcher die Wahrscheinlichkeit einer initialen Infektion vorgibt. Infizierte Systeme beginnen zu einem konfigurierbaren Zeitpunkt mit dem Scanning nach weiteren verwundbaren Systemen. Dies erfolgt in der derzeitigen Implementierung nach einem sehr einfachen Verfahren wie es auch beim Code Red I-Wurm [229] genutzt wurde: Scanning-Dateneinheiten werden über einen Raw Socket an alle adressierbaren Systeme gesendet. Konfigurierbar ist dabei, ob die Scanning-Dateneinheiten auf UDP oder TCP basieren. Zudem lassen sich die zu scannenden Adressen über einen Konfigurationsparameter auf einen vorgegebenen Adressbereich einschränken.

Ein letzter Punkt, der im Zusammenhang mit der Simulation von DDoS-Angriffen in OMNeT++ integriert werden musste, ist die Simulation von *Überlast-Situationen*. TCP SYN-DDoS-Angriffe beispielsweise beruhen darauf, den verfügbaren Speicher für halboffene Verbindungen eines Opfers zu überfluten. Um dies auch im Simulator nachbilden zu können, wurde die Anzahl der gleichzeitig aktiven TCP-Verbindungen begrenzt. Außerdem wurde ein Timeout implementiert, der den Kontext halboffener TCP-Verbindungen nach einer bestimmten Wartezeit löscht, damit wieder neue Verbindungen angenommen werden können. Überlast-Situationen innerhalb des Netzes können hingegen ohne Änderungen auf Basis vorhandener Warteschlangen in den Zwischensystemen, z. B. einer `DropTailQueue`, die bei Überlauf ankommende Dateneinheiten verwirft, simuliert werden.

Neben den beschriebenen neuen Modulen bzw. erweiterten Funktionalitäten, welche direkt in den Simulator integriert wurden, besteht das Werkzeug zur Erzeugung verteilter Angriffe zudem aus einem externen Programm – einem Perl-Skript. Mit

Hilfe dieses Skriptes können Entitäten wie z. B. `DDoSZombies`, die zur Erzeugung von Angriffsverkehr benötigt werden, in ein vorhandenes Szenario, welches in Form einer NED-Datei vorliegen muss, integriert werden. Die Generierung von Angriffsverkehr erfolgt innerhalb der Simulation mit Hilfe der neuen Entitäten, welche die Ausführung verschiedener DDoS-Angriffe sowie einer Wurmausbreitung nach Vorbild des Code Red I-Wurms ermöglichen.

4.5 Leistungsbewertung der Simulationsumgebung *ReaSE*

Im Rahmen der Leistungsbewertung der durch die Werkzeuge von *ReaSE* erstellten Simulationsszenarien werden die Leistungsmerkmale Speicherverbrauch und Simulationslaufzeit sowie die Anzahl der während einer Simulation im Simulationskern von OMNeT++ vorhandenen und die insgesamt erzeugten Nachrichten betrachtet [65]. Letztere stellen ein Maß zur Beurteilung des Aufwands dar, welchen die Generierung von realistischem Hintergrundverkehr auslöst. Grundlage der Leistungsbewertung bilden die in Tabelle 4.4 aufgeführten Simulationsszenarien. Die Simulationszeit betrug in allen Fällen 30 Minuten (1 800 s); zur Generierung des Hintergrundverkehrs wurde Verkehrsprofil 1 verwendet. Die Simulationen wurden jeweils mit mehreren Seeds auf einem isolierten Rechner mit 64-bit Ubuntu Linux-Betriebssystem und der Kernelversion 2.6.24-21 ausgeführt. Die Hardware bestand aus einem Intel Xeon 5160 Dualcore-Prozessor mit 3 GHz und 4 MB gemeinsamem L2-Cache sowie 32 GB RAM. Die Simulationen basierten auf OMNeT++ 3.4 und dem zugehörigen INET Framework. Als Wert für den Speicherverbrauch wurde die virtuelle Größe des Simulationsprozesses inklusive Code, Daten und Stack herangezogen. Die Simulationslaufzeit wurde anhand der kumulierten, vom Simulationsprozess verbrauchten CPU-Zeit gemessen.

Szenariogröße	Speicherverbrauch	Simulationslaufzeit	Erzeugte Nachrichten	Vorhandene Nachrichten	Seeds
1 000-10x100	87 813 kB	47 s	11 698 k	36 k	20
5 000-20x250	370 052 kB	305 s	52 268 k	175 k	20
10 k-20x500	738 478 kB	660 s	94 483 k	262 k	10
50 k-50x1000	3 277 228 kB	5 074 s	521 281 k	1 347 k	5
100 k-50x2000	6 934 726 kB	10 270 s	995 345 k	2 516 k	5

Tabelle 4.6 Ausgewählte Performance-Werte der von *ReaSE* erzeugten Simulationsszenarien

Tabelle 4.6 zeigt die Leistungswerte einiger ausgewählter Szenarien sowie die Anzahl der zur Simulation verwendeten Seeds. Die abnehmende Anzahl an Seeds ist der ansteigenden Simulationslaufzeit sowie der Tatsache, dass der isolierte Rechner nur für einen begrenzten Zeitraum zur Verfügung stand, geschuldet. Bereits in dieser Tabelle lässt sich erkennen, dass sich die Leistungsmerkmale Speicherverbrauch, erzeugte Nachrichten und vorhandene Nachrichten in etwa proportional zur Szenariogröße verhalten. Abbildung 4.17(a) bestätigt dies am Beispiel des durchschnittlichen Speicherverbrauchs. Dieser ist in der Abbildung für jedes einzelne in Tabelle 4.4 aufgeführte Szenario zusammen mit den 95 % Konfidenzintervallen aufgetragen. Die

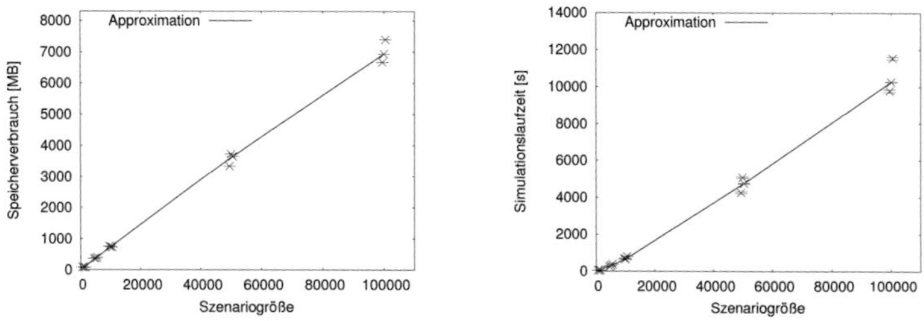

(a) Speicherverbrauch

(b) Simulationslaufzeit

Abbildung 4.17 Simulationslaufzeit und Speicherverbrauch über unterschiedliche Szenariogrößen

jeweils drei Werte der Szenariogrößen 1 000, 5 000 und 10 000 überlagern sich in der Abbildung. Aufgrund der jeweils geringen Unterschiede der drei Werte sowie der vernachlässigbar kleinen Konfidenzintervalle sind die genauen Werte jedes einzelnen Szenarios allerdings für die Gesamtaussage des proportionalen Speicheranstiegs nicht notwendig.

Limitierender Faktor für die maximale Größe einer ausführbaren Simulation ist der verfügbare Speicher. Betrachtet man die Verteilung des benötigten Speichers auf die unterschiedlichen Teilaspekte einer Simulation, wird schnell klar, dass sich hinsichtlich des Speicherverbrauchs kaum Optimierungsmöglichkeiten bieten. Im Fall des Szenarios der Größe 100 000 mit 20 ASen werden beispielsweise 67,9 % der insgesamt benötigten 6,934 GB RAM für die Instanziierung der zu simulierenden OMNeT++-Module aufgewendet. Weitere 18,3 % werden während der einzelnen Initialisierungsschritte der Simulation, z. B. für die Erstellung der Routingtabellen, verbraucht. Folglich werden lediglich 13,8 % des benötigten Speichers für die eigentliche Simulation aufgewendet. Der vergleichsweise hohe Speicheraufwand für die Instanziierung der OMNeT++-Module muss allerdings in Kauf genommen werden, wenn Simulationen möglichst realistisch – inklusive der Simulation des TCP/IP-Stacks – durchgeführt werden sollen. Eine Generierung des Hintergrundverkehrs auf Flow-Ebene – welche sowohl die Simulation des TCP/IP-Stacks als auch die Erzeugung einzelner Dateneinheiten einsparen würde – wurde hierbei nicht in Betracht gezogen, da die verwendete Angriffserkennung auf Ebene der Dateneinheiten durchgeführt wird. Die Granularität der Simulation muss folglich mindestens der Granularität der Angriffserkennung entsprechen.

Im Vergleich zu den anderen Leistungsmerkmalen steigt die Simulationslaufzeit leicht überproportional zur Szenariogröße (s. Abbildung 4.17(b)). Da sämtliche anderen betrachteten Leistungsmerkmale sich proportional verhalten, wäre eigentlich auch im Fall der Simulationslaufzeit ein ähnlicher proportionaler Anstieg zu erwarten gewesen. Die Erklärung für das überproportionale Verhalten liegt im Simulationskern von OMNeT++. Die Anzahl an Ereignissen, die der Simulationskern innerhalb einer Sekunde abarbeiten kann, sollte laut der Beschreibung des Simulators konstant – und damit unabhängig von der Szenariogröße – sein. Dies war während der hier durchgeführten Leistungsbewertung allerdings nicht der Fall. Die Anzahl abgearbeiteter Ereignisse pro Sekunde fiel von 1 314 k bei einem Szenario der Größe 1 000 auf nur noch 583 k bei einer Größe von 50 000. Korrigiert man den Anstieg der Simulationslaufzeit um diesen Faktor, zeigt sich, dass auch die Simulationslaufzeit sich – ähnlich den anderen Leistungsmerkmalen – eigentlich proportional zur Szenariogröße verhält.

4.5.1 Leistungsbewertung von *Distack* in von *ReaSE* generierten Simulationsszenarien

Um die Evaluierung des in Kapitel 3 entworfenen Rahmenwerks *Distack* zu vervollständigen, wird im Folgenden eine Leistungsbewertung des Rahmenwerks bei einem Einsatz in der Simulationsumgebung *ReaSE* durchgeführt. Diese betrachtet die Leistungsmerkmale Speicherverbrauch, Simulationslaufzeit sowie die innerhalb einer OMNeT++-Simulation erzeugten und vorhandenen Nachrichten und knüpft damit direkt an die gerade durchgeführte Leistungsbewertung von *ReaSE* an. Die Evaluierung erfolgte auf Basis eines Szenarios der Größe 10 000, welches aus 20 Autonomen Systemen bestand, sowie eines Szenarios der Größe 50 000 mit 50 ASen. Die Simulationszeit betrug 30 Minuten; Hintergrundverkehr wurde mit Hilfe von Verkehrsprofil 1 generiert. Angriffe wurden während der Leistungsbewertung nicht simuliert.

Die *Distack*-Instanzen werden von OMNeT++ als Shared Libraries geladen und können anschließend als Entität der Simulation verwendet werden. Zur Durchführung der Leistungsbewertung wurde die Anzahl der in ein Szenario integrierten *Distack*-Instanzen variiert. Im Unterschied zur Ausführung mehrerer *Distack*-Instanzen auf realen Systemen teilen sich die Instanzen bei der Integration in einen diskreten Ereignis-Simulator wie OMNeT++ den Prozessraum. Dies ermöglicht eine Optimierung des Speicherverbrauchs durch intelligentes Speichermanagement und wurde in *Distack* mit Hilfe der Boost Pool-Bibliothek [198] umgesetzt.

Distack-Instanzen	Speicherverbrauch [kB]	Speicherverbrauch pro Instanz [kB]	Speicherverbrauch [kB]	Speicherverbrauch pro Instanz [kB]
	Keine Erkennung		Basisstufe der Erkennung	
0	744 687	–	744 664	–
1	745 907	1 220,00	745 927	1 263,00
2	745 958	635,50	746 068	702,00
10	746 256	156,90	746 582	191,80
50	747 767	61,60	748 680	80,32
2 289	816 200	31,24	850 377	46,18

Tabelle 4.7 Speicherverbrauch von *Distack*-Instanzen innerhalb von OMNeT++

Tabelle 4.7 fasst den Speicherverbrauch der Simulationen mit unterschiedlichen Mengen an *Distack*-Instanzen für das Szenario der Größe 10 000 zusammen. Die Simulationen wurde dabei pro Variante mit jeweils 5 Seeds durchgeführt. Zusätzlich ist für alle Varianten der durchschnittliche Speicherverbrauch pro Instanz dargestellt. Die Simulationen wurden je einmal mit *Distack*-Instanzen durchgeführt, welche keinerlei Erkennungsfunktionalität aufwiesen – d. h. in diesem Fall wurden Kopien aller beobachteten Dateneinheiten über die Netzwerk-Abstraktion von *Distack* an die Modulumgebung übergeben und dort ohne weitere Bearbeitung wieder gelöscht. Im zweiten Fall wurde die Basisstufe der in Abschnitt 2.4.1.1 beschriebenen hierarchischen Erkennung ausgeführt, welche neben der Berechnung und Speicherung eines dynamischen Schwellenwerts für verschiedene Protokoll-Aggregate auch Informationen über die IP-Adressverteilung der beobachteten Dateneinheiten sammelt. Bei Auswertung der in der Tabelle dargestellten Werte zeigt sich zum einen, dass selbst bei Simulationen mit 0 *Distack*-Instanzen ca. 6 MB mehr Speicher benötigt werden wie in den vergleichbaren Simulationen der Leistungsbewertung von *ReaSE* (s. Tabelle 4.6) – in denen ebenfalls keine *Distack*-Instanz vorhanden war. Dieser erhöhte Speicherverbrauch resultiert daraus, dass OMNeT++ die *Distack*-Bibliotheken bereits bei der Initialisierung lädt – unabhängig davon, ob tatsächlich eine *Distack*-Instanz als Entität der Simulation vorhanden ist. Der zusätzliche Speicherverbrauch von 6 MB setzt sich aus den externen Bibliotheken Boost und Xerces sowie den Bibliotheken der implementierten Module und des Rahmenwerks selbst zusammen. Die Auswertung der weiteren Ergebnisse zeigt deutlich, dass der durchschnittliche Speicherverbrauch pro *Distack*-Instanz bei steigender Anzahl an Instanzen abnimmt. Dies ist darauf zurückzuführen, dass durch die Ausführung in einem gemeinsamen Prozessraum mit Hilfe von Boost intelligentes Speichermanagement betrieben werden kann, z. B. zum Parsen und Zwischenspeichern von Dateneinheiten in *Distack*. Eine *Distack*-Instanz benötigt folglich einen festen, nicht optimierbaren Anteil an Speicher, beispielsweise zur Instanziierung des *Distack*-Objekts, sowie einen variable, optimierbaren Anteil, welcher mit weiteren Instanzen geteilt werden kann. Wird die Basisstufe der Erkennung ausgeführt, ist außerdem zu sehen, dass der pro Instanz benötigte Speicher durch die Speicherung von Daten, welche für die Erkennung benötigt bzw. von der Erkennung berechnet werden, nur geringfügig höher liegt. Dasselbe Verhalten konnte auch bei der Leistungsbewertung der Szenarien der Größe 50 000 beobachtet werden. Insgesamt steigt der benötigte feste Speicheranteil proportional zur Anzahl der vorhandenen *Distack*-Instanzen, der variable Anteil steigt hingegen weniger stark. Insgesamt fällt der zusätzliche Speicherverbrauch im Verhältnis zum Szenario ohne *Distack*-Instanzen jedoch vergleichsweise gering aus.

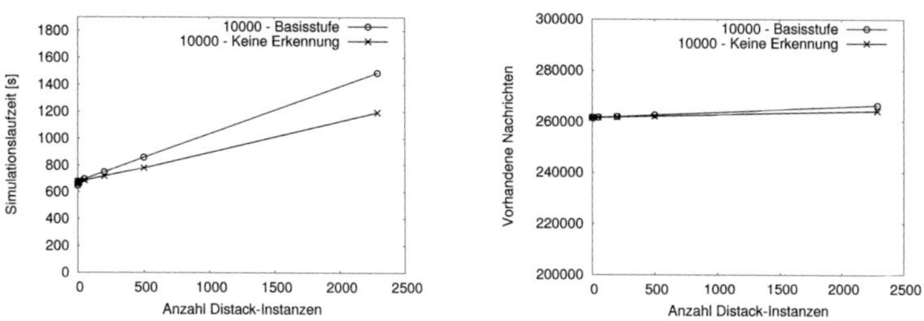

(a) Simulationslaufzeit (b) Vorhandene Nachrichten

Abbildung 4.18 Leistungsbewertung von *Distack* bei Nutzung innerhalb der Simulationsumgebung *ReaSE*

Abbildung 4.18 zeigt die aus den durchgeführten Simulationen ermittelten weiteren Leistungsmerkmale Simulationslaufzeit und die von OMNeT++ insgesamt erzeugten sowie die während einer Simulation vorhandenen Nachrichten. In Abbildung 4.18(a) lässt sich gut erkennen, dass die Simulationslaufzeit mit steigender Anzahl an *Distack*-Instanzen ebenfalls ansteigt – auch wenn die *Distack*-Instanzen keine Erkennung durchführen. Dieser Anstieg ist auf die Erstellung von Kopien für die *Distack*-Instanzen zurückzuführen. Zudem führt die Verarbeitung der beobachteten Dateneinheiten innerhalb von *Distack* bei Ausführung der Basisstufe zu einer weiteren Erhöhung der Simulationslaufzeit. Der Anstieg der Simulationslaufzeit erfolgt dabei in beiden Varianten proportional zur Anzahl der Instanzen und verläuft selbst bei Ausführung der Basisstufe in einem akzeptablen Rahmen: Wenn alle 2 289 Router dieses Szenarios als Erkennungssysteme fungieren, verdoppelt sich die Simulationslaufzeit lediglich im Vergleich zur Simulationslaufzeit mit einer einzelnen Instanz. Auch im Szenario der Größe 50 000 führte die Integration von 11 313 *Distack*-Instanzen nur zu einer Verdopplung der Simulationslaufzeit von 5 078 s auf 10 372 s. Zur Beurteilung der Skalierbarkeit der simulativen Evaluierung einer Angriffserkennung auf Basis des Rahmenwerks *Distack* wird die Anzahl der in einer Simulation durchschnittlich vorhandenen Nachrichten (s. Abbildung 4.18(b)) betrachtet. Hierbei zeigt sich, dass die Anzahl der vorhandenen Nachrichten auch bei Integration vieler *Distack*-Instanzen kaum ansteigt, obwohl die Anzahl der insgesamt durch OMNeT++ erzeugten Nachrichten sich aufgrund der Erstellung von Kopien aller beobachteten Dateneinheiten für *Distack* mehr als verdoppelt. Die Integration von *Distack*-Instanzen in die simulative Evaluierung skaliert folglich sehr gut. Die am Beispiel der Szenariogröße 10 000 beschriebenen Ergebnisse konnten durch das Szenario der Größe 50 000 bestätigt werden.

4.6 *PktAnon* – Anonymisierung von Netzverkehr

Im Zusammenhang mit der Entwicklung einer geeigneten Umgebung zur Durchführung der Evaluierung wurde ergänzend zu *ReaSE* und *Distack* ein Werkzeug zur Anonymisierung von Netzverkehr entwickelt: *PktAnon* [68, 119]. Dieses Werkzeug ermöglicht zusätzlich zur simulativen Evaluierung entwickelter Mechanismen und Methoden auf Basis von künstlich generiertem Verkehr die Nutzung von real beobachtetem Verkehr. Beim Entwurf von *PktAnon* (engl. Packet Anonymization) wurde – ebenso wie bei den bisher vorgestellten Werkzeugen – Wert auf die Eigenschaften Flexibilität und Erweiterbarkeit sowie Konfigurierbarkeit und einfache Benutzbarkeit gelegt. Um dem Benutzer größtmögliche Flexibilität bei der Anonymisierung zu bieten, sollte es zum einen möglich sein, beliebige Protokollfelder zu anonymisieren. Zum anderen sollte die Anonymisierung jedes Protokollfelds mit beliebigen Anonymisierungsprimitiven unterstützt werden. Ein *Anonymisierungsprimitiv* definiert dabei, wie die originalen Daten in anonymisierte Daten transformiert werden. Beispiele für Primitive sind die Berechnung eines kryptographischen Hashwerts oder das Überschreiben mit einem konstanten Wert.

Die Hauptanforderung an die Entwicklung dieses Werkzeugs war, dass die Anonymisierung von Verkehr nicht nur gemäß den geltenden Datenschutzbestimmungen des jeweiligen Landes den Schutz des Individuums sicherstellen, sondern dem Benutzer darüber hinaus die Definition eigener Anonymisierungsrichtlinien erlauben sollte, z. B. zum Schutz von Unternehmen und deren Netzinformationen. Diese Richtlinien spiegeln die Interessen des Benutzers sowie die Vertrauensbeziehung zu den Nutzern der anonymisierten Daten wider. Realisiert wird die Definition der Richtlinien mittels konfigurierbarer Anonymisierungsprofile in Form externer Konfigurationsdateien auf Basis von XML. Die Konfigurierbarkeit von *PktAnon* gewährleistet damit den unkomplizierten Einsatz der Anonymisierung mit unterschiedlichen Zielen und Interessen. Jedes individuelle Anonymisierungsprofil spezifiziert neben allgemeinen Einstellungen, wie der Verkehrsquelle oder der Neuberechnung von Prüfsummen, für jedes zu anonymisierende Protokollfeld das jeweils anzuwendende Anonymisierungsprimitiv. Zusätzlich müssen bei *PktAnon* auch alle Protokollfelder, die durch die Anonymisierung nicht verändert werden sollen, explizit als solche gekennzeichnet werden. Für jede zu anonymisierende Dateneinheit wird zuerst eine leere Kopie angelegt, deren Protokollfelder anschließend gemäß der im Anonymisierungsprofil spezifizierten Transformation mit Inhalten gefüllt werden. Die Inhalte der originalen Dateneinheit werden im Anschluss an die Anonymisierung dieser Dateneinheit gelöscht. Dies erfordert einen etwas höheren Aufwand als die Anonymisierung ausgewählter Protokollfelder direkt in der originalen Dateneinheit. Gleichzeitig wird dadurch aber auch die gesamte Dateneinheit z. B. auf nicht bekannte Protokollköpfe oder Protokollfelder überprüft. Diese in *PktAnon* als *defensive Transformation* bezeichnete Vorgehensweise stellt folglich sicher, dass sensible Inhalte der originalen Daten nicht versehentlich in den anonymisierten Daten verbleiben. Dies könnte ohne das Anlegen einer leeren Kopie und das Überprüfen der gesamten Dateneinheit fehlschlagen, wenn bestimmte Protokollfelder über vordefinierte Offsets ausgewählt und anonymisiert werden, die Dateneinheit aber nicht dem vermuteten Format entspricht.

Viele der existierenden Werkzeuge zur Anonymisierung von Verkehr [104, 124, 147, 148, 186] weisen einige der geforderten Eigenschaften wie Flexibilität oder Konfigurierbarkeit auf, jedoch kann keines alle Anforderungen erfüllen. *Tcpdpriv* [124], eines der ersten verbreiteten Tools zur Anonymisierung, ist unflexibel und schwer erweiterbar. Bei Koukis et al. [104] werden die zu nutzenden Anonymisierungsprimitive durch API-Aufrufe (engl. Application Programming Interface) realisiert. Durch die direkte Integration in die Implementierung ist die Benutzbarkeit vor allem für technisch nicht versierte Nutzer stark eingeschränkt. *Tcpmkpub* [147] als eines der aktuellsten Werkzeuge bietet Konfigurierbarkeit und Erweiterbarkeit. Ein Anonymisierungsprimitiv muss jedoch für Protokollfelder mit unterschiedlichen Datenformaten jeweils erneut implementiert werden. Außerdem ermöglicht *Tcpmkpub* nur die Offline-Anonymisierung, da mehrere Bearbeitungsdurchgänge zur Transformation der originalen Daten notwendig sind. Arbeiten, welche die Entwicklung neuer Anonymisierungsprimitive fokussieren, z. B. zur Pseudonymisierung [207] oder zur Präfix-erhaltenden Transformation von IP-Adressen [78, 161], können aufgrund der Erweiterbarkeit von *PktAnon* einfach integriert werden.

PktAnon trennt das Einlesen von Dateneinheiten vom Netzwerk bzw. das Ausschreiben der anonymisierten Dateneinheiten durch die Definition einer minimalen Schnittstelle von der eigentlichen Anonymisierung und stellt damit die einfache Austauschbarkeit dieses Bausteins sicher. Derzeit implementiert ist der Netzzugriff auf der Basis von Pcap sowohl für Linux- als auch für Windows-Systeme.

Den Ablauf der Anonymisierung in *PktAnon* nach dem Einlesen einer Dateneinheit zeigt Abbildung 4.19. Die Dateneinheit wird iterativ in die enthaltenen Protokolle zerlegt und im weiteren Verlauf der Bearbeitung als Verkettung der einzelnen Protokollköpfe behandelt. Diese Zerlegung ermöglicht die transparente Anonymisierung beliebiger Protokoll-Kapselungen, wie z. B. IP-in-IP oder IP-in-ICMP. Anschließend wird gemäß der in *PktAnon* eingeführten defensiven Transformation für die zu anonymisierende Dateneinheit eine initial leere Kopie der Verkettung von Protokollen

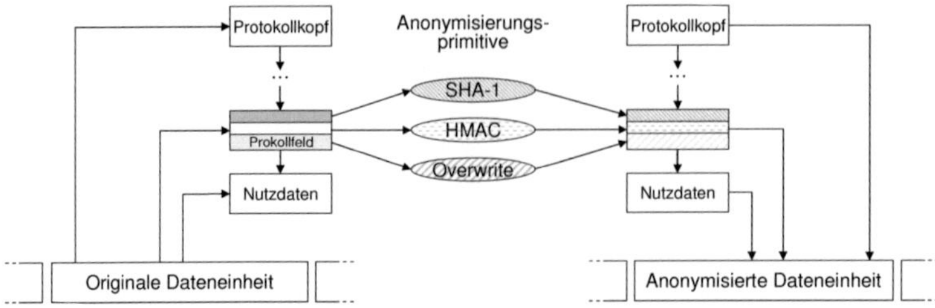

Abbildung 4.19 Aufbau der *PktAnon*-Anonymisierung

angelegt. Im nächsten Schritt werden alle Felder jedes in der Verkettung enthaltenen Protokollkopfs gemäß der im Anonymisierungsprofil spezifizierten Anonymisierungsprimitive transformiert und in die initial leere Kopie geschrieben. Anonymisierungsprimitive können hierbei beispielsweise das Berechnen eines Hashwerts (SHA-1) bzw. eines kryptographischen Hashwerts (HMAC) oder das Überschreiben mit einem bestimmten Wert (Overwrite) sein. Hierbei ist auch die sequentielle Ausführung mehrerer für ein Protokollfeld spezifizierter Primitive möglich, wobei jedes angewendete Primitiv die Bearbeitung der Primitivkette vorzeitig abbrechen kann. Dies ermöglicht eine einfach konfigurierbare Ausnahmebehandlung spezieller Werte, z. B. die Beibehaltung von Broadcast-Adressen. Abschließend wird aus der anonymisierten Verkettung der Protokollköpfe die resultierende anonymisierte Dateneinheit zusammengebaut und die originale Dateneinheit und deren Inhalte gelöscht.

Implementierung und Evaluierung

Die Erweiterbarkeit von *PktAnon* wird über zwei generische Schnittstellen für Protokolle und Anonymisierungsprimitive sichergestellt. Um ein neues Protokoll hinzuzufügen, müssen die Schnittstellen-Funktionen zum Parsen des Protokollkopfs sowie für den objektorientierten Zugriff auf die einzelnen Protokollfelder implementiert werden. Die Protokoll-spezifischen Strukturen und die Semantik sind dadurch fest in *PktAnon* integriert. Dies ist aufgrund möglicher Abhängigkeiten zwischen verschiedenen Protokollen, z. B. zur Berechnung der Prüfsumme bei TCP, notwendig. Im Fall der Erweiterung um ein Anonymisierungsprimitiv behandelt die zu implementierende Schnittstellen-Funktion die eingehenden Daten als generischen Datenpuffer, welcher durch das Primitiv in eine anonymisierte Form zu transformieren ist. Dies ermöglicht die Erweiterbarkeit von *PktAnon* um beliebige Primitive.

Implementiert wurde *PktAnon* in C++ sowohl für Linux- als auch für Windows-Systeme. Zusätzlich wurde *PktAnon* nach der Veröffentlichung als Open Source-Software [67] auch auf FreeBSD portiert und in deren Distribution aufgenommen.

Zur Auswertung der Performance von *PktAnon* wurde mit Hilfe einer Tracedatei eine Offline-Anonymisierung durchgeführt. Die Tracedatei beinhaltete 8,2 Millionen ungekürzte Pakete mit einer Gesamtgröße von 4,7 GB inklusive der Pcap-Header. Während der Performance-Evaluierung wurde der maximal mögliche Durchsatz der einzelnen Aufgaben von *PktAnon* gemessen. Diese von *PktAnon* sequentiell ausgeführten Aufgaben sind:

- ***Einlesen der Tracedatei:*** Die in der Tracedatei enthaltenen Dateneinheiten werden nacheinander eingelesen.
- ***Parsen der Dateneinheiten und Erstellung der Verkettung von Protokollen:*** Die eingelesenen Dateneinheiten werden jeweils iterativ in die enthaltenen Protokolle sowie deren einzelne Protokollfelder zerlegt und im Folgenden als Verkettung der einzelnen Protokollköpfe behandelt.
- ***Defensive Transformation:*** In diesem Schritt wird eine initiale leere Kopie der originalen Verkettung angelegt. Alle Felder der originalen Verkettung werden anschließend gemäß dem Anonymisierungsprofil transformiert und in die Kopie geschrieben. Zudem wird nach Durchführung der Anonymisierung die anonymisierte Dateneinheit aus der Kopie der Verkettung erstellt und die originale Dateneinheit gelöscht.
- ***Ausgabe in eine Tracedatei:*** Die anonymisierten Dateneinheiten werden in eine neue Tracedatei ausgegeben.

Zur Performance-Evaluierung der einzelnen Aufgaben wurden die Protokollfelder nicht anonymisiert, sondern nur kopiert. Ein Vergleich des Aufwands unterschiedlicher Anonymisierungsprimitive erfolgt später. Tabelle 4.8 zeigt den Durchsatz der jeweils aufeinander aufbauenden Aufgaben sowie die Laufzeit der Anonymisierung der verwendeten Tracedatei. Zudem wurde dieselbe Tracedatei mit *tcpdpriv* anonymisiert. Auf die Ausgabe der anonymisierten Dateneinheiten in eine Tracedatei wurde dabei verzichtet, da *tcpdpriv* die Nutzdaten der Dateneinheiten generell löscht und daher die Vergleichbarkeit mit *PktAnon* nicht gewährleistet wäre. Dabei erwies sich *PktAnon* mit einem Durchsatz von ca. 340 Mbit/s trotz der höheren Flexibilität und Konfigurierbarkeit als nahezu gleichwertig zu dem Durchsatz von ca. 400 Mbit/s von *tcpdpriv*. Die obere Schranke für den maximalen Durchsatz lag bei *PktAnon* aufgrund der Schreibgeschwindigkeit der resultierenden Tracedatei auf die Festplatte bei ca. 150 Mbit/s.

Sequentielle Aufgaben	Durchsatz [Mbit/s]	Laufzeit [s]
Einlesen der Tracedatei	406,8	95,1
Parsen der Dateneinheiten	404,2	95,6
Transformation der Verkettung	337,3	113,5
Ausgabe in Tracedatei	150,6	257,2
tcpdpriv (ohne Ausgabe)	392,4	99,8

Tabelle 4.8 Durchsatz der unterschiedlichen Aufgaben der Anonymisierung

Den erreichbaren maximalen Durchsatz für verschiedene Primitive zeigt Tabelle 4.9. Hierbei basierte die Anonymisierung darauf, dass alle Felder jeder Dateneinheit mit dem jeweiligen Primitiv transformiert wurden. Zudem wurden die anonymisierten Dateneinheiten nicht in eine neue Tracedatei ausgegeben, um tatsächlich den Einfluss der Transformation auf den Durchsatz messen zu können. Es zeigt sich, dass sich der Durchsatz beim Überschreiben aller originalen Werte durch einen konstanten Wert (`AnonConstOverwrite`) im Vergleich zur bloßen Erstellung einer Kopie nur geringfügig auf ca. 310 Mbit/s reduziert. Die Anwendung eines kryptographischen Hashwerts (`AnonHashHmacSha1`) hingegen reduziert den Durchsatz deutlich auf nur noch 18 Mbit/s. Verwendet man ein Anonymisierungsprofil, welches die Identität des Individuums – u. a. durch Anonymisierung von IP-Adressen sowie Nutzdaten –

Anonymisierungsprimitiv	Durchsatz [Mbit/s]
`AnonIdentity`	337,3
`AnonConstOverwrite`	309,8
`AnonRandomize`	57,1
`AnonHashSha1`	39,0
`AnonHashHmacSha1`	17,9
Schutz von Individuum und Netz	95,6

Tabelle 4.9 Durchsatz unterschiedlicher Anonymisierungsprimitive

sowie sensible Informationen des Netzes – z. B. Portnummern – anonymisiert, kann ein Durchsatz von ca. 100 Mbit/s erreicht werden. Dieser deutlich unter der oberen Schranke liegende Wert ist dem hohen Aufwand einiger Primitive geschuldet, beispielsweise der Transformation von IP-Adressen mittels eines kryptogrpahischen Hashwerts. Der Wert liegt jedoch deutlich über dem Durchsatz einzelner Primitive, da nur zu schützende Protokollfelder anonymisiert und zur Transformation unterschiedliche, jeweils adäquate Primitive angewendet wurden.

PktAnon wurde trotz der Vorteile, die durch eine Evaluierung der Angriffserkennung auf Basis von realem Verkehr entstehen können, im Rahmen der vorliegenden Arbeit nicht verwendet. Aufgrund der Limitierung des maximalen Durchsatzes durch die Schreibgeschwindigkeit handelsüblicher Festplatten und die Anwendung rechenintensiver kryptographischer Operationen kann bisher nur Verkehr bis ca. 100 Mbit/s anonymisiert werden. Dies führt bei der Online-Anonymisierung, d. h. der Aufnahme von realem Verkehr direkt vom Netz, dazu, dass die typischen Eigenschaften von Netzverkehr, z. B. die Selbstähnlichkeit, in der anonymisierten Tracedatei nicht mehr enthalten sind. Dies ist darauf zurückzuführen, dass Verkehr konstant mit der maximalen Rate auf die Festplatte geschrieben wird und alle darüber hinausgehenden Dateneinheiten verworfen werden. In zukünftigen Arbeiten könnte dieses Problem beispielsweise durch Parallelverarbeitung, die Nutzung dedizierter Hardware – z. B. von Raidsystemen oder schnelleren Anschlusstechnologien – oder verteilte Ansätze mit aufeinander abgestimmten Filtern [133] angegangen werden.

Die Integration von in echten Netzen aufgenommenen Tracedateien in eine Simulationsumgebung wäre aber selbst dann schwierig, wenn eine Aufnahme von Hochgeschwindigkeitsverkehr derzeit mit *PktAnon* möglich wäre. Um den innerhalb eines Simulationsszenarios verwendeten Hintergrundverkehr auf echten anonymisierten Verkehr zu gründen, reicht die Aufzeichnung und Anonymisierung von Verkehr an einer Stelle im Netz nicht aus. Hierfür benötigen alle in der Simulation modellierten, Verkehrs-erzeugenden Systeme zeitlich aufeinander abgestimmte Tracedateien, welche an verschiedenen Stellen des Netzes aufgezeichnet wurden und die zeitlichen Abhängigkeiten sowie den Kontext der Tracedateien, z. B. bei der Nachbildung der echten Verzögerungen oder Warteschlangen, berücksichtigen. Daher ist es faktisch unmöglich, große Simulationsszenarien auf Basis von realem Verkehr für die Evaluierung zu nutzen [154]. Weitere Probleme der Nutzung von Tracedateien entstehen durch die Notwendigkeit, die Tracedateien manuell auszuwerten, um beispielsweise Angriffe verlässlich zu kennzeichnen, oder dadurch, dass bei der Anonymisierung abhängig vom gewählten Profil eventuell zu viele Informationen und Zusammenhänge verloren gehen.

5. Mechanismen einer dezentralen Angriffserkennung

In diesem Kapitel wird der Entwurf von Mechanismen beschrieben, welche im Zusammenspiel eine dezentrale Anomalie-basierte Angriffserkennung realisieren. Die beiden Mechanismen, welche in den folgenden Abschnitten ausführlich vorgestellt werden, sind die Identifikation von Angriffen auf Basis erkannter Anomalien (s. Abschnitt 5.2) sowie die dezentrale Kooperation verteilter Erkennungssysteme (s. Abschnitt 5.3). Die entworfenen Mechanismen berücksichtigen dabei explizit die Heterogenität der im Netz verteilten Erkennungssysteme sowie die Tatsache, dass die Angriffserkennung im Netzinneren anwendbar sein soll – und folglich ressourcenschonend arbeiten muss. Um den Einsatz der entworfenen Mechanismen auch im Hinblick auf die ständigen Veränderungen und Neuerungen im Bereich der Angriffserkennung sowie auf mögliche Entwicklungen des Future Internet in den kommenden Jahren, z. B. die Entwicklung hin zu dienstorientierten Architekturen, sicherzustellen, wurden vor allem hinsichtlich der Identifikation von Angriffen die Eigenschaften Erweiterbarkeit und Adaptivität an unterschiedliche Randbedingungen als weitere Anforderungen an den Entwurf gestellt.

5.1 Problemstellung und Anforderungen

Die Identifikation von Angriffen stellt einen rein lokal arbeitenden Mechanismus dar, welcher ohne zusätzliche Informationen von anderen Erkennungssystemen auf Basis der lokal erkannten Anomalien den zugehörigen Angriffstyp sowie die Eigenschaften des Angriffs identifiziert. Als *Identifikation* wird dabei der Prozess bezeichnet, welcher von der Menge der erkannten Anomalien auf den Typ sowie die Eigenschaften des zugehörigen Angriffs schließt. Die bereits in Kapitel 1 dargestellte Abbildung 1.2 verdeutlicht dies am Beispiel eines Erkennungssystems, welches zwei Anomalie-Erkennungsmethoden zur Anomalie-Erkennung nutzt. Jede der Methoden untersucht den Verkehrsstrom auf unterschiedliche Anomalien. Die Methoden werden dabei, abhängig vom Aufbau des Erkennungssystems, gleichzeitig oder – bei hierarchischen Systemen – iterativ ausgeführt. Die Angriffserkennung erfolgt im Anschluss an die Erkennung einer Menge von Anomalien mit Hilfe der Identifikation. Abschließend kann außerdem eine Reaktion des Erkennungssystems auf die Detektion eines Angriffs erfolgen – beispielsweise die Installation eines Paketfilters oder die Kooperation mit anderen Erkennungssystemen. Im Folgenden werden vorrangig hierarchische Erkennungssysteme, welche eine Anomalie-Erkennung in mehreren Stufen durchführen, als Grundlage der Identifikation betrachtet. Diese können aufgrund der Berücksichtigung nur begrenzt verfügbarer Ressourcen auch für die Anomalie-Erkennung im Netzinneren eingesetzt werden. Des Weiteren muss von heterogenen Erkennungssystemen ausgegangen werden, d. h. die kooperierenden Erkennungssysteme führen ihre Anomalie-basierte Angriffserkennung nicht notwendigerweise mit Hilfe derselben Anomalie-Erkennungsmethoden durch. Beispielsweise können unterschiedliche verfügbare Ressourcen oder Hardware-Ausstattungen dazu führen, dass bestimmte Anomalie-Erkennungsmethoden auf einem Erkennungssystem anwendbar sind, auf einem anderen aber nicht ausgeführt werden können. Außerdem kann es möglich sein, dass verschiedene Betreiber unterschiedliche Anomalie-Erkennungsmethoden präferieren, z. B. aufgrund bestimmter Richtlinien oder der Lokation des Erkennungssystems. In diesen Fällen basiert die Anomalie-Erkennung der unterschiedlichen Erkennungssysteme auf heterogenen Konfigurationen und Erkennungsmethoden. Eine solche Situation ist in Abbildung 5.1 dargestellt, in der zwei heterogene Erkennungssysteme miteinander kooperieren. In dieser Situation ermöglicht die Identifikation des Angriffs die Kooperation voneinander unabhängig agierender Systeme, indem die Grundlage für ein semantisches Verständnis der unterschiedlichen Systeme geschaffen wird.

Insgesamt werden die folgenden Anforderungen an einen Mechanismus zur Identifikation von Angriffen gestellt:

- Präzise und zuverlässige Identifikation von Angriffen
- Autonomer Ablauf ohne die Notwendigkeit manueller Eingriffe
- Einfache Anpassung an die jeweilige Umgebung und unterschiedliche Randbedingungen
- Erweiterbarkeit um zukünftiges Wissen und Weiterentwicklungen im Bereich der Angriffserkennung

Im Gegensatz zum rein lokal arbeitenden Mechanismus der Identifikation wurde die dezentrale Kooperation mit dem Ziel entwickelt, eine Domänen-übergreifende Kooperation verteilter Erkennungssysteme zu realisieren, welche die False negative-Fehlerrate aller kooperierenden Systeme in globaler Hinsicht verringert. Dies ist gerade im Hinblick auf den Einsatz der Erkennung im Netzinneren notwendig, um die – im Vergleich zur Erkennung am Netzrand – höheren Fehlerraten, z. B. aufgrund der geringeren Aggregation von Angriffströmen, zu verbessern und dadurch die Effektivität der Erkennung zu steigern. Die *Effektivität* ist dabei definiert über die Anzahl der Erkennungssysteme, welche auf einem Angriffspfad liegen und einen laufenden Angriff erkennen, im Vergleich zur Anzahl der Erkennungssysteme, welche auf einem Angriffspfad liegen – und den Angriff daher erkennen können sollten. Einerseits muss darauf geachtet werden, dass die Kooperation neben der Reduzierung der False negative-Fehler nicht zusätzlich zu einer starken Erhöhung der bei einer Anomalie-basierten Erkennung üblicherweise ebenfalls auftretenden False positive-Fehler führt. Eine solche Erhöhung könnte beispielsweise durch das Versenden von

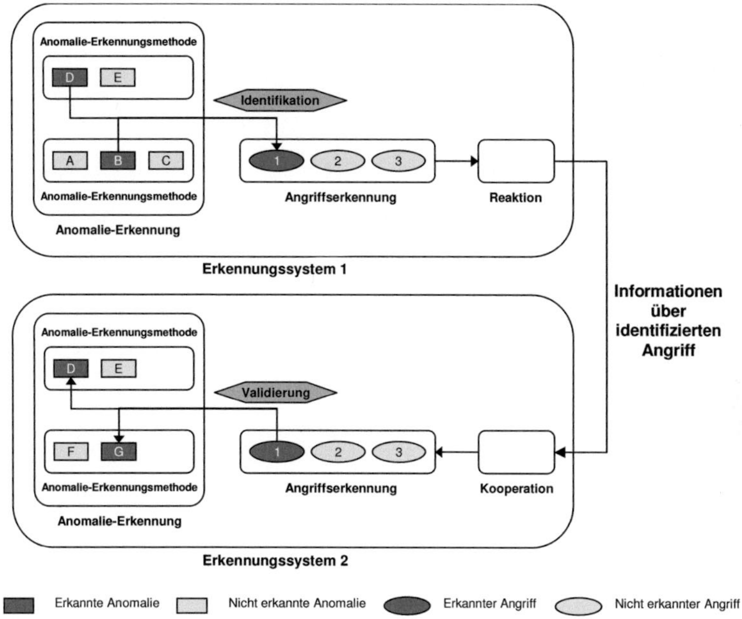

Abbildung 5.1 Kooperation heterogener Erkennungssysteme mit Identifikation

falsch-positiven Erkennungen eines Angriffs ausgelöst werden. Die explizite Reduzierung der False positive-Fehler durch die Kooperation verteilter Erkennungssystem war hingegen nicht Ziel der vorliegenden Arbeit, wird jedoch im Ausblick der Arbeit noch einmal kurz thematisiert. Andererseits muss die Kooperation Domänen-übergreifend einsetzbar sein, um eine Effektivitätssteigerung der Erkennung in globaler Hinsicht zu ermöglichen. Dabei kann aufgrund wirtschaftlicher und rechtlicher Interessen der unterschiedlichen Betreiber nicht von vorhandenen Vertrauensbeziehungen zwischen den beteiligten administrativen Domänen ausgegangen werden. Vielmehr wird im Folgenden angenommen, dass die an der Kooperation teilnehmenden Erkennungssysteme unabhängig voneinander agieren und keine festen Vertrauensbeziehungen zwischen den teilnehmenden Systemen existieren. Im Hinblick auf das Ziel, eine Domänen-übergreifende Kooperation zu entwickeln, muss außerdem explizit die mögliche Heterogenität der teilnehmenden Erkennungssysteme in Bezug auf deren Anomalie-Erkennung und Umgebung berücksichtigt werden. Ein semantisches Verständnis zwischen heterogenen Erkennungssystemen, welche an der Kooperation teilnehmen, kann dabei mit Hilfe der Identifikation von Angriffen erreicht werden. Wie in Abbildung 5.1 dargestellt, kann das empfangende Erkennungssystem 2 den vom Sender identifizierten und kommunizierten Angriff lokal interpretieren. Die vom Sender durchgeführte Identifikation lässt sich auf diese Weise beim Empfänger rückgängig machen – d. h. der empfangene Angriff kann auf lokal erkennbare Anomalien abgebildet werden. Dies stellt sicher, dass jedes Erkennungssystem unabhängig auf seiner jeweiligen lokalen Wissensbasis arbeitet und die Erkennungssysteme, z. B. in Bezug auf die eingesetzten Erkennungsmethoden, unterschiedlich sein können. Eine weitere wichtige Anforderung ist es, sicherzustellen, dass die Domänen-übergreifende Kooperation von Erkennungssystemen keine neuen Angriffe auf die Erkennung bzw. die Kooperation selbst ermöglicht – d. h. robust gegen mögliche Angriffe ist – und dass das Netz sowie die Erkennungssysteme durch die Kooperation nicht zu stark belastet werden.

Zusammengefasst werden die folgenden Anforderungen an die Entwicklung einer Kooperation verteilter Erkennungssysteme gestellt:

- Reduzierung der False negative-Fehlerraten
- Keine festen Vertrauensbeziehungen zwischen kooperierenden Erkennungssystemen erforderlich
- Keine zentrale Kontrollinstanz notwendig
- Berücksichtigung heterogener Erkennungssysteme
- Robustheit gegen Angriffe

5.2 Identifikation von Angriffen auf Basis erkannter Anomalien

Dieser Abschnitt beschreibt den entwickelten Mechanismus zur Identifikation des Angriffs, welcher die von einem Anomalie-basierten Erkennungssystem detektierten Anomalien ausgelöst hat. Im Folgenden wird zuerst auf den Stand der Forschung in Bezug auf die Identifikation von Angriffen auf Basis erkannter Anomalien eingegangen (s. Abschnitt 5.2.1). Zusätzlich erfolgt dabei eine Bewertung unterschiedlicher Verfahren zur Identifikation im Hinblick auf deren Nutzung im Bereich der Anomalie-basierten Angriffserkennung. In Abschnitt 5.2.2 wird anschließend ein Überblick über die entwickelte iterative Identifikation von Angriffen gegeben. Die Beschreibung des erstellten verallgemeinerten Modells der an der Anomalie-basierten Angriffserkennung beteiligten Entitäten erfolgt in Abschnitt 5.2.3. Dieses Modell bildet die Grundlage für die autonome und adaptive Ablaufsteuerung einer hierarchischen Angriffserkennung (s. Abschnitt 5.2.4) sowie die Identifikation von Angriffen. Die zur Identifikation entwickelten Mechanismen und Abläufe werden in Abschnitt 5.2.5 ausführlich beschrieben. Anschließend wird auf die Implementierung der Mechanismen in das Rahmenwerk *Distack* eingegangen (s. Abschnitt 5.2.6). Am Beispiel eines simulierten TCP SYN-DDoS-Angriffs werden in Abschnitt 5.2.7 abschließend verschiedene Abläufe der Identifikation anhand von drei Fallbeispielen dargestellt bevor die Ergebnisse der simulativen Evaluierung der Identifikation auf Basis verschiedener Angriffe und Angriffseigenschaften erläutert werden.

5.2.1 Stand der Forschung

Eine Identifikation von Angriffen auf Basis der erkannten Anomalien wird in den Ansätzen, welche in Abschnitt 2.4 zum Stand der Forschung in Bezug auf Erkennungssysteme im Allgemeinen sowie Anomalie-Erkennungsmethoden bereits vorgestellt wurden, meist nicht berücksichtigt oder erfolgt implizit. Als *implizit* wird eine Identifikation im Rahmen dieser Arbeit bezeichnet, wenn die Anomalie, welche im jeweiligen Ansatz die Basis der Erkennung darstellt, direkt auf genau einen bestimmten Angriff abgebildet wird. Eine solche Abbildung nutzt das Wissen darüber, dass der betreffende Angriff die betrachtete Anomalie auslöst. Das für die implizite Identifikation genutzte Wissen ist jedoch meist unvollständig und berücksichtigt nicht, dass eventuell mehrere Angriffe die betrachtete Anomalie auslösen oder der implizit identifizierte Angriff nicht nur die betrachtete, sondern u. U. noch weitere Anomalien auslösen kann. Über die jeweilige Arbeit hinaus gehende Zusammenhänge und Abhängigkeiten werden folglich nicht berücksichtigt. Beispielsweise löst sowohl ein DDoS-Angriff als auch ein Flash Crowd-Effekt – welcher auftritt, wenn unerwartete viele Nutzer innerhalb kurzer Zeit eine Webseite aufrufen – meist eine Volumenanomalie aus. Ansätze, welche sich auf die Erkennung von Volumenanomalien fokussieren, z. B. die Principal Component Analysis [108] oder Pushback [90], gehen bei Erkennung einer Anomalie meist implizit von einem DDoS-Angriff aus. Dass auch ein Flash Crowd-Effekt diese Anomalie auslösen kann, wird nicht berücksichtigt. Ebenso wird nicht berücksichtigt, dass ein DDoS-Angriff weitere Anomalien auslöst, welche zur Unterscheidung von einem Flash Crowd-Effekt genutzt werden können, beispielsweise unterscheiden sich die Eigenschaften der Verteilungen der Quell-IP-Präfixe dieser beiden Angriffe häufig [97]. Eine Erweiterung der Ansätze um zusätzliches Wissen über Zusammenhänge und Abhängigkeiten von Anomalien und Angriffen ist jedoch meist – ebenso wie die Erweiterung um neue Anomalien und Anomalie-Erkennungsmethoden – nur schwierig möglich, da die Identifikation fest in die Anomalie-Erkennung integriert ist und nur selten auf einer auch in anderen Situationen gültigen Modellierung basiert.

Carl et al. [26] beschreiben verschiedene Methoden, z. B. die Cusum-Methode oder Spektralanalyse, zur Erkennung von Anomalien. Während den durchgeführten Auswertungen, in welchen normaler Verkehr mit selbst erzeugten DDoS-Angriffen überlagert wurde, wird bei Erkennung einer Anomalie implizit davon ausgegangen, dass diese von dem erzeugten DDoS-Angriff ausgelöst wurde – eine tatsächliche Identifikation erfolgt nicht. In den weiteren, auf Tracedateien basierenden Auswertungen wurde eine Identifikation teilweise manuell durchgeführt, teilweise wurde keine Identifikation des auslösenden Angriffs durchgeführt – die Erkennung endete mit der Beschreibung der erkannten Anomalie. Ein weiteres Beispiel für einen Ansatz, bei dem keine Identifikation des Angriffs durchgeführt wird, ist die Anomalie-Erkennung mit Hilfe des bereits in den Grundlagen vorgestellten Systems HIDE [116].

Viele der bereits in Abschnitt 2.4 vorgestellten Systeme und Methoden zur Anomalie-Erkennung, z. B. die auf Principal Component Analysis basierende Erkennung [108], DIADEM [127] oder LADS [182], lassen die Identifikation nicht unberücksichtigt, führen jedoch nur eine implizite Identifikation durch. Wang et al. [211] gründen die Anomalie-Erkennung auf Flow Mining und hierarchisches Clustering. Dabei werden die Eigenschaften einzelner Flows in einer multi-dimensionalen Flow-Hierachie gespeichert, in der die fünf Attribute, welche einen Flow definieren, jeweils eine Dimension darstellen. Diese Attribute bzw. Dimensionen sind die Quell- und Ziel-IP-Adresse, Quell- und Ziel-Port sowie das verwendete Protokoll der Transportschicht. Die eigentliche Anomalie-Erkennung erfolgt durch Clustering auf Basis der während der Beobachtung des Verkehrs ermittelten Flow-Hierarchie sowie eine daran anschließende Analyse der resultierenden Cluster. Anormale Cluster können mit Hilfe der *Unexpectedness* sowie einer weiteren zur Unterscheidung zwischen DDoS-Angriffen und Wurmausbreitungen eingeführten Metrik (AIDE) ermittelt werden. Die anschließende Abbildung anormaler Cluster auf bestimmte Angriffe berücksichtigt durch die zusätzlich verwendete Metrik gewisse Zusammenhänge von Anomalien und Angriffen – beispielsweise, dass eine hohe Unexpectedness von vielen Angriffen hervorgerufen wird, sich der AIDE-Wert aber abhängig vom Angriff unterscheidet. Dennoch ist die Identifikation auf die beiden betrachteten Metriken und dadurch sehr speziell auf diese Arbeit abgestimmt.

Die Identifikation von Angriffen im Ansatz von Quyen et al. [160] basiert auf einer vorherigen Analyse unterschiedlicher Angriffe, deren Auftreten in dem zu überwachenden Netz erwartet wird. Die eigentliche Anomalie-Erkennung erfolgt auf Basis von Flow-Daten. Hierzu werden Flows gruppiert, welche ähnliche Eigenschaften aufweisen, wie z. B. eine ähnliche Datenrate oder dieselbe Quell-IP-Adresse. Überschreitet die Anzahl der Flows einer Gruppe einen vorgegebenen Schwellenwert, wird von einer Anomalie ausgegangen. Abhängig von der jeweiligen Gruppe, in welcher die Anomalie auftrat, bzw. von der Kombination aus anormalen Gruppen, erfolgt anschließend die Identifikation des Angriffs mit Hilfe von im Voraus definierten Abbildungen. Die Analyse berücksichtigt dabei, dass Zusammenhänge und Abhängigkeiten zwischen verschiedenen Anomalien und Angriffen bestehen können und setzt diese in Regeln um, welche für die Identifikation verwendet werden. Eine formale Modellierung der beteiligten Entitäten erfolgt jedoch nicht. Dies wäre allerdings notwendig, um die Erweiterbarkeit der Identifikation um zusätzliches Wissen sicherzustellen und dadurch eine zuverlässigere Identifikation sowie eine Anpassung an zukünftige Anforderungen zu ermöglichen.

Zusammenfassend lässt sich feststellen, dass die existierenden Ansätze meist nicht auf die einfache Erweiterbarkeit um zusätzliches Wissen oder weitere Anomalie-Erkennungsmethoden ausgelegt sind, da die Identifikation selten auf eine Analyse der Zusammenhänge aufbaut und selbst in diesen Fällen nicht auf einer auch in anderen Situationen gültigen Modellierung basiert. Diese Fokussierung auf einzelne Anomalien und deren implizite Identifikation erschwert vor allem auch den Einsatz in heterogenen Umgebungen.

5.2.1.1 Zur Identifikation von Angriffen nutzbare Verfahren

Im Folgenden werden verschiedene Verfahren zur Identifikation im Allgemeinen in Bezug auf ihre Einsetzbarkeit im Bereich der Anomalie-basierten Identifikation von Angriffen bewertet und verglichen. Berücksichtigt werden bei diesem Vergleich vier verschiedene Verfahren, welche auch in anderen Bereichen zur Identifikation eingesetzt werden. Dabei handelt es sich um regelbasierte Verfahren, parametrische und nicht-parametrische Klassifikatoren sowie Cluster-Verfahren. Der Vergleich dieser Verfahren bildet die Grundlage für die im folgenden Abschnitt getätigten Entwurfsentscheidungen zur Entwicklung einer Identifikation von Angriffen auf Basis erkannter Anomalien. Eine ausführlichere Beschreibung der Eigenschaften sowie der Vor- und Nachteile der vier Verfahren findet sich außerdem in [20].

Regelbasierte Verfahren führen die Identifikation mit Hilfe initial definierter Regeln durch, welche auf Basis der vorhandenen Eingabedaten ausgewertet werden. Ist ein Regelsatz – eine Menge zusammengehöriger Regeln – vollständig erfüllt, wird das Ergebnis der Identifikation durch den Ausgabewert dieses Regelsatzes bestimmt. Ein regelbasiertes Verfahren liefert sehr genaue Ergebnisse, da die zur Durchführung verwendeten Regeln und Regelsätze formal definiert sind und den Identifikationsvorgang präzise festlegen. Sind die Eingabedaten korrekt und vollständig, liefert die regelbasierte Identifikation folglich nur mit sehr geringer Wahrscheinlichkeit fehlerhafte Ergebnisse. Problematisch bei derartigen Verfahren ist jedoch, dass unbekannte Elemente – d. h. im vorliegenden Fall unbekannte Angriffe – nicht identifiziert werden können, da hierfür keine Regeln vorhanden sind. Des Weiteren ist die Wahrscheinlichkeit einer fehlerhaften Identifikation bzw. einer Identifikation ohne Ergebnis sehr wahrscheinlich, wenn die Eingabedaten ungenau oder nicht vollständig sind. Ein Beispiel für ein regelbasiertes Verfahren ist die Identifikation von Angriffen im bereits vorgestellten Ansatz von Quyen et al. [160]. Auch die vorgestellten Ansätze, welche eine implizite Identifikation nutzen, sind im Prinzip regelbasierte Ansätze, welche nur eine sehr geringe und unvollständige Menge an Regeln – in den meisten Fällen genau eine Regel – zur Abbildung der betrachteten Anomalie auf einen bestimmten Angriff verwenden.

Klassifikationsverfahren können in parametrische und nicht-parametrische Verfahren unterteilt werden. Parametrische Verfahren führen die Klassifikation auf Basis eines stochastischen Modells durch, d. h. sie benötigen sowohl zur Erstellung eines Klassifikationsmodells als auch für die eigentliche Klassifikationsentscheidung vorgegebene Wahrscheinlichkeitsverteilungen. Beispielsweise werden im Fall eines Bayes-Klassifikators [167] die Verteilungen jedes einzelnen Eingabeparameters sowie die Wahrscheinlichkeit, mit der ein Eingabewert einer bestimmten Klasse zugeordnet wird, im Voraus benötigt, um die Klassifikation durchführen zu können.

Bei nicht-parametrischen Verfahren wird die Klassifikationsentscheidung statt auf Basis von Wahrscheinlichkeitsverteilungen auf Basis einer Ähnlichkeitsmetrik getroffen, d. h. die Eingabedaten werden derjenigen Klasse zugeordnet, der sie am meisten ähneln. Wang et al. [213] führen beispielsweise zuerst eine Reduktion der zur Anomalie-Erkennung verwendeten Daten mittels Principal Component Analysis durch, bevor die eigentliche Anomalie-Erkennung mit Hilfe eines nicht-parametrischen Klassifikators realisiert wird. Dieser definiert im Voraus erlernte Referenzklassen von normalem und anormalem Verkehr über die Eigenvektoren des Verkehrs, der diese Klassen beschreibt. Die Durchführung der Klassifikation erfolgt anschließend auf Basis einer Distanzfunktion, welche die Ähnlichkeit der Eingabedaten zu den Referenzklassen über deren Distanz zueinander bestimmt und dadurch die Erkennung von Anomalien ermöglicht. Zur Durchführung der Klassifikation mit nicht-parametrischen Klassifikatoren werden folglich initial Meta-Daten über die vorhandenen Klassen sowie eine Definition der Ähnlichkeitsmetrik benötigt.

Durch die auf Wahrscheinlichkeitsverteilungen bzw. Ähnlichkeitsmetriken zurückzuführende Unschärfe der durchgeführten Identifikation sind die Ergebnisse eines Klassifikators nicht so präzise wie im Fall der regelbasierten Verfahren. Im Gegensatz zu diesen Verfahren sind Klassifikatoren aufgrund dieser Unschärfe allerdings in der Lage, auch bei ungenauen und unvollständigen Eingabedaten eine Identifikation durchzuführen und mit unbekannten Elementen umzugehen.

Cluster-Verfahren werden verwendet, um eine Menge von Eingabedaten zu Gruppen mit ähnlichen Eigenschaften zusammenzufassen. Dies reduziert die Menge an Eingabedaten auf eine deutlich geringere Menge an Clustern. Im Bereich der Identifikation von Angriffen sind Cluster-Verfahren gut geeignet um unbekannte Angriffe zu identifizieren, da diese in keinen der bekannten Cluster eingruppiert werden und durch das Entstehen eines neuen Clusters einfach zu erkennen sind. Wang et al. [211] verwenden ein Cluster-Verfahren zur Anomalie-Erkennung. Das eingesetzte hierarchische Clustering gruppiert gesammelte Flow-Daten über mehrere Merkmale und erkennt durch die angesprochene Entstehung neuer Cluster anormalen Verkehr, welcher anschließend auf feingranularere Anomalien untersucht werden kann. Um Cluster-Verfahren im Rahmen einer Identifikation von Angriffen nutzen zu können, werden viele Trainingsdaten zur Definition initialer Cluster, welche bekannten Angriffen bzw. Normalverkehr entsprechen, benötigt. Die Genauigkeit der Ergebnisse wird dabei vor allem dadurch negativ beeinflusst, dass die Gruppierung der Eingabedaten kein zusätzliches Wissen über die Daten, auf denen sie arbeitet, berücksichtigt, sondern nur auf deren Ähnlichkeiten zueinander operiert.

	Regelbasiert	Parametrischer Klassifikator	Nicht-param. Klassifikator	Clustering
Genauigkeit	Gut	Akzeptabel	Akzeptabel	Schlecht
Flexibilität	Schlecht	Gut	Akzeptabel	Gut
Meta-Daten notwendig	Ja	Nein	Ja	Ja
Stochastisches Modell notwendig	Nein	Ja	Nein	Nein

Abbildung 5.2 Gegenüberstellung verschiedener Verfahren zur Identifikation

Zusammenfassend stellt Abbildung 5.2 die Eigenschaften *Genauigkeit der Ergebnisse* und *Flexibilität* sowie die für die Identifikation a priori benötigten Daten aller vier Verfahren gegenüber. Die genauesten Ergebnisse liefern regelbasierte Verfahren aufgrund der Verwendung von Regeln, welche den Rahmen für die Durchführung der Identifikation präzise vorgeben. Die Flexibilität dieses Verfahrens in Bezug auf die Identifikation unbekannter Angriffe sowie den Umgang mit fehlerbehafteten Informationen ist jedoch gering. Gegensätzliche Eigenschaften weisen Cluster-Verfahren auf: Da die zu identifizierenden Anomalie-Mengen nur in Bezug auf ihre Ähnlichkeit zueinander betrachtet werden, sind Cluster-Verfahren sehr flexibel. Die Tatsache, dass kein zusätzliches Wissen über Zusammenhänge und Abhängigkeiten zwischen Anomalien und Angriffen in das Clustering einfließt, kann allerdings zu ungenauen Ergebnissen und der Notwendigkeit einer häufigen manuellen Identifikation führen. Klassifikatoren liefern eine akzeptable Genauigkeit, wobei diese abhängig von den Eingabedaten und den tatsächlich verwendeten Klassifikationsmodellen variieren kann. Nicht-parametrische Klassifikatoren können aufgrund der zur Klassifikation verwendeten Distanzmetrik auch mit fehlerbehafteten Daten umgehen bzw. mit Hilfe eines zusätzlichen Schwellenwertes für die maximal erlaubte Distanz auch unbekannte Angriffe identifizieren und sind daher flexibel einsetzbar. Parametrische Klassifikatoren nutzen stochastische Modelle für sämtliche Eingabedaten sowie für die Zuordnung von Anomalie-Mengen zu Referenzklassen. Aufgrund der dadurch möglichen Aussage über die Wahrscheinlichkeit der Zugehörigkeit zu einer bestimmten Referenzklasse sind diese im Hinblick auf die Erkennung unbekannter Angriffe sehr flexibel. Die benötigten stochastischen Modelle sind im Bereich der Angriffserkennung im Internet jedoch nicht für alle beteiligten Entitäten vorhanden bzw. überhaupt ableitbar. Daher sind parametrische Klassifikatoren ungeeignet für die Identifikation von Angriffen. Nicht-parametrische Klassifikatoren benötigen hingegen, wie auch regelbasierte Verfahren, a priori Meta-Daten, um tatsächlich eingesetzt werden zu können – z. B. die zur Identifikation verwendeten Regeln oder Definitionen der bekannten Referenzklassen eines Klassifikators. Deren initiale Erstellung erfolgt meist manuell. Cluster-Verfahren müssen im Voraus mit Hilfe von Daten, die den später erwarteten Eingabedaten entsprechen, trainiert werden, um ein korrekte Gruppierung vornehmen zu können.

5.2.2 Iterative Identifikation von Angriffen

Ziel einer Identifikation von Angriffen muss es sein, unter Berücksichtigung der begrenzten Ressourcen, die v. a. im Netzinneren für die Angriffserkennung zur Verfügung stehen, möglichst präzise und zuverlässige Ergebnisse zu liefern. Dabei wird im Folgenden von einer Anomalie-basierten Erkennung ausgegangen, d. h. ein Erkennungssystem führt verschiedene Anomalie-Erkennungsmethoden aus und gibt eine Menge erkannter Anomalien als Grundlage für die Identifikation des zugehörigen Angriffs zurück. Die Identifikation von Angriffen muss zudem berücksichtigen, dass die Wahrscheinlichkeit einer unvollständigen oder fehlerhaften Anomalie-Erkennung im Netzinneren aufgrund der höheren Datenraten und begrenzten Ressourcen höher ist als am Netzrand. Zudem muss auch das Auftreten bisher unbekannter Angriffe bedacht werden. Da alle der zur Identifikation von Angriffen nutzbaren Verfahren, welche im vorigen Abschnitt betrachtetet wurden, im Hinblick auf die Realisierung einer zuverlässigen und flexiblen sowie einfach an zukünftige Anforderungen anpassbaren Identifikation bestimmte Nachteile mit sich bringen, gründet sich die in der vorliegenden Arbeit konzipierte Identifikation auf die in Abbildung 5.3 dargestellte Architektur. Diese beruht auf der Nutzung von zwei unterschiedlichen Verfahren, welche unterschiedliche Eigenschaften aufweisen. In der Basisstufe wird ein regelbasiertes Verfahren verwendet. Um ein solches Verfahren tatsächlich durchführen zu können, werden Meta-Daten in Form von Regeln benötigt, welche dem Verfahren vorab zur Verfügung gestellt werden müssen. Mit Hilfe dieser initial zu definierenden Regeln ist das Verfahren dann in der Lage, sehr präzise Ergebnisse zu liefern, da der Rahmen für die Identifikation durch die Regeln formal und eindeutig definiert ist. Die Durchführung der Identifikation auf Basis eines regelbasierten Verfahrens erfordert außerdem nur einen geringen Aufwand, da zur Auswertung der Regeln keine komplexen Berechnungen notwendig sind, sondern nur geprüft werden muss, ob die gegebenen Regeln erfüllt oder nicht erfüllt sind.

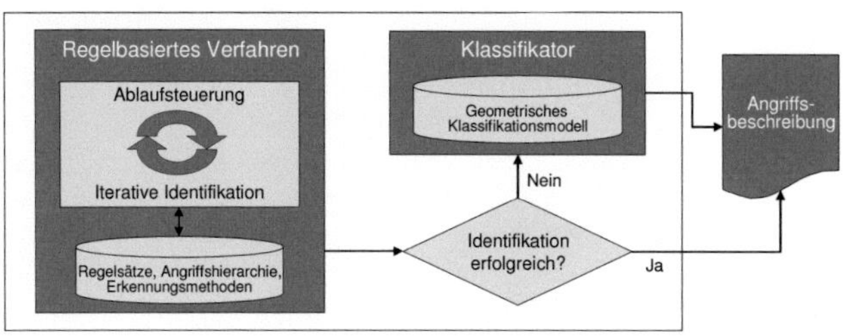

Abbildung 5.3 Architektur der Anomalie-basierten Identifikation von Angriffen

Ein regelbasiertes Verfahren arbeitet zwar sehr zuverlässig und präzise, bietet aber wenig Flexibilität, z. B. im Fall neuer oder unbekannter Angriffe bzw. wenn nicht alle zu einem Angriff gehörigen Anomalien korrekt erkannt werden. Trifft keine Regel auf die Menge der erkannten Anomalien zu – d. h. die regelbasierte Identifikation kann nicht erfolgreich abgeschlossen werden – wird daher zusätzlich ein nichtparametrischer Klassifikator angewendet. Dieser kann mit unvollständigen und fehlerbehafteten Daten weitaus besser umgehen, da sich die Entscheidungsfindung nicht auf eindeutige Regeln gründet, sondern mit Hilfe einer Distanz-Metrik erfolgt, welche Abweichungen von den im Voraus definierten Referenzklassen – und damit eine gewisse Unschärfe in den Eingabedaten – zulässt. Unbekannte Angriffe können dabei über einen Schwellenwert erkannt werden, welcher die maximale Distanz angibt, die noch als erfolgreiche Klassifikation eines bekannten Angriffs gilt. Ein Klassifikator ist daher in Situationen, in denen die Eingabedaten nicht ganz vollständig oder etwas unpräzise sind, häufig immer noch in der Lage, den zu den erkannten Anomalien gehörigen Angriff zu erkennen. Die Verwendung einer Distanz-Metrik und die dadurch entstehende Unschärfe der Identifikation kann allerdings auch zu weniger präzisen oder fehlerhaften Ergebnissen führen. Mit Hilfe des Klassifikators identifizierte Angriffe werden daher speziell als solche gekennzeichnet. Der Tatsache, dass für die Angriffserkennung nur begrenzt Ressourcen zur Verfügung stehen, wird dadurch Rechnung getragen, dass der Klassifikator – welcher zur Bestimmung der Distanzen zu allen Referenzklassen aufwändigere Berechnungen durchführen muss – nur bei Bedarf, d. h. wenn das ressourcenschonendere regelbasierte Verfahren scheitert, ausgeführt wird.

Die initiale Definition der Referenzklassen basiert – wie auch die Definition der Regeln – auf einem im folgenden Abschnitt 5.2.3 erstellten verallgemeinerten Modell der an der Angriffserkennung beteiligten Entitäten Anomalie und Angriff. Dieses stellt zum einen sicher, dass neue Anomalien oder Angriffe sowie zusätzliches Wissen über deren Zusammenhänge unkompliziert hinzugefügt werden können und somit auch der Identifikation zur Verfügung stehen. Zum anderen wird der initiale Aufwand zur Definition der benötigten Regeln und Referenzklassen dadurch reduziert, dass nur eine einmalige Konkretisierung des verallgemeinerten Modells durchgeführt werden muss. Diese resultiert in der Definition bekannter Angriffe durch notwendige und optionale Anomalien sowie in einer Angriffshierarchie, welche die Zusammenhänge und Abhängigkeiten verschiedener Angriffe widerspiegelt. Aus der Konkretisierung können anschließend alle benötigten Daten für die beiden zur Identifikation verwendeten Verfahren abgeleitet werden.

Eine autonome Arbeitsweise der Identifikation sowie die Anpassung an unterschiedliche Situationen und Randbedingungen stellt die Integration des regelbasierten Verfahrens in die in Abschnitt 5.2.4 beschriebene autonome, adaptive Ablaufsteuerung sicher. Diese ermöglicht eine hierarchische Erkennung mittels Verfeinerung ohne die Notwendigkeit eines im Voraus fest vorgegebenen Ablaufs. Die auf Basis des verallgemeinerten Modells erstellte Konkretisierung der verfügbaren Anomalie-Erkennungsmethoden bildet die Grundlage für eine autonome Durchführung der hierarchischen Erkennung, d. h. eine Durchführung ohne die Notwendigkeit manueller Eingriffe. Zudem wird bei der Durchführung der hierarchischen Erkennung die aktuelle Situation des Erkennungssystem berücksichtigt. Die zur Identifikation verwendeten Regeln erlauben außerdem eine Verbesserung der Ablaufsteuerung in Bezug auf die Auswahl der in der Verfeinerung bzw. hierarchischen Erkennung als nächstes auszuführenden Erkennungsmethode. Beispielsweise kann die Ausführung von Erkennungsmethoden, welche keinen Mehrwert aufweisen, da keine erfüllbare Regel für die zu erkennende Anomalie mehr existiert, in der weiteren Erkennung und Identifikation vermieden werden. Dies spart Ressourcen ein und führt u. U. schneller zu einem Identifikationsergebnis.

Insgesamt stellt die entworfene Identifikation (s. Abschnitt 5.2.5) damit eine flexible und erweiterbare Möglichkeit zur Verfügung, aus einer Menge erkannter Anomalien den dazugehörigen Angriff zu ermitteln und berücksichtigt dabei außerdem, dass im Fall einer Anwendung im Netzinneren nur begrenzt Ressourcen zur Verfügung stehen. In Kombination mit der autonomen, adaptiven Ablaufsteuerung kann zusätzlich eine iterative Identifikation durchgeführt werden. Diese nutzt das Wissen über die Zusammenhänge von Angriffen und Anomalien, um die Angriffserkennung und -identifikation zu beschleunigen und die Auswahl der auszuführenden Anomalie-Erkennungsmethoden möglichst zielführend zu gestalten.

5.2.3 Modellierung der Entitäten einer Angriffserkennung

Bisher existiert kein verallgemeinertes Modell der an der Anomalie-basierten Angriffserkennung beteiligten Entitäten. Ein solches kann aber die Grundlage dafür bilden, die bekannten Informationen über Anomalien, Angriffe sowie deren Zusammenhänge zusammenzuführen und für die Erkennung und Identifikation von Angriffen zu nutzen. Ein weiterer positiver Effekt eines solchen Modells ist die Tatsache, dass zukünftige Bedrohungen und neu entwickelte Erkennungsmethoden einfach in vorhandenes Wissen integriert und so evtl. bestehende Systeme zur Angriffserkennung einfach weiterentwickelt und verbessert werden können.

Das im Folgenden entworfene verallgemeinerte Modell der Angriffserkennung berücksichtigt die für die Anomalie-basierte Angriffserkennung wichtigen Entitäten *Anomalie*, *Angriff* und *Anomalie-Erkennungsmethode*. Auf Basis dieses verallgemeinerten Modells kann durch die Konkretisierung erkennbarer Anomalien und beschreibbarer Angriffe die Grundlage für ein flexibles und erweiterbares System zur Angriffserkennung und -identifikation geschaffen werden. Zudem kann aus der Konkretisierung eine Angriffshierarchie abgeleitet werden, welche Angriffe zu Klassen zusammenfasst und Zusammenhänge und Abhängigkeiten zwischen diesen Klassen modelliert. Signatur-basierte Methoden werden in der vorliegenden Modellierung nicht betrachtet, da die Erkennung verteilter, großflächiger Angriffe im Netzinneren aus den bereits genannten Gründen – begrenzte Ressourcen, Nutzung von Dateneinheiten, die der Protokollspezifikation entsprechen, und Erkennung bisher unbekannter Angriffe – Anomalie-basiert erfolgt. Dies schließt eine parallele bzw. zusätzliche Nutzung einer Signatur-basierten Erkennung, beispielsweise zur Detektion gezielter Angriffe auf einzelne Sicherheitslücken, jedoch nicht aus.

5.2.3.1 Verallgemeinertes Modell

Das im Rahmen dieser Arbeit entworfene verallgemeinerte Modell [20, 64] fokussiert sich auf die Entitäten Anomalie, Angriff und Anomalie-Erkennungsmethode. Die grundlegenden Modelle der einzelnen Entitäten werden im Folgenden vorgestellt und näher erläutert. Das verallgemeinerte Modell der Entität ***Anomalie-Erkennungsmethode***, welches diese auf einer Meta-Ebene betrachtet um deren allgemein gültige Eigenschaften beschreiben zu können, wird in Abbildung 5.4 dargestellt. Eine Anomalie-Erkennungsmethode besteht aus bestimmten *Vorbedingungen*, die erfüllt sein müssen, bevor die Methode eingesetzt werden kann. Außerdem müssen

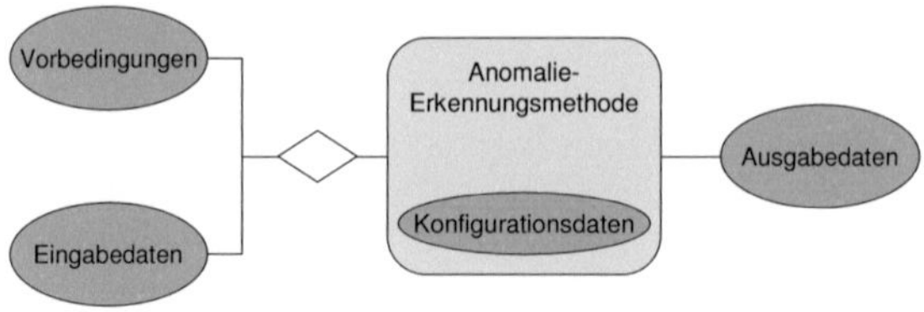

Abbildung 5.4 Verallgemeinertes Modell der Entität *Anomalie-Erkennungsmethode*

alle benötigten *Eingabedaten* vor dem Einsatz der Methode zur Verfügung stehen. Zur Durchführung der Erkennungsmethode werden *Konfigurationsdaten* benötigt, welche die Parameter der jeweiligen Methode spezifizieren. Als Ergebnis liefert eine Anomalie-Erkennungsmethode im Anschluss an deren Durchführung eine Menge an *Ausgabedaten*. Die beobachteten Daten, auf denen die Erkennungsmethode operiert, können dabei entweder über die Eingabedaten zur Verfügung gestellt werden. Alternativ kann die Erkennungsmethode den lokal beobachtbaren Verkehrsstrom analysieren. Dieser wird im Modell allerdings nicht berücksichtigt, da davon ausgegangen wird, dass jedes Erkennungssystem den eingesetzten Methoden eine Möglichkeit zur Verfügung stellt, bei Bedarf auf dem lokal beobachteten Verkehrsstrom zu operieren.

Unter den Vorbedingungen werden sämtliche bekannte Informationen über die jeweilige Anomalie-Erkennungsmethode verstanden. Dies beinhaltet zum einen die Zusammenhänge mit bzw. Abhängigkeiten von anderen Methoden. Es ist beispielsweise wenig sinnvoll, in einer hierarchischen Angriffserkennung eine Methode zur Erkennung grobgranularer Volumenanomalien im Anschluss an eine Methode zur feingranularen Erkennung von Protokollanomalien auf Anwendungsschicht einzusetzen. Derartiges Meta-Wissen kann in den Vorbedingungen modelliert werden. Zum anderen können hier allgemeine Eigenschaften der Erkennungsmethode wie Ressourcenaufwand, Laufzeit oder Granularität einfließen. Diese Werte können in Abhängigkeit von der Umgebung und den Randbedingungen, in denen die Erkennungsmethode tatsächlich eingesetzt wird, ebenfalls in Vorbedingungen resultieren. Beispielsweise kann eine Methode nur eingesetzt werden, wenn eine vorgegebene Menge an bestimmten Ressourcen zur Verfügung steht. Die Modellierung der Eigenschaften ermöglicht aber auch eine Abwägung, welche Methode den höheren Mehrwert in bestimmten Situationen verspricht, falls mehrere Methoden mit demselben Ziel und unterschiedlichen Eigenschaften zur Verfügung stehen – im Fall eines vermuteten kurzen Angriffs ist der Einsatz einer grobgranularen Methode mit einer kurzen Laufzeit eventuell sinnvoller als eine feingranulare mit deutlich längerer Laufzeit, da letztere u. U. kein Ergebnis mehr liefert, wenn der Angriff bereits beendet ist.

Bei den Eingabedaten einer Anomalie-Erkennungsmethode kann es sich beispielsweise um die Ausgabedaten vorangegangener Methoden, um gespeicherte Historiendaten oder auch um von anderen Erkennungssystemen oder Sensoren übermittelte Daten handeln. Die Konfigurationsdaten spezifizieren bestimmte Parameter der durchgeführten Methode, z. B. bei einem Schwellenwert-Verfahren gemäß Exponential Weighted Moving Average (EWMA) die in die Berechnung einfließende Konstante α [85]. Bei den Ausgabedaten einer Erkennungsmethode kann es sich um quantitative oder qualitative Daten handeln, welche die Höhe der Abweichung von einem Schwellenwert oder das reine Vorliegen einer Anomalie beschreiben. Ein grundlegender Unterschied zwischen den Eingabe- und den Konfigurationsdaten liegt darin, dass Konfigurationsdaten bereits vor dem Start des Erkennungssystems zur Verfügung stehen müssen und der Methode bei deren Deklaration mitgegeben werden. Eingabedaten hingegen werden erst im Verlauf der Erkennung erzeugt und stehen erst unmittelbar vor Ausführung der Erkennungsmethode zur Verfügung. Das in Abbildung 5.5 dargestellte Zustandsübergangsdiagramm veranschaulicht dies am Beispiel eines zweistufigen, hierarchischen Erkennungssystems. Das Erkennungssystem kann erst gestartet werden, wenn die Konfigurationsdaten aller verwendeten Anomalie-Erkennungsmethoden vorliegen. Die anschließend gestartete Erkennungsmethode A besitzt lediglich Vorbedingungen und benötigt keine Eingabedaten – diese würden zu diesem Zeitpunkt noch nicht zur Verfügung stehen. Im Anschluss an die Erkennung einer Anomalie wird die nächste Stufe gestartet. Erkennungsmethode B kann dabei nur gestartet werden, wenn die benötigten Eingabedaten vorliegen und die Vorbedingungen erfüllt sind. Die Eingabedaten können hierbei beispielsweise aus den Ausgabedaten der Erkennungsmethode A gewonnen werden.

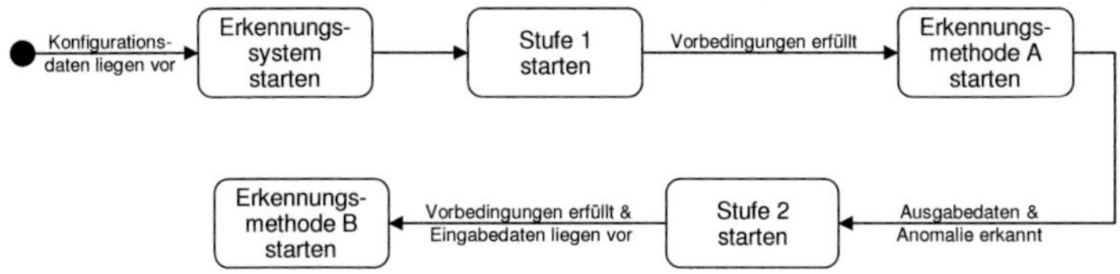

Abbildung 5.5 Zustandsübergangsdiagramm eines hierarchischen Erkennungssystems

Das aus der verallgemeinerten Modellierung resultierende Modell der Entität ***Anomalie*** ist in Abbildung 5.6 dargestellt. Die Modellierung teilt Anomalien in unterschiedliche Klassen ein: Zum einen existieren erkennbare und nicht erkennbare Anomalien. Als *nicht erkennbare Anomalien* werden hierbei all diejenigen Anomalien gesehen, die zwar im Verkehr enthalten sind, aber erst zukünftig als solche identifiziert werden, d. h. die sich auf Eigenschaften des Verkehrs beziehen, für die bisher keine Definition des normalen Verhaltens vorhanden ist. Die *erkennbaren Anomalien* beinhalten all diejenigen Anomalien, welche sich auf Eigenschaften beziehen, für die eine Definition des normalen Verhaltens vorhanden ist, und die sich eventuell für die Angriffserkennung nutzen lassen. Die beiden Mengen stellen dabei eine disjunkte Vereinigung der Menge aller Anomalien dar:

$$\begin{aligned} A_{Ano} &= E_{Ano} \dot{\bigcup} N_{Ano} \qquad mit \\ A_{Ano} &= \{x \mid x \text{ ist eine Anomalie }\} \\ E_{Ano} &= \{x \mid x \text{ ist eine Anomalie und erkennbar }\} \\ N_{Ano} &= \{x \mid x \text{ ist eine Anomalie und nicht erkennbar }\} \end{aligned} \tag{5.1}$$

Die Entscheidung, dass die Menge der erkennbaren Anomalien mit der Menge der nicht erkennbaren Anomalien disjunkt ist, gründet sich auf die Überlegung, dass nicht erkennbare Anomalien sich auf Eigenschaften des Verkehrs beziehen, für die bisher kein normales Verhalten definiert wurde bzw. definiert werden konnte. Folglich

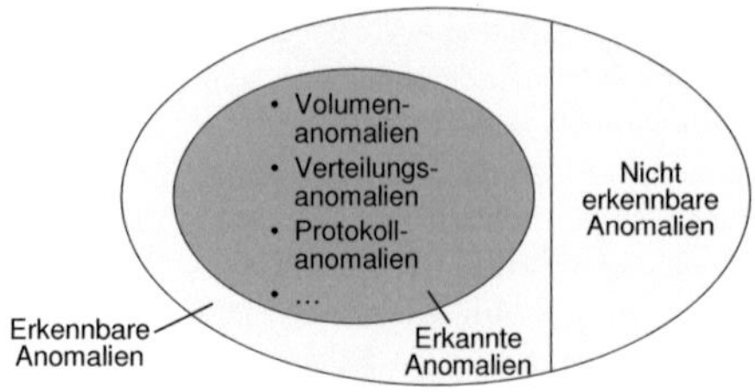

Abbildung 5.6 Verallgemeinertes Modell der Entität *Anomalie*

kann auch keine Erkennungsmethode zur Erkennung dieser Anomalien existieren, so dass diese nicht zur Menge der erkennbaren Anomalien gehören können. Ausgewählte Beispiele konkreter erkennbarer Anomalien werden in Abschnitt 5.2.3.2 beschrieben.

Die Menge der *erkannten Anomalien* ist eine Teilmenge der erkennbaren Anomalien und modelliert diejenigen Anomalien, die ein Erkennungssystem tatsächlich in konkreten Situationen erkannt hat:

$$\begin{aligned} &D_{Ano} \subseteq E_{Ano} \qquad mit \\ &D_{Ano} = \{x \mid x \text{ ist eine Anomalie und wurde detektiert } \} \end{aligned} \tag{5.2}$$

Ob eine erkennbare Anomalie tatsächlich erkannt wird, hängt meist stark von der Wahl der Konfigurationsparameter der Erkennungsmethode ab. Zudem trägt diese Spezialisierung der erkennbaren Anomalien der Tatsache Rechnung, dass sich Anomalien in gewissen Situationen während der Erkennung nicht nachweisen lassen, obwohl Erkennungsmethoden vorhanden sind – beispielsweise ist die Erkennung einer Volumenanomalie eines Angriffs, der mit wenigen Dateneinheiten gezielt eine Schwachstelle des Opfers ausnutzt, im Netzinneren häufig unabhängig von der Wahl der Konfigurationsparameter nicht detektierbar.

Abbildung 5.7 zeigt das Modell der Entität ***Angriff***. Angriffe können in bekannte und unbekannte Angriffe unterteilt werden:

$$\begin{aligned} &A_{Ang} = B_{Ang} \dot{\bigcup} U_{Ang} \qquad mit \\ &A_{Ang} = \{y \mid y \text{ ist ein Angriff } \} \\ &B_{Ang} = \{y \mid y \text{ ist ein Angriff und bereits bekannt } \} \\ &U_{Ang} = \{y \mid y \text{ ist ein Angriff und unbekannt } \} \end{aligned} \tag{5.3}$$

Die *unbekannten Angriffe* umfassen zum einen Angriffe, die erst in Zukunft entwickelt werden und daher heute noch nicht bekannt sein können; zum anderen erfasst diese Menge aber auch Angriffe, die aktuell schon durchgeführt werden können, aber bisher noch nicht entdeckt wurden. Dies können beispielsweise Angriffe sein, welche – ähnlich wie Portscans – keinen direkten Schaden beim Opfer verursachen. Die Menge der *bekannten Angriffe* beinhaltet all diejenigen Angriffe, die bereits nachgewiesen wurden. Wichtig im Hinblick auf die Anomalie-basierte Angriffserkennung ist die im Modell berücksichtigte Menge der *durch Anomalien erkennbaren Angriffe*:

$$\begin{aligned} &E_{Ang} \subseteq B_{Ang} \bigcup U_{Ang} \qquad mit \\ &E_{Ang} = \{y \mid y \text{ ist ein durch Anomalien erkennbarer Angriff } \} \end{aligned} \tag{5.4}$$

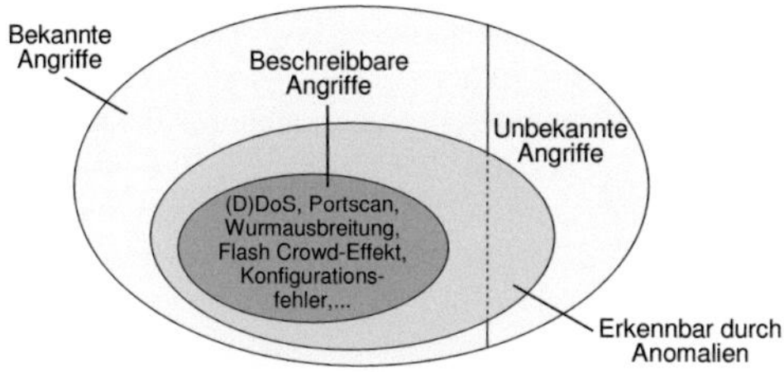

Abbildung 5.7 Verallgemeinertes Modell der Entität *Angriff*

Diese Menge ist keine echte Untermenge der bekannten Angriffe. Dies ist darauf zurückzuführen, dass auch unbekannte Angriffe Anomalien auslösen können, die durch heutige Methoden bereits erkennbar sind. Derartige Angriffe sind jedoch meist nur mit Hilfe manueller Analyse und Klassifikation zu beschreiben und erst dann auch tatsächlich bei der Angriffserkennung zu berücksichtigen. Daher stellt die Menge der *beschreibbaren Angriffe*, welche eine echte Teilmenge der bekannten sowie der erkennbaren Angriffe ist, die Grundlage für Systeme zur Anomalie-basierten Angriffserkennung dar:

$$\begin{aligned} D_{Ang} &\subseteq E_{Ang} \bigcap B_{Ang} \qquad mit \\ D_{Ang} &= \{y \mid y \text{ ist ein Angriff und beschreibbar } \} \end{aligned} \tag{5.5}$$

Die Konkretisierung von Elementen dieser Menge wird in Abschnitt 5.2.3.3 anhand von ausgewählten Beispielen beschrieben.

5.2.3.2 Konkretisierung erkennbarer Anomalien

Auf Basis des im vorigen Abschnitt erstellten Modells der Entität Anomalie ist es nun möglich, konkrete Anomalien, die in die Menge der erkennbaren Anomalien fallen, zu beschreiben und deren Eigenschaften zu definieren. Die Konkretisierung basiert dabei auf einer Analyse bekannter erkennbarer Anomalien, welche initial durchzuführen ist. Eine solche Analyse muss manuell durchgeführt werden, da derzeit keine automatisierten Verfahren zur Konkretisierung von erkennbaren Anomalien existieren. Wie bereits in Abbildung 5.6 angedeutet wurde, ist es möglich, die erkennbaren Anomalien abhängig von der Art der Anomalie in unterschiedliche Klassen zu unterteilen. Beispiele solcher Klassen sind Volumenanomalien, Verteilungsanomalien und Protokollanomalien. Im Folgenden wird beispielhaft für die Klassen Volumen- und Protokollanomalien je eine Konkretisierung einer erkennbaren Anomalie vorgestellt. Beschreibungen weiterer Anomalien dieser und weiterer Klassen, welche auf Basis des verallgemeinerten Modells konkretisiert wurden, finden sich außerdem in [20].

Von einer *Volumenanomalie* spricht man, wenn das beobachtete Verkehrsverhalten vom normalen, erwarteten Verhalten abweicht, wobei der Bezugspunkt einer Volumenanomalie immer eine einzelne beobachtete Eigenschaft ist:

$$\text{Wert der beobachteten Eigenschaft} > \text{Referenzwert für normalen Verkehr}$$

Für die beobachtete Eigenschaft wird im Voraus ein bestimmter Referenz-Wert definiert, welcher das erwartete, normale Verhalten der beobachteten Eigenschaft festlegt. Eine solche Eigenschaft ist beispielsweise die Anzahl der innerhalb eines Zeitintervalls beobachteten TCP-Dateneinheiten. Die Bestimmung des Referenzwerts obliegt dabei dem konkret zur Erkennung der Volumenanomalie eingesetzten Anomalie-Erkennungsverfahren. Der Referenzwert für normales Verhalten des TCP-Verkehrs kann z. B. durch einen einfachen Schwellenwert festgelegt werden, welcher auf Basis der durchschnittlichen Anzahl beobachteter TCP-Dateneinheiten in den letzten n Zeitintervallen oder mittels eines EWMA-Verfahrens berechnet wird. Derartige Verfahren berücksichtigen durch die fortlaufende Neuberechnung des Schwellenwerts auch Schwankungen aufgrund unterschiedlicher Tageszeiten oder Wochentage. Eine Volumenanomalie V_{TCP} gilt dann als erkannt, wenn die im aktuellen Zeitintervall beobachtete Anzahl an TCP-Dateneinheiten x_{TCP} den vorher berechneten Schwellenwert s_{TCP} überschreitet:

$$x_{TCP} > s_{TCP} \quad \Longrightarrow \quad V_{TCP}$$

Außer auf Basis von EWMA-Verfahren können Volumenanomalien z. B. auch mit Hilfe von Principal Component Analysis [108] oder Neuronalen Netzen [116] erkannt werden, um nur einige weitere Beispiele zu nennen.

Eine *Protokollanomalie* basiert auf Wissen über den Ablauf des jeweiligen Protokolls. Dieses Wissen kann z. B. bei Protokollen, die von der Internet Engineering Task Force (IETF) standardisiert wurden, dem jeweiligen RFC (engl. Request for Comments) entnommen werden. Dabei wird davon ausgegangen, dass die für einen Angriff verwendeten Dateneinheiten zwar der Protokollspezifikation entsprechen, sich durch den Angriff aber das erwartete Verhalten des Protokolls verändert. Dies ist beispielsweise bei einem DDoS-Angriff durch TCP SYN-Dateneinheiten häufig der Fall. Bei einem solchen Angriff wird das Opfer mit einer Vielzahl an TCP SYN-Dateneinheiten überflutet. Auf jede der Anfragen müsste das Opfer im nächsten Schritt eine TCP SYN/ACK-Dateneinheiten als Antwort senden. Aufgrund der Überlast ist dies aber meist nicht möglich, so dass nur ein Teil der Anfragen beantwortet werden kann. Dies führt zu einer Asymmetrie zwischen empfangenen TCP SYN-Dateneinheiten und gesendeten TCP SYN/ACK-Dateneinheiten:

$$\mathrm{SYN}_{In} \gg \mathrm{SYN/ACK}_{Out} \quad \Longrightarrow \quad P_{SYN-SYN/ACK}$$

Eine solche Asymmetrie entspricht nicht dem eigentlich erwarteten Protokollverhalten – dass alle Anfragen auch beantwortet werden und sich ein Gleichgewicht der TCP SYN- und TCP SYN/ACK-Dateneinheiten einstellt – und führt im Fall symmetrischer Routen zur Erkennung der Protokollanomalie $P_{SYN-SYN/ACK}$.

5.2.3.3 Konkretisierung beschreibbarer Angriffe

Basierend auf dem in Abschnitt 5.2.3.1 erstellten verallgemeinerten Modell der Entität Angriff kann eine Konkretisierung durchgeführt werden, welche Angriffe definiert, die zur Menge der beschreibbaren Angriffe gehören. Hierbei besteht die bereits in Abbildung 5.7 angedeutete Möglichkeit einer Klassifizierung der konkreten Angriffe, z. B. in DDoS-Angriffe, Portscans oder Wurmausbreitungen. Auch Aktivitäten, die im klassischen Sinn keinen Angriff darstellen – beispielsweise Flash Crowd-Effekte oder fehlerhaft konfigurierte Router – werden im vorliegenden Modell berücksichtigt, da derartige Herausforderungen ebenso wie Angriffe Probleme im betroffenen

Netzwerk auslösen können und z. T. sehr ähnliche Eigenschaften aufweisen. Im Folgenden werden beispielhaft wenige ausgewählte Konkretisierungen beschreibbarer Angriffe dargestellt. Eine Beschreibung weiterer, auf Basis des verallgemeinerten Modells konkretisierter Angriffe aller in Abbildung 5.7 angedeuteten Klassen findet sich in [20].

Ein konkreter beschreibbarer Angriff ist der bereits im vorigen Abschnitt angesprochene *TCP SYN-DDoS-Angriff*. Die Konkretisierung des Angriffs erfolgt über die Verknüpfung erkennbarer Anomalien mit dem zu konkretisierenden, beschreibbaren Angriff. Eine solche Verknüpfung basiert auf einer initial durchzuführenden Analyse, welche manuell auszuführen ist. Bei der Konkretisierung wird die Menge der erkennbaren Anomalien und nicht nur deren echte Teilmenge – die Menge der erkannten Anomalien – berücksichtigt, um eine Fokussierung des verallgemeinerten Modells auf ein bestimmtes Erkennungssystem zu vermeiden. Die für die Konkretisierung eines beschreibbaren Angriffs y herangezogenen erkennbaren Anomalien werden zudem in *notwendige* und *optionale* Anomalien unterteilt:

$$
\begin{aligned}
A_y &= A_{notw} \bigcup A_{hinr} \qquad mit \\
A_{notw} &= \{x \mid x \in E_{Ano} \wedge x \text{ wird immer durch den Angriff } y \text{ ausgelöst } \} \\
A_{hinr} &= \{x \mid x \in E_{Ano} \wedge x \text{ wird eventuell durch den Angriff } y \text{ ausgelöst } \}
\end{aligned}
\tag{5.6}
$$

Optionale Anomalien können genutzt werden, um eine genauere Beschreibung eines Angriffs zu erreichen, ohne diesen zu stark einzuschränken. Notwendige Anomalien hingegen sind Anomalien, welche in jedem Fall von einem Angriff verursacht werden. Der betrachtete TCP SYN-DDoS-Angriff kann beispielsweise durch die folgenden notwendigen Anomalien definiert werden:

- Eine Volumenanomalie V_{TCP} in der beobachteten Anzahl an TCP-Dateneinheiten
- Eine Verteilungsanomalie D_{Dst} in den Ziel-IP-Präfixen, welche auf einen gerichteten Angriff hindeutet
- Eine Protokollanomalie $P_{SYN-SYN/ACK}$, welche speziell bei einem TCP SYN-DDoS-Angriff auftritt

Im Fall eines DDoS-Angriffs mit TCP-Dateneinheiten ist es zudem möglich, dass zusätzlich zu den notwendigen Anomalien auch eine Volumenanomalie V_{ICMP} in der beobachteten Anzahl an ICMP-Dateneinheiten ausgelöst wird. Diese kann u. U. dadurch verursacht werden, dass das Opfer aufgrund des DDoS-Angriffs temporär unerreichbar ist und ein auf dem Pfad zum Opfer liegender Router sendende Endsysteme mit Hilfe von ICMP Destination Unreachable-Dateneinheiten über die Nichterreichbarkeit des Opfers informiert. Eine Volumenanomalie im ICMP-Aggregat sollte daher als optionale Anomalie bei der Definition des TCP SYN-DDoS-Angriffs aufgenommen werden.

$$
\begin{aligned}
A_{TCP-SYN} &= A_{TCP-SYN_{notw}} \bigcup A_{TCP-SYN_{hinr}} \qquad mit \\
A_{TCP-SYN_{notw}} &= \{ \ V_{TCP}, D_{Dst}, P_{SYN-SYN/ACK} \ \} \\
A_{TCP-SYN_{hinr}} &= \{ \ V_{ICMP} \ \}
\end{aligned}
$$

Konfigurationsfehler werden im vorliegenden Modell ebenfalls als Angriffe betrachtet, da sie ähnliche Probleme wie Angriffe auslösen und ähnliche Eigenschaften wie diese aufweisen können. Die Fehlkonfiguration eines Routers kann beispielsweise dazu führen, dass Dateneinheiten bis zum Ablauf ihres Time-To-Live-Zählers im Kreis weitergeleitet werden. Dies wiederum führt auf dem betroffenen Link zu einem Anstieg des Verkehrsvolumens und kann u. U. den Link überlasten. Sowohl der Anstieg des Verkehrsvolumens als auch der Ausfall wegen Überlastung ähneln stark den Eigenschaften und Auswirkungen eines DDoS-Angriffs. Unterschieden werden kann ein solcher Konfigurationsfehler von einem DDoS-Angriff z. B. durch eine Häufung von Dateneinheiten mit sehr kleinem Time-To-Live-Zähler, wohingegen Dateneinheiten eines DDoS-Angriffs meist höhere Werte aufweisen. Dies kann beispielsweise über eine Verteilungsanomalie der TTL-Werte von IP-Dateneinheiten erkannt werden. Ein Konfigurationsfehler kann folglich über die notwendigen Anomalien V_{IP} und D_{TTL} – eine Volumenanomalie in den IP-Dateneinheiten und eine Verteilungsanomalie der TTL-Werte – konkretisiert werden.

5.2.3.4 Angriffshierarchie

Abschließend ist es nun möglich, aus dem verallgemeinerten Modell und der beschriebenen Konkretisierung beschreibbarer Angriffe eine Angriffshierarchie abzuleiten. Wie im vorigen Abschnitt am Beispiel des TCP SYN-DDoS-Angriffs gezeigt wurde, erfolgt die Konkretisierung der beschreibbaren Angriffe über ihre jeweiligen notwendigen und optionalen Anomalien. Betrachtet man das daraus entstehende Angriffsmodell genauer, lässt sich feststellen, dass immer wieder beschreibbare Angriffe in das Modell integriert werden, die in ihrer Konkretisierung Gemeinsamkeiten aufweisen oder eine Spezialisierung bzw. Generalisierung bereits beschriebener Angriffe darstellen. Beispielsweise enthält die Konkretisierung des TCP SYN-DDoS-Angriffs ebenso wie diejenige des TCP SYN/ACK-DDoS-Angriffs eine Volumenanomalie in den TCP-Dateneinheiten und eine Verteilungsanomalie in den Ziel-IP-Präfixen als notwendige Anomalien. Beide Angriffe stellen folglich eine Spezialisierung eines TCP-DDoS-Angriffs dar, welcher das Opfer mit TCP-Verkehr zu überfluten versucht ohne den Angriffsverkehr speziell auf bestimmte TCP-Kontrolldateneinheiten einzuschränken. Die Tatsache, dass derartige Zusammenhänge zwischen verschiedenen beschreibbaren Angriffen existieren, lässt sich ausnutzen, um eine *Angriffshierarchie* zu etablieren, welche diese Zusammenhänge und Abhängigkeiten modelliert. Zusätzlich zu den konkretisierten, beschreibbaren Angriffen können zudem abstrakte Angriffe eingeführt werden, für die keine konkrete Beschreibung existiert. Diese dienen rein zur besseren Strukturierung der Angriffshierarchie und ermöglichen die Darstellung der Hierarchie in einer übersichtlichen Baumstruktur.

Abbildung 5.8 zeigt die aus der Modellierung, Konkretisierung und Verknüpfung von erkennbaren Anomalien und beschreibbaren Angriffen entstandene Angriffshierarchie, welche ausgehend von dem abstrakten Angriff `Angriff` eine Baumstruktur bildet. In den vorigen Abschnitten betrachtet wurde vor allem der Zweig der `DDoS-Angriffe`, welcher beispielsweise den TCP SYN-Angriff (`SYN Flooding`) sowie den TCP-DDoS-Angriff ohne Spezialisierung (`TCP Flooding`) enthält. Der `DDoS-Angriff` ist in der dargestellten Hierarchie als abstrakter Angriff definiert, da er eine Generalisierung der konkreten Flooding-Angriffe darstellt und somit zur besseren Strukturierung beiträgt. Konfigurationsfehler sind aufgrund fehlender Gemeinsamkeiten mit anderen bisher konkretisierten Angriffen als direkte Unterklasse der Wurzel in der Angriffshierarchie enthalten. Die weiteren, in der Angriffshierarchie ent-

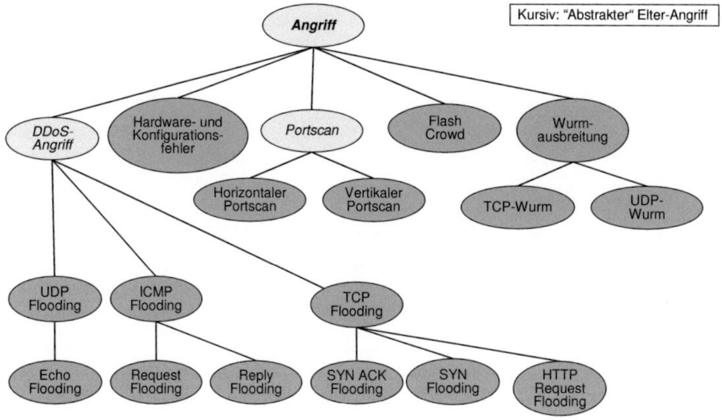

Abbildung 5.8 Hierarchie verschiedener Angriffe

haltenen Angriffe basieren auf einer in [20] mit Hilfe des verallgemeinerten Modells durchgeführten Konkretisierung beschreibbarer Angriffe.

5.2.4 Autonome, adaptive Ablaufsteuerung

Eine Ablaufsteuerung wird immer dann benötigt, wenn in Systemen mit begrenzten Ressourcen mehrere Anomalie-Erkennungsmethoden zur Durchführung der Angriffserkennung genutzt werden sollen. Dies ist z. B. der Fall, wenn hierarchische Erkennungssysteme oder Systeme, deren Erkennung auf einer schrittweisen Verfeinerung beruht, eingesetzt werden sollen.

Problematisch bei existierenden hierarchischen oder auf Verfeinerung beruhenden Systemen, wie dem in dieser Arbeit als Grundlage verwendeten System (s. Abschnitt 2.4.1.1), ist dabei der meist fest vorgegebene Ablauf. Vor dem Start des Erkennungssystems wird festgelegt, in welcher Reihenfolge die verfügbaren Erkennungsmethoden ausgeführt werden. Eine Anpassung des Ablaufs an veränderte Randbedingungen, z. B. die Veränderung der verfügbaren Ressourcen oder der höhere Aufwand bestimmter Erkennungsmethoden bei höherer Verkehrslast, muss manuell erfolgen. Zusätzlich können Abhängigkeiten zwischen Erkennungsmethoden auftreten, beispielsweise dass in einem auf Verfeinerung beruhenden System die Ausführung einer Erkennungsmethode von Ergebnissen anderer, den verdächtigen Verkehr einschränkenden Methoden abhängt. Dies führt eventuell zu komplexen Konfigurationen und Abläufen, welche manuell erarbeitet werden müssen. Ein weiterer Nachteil der manuellen, statischen Ablaufsteuerung stellt die notwendige Neukonfiguration des Ablaufs bei Integration neuer Methoden bzw. Entfernung bisher genutzter Methoden dar. Hierfür müssen erneut Abhängigkeiten geprüft und ein in der aktuellen Situation sinnvoller und umsetzbarer Ablauf spezifiziert werden. Insgesamt ist die manuelle, statische Konfiguration des Ablaufs wenig flexibel im Hinblick auf veränderte Randbedingungen und heterogene Erkennungssysteme und benötigt auch nach dem initialen Start der Angriffserkennung u. U. weitere manuelle Eingriffe.

Um die angesprochenen Nachteile einer fest vorgegebenen Ablaufsteuerung eines Erkennungssystems, welches mehrere Erkennungsmethoden einsetzt, zu verbessern, wurde im Rahmen dieser Arbeit eine Möglichkeit entwickelt, die Ablaufsteuerung adaptiv und autonom zu realisieren [64]. Dies stellt sicher, dass der hierarchische, auf Verfeinerung basierende Ablauf der Anomalie-Erkennung nicht mehr fest vorgegeben werden muss, sondern dass die verfügbaren Erkennungsmethoden vom System *adaptiv* in Abhängigkeit der jeweiligen Situation und Randbedingungen gewählt und ausgeführt werden. Außerdem erfolgt diese situationsbedingte Entscheidung über den Ablauf *autonom*, d. h. es ist keine manuelle Interaktion notwendig.

Als Basis der autonomen, adaptiven Ablaufsteuerung dient das in Abschnitt 5.2.3.1 erstellte verallgemeinerte Modell der Anomalie-Erkennungsmethoden, welches die Erkennungsmethoden über ihre Vorbedingungen, Eingabedaten, Konfigurationsdaten sowie Ausgabedaten beschreibt. Abhängigkeiten zwischen den verschiedenen, in einem hierarchischen System verfügbaren Erkennungsmethoden, welche bei der Ausführung dieser Methoden beachtet werden müssen, werden über die Eingabedaten sowie über die Vorbedingungen der Erkennungsmethoden modelliert. Die explizite Modellierung der Abhängigkeiten von einer bestimmten anderen Erkennungsmethode B erfolgt über die Vorbedingungen von Erkennungsmethode A. Ein Beispiel für eine solche Abhängigkeit ist, wenn Erkennungsmethode A nur ausgeführt werden kann während Erkennungsmethode B bereits ausgeführt wird. Hierzu wird die Bedingung, dass B bereits ausgeführt wird, als Vorbedingung von A angegeben. Die Eingabedaten hingegen modellieren Abhängigkeiten ohne konkreten Bezug auf eine bestimmte Erkennungsmethode; das reine Vorliegen des benötigten Eingabedatums ist für die Ausführbarkeit der Erkennungsmethode ausreichend – unabhängig von der Erkennungsmethode, welche dieses Ausgabedatum erzeugt hat. Diese Möglichkeit kann beispielsweise bei der Erkennung mittels Verfeinerung verwendet werden, um vorzugeben, dass eine Erkennungsmethode C erst ausgeführt werden soll, wenn eine Einschränkung des verdächtigen Adressraums vorliegt, d. h. wenn ein Ziel-IP-Präfix als Eingabedatum zur Verfügung steht. Welche Erkennungsmethode dieses Datum erzeugt hat, ist in diesem Fall nicht relevant für die Ausführung von Erkennungsmethode C.

Neben der expliziten Modellierung von Abhängigkeiten zwischen Erkennungsmethoden ermöglichen die Vorbedingungen zudem die Modellierung allgemeiner Einschränkungen und Eigenschaften einer Erkennungsmethode, z. B. können die minimal benötigten Ressourcen, die Granularität der durchgeführten Anomalie-Erkennung oder die Vergabe von Prioritäten für die verfügbaren Erkennungsmethoden über Vorbedingungen spezifiziert werden. Zur Berücksichtigung solch allgemeiner Einschränkungen und Eigenschaften werden allerdings passende Metriken benötigt, welche eine autonome Verarbeitung der Vorbedingungen erlauben.

Ein Beispiel zweier Erkennungsmethoden, welche auf Basis des verallgemeinerten Modells der Anomalie-Erkennungsmethoden konkretisiert wurden, zeigt Listing 5.1. Die formale Spezifikation der Konkretisierung erfolgt auf Basis der Beschreibungssprache XML. Die Spezifikation berücksichtigt dabei nur die Vorbedingungen, Eingabe- und Ausgabedaten der Erkennungsmethoden. Die Konfigurationsdaten werden hier nicht berücksichtigt, da diese sich lediglich auf die internen Abläufe und Berechnungen der Erkennungsmethoden auswirken und keinen Einfluss auf die Ablaufsteuerung haben. Zuerst wird die Anomalie-Erkennungsmethode `ThresholdDetector` spezifiziert, welche nach Volumenanomalien sucht und als Ausgabedaten bei Überschreitung des Schwellenwerts die Erkennung einer Anomalie (`Alert`) sowie die ver-

```
<dm id="2" name="ThresholdDetector">
  <output>
    <param name="Alert" type="bool" />
    <param name="SuspiciousAggregates" type="complex" />
  </output>
</dm>

<dm id="5" name="AddrDistAnalyzer">
  <input>
      <param name="Alert" Value="true" op="==" />
  </input>

  <preconditions>
    <precondition_set>
      <precondition dm_id="2" state="Running" outValue="true"
          op="==" />
    </precondition_set>
  </preconditions>

  <output>
    <param name="DistributedAttack" type="bool" />
    <param name="VictimPrefixes" type="int" />
  </output>
</dm>
```

Listing 5.1 Beispielhafte Konkretisierung zweier Anomalie-Erkennungsmethoden

dächtigen Aggregate (`SuspiciousAggregates`) ausgibt. Die zweite Erkennungsmethode – `AddrDistAnalyzer` – sucht nach Verteilungsanomalien und kann erst ausgeführt werden, wenn bereits eine Alarmmeldung von einer anderen Methode als Eingabedatum vorliegt, d. h. eine Anomalie erkannt wurde. Zusätzlich muss sichergestellt sein, dass die Methode `ThresholdDetector` noch läuft – sie muss sich im Zustand `Running` befinden – da von dieser im Rahmen der Verfeinerung weitere Daten angefordert werden.

Die für die Angriffserkennung zur Verfügung stehenden Erkennungsmethoden können abhängig von den Vorbedingungen und Eingabedaten zusätzlich in Initial- und Konditionalmethoden unterteilt werden. Als *Initialmethode* werden diejenigen Erkennungsmethoden bezeichnet, welche immer lauffähig sind, d. h. keine Eingabedaten benötigen und keine Vorbedingungen haben, welche Abhängigkeiten von anderen Methoden modellieren. Allgemeine Vorbedingungen, wie z. B. benötigte Ressourcen oder Prioritäten können jedoch vorhanden sein. Im Beispiel aus Listing 5.1 handelt es sich bei der Erkennungsmethode `ThresholdDetector` um eine Initialmethode, da die Konkretisierung dieser Methode weder Eingabedaten noch Vorbedingungen enthält – die Erkennungsmethode ist jederzeit lauffähig. Als *Konditionalmethoden* werden diejenigen Erkennungsmethoden bezeichnet, welche nur unter bestimmten Voraussetzungen in Bezug auf die Abhängigkeit von Eingabedaten oder anderen Methoden lauffähig sind. Die Erkennungsmethode `AddrDistAnalyzer` ist aufgrund des benötigten Eingabedatums sowie der vorhandenen Vorbedingung eine Konditionalmethode, welche nur unter bestimmten Bedingungen lauffähig ist.

Integration der Ablaufsteuerung in ein hierarchisches Erkennungssystem

Die Integration der autonomen, adaptiven Ablaufsteuerung in ein System zur Angriffserkennung, welches mehrere Erkennungsmethoden zur Verfügung stellt, aber nicht alle Methoden gleichzeitig anwenden kann, erfolgt über die Einführung eines *Koordinators*. Dieser ist für die autonome Auswahl der auszuführenden Anomalie-Erkennungsmethoden verantwortlich und führt damit die eigentliche Ablaufsteuerung durch. Die Auswahl der als nächstes auszuführenden Methoden gründet sich auf die Spezifikation aller verfügbaren Erkennungsmethoden. Die Durchführung der Angriffserkennung mittels autonomer Ablaufsteuerung ist dabei – wie auch bei der manuell konfigurierten, hierarchischen Erkennung – ein *iterativer Prozess*, in welchem Erkennungsmethoden nacheinander ausgeführt werden, wobei die Erfüllung von Vorbedingungen bzw. das Vorliegen von Eingabedaten bei Zustandsänderungen des Systems erneut überprüft werden muss.

Den vom Koordinator ausgeführten und überwachten Ablauf der Anomalie-basierten Angriffserkennung unter Anwendung einer autonomen, adaptiven Ablaufsteuerung skizziert Abbildung 5.9. Direkt nach dem Start des Erkennungssystems wird der Koordinator gestartet. Dieser liest die Spezifikationen aller verfügbaren Erkennungsmethoden aus einer Konfigurationsdatei ein und ermittelt anschließend alle verfügbaren Initialmethoden – d. h. all diejenigen Methoden, deren Spezifikation keine Vorbedingungen, welche Abhängigkeiten von anderen Erkennungsmethoden modellieren, und keine Eingabedaten aufweisen. Aus diesen Initialmethoden werden diejenigen Methoden als *lauffähig* ausgewählt, deren allgemeine Vorbedingungen erfüllt sind – eine Initialmethode, deren allgemeine Vorbedingungen eine Mindestanforderung an die verfügbaren Ressourcen enthält, welche aktuell nicht erfüllt werden kann, ist beispielsweise nicht lauffähig. Aus den lauffähigen Initialmethoden muss wiederum eine Menge aktiver Initialmethoden ausgewählt werden, welche dann tatsächlich ausgeführt werden. Existiert – wie im Beispiel aus Listing 5.1 – nur eine Initialmethode, welche auch lauffähig ist, wird diese vom Koordinator gestartet und durchgehend ausgeführt. Existieren mehrere lauffähige Initialmethoden, gründet sich die Entscheidung auf die allgemeinen Vorbedingungen der lauffähigen Initialmethoden. Dies können beispielsweise während der Konkretisierung festgelegte Prioritäten sein. Sind in den allgemeinen Vorbedingungen Ressourcen-Anforderungen der Methoden spezifiziert, muss bei der Auswahl berücksichtigt werden, dass die Anforderungen aller aktiven Initialmethoden zusammen genommen die zur Verfügung stehenden Ressourcen nicht übersteigen. Zusätzlich muss berücksichtigt werden, dass nicht alle Ressourcen, welche der Angriffserkennung zur Verfügung stehen, für die Ausführung von Initialmethoden genutzt werden dürfen, um im Fall der Erkennung einer Anomalie weitere Verfeinerungsschritte ausführen zu können. Wenn mehrere lauffähige Initialmethoden zur Verfügung stehen, sind neben der durchgehenden Ausführung der gewählten aktiven Methoden auch komplexere Strategien, wie z. B. eine zeitlich beschränkte Ausführung mit anschließender erneuter Auswahl aktiver Initialmethoden, möglich. Diese wurden im Rahmen dieser Arbeit jedoch nicht betrachtet.

Erkennt eine der aktiven Initialmethoden eine Anomalie, startet der Koordinator einen neuen *Erkennungsvorgang*. Die durch die Erkennung der Anomalie ausgelöste Zustandsänderung sowie die damit verbundenen, neu zur Verfügung stehenden Ausgabedaten werden zentral beim Koordinator gespeichert. Dadurch stehen diese auch nach Beendigung einer Erkennungsmethode für die autonome Entscheidung

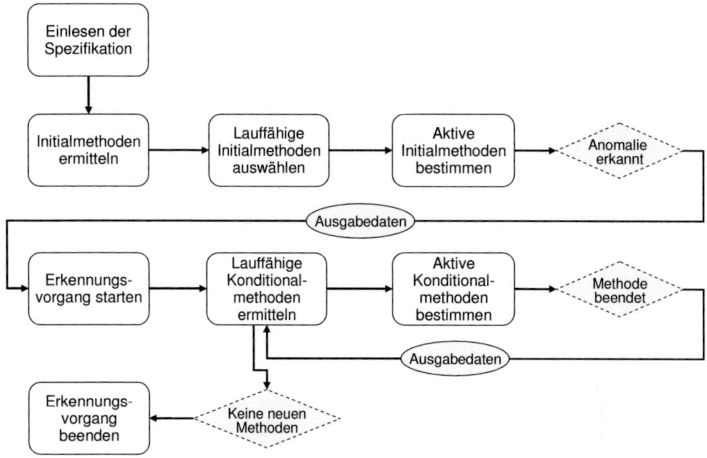

Abbildung 5.9 Ablauf der vom Koordinator ausgeführten iterativen Anomalie-Erkennung

über den weiteren Ablauf zur Verfügung. Der Koordinator überprüft anschließend für alle Konditionalmethoden, ob durch die neuen Informationen Vorbedingungen erfüllt sind bzw. benötigte Eingabedaten vorliegen und ermittelt die aufgrund der neuen Situation lauffähigen Konditionalmethoden. Aus diesen werden wiederum aktive Konditionalmethoden bestimmt, die anschließend gestartet werden. Die Auswahl gründet sich dabei – wie bereits bei den Initialmethoden – auf die allgemeinen Vorbedingungen, wenn nicht alle gleichzeitig ausgeführt werden können. Nach Beendigung einer Konditionalmethode, welche ihre Ausgabedaten zuvor ebenfalls an den Koordinator übermittelt hat, wird aufgrund der Zustandsänderung erneut überprüft, ob neue lauffähige Konditionalmethoden für den nächsten Iterationsschritt existieren. Außerdem können neue Konditionalmethoden aus der Menge der lauffähigen Methoden zu aktiven Methoden bestimmt und gestartet werden. Dieser iterative Prozess wird so lange ausgeführt bis keine Konditionalmethode mehr aktiv ausgeführt wird und keine neue lauffähige Methode mehr hinzukommt – die Erkennung befindet sich in einem stabilen Zustand, in dem nur noch Initialmethoden aktiv sind. Dieser Zustand wird spätestens dann erreicht, wenn alle Konditionalmethoden ausgeführt wurden. Der aktuelle Erkennungsvorgang wird bei Erreichen eines stabilen Zustands beendet und die Menge der erkannten Anomalien wird als Ergebnis der Erkennung ausgegeben.

Die vorgestellte Ablaufsteuerung erlaubt aufgrund der autonomen und adaptiven Funktionsweise die einfache Integration bzw. Entfernung von Erkennungsmethoden. Neue Erkennungsmethoden können durch die Konkretisierung auf Basis des verallgemeinerten Modells in die Ablaufsteuerung integriert werden. Die Entscheidung, wie sich die neue Methode in die bisherige Erkennung einfügt und wann sie ausgeführt wird, trifft der Koordinator basierend auf dieser Spezifikation anschließend autonom, d. h. ohne manuelle Eingriffe oder die Notwendigkeit einer Neukonfiguration der bereits vorhandenen Methoden des Ablaufs. Die Anpassung der Ablaufsteuerung an unterschiedliche Umgebungen und variierende Randbedingungen wird dadurch erreicht, dass die Entscheidung über den Ablauf erst zu dem Zeitpunkt getroffen wird, zu dem ein mutmaßlicher Angriff stattfindet, und nicht bereits vor dem Start des Erkennungssystems. Die Entscheidung kann dadurch die zu diesem Zeitpunkt gültigen Randbedingungen, z. B. die verfügbaren Ressourcen oder die aktuelle Datenrate, berücksichtigen.

Ein Vorteil der autonomen Ablaufsteuerung ist zudem die Tatsache, dass in heterogenen Umgebungen nicht für jedes Erkennungssystem eine separate Konfiguration des Ablaufs vorgenommen werden muss, sondern unterschiedliche Erkennungssysteme mit geringfügigen Änderungen der Spezifikation betrieben werden können. Beispielsweise können Erkennungsmethoden aus der Spezifikation herausgenommen oder Prioritäten der einzelnen Methoden verändert werden, ohne dass ein neuer Ablauf erstellt werden muss – dies übernimmt der Koordinator auf Basis der neuen Spezifikation. Die Autonomie der Ablaufsteuerung führt im Vergleich zur manuell konfigurierten statischen Ablaufsteuerung aber auch dazu, dass das gezielte Bestimmen des Ablaufs schwieriger realisierbar ist, da die Vorbedingungen entsprechend angepasst werden müssen. Außerdem wird durch den Entscheidungsprozess des Koordinators zusätzlicher Aufwand während der Erkennung erzeugt, welcher allerdings aufgrund der reinen Auswertung von Vorbedingungen und Eingabedaten vergleichsweise gering und zum Erreichen einer autonomen Ablaufsteuerung unabdingbar ist.

5.2.5 Identifikation von Angriffen

Die Funktionsweise und Architektur der Identifikation von Angriffen wurde bereits in Abschnitt 5.2.2 skizziert. Zur Realisierung der Identifikation wurden ein regelbasiertes Verfahren sowie ein nicht-parametrischer Klassifikator, welcher nur bei Bedarf ausgeführt wird, gewählt. Die Konfiguration und Initialisierung der Verfahren beruht auf einem, in dieser Arbeit erstellten verallgemeinerten Modell der Angriffserkennung. Im Folgenden werden die Umsetzung der beiden zur Identifikation verwendeten Verfahren sowie deren Zusammenspiel mit der Modellierung ausführlich beschrieben. Zudem wird aufgezeigt, wie das regelbasierte Verfahren in die autonome, adaptive Ablaufsteuerung integriert wird und welche Weiterentwicklungen der Ablaufsteuerung dadurch möglich sind.

Regelbasierte Identifikation

Das zur Identifikation verwendete regelbasierte Verfahren benötigt initial definierte Regeln, welche die Zusammenhänge und Abhängigkeiten zwischen erkannten Anomalien und den Angriffen, welche diese auslösen, spezifizieren. Hierzu können beispielsweise die einzelnen Informationen zur impliziten Identifikation existierender Ansätze [49, 86, 108] auf Basis des verallgemeinerten Modells konkretisiert, zusammengeführt und weiterentwickelt werden. Die Analyse und Konkretisierung der Zusammenhänge dieser Angriffe durch notwendige und optionale Anomalien resultiert in einer Angriffshierarchie, wie der in Abbildung 5.8 dargestellten Hierarchie. Die Ableitung der für die Identifikation benötigten Regeln erfolgt, indem die Menge der notwendigen Anomalien, welche einen bestimmten Angriff charakterisieren, zu einem Regelsatz zusammengefasst werden. Jede Regel spezifiziert ein Ausgabedatum, welches das Vorliegen einer bestimmten Anomalie repräsentiert. Durch die Nutzung der Ausgabedaten in den Regeln sind diese von der zur Erkennung der Anomalie verwendeten Methode unabhängig. Zusätzlich zum Ausgabedatum spezifiziert jede Regel einen Wert und eine Operation, mit Hilfe derer überprüft werden kann, ob die jeweilige Regel erfüllt ist. Bei der Auswertung eines Regelsatzes müssen alle Regeln erfüllt sein, damit der Regelsatz insgesamt erfüllt ist, da es sich um eine Menge notwendiger Anomalien handelt – die Zusammenfassung der Regeln zu einem Regelsatz stellt eine logische UND-Verknüpfung dar.

Um auch die optionalen Anomalien für die regelbasierte Identifikation abbilden zu können, kann ein Angriff entweder durch mehrere unterschiedliche Regelsätze beschrieben werden – die verschiedenen, zu einem bestimmten Angriff gehörenden Regelsätze stellen dann eine logische ODER-Verknüpfung dar. Diese Lösung erfordert einen erhöhten Konfigurationsaufwand, da neben dem Regelsatz, welcher lediglich die notwendigen Anomalien enthält, weitere Regelsätze definiert werden müssen, die zusätzlich alle sinnvollen Kombinationen mit optionalen Anomalien enthalten. Alternativ kann eine Kennzeichnung der Regeln als notwendig bzw. optional erfolgen. Dies ermöglicht der Identifikation die Unterscheidung in Regeln, welche erfüllt sein müssen, und Regeln, welche optional erfüllt sein können. In dieser Lösung wird die Komplexität in das Erkennungssystem verschoben, welches die Unterscheidung der beiden Regelarten durchführen muss und alle möglichen Kombinationen aus notwendigen und optionalen Anomalien bildet. Da häufig nicht alle möglichen Kombinationen, sondern nur eine geringe Anzahl von diesen tatsächlich sinnvoll sind, wurde in der vorliegenden Arbeit trotz des erhöhten Konfigurationsaufwand auf die erste Möglichkeit zurückgegriffen. Die Spezifikation der für das regelbasierte Verfahren benötigten Regeln und Regelsätze erfolgt über eine externe Konfigurationsdatei auf Basis von XML. Dies ermöglicht die einfache Bearbeitung und Erweiterung der Identifikation, da mit XML ein leicht verständliches Format gewählt wurde. Zudem müssen Änderungen an den Regelsätzen aufgrund der Nutzung einer externen Datei nicht direkt in der Implementierung der Angriffserkennung kodiert werden.

```
<rulesets>
  <!-- SYN FLOODING -->
  <rs ad_id="5">
    <rule outName="TcpAlert" outValue="true" op="==" />
    <rule outName="VictimPrefixes" outValue="1" op="==" />
    <rule outName="TcpOutSynack" outValue="true" op="==" />
  </rs>

  <rs ad_id="5">
    <rule outName="TcpAlert" outValue="true" op="==" />
    <rule outName="VictimPrefixes" outValue="1" op="==" />
    <rule outName="TcpSynFin" outValue="true" op="==" />
  </rs>
</rulesets>
```

Listing 5.2 Zur Identifikation eines TCP SYN-DDoS-Angriffs verwendbare Regelsätze

Listing 5.2 stellt die Spezifikation von Regeln und Regelsätzen für die Identifikation am Beispiel eines TCP SYN-DDoS-Angriffs dar. Jede Regel spezifiziert ein Ausgabedatum sowie einen Wert und eine Operation. Die erste Regel ist erfüllt, wenn das Ausgabedatum `TcpAlert` den Wert `true` hat, wobei das Ausgabedatum von einer Erkennungsmethode erzeugt wird, welche die TCP-Dateneinheiten auf Volumenanomalien analysiert. Zur Erfüllung des ersten Regelsatzes muss außerdem eine Verteilungsanomalie in den Ziel-IP-Präfixen vorliegen, welche auf einen gerichteten Angriff hindeutet – das Ausgabedatum `VictimPrefixes` muss den Wert 1 annehmen – sowie eine Protokollanomalie im Verhältnis der TCP SYN- zu den TCP SYN/ACK-Dateneinheiten. Alternativ kann auch eine Protokollanomalie im Verhältnis der TCP SYN- zu den TCP FIN-Dateneinheiten vorliegen. Im letzteren Fall ist der zweite Regelsatz erfüllt. Da die unterschiedlichen Regelsätze mit einem logischen `ODER` verknüpft sind, reicht die Erfüllung eines Regelsatzes aus, um einen TCP SYN-DDoS-Angriff zu identifizieren, welcher durch die Angriffs-ID 5 repräsentiert wird. Insgesamt ermöglicht die Unterteilung in `UND`-verknüpfte Regeln und `ODER`-verknüpfte Regelsätze alle Kombinationsmöglichkeiten, um Wissen über die Zusammenhänge von Angriffen und Anomalien zu spezifizieren. Aufgrund der sehr einfach gehaltenen Konfiguration lässt sich redundante Information in den Regelsätzen, wie dies im Beispiel aus Listing 5.2 der Fall ist, allerdings nicht immer vermeiden.

Integration in die Ablaufsteuerung

Die Integration des regelbasierten Verfahrens zur Identifikation von Angriffen in die in Abschnitt 5.2.4 vorgestellte autonome, adaptive Ablaufsteuerung ermöglicht eine Identifikation, die schrittweise ausgeführt wird. Dadurch ist bereits eine *Teil-Identifikation* in den einzelnen Iterationsschritten der Erkennung möglich, welche im nächsten Schritt mit Hilfe neuer Informationen weiter verfeinert werden kann. Durch dieses Vorgehen steht auch bei einem vorzeitigen Ende des Angriffs sofort ein Ergebnis der Identifikation zur Verfügung, welches alle bis zu diesem Zeitpunkt ermittelten Informationen beinhaltet.

Zusätzlich kann die ursprüngliche Ablaufsteuerung mit Hilfe der zur regelbasierten Identifikation benötigten Regeln weiterentwickelt werden. Die ursprüngliche Ablaufsteuerung gründet die Entscheidung über die als nächstes auszuführende Erkennungsmethode rein auf die Modellierung der verfügbaren Anomalie-Erkennungsmethoden, d. h. auf die Vorbedingungen, Eingabe- und Ausgabedaten. Eine gezielte Ausführung von Erkennungsmethoden mit hohem Nutzen im Hinblick auf die Identifikation von Angriffen wird jedoch erst durch die Einbeziehung der Modellierung von Angriffen und Anomalien sowie der daraus abgeleiteten Angriffshierarchie möglich. Mit Hilfe der für die Identifikation definierten Regeln – welche im Rahmen der Modellierung aus der Konkretisierung von Wissen abgeleitet werden – kann während der iterativen Identifikation diejenige Erkennungsmethode als nächste auszuführende Methode gewählt werden, welche in der aktuellen Situation der Erkennung vermeintlich den höchsten Nutzen in Bezug auf die Erlangung weiterer nützlicher Informationen verspricht. Zudem kann die Ausführung von Erkennungsmethoden, welche keinen Mehrwert im Hinblick auf die Erkennung und Identifikation des aktuell laufenden Angriffs bieten, da sie in keiner erfüllbaren Regel mehr vorkommen, vermieden werden. Dies spart zum einen Ressourcen ein, zum anderen kann die Dauer bis zur endgültigen Identifikation des Angriffs durch die eventuell geringere Zahl an notwendigen Iterationsschritten verkürzt werden.

Die Integration der Identifikation in die autonome Ablaufsteuerung verändert deren ursprüngliche Funktionsweise, welche in Abbildung 5.9 dargestellt ist, im Iterations-

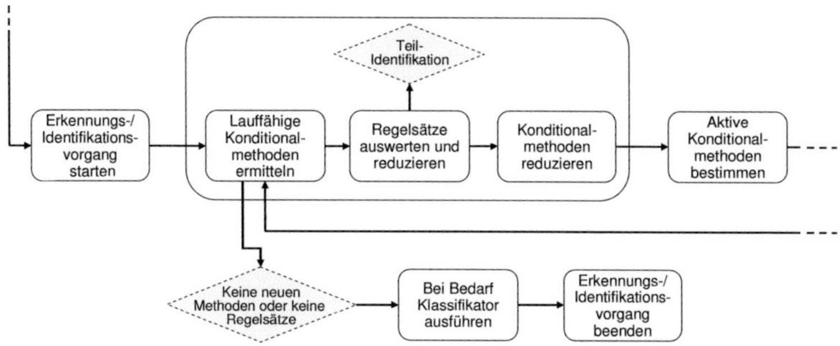

Abbildung 5.10 Für die Identifikation von Angriffen erweiterte Ablaufsteuerung

schritt „Lauffähige Konditionalmethoden ermitteln". In diesen Schritt werden nun zusätzliche Abläufe integriert. Abbildung 5.10 zeigt den betroffenen Ausschnitt der ursprünglichen Abbildung inklusive der neuen Zustände und Übergänge. Die vom Koordinator nun zusätzlich auszuführenden Schritte sind die Folgenden:

- *Regelsätze auswerten und reduzieren:* Auf Basis der erhaltenen Ausgabedaten und Ergebnisse der Anomalie-Erkennung werden die Regeln aller vorhandenen Regelsätze ausgewertet.
  - Liegen die für die Auswertung der jeweiligen Regel benötigten Daten vor und ist die Regel nicht erfüllt, wird der gesamte Regelsatz gelöscht, da die Regeln einer logischen `UND`-Verknüpfung unterliegen.
  - Sind alle Regeln eines Regelsatzes erfüllt, wird eine *Teil-Identifikation* durchgeführt, d. h. der durch den erfüllten Regelsatz identifizierte Angriff wird als temporäres Ergebnis gespeichert. Alle weiteren Regelsätze dieses Angriffs, welche einer logischen `ODER`-Verknüpfung unterliegen, werden gelöscht, da sie keinen Mehrwert mehr bringen. Lag bereits ein temporäres Ergebnis vor, welches in der Angriffshierarchie ein Elter-Knoten des aktuellen Ergebnisses ist, wird dieses veraltete temporäre Ergebnis gelöscht – die schrittweise Verfeinerung kann folglich mit Hilfe der aus dem verallgemeinerten Modell abgeleiteten Angriffshierarchie auch auf die Identifikation angewendet werden.
- *Konditionalmethoden reduzieren:* Nach der Aktualisierung der Regelsätze wird geprüft, ob noch nicht ausgeführte Konditionalmethoden existieren, deren Ausgabedaten in keinem Regelsatz mehr vorkommen. Unabhängig davon, ob diese Konditionalmethoden aufgrund der Vorbedingungen und Eingabedaten lauffähig wären, werden diese aus der Liste der für den aktuellen Erkennungsprozess verfügbaren Erkennungsmethoden gelöscht, da sie keinen Mehrwert für die regelbasierte Identifikation haben.
- Die *Abbruchbedingung* aus Abbildung 5.9 wird außerdem in der Form erweitert, dass der Erkennungsvorgang auch beendet wird, wenn keine Regelsätze mehr vorhanden sind, da in diesem Fall die Ausführung weiterer Erkennungsmethoden keinen Mehrwert für die regelbasierte Identifikation bringt. Liegt zu diesem Zeitpunkt ein temporäres Ergebnis der Identifikation vor, stellt dieses das Endergebnis der Identifikation dar. Konnte hingegen kein Angriff identifiziert werden, wird vor dem Beenden des Erkennungsvorgangs der Klassifikator

ausgeführt. Vor Ausführung des Klassifikators können optional weitere Erkennungsmethoden ausgeführt werden, welche im Hinblick auf die regelbasierte Identifikation keinen Mehrwert versprachen. Da der Klassifikator sämtliche verfügbaren Daten berücksichtigt, können diese Methoden das Ergebnis des Klassifikators aber eventuell positiv beeinflussen.

Als Ergebnis eines Erkennungsvorgangs liefert ein Erkennungssystem nun aufgrund der durchgeführten Identifikation den erkannten Angriff zusätzlich zu der Menge erkannter Anomalien.

```
<rulesets>
  <!-- UDP DDoS ATTACK -->
  <rs ad_id="2">
    <rule outName="UdpAlert" outValue="0" op=">" />
    <rule outName="VictimPrefixes" outValue="1" op="==" />
  </rs>

  <!-- WORM PROPAGATION (UDP)-->
  <rs ad_id="11">
    <rule outName="UdpAlert" outValue="0" op=">" />
    <rule outName="VictimPrefixes" outValue="1" op=">" />
    <rule outName="IcmpPortUnreach" outValue="true" op="==" />
  </rs>
</rulesets>
```

Listing 5.3 Zur Identifikation eines UDP-Angriffs verwendbare Regelsätze

Listing 5.3 zeigt beispielhaft die Regelsätze eines UDP-DDoS-Angriffs sowie einer UDP-Wurmausbreitung. Sendet die Konditionalmethode zur Analyse von Verteilungsanomalien als Wert des Ausgabedatums `VictimPrefixes` eine 1, d. h. es wurde genau ein anormales Ziel-IP-Präfix erkannt, welches angegriffen wird, ist die zweite Regel des Regelsatzes zur Identifikation einer UDP-Wurmausbreitung nicht erfüllt. Durch das anschließende Löschen des gesamten Regelsatzes verschwindet auch das Ausgabedatum `IcmpPortUnreach` aus den vorhandenen Regelsätzen. Daraufhin wird auch die Erkennungsmethode, welche dieses Ausgabedatum erzeugt, bei der Auswahl der lauffähigen und aktiven Konditionalmethoden für die folgenden Iterationsschritte nicht mehr berücksichtigt, da sie der regelbasierten Identifikation keinen Mehrwert mehr bringen kann.

Identifikation durch geometrischen Klassifikator

Der Klassifikator wird benötigt, um die fehlende Flexibilität des regelbasierten Verfahrens auszugleichen, welche sich vor allem bei unbekannten Angriffen oder einer unvollständigen Erkennung negativ auswirkt. In diesen Fällen scheitert die regelbasierte Identifikation, z. B. weil eine Anomalie nicht erkannt wurde, die zur Erfüllung des zum laufenden Angriff gehörigen Regelsatzes benötigt wird. Im Rahmen der vorliegenden Arbeit wird daher zusätzlich ein geometrischer Klassifikator verwendet, wenn die regelbasierte Identifikation scheitert. Geometrische Klassifikatoren sind nicht-parametrische Klassifikatoren und fallen in die Klasse der Nearest Neighbor-Klassifikatoren [183], d. h. die Klassifikation erfolgt über eine Distanz-Metrik.

```
<params>
  <!-- Define the dimensions of the classification space -->

  <!-- Volume Anomalies -->
  <dim name="TcpClassifierOutput" />
  <dim name="UdpClassifierOutput" />
  <dim name="IcmpClassifierOutput" />
  <!-- Distribution Anomalies -->
  <dim name="VictimPrefixesClassifierOutput" />
</params>

<initials>
  <!-- Define the initial regions for attacks to classify, -->
  <!-- Missing values have default minVal and maxVal of 0 -->

  <!-- NORMAL TRAFFIC -->
  <cuboid ad_id="0">
    <!-- No Anomalies -->
  </cuboid>

  <!-- TCP ATTACK -->
  <cuboid ad_id="1">
    <param dim_id="1" minVal="50" maxVal="100" />
    <param dim_id="3" minVal="0" maxVal="50" />
    <param dim_id="4" minVal="100" maxVal="100" />
  </cuboid>
</initials>
```

Listing 5.4 Zur Identifikation eines TCP-DDoS-Angriffs verwendbare Referenzquader

Die Identifikation von Angriffen erfolgt beim geometrischen Klassifikator im n-dimensionalen Raum, wobei die n Dimensionen durch die Anzahl aller möglichen Ausgabedaten der verfügbaren Anomalie-Erkennungsmethoden aufgespannt werden. Um die Vergleichbarkeit der unterschiedlichen Ausgabedaten zu gewährleisten, muss jede Erkennungsmethode für jedes mögliche Ausgabedatum einen quantitativen, auf das Intervall $[0; 100]$ normalisierten Wert liefern, welcher vom Klassifikator genutzt werden kann. Bei ursprünglich qualitativen Daten gibt ein Wert von 0 an, dass keine Anomalie vorliegt.

Die beschreibbaren Angriffe werden im n-dimensionalen Raum des Klassifikators durch *Referenzquader* dargestellt. Listing 5.4 zeigt beispielhaft die Definition von vier Dimensionen: Die ersten drei Dimensionen werden durch die Methode zur Erkennung von Volumenanomalien aufgespannt, wobei jedes beobachtete Aggregat eine Dimension erzeugt. Die vierte Dimension wird durch die Methode zur Erkennung von Verteilungsanomalien in den Ziel-IP-Präfixen erzeugt. In Listing 5.4 ist zusätzlich zur Definition der Dimensionen ein Referenzquader für einen TCP-DDoS-Angriff angegeben, welcher durch vorgegebene Wertebereiche für jede einzelne Dimension formal definiert wird. Zur Vereinfachung werden mit dem Wert 0 belegte Dimensionen ausgelassen. Der TCP-DDoS-Angriff ist dabei durch die notwendige Volumenanomalie im TCP-Aggregat sowie die Verteilungsanomalie der Ziel-IP-Präfixe definiert. Zudem definiert die optionale Volumenanomalie im ICMP-Aggregat eine weitere Dimension. Die Ableitung der Referenzquader erfolgt folglich ohne Zusatzaufwand aus der Modellierung bzw. aus den daraus bereits abgeleiteten Regelsätzen. Im Gegensatz zum regelbasierten Verfahren wird für die Durchführung der Klassifikation außerdem die explizite Definition von Normalverkehr benötigt. Dieser ist im Beispiel als Ursprung des Raums definiert, d. h. durch den Punkt, an dem keine Anomalien auftreten.

Als Eingabe für die Klassifikation wird aus den Ausgabedaten der Erkennungsmethoden, welche während der iterativen regelbasierten Identifikation ausgeführt wurden, ein weiterer Quader X im n-dimensionalen Raum gebildet. Die Identifikation mittels Klassifikation erfolgt durch die Berechnung der Distanzen zu allen Referenzquadern und die Ermittlung des Referenzquaders mit der kürzesten Distanz. Die Identifikation unbekannter Angriffe ist hierbei ebenfalls möglich, indem ein Schwellenwert definiert wird, welcher die maximale Distanz angibt, die als erfolgreiche Klassifikation eines beschreibbaren Angriffs gilt.

Formal ist der zu identifizierende Quader X im n-dimensionalen Raum über sämtliche verfügbaren Ausgabedaten X_i definiert:

$$X = \{X_i |\ 0 \leq X_i \leq 100,\ X_i\ \in\ \mathbb{R}_+\} \qquad 0 < i \leq n \in \mathbb{N}^* \tag{5.7}$$

Jede Dimension des Quaders nimmt dabei einen reelen Wert des Intervalls $[0; 100]$ an, welchen die Ausgabedaten der Erkennungsmethoden liefern. Steht für eine Dimension kein Wert zur Verfügung, beispielsweise weil die betreffende Erkennungsmethode nicht ausgeführt wurde, wird ein Wert von 0 gesetzt. Die zur Klassifizierung verwendeten Referenzquader Q_t sind jeweils in jeder Dimension über einen unteren Wert a sowie einen oberen Wert b definiert. Dabei stellt jeder der m Referenzquader einen bekannten, beschreibbaren Angriff dar. Zusätzlich repräsentiert der Referenzquader Q_0 den Normalverkehr:

$$Q_t := [a_1,b_1] \times ... \times [a_n,b_n] \quad a_i,b_i\ \in [0,100],\ a_i \leq b_i,\ 0 \leq t \leq m \tag{5.8}$$

Die Klassifikation des Quaders X erfolgt über die Berechnung des Abstands $d_t(X)$ von X zu jedem der Referenzquader Q_t mittels einer Distanz-Funktion $d_t : \mathbb{R}^n_+ \to \mathbb{R}_+$. Der zu identifizierende Quader X wird abschließend dem Referenzquader zugeordnet, zu dem er den geringsten Abstand $d(X)$ hat:

$$d(X) \ = \min_{0 \leq t \leq m} d_t(X) \tag{5.9}$$

In der vorliegenden Arbeit wurde der häufig zur Abstandsberechnung verwendete Euklidische Abstand als Distanz-Funktion gewählt, welcher auch für n-dimensionale Räume auf Basis der euklidischen Norm definiert ist:

$$d_t(X) = \sqrt{\sum_{i=1}^{n} {D_{ti}}^2} \tag{5.10}$$

Zudem lässt sich diese Distanz-Funktion einfach zum gewichteten Euklidischen Abstand erweitern, welcher eine stärkere Gewichtung bestimmter Dimensionen – im Fall der Identifikation von Angriffen eine stärkere Gewichtung bestimmter Anomalien – zulässt, falls dies in Zukunft nötig sein sollte. Die Berechnung des Abstands D_{ti} jeder einzelnen Dimension i vom Referenzquader Q_t erfolgt über die Berechnung des minimalen Abstands zwischen X und Q_t:

$$D_{ti} = \begin{cases} Q_{t_{ai}} - X_i, & \text{wenn } X_i < Q_{t_{ai}} \\ X_i - Q_{t_{bi}}, & \text{wenn } X_i > Q_{t_{bi}} \\ 0, & \text{wenn } Q_{t_{ai}} < X_i < Q_{t_{bi}} \end{cases} \tag{5.11}$$

5.2.6 Implementierung

Die Implementierung der entworfenen Mechanismen zur Anomalie-basierten Identifikation von Angriffen erfolgte mit Hilfe des Rahmenwerks *Distack*. Dabei wurden die adaptive, autonome Ablaufsteuerung sowie die Identifikation von Angriffen in die als Grundlage dieser Arbeit verwendete hierarchische Anomalie-Erkennung (s. Abschnitt 2.4.1.1) integriert. Deren Implementierung in das Rahmenwerk *Distack* wurde bereits in Abschnitt 3.3.2 erläutert. Dabei wurde auch dargelegt, welche Module zur Realisierung der hierarchischen Angriffserkennung implementiert und wie diese komponiert wurden, um die Anomalie-Erkennung umzusetzen. Zudem wurden die unterschiedlichen Nachrichtentypen, welche bereits in das interne Nachrichtensystem von *Distack* implementiert wurden, beschrieben. Im Folgenden wird nun beschrieben, welche zusätzlichen Module und Nachrichtentypen zur Umsetzung der Identifikation und Ablaufsteuerung notwendig waren und welche Aufgaben diese übernehmen.

Insgesamt wurden zur Realisierung der Identifikation drei neue *Distack*-Module sowie mehrere neue Nachrichtentypen implementiert. Aufgrund der Entkopplung der eigentlichen Angriffserkennung vom Rahmenwerk mussten an den bereits vorhandenen Modulen nur geringfügige Änderungen vorgenommen werden. Dass überhaupt Änderungen notwendig waren, ist darauf zurückzuführen, dass der zur Identifikation verwendete geometrische Klassifikator normierte Eingabewerte benötigt, um die Vergleichbarkeit der Werte sicherzustellen und eine korrekte Distanz berechnen zu können. Daher mussten die vorhandenen Module derart erweitert werden, dass zusätzlich zu jedem Ausgabedatum eines Moduls ein weiterer Wert ausgegeben wird, welcher auf das Intervall $[0; 100]$ normiert ist und eine Dimension des Klassifikators aufspannt. Die Normierung des Datums auf den vorgegebenen Wertebereich muss dabei vom Modul selbst durchgeführt werden, da hierfür Wissen über die semantische Bedeutung des Ausgabedatums notwendig ist – eine nachträgliche Normierung außerhalb des Moduls ist nicht möglich. Die drei zur Durchführung der iterativen Identifikation von Angriffen implementierten Module sind die folgenden:

- Das Modul `ModuleRuleBasedCoordinator` realisiert den Koordinator, welcher die adaptive, autonome Ablaufsteuerung ausführt. Zudem setzt der Koordinator die iterative Identifikation von Angriffen mit Hilfe eines regelbasierten Verfahrens um.
- Das Modul `ModuleAttackClassifier` implementiert einen geometrischen Klassifikator, welcher mit Hilfe einer Distanzmetrik eine Identifikation im n-dimensionalen Raum durchführt.
- Das Modul `ModuleAttackDescriptionCreator` erstellt im Anschluss an eine erfolgreiche Identifikation eine Beschreibung des identifizierten Angriffs. Diese enthält den Typ sowie die bekannten Eigenschaften des Angriffs und kann als Grundlage für die Kooperation verteilter Erkennungssysteme dienen.

Das UML-Klassendiagramm der neuen Module zeigt Abbildung 5.11. Alle drei Module erben – wie in Abschnitt 3.3.1 beschrieben – von der generischen Schnittstelle `DistackModuleInterface` der Modulumgebung. Der Koordinator – implementiert im Modul `ModuleRuleBasedCoordinator` – erhält die Modulkonfiguration durch den Aufruf der `configure()`-Methode. Innerhalb dieser Methode wird zudem die gesamte Spezifikation, welche aus der Konkretisierung der verallgemeinerten Modellierung entstanden ist, eingelesen und auf syntaktische Korrektheit geprüft. Die Spezifikation enthält neben der Konkretisierung der verfügbaren Anomalie-Erkennungsmethoden

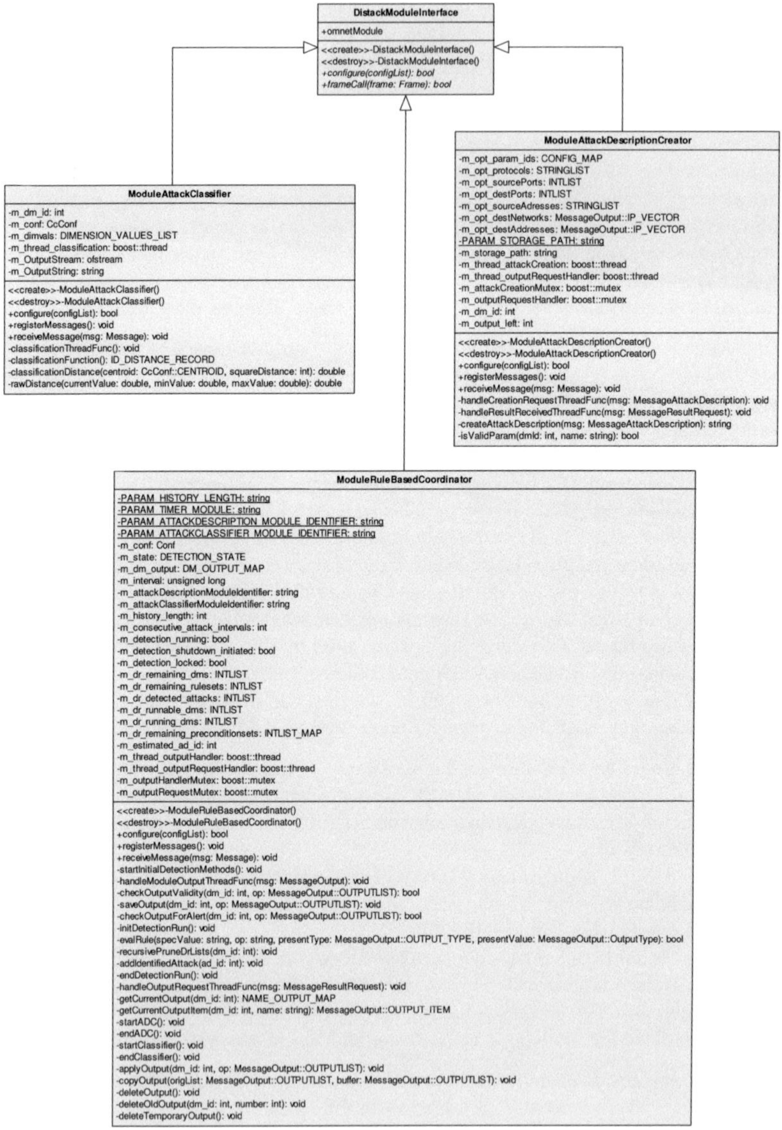

Abbildung 5.11 UML-Diagramm der *Distack*-Module zur Umsetzung der Identifikation

durch Vorbedingungen, Ein- und Ausgabedaten auch die für die Identifikation benötigten Regelsätze und Referenzquader sowie die Angriffshierarchie. Eine vollständige, für die Identifikation verwendbare Spezifikation findet sich in Anhang B. Der Koordinator selbst führt keine Funktionalität zur Anomalie-Erkennung aus, d. h. er muss keine Analyse der lokal beobachteten Dateneinheiten durchführen. Daher wird die ebenfalls von der generischen Schnittstelle geerbte virtuelle Methode `frameCall()` vom Koordinator nicht implementiert – Dateneinheiten werden ohne Bearbeitung an den nächsten *Distack*-Channel übergeben.

Im Anschluss an die Konfiguration des Koordinators registriert sich dieser innerhalb der `registerMessages()`-Methode für alle Nachrichtentypen des Rahmenwerks. Dies ist notwendig, da der Koordinator sowohl die Ablaufsteuerung als auch die Speicherung der Daten, welche von den ausgeführten Anomalie-Erkennungsmethoden erzeugt werden, übernimmt. Um eine autonome, adaptive Ablaufsteuerung zu realisieren wurden zudem weitere Nachrichtentypen benötigt. Die wichtigsten dieser neuen Nachrichtentypen werden im Folgenden kurz erläutert:

- `MessageStartDetectionMethod`: Zur Realisierung der autonomen, adaptiven Ablaufsteuerung übernimmt der Koordinator die Entscheidung darüber, welche Erkennungsmethoden als nächstes zu starten sind. Dies teilt er mit Hilfe dieses neuen Nachrichtentyps dem `ChannelManager` mit. Die Nachricht enthält die eindeutige ID der zu startenden Erkennungsmethode sowie die Modulinstanzen, welche zur Ausführung der Erkennungsmethode zu komponieren sind. Der `ChannelManager` lädt daraufhin die benötigten Module innerhalb eines Channels.
- `MessageEndDetectionMethod`: Analog zum Starten von Erkennungsmethoden teilt der Koordinator dem `ChannelManager` mit, welche Methoden beendet werden sollen. Das Beenden von Erkennungsmethoden wird dabei erst angefordert, wenn deren Ausgabedaten beim Koordinator vorliegen.
- `MessageOutput`: Dieser Nachrichtentyp wird von ausgeführten Erkennungsmethoden verwendet, um Ausgabedaten an den Koordinator zu kommunizieren. Die Nachricht enthält die ID der Erkennungsmethode, welche die Ausgabedaten erzeugt hat, sowie eine Liste von Ausgabedaten. Die Speicherung der Ausgabedaten erfolgt in dem generischen Container `OutputItem`. Dieser besteht aus drei Feldern: dem Namen des Ausgabedatums, dessen Datentyp sowie dem eigentlichen Datum. Die Definition eines solchen Containers ermöglicht das Senden unterschiedlicher Ausgabedaten, wobei unabhängig von der jeweiligen Erkennungsmethode nur ein Nachrichtentyp benötigt wird.
- `MessageResultRequest`: Benötigt eine Erkennungsmethode Eingabedaten, können diese mit Hilfe dieses Nachrichtentyps nach der Initialisierung der Methode beim Koordinator angefragt werden. Die Kommunikation der Daten an die Erkennungsmethode erfolgt ebenfalls auf Basis des Containers `OutputItem`.

Im Anschluss an die Registrierung für alle Nachrichtentypen ermittelt der Koordinator durch den Aufruf der Methode `startInitialDetectionMethods()` alle Initialmethoden und wählt die lauffähigen Initialmethoden aus. Dabei werden derzeit noch keine allgemeinen Vorbedingungen wie Prioritäten oder Mindestanforderungen an die verfügbaren Ressourcen berücksichtigt, sondern alle Initialmethoden auch als lauffähig ausgewählt. Der Koordinator startet anschließend die lauffähigen Erkennungsmethoden, so dass diese zu aktiven Initialmethoden werden – eine Auswahl weniger Methoden aus der Menge der lauffähigen Initialmethoden erfolgt aufgrund der derzeit noch nicht durchgeführten Spezifikation allgemeiner Vorbedingungen nicht. Werden derartige Vorbedingungen zukünftig spezifiziert, kann an dieser Stelle des Ablaufs eine Auswahlfunktion integriert werden.

Der Koordinator wird erneut aktiv, sobald eine Änderung des Systemzustands erfolgt. Eine solche Änderung erfolgt durch den Empfang einer internen Nachricht in der Methode `receiveMessages()`. Hat eine Initialmethode eine Anomalie erkannt, sendet diese dem Koordinator eine Nachricht mit den ermittelten Ausgabedaten. Zudem enthält diese Nachricht eine Kennzeichnung, dass es sich um einen Alarm handelt, d. h. dass eine Anomalie erkannt wurde. Der Koordinator startet daraufhin durch Aufruf der Methode `initDetectionRun()` einen neuen Erkennungsvorgang. Hierzu werden alle Regelsätze der Liste verbleibender Regelsätze (`m_dr_remaining_rulesets`) hinzugefügt. Zudem wird eine leere Liste der identifizierten Angriffe (`m_dr_detected_attacks`) angelegt. Nach der Ermittlung der lauffähigen Konditionalmethoden erfolgt die Auswertung der Regelsätze durch den Aufruf von `evalRule()` für jede einzelne Regel. Im Fall nicht mehr erfüllbarer Regeln werden die zugehörigen Regelsätze aus der Liste der verbleibenden Regelsätze gelöscht. Sind alle Regeln eines Regelsatzes hingegen erfüllt, erfolgt in der Methode `addIdentifiedAttack()` eine Teil-Identifikation des Angriffs: Der zum Regelsatz gehörige Angriff wird der Liste der identifizierten Angriffe hinzugefügt. Zudem werden bereits identifizierte Elter-Angriffe wieder aus der Liste entfernt. Nach der Auswertung aller Regeln werden diejenigen Erkennungsmethoden durch die Methode `recursivePruneDrList()` aus der Liste der lauffähigen Konditionalmethoden gelöscht, welche in keinem der verbliebenen Regelsätze mehr vorkommen – diese Methoden besitzen für die regelbasierte Identifikation keinen Mehrwert. Zur anschließenden Bestimmung der aktiven Erkennungsmethoden existieren derzeit zwei Möglichkeiten: zum einen kann jeweils eine der Methoden gewählt werden – so dass die lauffähigen Konditionalmethoden sequentiell als aktive Methoden ausgeführt werden – oder es werden alle Methoden parallel gestartet. Eine komplexere Auswahlfunktion kann zukünftig an dieser Stelle integriert werden. Der Erkennungsvorgang wird durch `endDetectionRun()` beendet sobald entweder keine Regelsätze oder keine lauffähigen Konditionalmethoden mehr verfügbar sind.

Konnte während der regelbasierten Identifikation kein Angriff identifiziert werden, wird vor Beendigung des Erkennungsvorgangs der geometrische Klassifikator – welcher im Modul `ModuleAttackClassifier` implementiert ist – durch die Methode `startClassifier()` gestartet. Dieser fordert nach der Initialisierung vom Koordinator sämtliche verfügbaren Ausgabedaten an. Diese definieren den zu identifizierenden Angriff im n-dimensionalen Klassifikationsraum. Nach Empfang aller Ausgabedaten berechnet der Klassifikator, welcher als eigener Thread ausgeführt wird, die Distanz des Angriffs zu allen Referenzquadern. Die Methode `classificationDistance()` berechnet hierzu die Distanz zu einem einzelnen Referenzquader. Als Distanzmetrik ist der Euklidische Abstand implementiert – eine unterschiedliche Gewichtung von Dimensionen ist möglich, wird derzeit aber nicht verwendet. Die verwendete Distanzmetrik kann in dieser Methode einfach ausgetauscht werden. Als Ergebnis der Klassifikation wird der Angriff, welcher durch den Referenzquader mit der kürzesten Distanz zu dem zu identifizierenden Quader definiert ist, zurückgeliefert.

Nach Beendigung eines Erkennungsvorgangs wird – falls ein Angriff identifiziert wurde und der Klassifikator diesen nicht als *Normalverkehr* klassifiziert hat – eine Beschreibung des identifizierten Angriffs erstellt. Hierzu startet der Koordinator durch

```
<attackDescription>
  <initiator>10.1.1.1</initiator>
  <time>1247494032</time>
  <ad_id estimated="false">5</ad_id>
  <anomalousProtocols>
    <protocol>6</protocol>
    <protocol>1</protocol>
  </anomalousProtocols>
  <identifiedSourceAdresses />
  <identifiedDestinationAdresses>
    <destAdress>10.1.3.45</destAdress>
  </identifiedDestinationAdresses>
  <identifiedSourcePorts />
  <identifiedDestinationPorts>
    <destPort>80</destPort>
  </identifiedDestinationPorts>
</attackDescription>
```

Listing 5.5 Beispielhafte Angriffsbeschreibung eines TCP SYN-DDoS-Angriffs

die Methode `startADC()` das Modul `ModuleAttackDescriptionCreator`. Um eine Angriffsbeschreibung erstellen zu können, muss fest vorgegeben werden, welche Eigenschaften in einer solchen Angriffsbeschreibung enthalten sein sollen. Zusätzlich zu einer eindeutigen Angriffs-ID werden derzeit die vom Angriff betroffenen Aggregate, die IP-Adressen der Angreifer und der Opfer sowie Quell- und Zielport der Angriffsdateneinheiten berücksichtigt. Konkret in die Beschreibung eingetragen werden können dabei nur die Werte derjenigen Eigenschaften, die für den identifizierten Angriff bekannt sind. Neben diesen Eigenschaften enthält die Beschreibung außerdem die IP-Adresse des Erkennungssystems sowie den Zeitpunkt der Identifikation des Angriffs im Unix-Zeitformat. Als Konfigurationdaten benötigt dieses Modul das notwendige Wissen, um eine Abbildung von den verfügbaren Ausgabedaten aller vorhandenen Erkennungsmethoden auf die in der Angriffsbeschreibung enthaltenen Eigenschaften durchführen zu können. Mit diesem Wissen kann das Modul nach der Initialisierung die zur Erstellung der Beschreibung notwendigen Ausgabedaten anfordern und diese in der Methode `createAttackDescription()` zu einer Beschreibung auf Basis von XML zusammenführen. Listing 5.5 zeigt beispielhaft die Beschreibung eines TCP SYN-DDoS-Angriffs (ID 5), welcher auch Auswirkungen auf das ICMP-Aggregat – dargestellt durch die Protokollnummer 1 – hat. Die IP-Adressen der Angreifer konnten aufgrund von Spoofing nicht ermittelt werden. Auch Quellports sind in der Beschreibung keine enthalten, da ein solcher Angriff meist keine festen Quellports verwendet. Als Zielport wurde der Port 80 ermittelt – das Opfer des Angriffs war folglich ein Webserver. Das Attribut `estimated` des Elements `ad_id` gibt außerdem an, ob der identifizierte Angriff durch das regelbasierte Verfahren (`false`) oder den Klassifikator (`true`) ermittelt wurde.

5.2.7 Evaluierung

Die Evaluierung der Anomalie-basierten Identifikation sowie der autonomen, adaptiven Ablaufsteuerung wurde simulativ durchgeführt. Dabei wird zum einen ausgewertet, wie sich die aus zwei Verfahren aufgebaute iterative Identifikation in unterschiedlichen Situationen verhält und wie stark die Güte der Identifikation von der

Korrektheit der Anomalie-Erkennung abhängt. Zum anderen wird gezeigt, wie die beiden Anforderungen an eine Realisierung einer Identifikation von Angriffen – der autonome Ablauf und die Anpassung an unterschiedliche Randbedingungen – durch die vorliegende Lösung erreicht wurden. Das Verhalten der iterativen Erkennung und Identifikation wird in Abschnitt 5.2.7.2 an drei Fallbeispielen erläutert, welche den verschiedenen, im Entwurf dargestellten Abläufen entsprechen. Die Fallbeispiele werden dabei anhand der Simulation eines TCP SYN-DDoS-Angriffs diskutiert, wobei auch die einfache Erweiterbarkeit durch die Nutzung des verallgemeinerten Modells noch einmal verdeutlicht wird. Abschließend erfolgt eine quantitative Evaluierung (s. Abschnitt 5.2.7.3) der iterativen Identifikation und der Ablaufsteuerung bei unterschiedlichen Angriffen – variiert werden der Angriffstyp, die Anzahl der Angreifer, die Rate der einzelnen Angriffsströme, der Beginn des Angriffs sowie die Lokation des Opfers und des Erkennungssystems.

5.2.7.1 Evaluierungsumgebung

Zur Evaluierung der Identifikation von Angriffen wurde die in Kapitel 4 eingeführte Simulationsumgebung *ReaSE* verwendet, d. h. die Evaluierung wird simulativ auf Basis des diskreten Ereignissimulators OMNeT++ durchgeführt. Das der Evaluierung zugrunde liegende Simulationsszenario besteht aus einer Topologie mit 50 Autonomen Systemen, welche im Durchschnitt jeweils 1 047 Systeme – End- und Zwischensysteme – enthalten, wobei die Größe der einzelnen ASe zwischen 904 und 1 210 Systemen variiert. Insgesamt besteht das Szenario aus 52 343 Systemen. Diese Anzahl teilt sich in insgesamt 41 030 End- sowie 11 313 Zwischensysteme.

Zur Generierung von Hintergrundverkehr innerhalb der Simulation wurden 2 067 Endsysteme durch Server-Systeme ersetzt; die verbleibenden Endsysteme übernehmen die Rolle der Client-Systeme, welche iterativ zufällig eines der 8 Verkehrsprofile sowie einen zufälligen, zum gewählten Profil passenden Server auswählen und die durch das Verkehrsprofil spezifizierte Kommunikation durchführen. Die Erzeugung von Angriffsverkehr beruht ebenfalls auf *ReaSE*. Die Ablaufsteuerung, Erkennung und Identifikation wurden – wie in Abschnitt 5.2.6 beschrieben – innerhalb von *Distack* implementiert. Zur Anomalie-Erkennung werden verschiedene Methoden verwendet, welche nach Volumenanomalien in den Aggregaten TCP, UDP und ICMP, nach Verteilungsanomalien in den Quell- und Ziel-IP-Präfixen sowie nach verschiedenen Protokollanomalien suchen. Eine XML-Spezifikation der verwendeten Anomalie-Erkennungsmethoden sowie der Definition von Vorbedingungen, Eingabe- und Ausgabedaten findet sich in Anhang B. Zudem enthält die dort aufgeführte Spezifikation die zur Identifikation benötigten Regelsätze und Referenzquader sowie die Angriffshierarchie. Zur Durchführung der Simulation wird das Rahmenwerk *Distack* als Shared Library direkt in OMNeT++ eingebunden und mit Hilfe der vom Rahmenwerk zur Verfügung gestellten Netzwerk-Abstraktion transparent innerhalb der Simulation ausgeführt.

Auf Basis des beschriebenen Simulationsszenarios wurden drei unterschiedliche Varianten definiert, welche zur Evaluierung der Identifikation genutzt wurden. Die Varianten unterscheiden sich dabei grundlegend im gewählten Angriffstyp, der Lokation des Erkennungssystems sowie der Anzahl der Angreifer. Tabelle 5.1 gibt einen Überblick über die gewählten Varianten. Die ersten beiden Varianten werden zur Simulation verschiedener DDoS-Angriffe genutzt, wobei in der ersten Variante ca. 1 % der

	Angriffstyp	Angreifer	Erkennungssystem
Variante 1	DDoS-Angriff	376	Am Netzrand (SAS 7)
Variante 2	DDoS-Angriff	79	Im Netzinneren (TAS 10)
Variante 3	Wurmausbreitung	1 223	Im Netzinneren (TAS 10)

Tabelle 5.1 Zur Evaluierung verwendete Varianten des Simulationsszenarios

Endsysteme zufällig durch Zombie-Systeme ersetzt wurden. In der zweiten Variante wurde eine geringere Anzahl von ca. 2 ‰ der Endsysteme zufällig durch Zombie-Systeme ersetzt, so dass der Angriff weniger deutlich hervortritt. Das Erkennungssystem ist dabei einmal im Zugangsnetz des Opfer-Systems, d. h. am Netzrand, lokalisiert. In Variante 2 befindet sich das Erkennungssystem im Netzinneren und kann somit auch nur einen Teil der Angriffsströme beobachten.

Variante 3 dient der Simulation einer Wurmausbreitung über UDP-Scanning-Dateneinheiten. Zur Durchführung der Wurmausbreitung wurden zufällig ca. 3 % der Endsysteme als verwundbar gekennzeichnet, die für die auszunutzende Sicherheitslücke anfällig sind und folglich während einer Wurmausbreitung infiziert werden können. Der Anteil der initial bereits infizierten Endsysteme wurde dabei zwischen 4 % und 20 % der verwundbaren Endsysteme variiert. Als Scanning-Methode wird eine sehr einfache Methode verwendet, bei welcher ein infiziertes System initial eine zufällige IP-Adresse aus einem vorgegebenen Bereich wählt und anschließend über diese Adresse iteriert, um weitere Systeme auf deren Verwundbarkeit zu testen. Das Erkennungssystem befindet sich in dieser Variante ebenfalls im Netzinneren.

Neben der Unterscheidung der drei beschriebenen Varianten wurden im Rahmen der simulativen Evaluierung zusätzlich weitere Angriffsparameter innerhalb jeder Variante variiert. Innerhalb der ersten beiden Varianten, welche DDoS-Angriffe simulieren, wurden jeweils 35 Simulationen durchgeführt, deren Parameter sich bezüglich Art des Angriffs, Startzeit des DDoS-Angriffs, Senderate der Zombie-Systeme sowie Lokation des Opfer-Systems unterschieden. Die konkreten Werte, welche für die jeweiligen Eigenschaften in unterschiedlichen Kombinationen verwendet wurden, listet Tabelle 5.2. Die Simulationszeit sämtlicher Simulationen war auf 900 Sekunden begrenzt. Im Hinblick auf die Angriffsrate der einzelnen Angreifer wurde außerdem eine Kategorisierung in Angriffe mit niedriger, mittlerer und hoher Rate durchgeführt. Alle Simulationen mit einer Angriffsrate von maximal 15 Dateneinheiten/s wurden dabei der Kategorie *niedrige Rate* zugeordnet. Angriffe mit einer Rate von 20 bis 50 Dateneinheiten/s fielen in die Kategorie *mittlere Rate* und alle Angriffe mit mehr als 75 gesendeten Dateneinheiten/s in die Kategorie *hohe Rate*.

In Variante 3 wurden insgesamt 20 Simulationen durchgeführt, deren Parameter bezüglich Startzeit, Scanningrate sowie dem Anteil initial infizierter Systeme variiert wurde. Zu Beginn jeder Simulation entscheidet jedes verwundbare Systeme auf Basis einer vorgegebenen Wahrscheinlichkeit, ob es initial infiziert oder nur verwundbar ist. Verwundbare Systeme beginnen erst mit dem Scannen nach weiteren verwundbaren Systemen, sobald sie eine Scanning-Dateneinheit von einem bereits infizierten System empfangen haben – und dadurch als infiziert gelten. Als IP-Adressraum zur zufälligen Auswahl der Startadresse wurde allen verwundbaren Systeme der gesamte Adressraum aller 50 Autonomen Systeme vorgegeben.

	DDoS-Angriffe (Variante 1 & 2)
Angriffstyp	TCP SYN, TCP SYN/ACK, TCP RST, UDP Echo, ICMP Echo Request
Startzeit	400 s, 450 s, 500 s
Angriffsrate	5, 10, 15, 20, 25, 30, 35, 50, 75, 100, 200 Dateneinheiten/s
Opfer-System	WebServer219, InteractiveServer206 (beide AS 7)
	Wurmausbreitungen (Variante 3)
Startzeit	400 s, 450 s, 500 s
Scanningrate	5, 10, 15, 25, 50, 100 Dateneinheiten/s
Initiale Infizierung	4 %, 10 %, 20 %

Tabelle 5.2 Während der Evaluierung variierte Angriffsparameter

5.2.7.2 Fallbeispiele anhand eines TCP SYN-DDoS-Angriffs

Im Folgenden werden die verschiedenen, möglichen Abläufe der Erkennung und Identifikation anhand von drei Fallbeispielen dargestellt. Hierzu wurde aus den Simulationen, welche im Rahmen der simulativen Evaluierung durchgeführt wurden (s. folgender Abschnitt 5.2.7.3), jeweils eine Simulation eines TCP SYN-DDoS-Angriffs ausgewählt, welche den betreffenden Ablauf aufweist. Gestartet wurde der simulierte Angriff jeweils zum Zeitpunkt 400 s, Opfer-System war das Server-System `WebServer219` in Stub AS 7.

Fallbeispiel 1 – Regelbasierte Identifikation

Das erste Fallbeispiel stellt den Ablauf der Erkennung und Identifikation in dem Fall dar, in welchem die regelbasierte Identifikation erfolgreich verläuft. Hierzu wurde eine Simulation auf Basis von Variante 1 des Simulationsszenarios verwendet – das Erkennungssystem befand sich am Netzrand im Zugangsnetz des Opfer-System. Alle Zombie-Systeme begannen innerhalb von 5 s nach der Startzeit des Angriffs mit einer Rate von 100 Dateneinheiten/s TCP SYN-Dateneinheiten in Richtung des Opfer-Systems zu senden. Das Erkennungssystem wird zum Zeitpunkt 0 gestartet. Auf Basis der spezifizierten Erkennungsmethoden (s. Anhang B) wird die Methode zur Erkennung von Volumenanomalien als lauffähige Initialmethode ermittelt, da diese Methode weder Eingabedaten benötigt noch Vorbedingungen besitzt. Da dies die einzig lauffähige Initialmethode ist und diese Methode keine allgemeinen Vorbedingungen hat, wird sie im nächsten Schritt als aktive Initialmethode gewählt. Nach dem Start dieser aktiven Initialmethode beobachtet diese den lokalen Verkehrsstrom und berechnet für die Aggregate TCP-, UDP- und ICMP-Dateneinheiten einen laufenden Schwellenwert, welcher die Obergrenze der als normal angesehenen Anzahl an Dateneinheiten definiert. Zum Zeitpunkt 400 s startet der TCP SYN-DDoS-Angriff. Dieser führt nach 4 Überschreitungen des Schwellenwerts in Folge – die erste Überschreitung erfolgte bereits vor Beginn des Angriffs aufgrund der Selbstähnlichkeit des normalen Verkehrs – zum Zeitpunkt 403 s zur Erkennung einer Volumenanomalie im TCP-Aggregat. Die mehrmalige Überschreitung des Schwellenwerts wird zur Erkennung einer Volumenanomalie gefordert, da einzelne Überschreitungen auch durch die Selbstähnlichkeit des Verkehrs ausgelöst werden können. Als Ausgabedatum `TcpAlert` wird dem Koordinator die Höhe der Überschreitung im TCP-Aggregat gemeldet. Die Ausgabedaten der anderen beobachteten Aggregate enthalten jeweils den Wert 0. Zusätzlich wird durch das qualitative Ausgabedatum `Alert`, welches auf `true` gesetzt wird, die Tatsache gemeldet, dass eine Anomalie erkannt wurde.

Der Koordinator startet im Anschluss an den Empfang der Ausgabedaten, welche eine Zustandsänderung des Erkennungssystems bedeuten, einen neuen Erkennungsvorgang. Dann wertet der Koordinator die Spezifikationen der noch verfügbaren Erkennungsmethoden aus, um die aufgrund der neuen Situation nun lauffähigen Konditionalmethoden zu ermitteln. Anschließend werden die verfügbaren Regelsätze ausgewertet. Da die Ausgabedaten, welche die Überschreitungen im UDP- und ICMP-Aggregat enthalten, den Wert 0 haben, sind die Regelsätze, welche Regeln mit den Bedingungen `IcmpAlert` > 0 oder `UdpAlert` > 0 enthalten, im aktuellen Erkennungsvorgang nicht mehr erfüllbar und werden verworfen. Daraufhin werden diejenigen Erkennungsmethoden aus der Menge der verfügbaren Konditionalmethoden entfernt, welche in keiner der vorhandenen Regeln mehr vorkommen. Dies sind im konkreten Beispiel die Konditionalmethoden zur Erkennung von Protokollanomalien im Verhalten der UDP Echo- sowie der ICMP Echo Request- und ICMP Echo Reply-Dateneinheiten. Die autonome Ablaufsteuerung sorgt an dieser Stelle dafür, dass diese drei Erkennungsmethoden nicht ausgeführt werden, da sie keinen Mehrwert für die Identifikation des aktuell laufenden Angriffs bieten. Dadurch werden die für die Ausführung der Methoden notwendigen Ressourcen eingespart sowie der Erkennungsvorgang abgekürzt. Die Konditionalmethode zur Erkennung von Protokollanomalien im Verhalten der ICMP Destination Unreachable-Dateneinheiten bleibt jedoch weiterhin in der Menge der verfügbaren Methoden, da diese in einem Regelsatz zur Identifikation von Wurmausbreitungen vorkommt, welcher nicht entfernt wurde. Nach dieser Reduzierung der Regelsätze und lauffähigen Konditionalmethoden verbleibt die Konditionalmethode zur Erkennung von Verteilungsanomalien in den Quell- und Ziel-IP-Präfixen als lauffähige Konditionalmethode. Da nur diese eine lauffähige Methode existiert, wird diese als aktive Methode bestimmt und in der Folge ausgeführt.

Die aktive Konditionalmethode erkennt in den vom Koordinator angeforderten Historiendaten der beobachteten IP-Präfix-Verteilungen eine Anomalie in der Verteilung der Quell-IP-Präfixe, welche darauf hindeutet, dass es sich um einen verteilten Angriff handelt. Dies teilt sie dem Koordinator über das Ausgabedatum `DistributedAttack` mit. Zusätzlich konnte das Ziel-IP-Präfix 0.8.0.0/16 identifiziert werden, welches möglicherweise das Opfer des Angriffs ist, da dieses Präfix – wie auch der Schwellenwert der Initialmethode – einen starken Anstieg an Verkehr aufweist. Die Anzahl anormaler Ziel-IP-Präfixe wird dem Koordinator über das Ausgabedatum `VictimPrefixes` übermittelt, bevor die Konditionalmethode beendet wird. Die anschließende Bestimmung der lauffähigen Konditionalmethoden dieses Iterationsschritts resultiert in mehreren Methoden zur Erkennung unterschiedlicher Protokollanomalien. Die Auswertung und Reduzierung der Regelsätze durch den Koordinator führt zu einer Teil-Identifikation, da einer der noch vorhandenen Regelsätze – der Regelsatz, welcher einen TCP-DDoS-Angriff beschreibt – erfüllt ist. Anschließend werden wieder die lauffähigen Konditionalmethoden gelöscht, welche in keinem der verbliebenen Regelsätze mehr vorhanden sind. Gelöscht wird in diesem Schritt nun auch die Methode zur Erkennung von Protokollanomalien im Verhalten der ICMP Destination Unreachable-Dateneinheiten, da die Regelsätze zur Identifikation von Wurmausbreitungen aufgrund der neuen Ausgabedaten unerfüllbar sind. Die nach der Reduzierung verbliebenen vier Konditionalmethoden werden im Folgenden alle als aktive Methoden bestimmt und parallel ausgeführt, da innerhalb der Simulation derzeit keine Modellierung des Aufwands der einzelnen Methoden über die allgemeinen Vorbedingungen erfolgt. Alternativ bietet die Implementierung die Möglichkeit, die lauffähigen Konditionalmethoden sequentiell als aktiv zu bestimmen und auszuführen. In diesem Fall wird der Iterationsschritt des Koordinators nach Beendigung einer aktiven Methode erneut ausgeführt.

Im Anschluss an die Durchführung der Methoden zur Erkennung von Protokollanomalien liegen dem Koordinator neue Ausgabedaten vor: Drei der Protokollanomalien hatten ihr Ausgabedatum zur Anzeige einer Anomalie auf `false` gesetzt. Die Methode zur Erkennung von Protokollanomalien im Verhalten der TCP SYN- und TCP SYN/ACK-Dateneinheiten übermittelt im Ausgabedatum `TcpSyn` den Wert `true`. Zudem konnte genau ein Endsystem ermittelt werden, welches ein anormales Verhalten aufwies, da die Anzahl der empfangenen TCP SYN-Dateneinheiten im Beobachtungszeitraum mehr als 10 % über der Anzahl der gesendeten TCP SYN/ACK-Dateneinheiten lag. Die Auswertung der verbliebenen Regelsätze resultiert in genau einem erfüllten Regelsatz, welcher einen TCP SYN-DDoS-Angriff identifiziert. Da dieses Identifikationsergebnis in der Angriffshierarchie ein Kindknoten des im vorigen Iterationsschritt identifizierten TCP-DDoS-Angriffs ist, wird das Ergebnis der vorherigen Teil-Identifikation gelöscht und das neue Ergebnis als Teil-Identifikation übernommen. Die anschließende Bestimmung weiterer lauffähiger und aktiver Konditionalmethoden endet mit einer leeren Menge, so dass der Erkennungsvorgang mit dem Identifikationsergebnis eines TCP SYN-DDoS-Angriffs beendet wird. Der Klassifikator wird aufgrund des bereits vorhandenen Ergebnisses nicht ausgeführt.

Die Ablaufsteuerung erfolgte in der beschriebenen simulativen Evaluierung autonom auf Basis der im Voraus erfolgten Konkretisierung des verallgemeinerten Modells. Eine Adaption des Ablaufs an veränderte Bedingungen kann beispielsweise durch die Spezifikation des Aufwands einer Erkennungsmethode oder durch die Vergabe von Prioritäten erfolgen. Dies wurde in der derzeitigen Implementierung noch nicht berücksichtigt. Eine diesbezügliche Erweiterung ist jedoch einfach zu integrieren, da hierzu lediglich die Bestimmung der aktiven Methoden im Iterationsschritt der Ablaufsteuerung angepasst werden muss. Die restliche Ablaufsteuerung sowie die Konkretisierung des Modells bleiben davon unberührt. Eine Integration neuer Methoden in die vorhandene Erkennung und Identifikation bzw. das Entfernen vorhandener Methoden ist problemlos möglich, ohne dass manuell in die Ablaufsteuerung oder die Mechanismen der Erkennung und Identifikation eingegriffen werden muss.

Fallbeispiel 2 – Anwendung des geometrischen Klassifikators

Als zweites Fallbeispiel wurde eine Simulation gewählt, in welcher die regelbasierte Identifikation aufgrund einer fehlerbehafteten Anomalie-Erkennung scheiterte. Hierzu wurde eine Simulation auf Basis von Variante 2 des Szenarios verwendet, in welcher sich das Erkennungssystem im Netzinneren statt am Netzrand befand und eine geringere Anzahl an DDoS-Zombies vorhanden war. Die Senderate der Angreifer betrug 200 Dateneinheiten/s. Auch in dieser Simulation konnte eine Volumenanomalie im TCP-Aggregat von der Initialmethode erkannt und an den Koordinator übermittelt werden. Die Erkennung der Anomalie erfolgte zum Zeitpunkt 405 s. Die in der Folge ausgeführte aktive Konditionalmethode zur Erkennung von Verteilungsanomalien konnte jedoch weder einen verteilten Angriff noch ein anormales Ziel-IP-Präfix erkennen. Dass keine Verteilungsanomalie erkannt wurde, ist u. a. darauf zurückzuführen, dass nur 7 der 79 Angriffsströme über das Zwischensystem weitergeleitet werden, auf welchem die Angriffserkennung ausgeführt wird – das Erkennungssystem beobachtet folglich im Netzinneren deutlich weniger Angriffsverkehr als ein System am Netzrand in der Nähe des Opfers. Zusätzlich ist auch der beobachtete Hintergrundverkehr deutlich höher als im vorigen Beispiel, in welchem sich das Erkennungssystem auf einem Zwischensystem am Netzrand befand. Während der für den folgenden Iterationsschritt durchgeführten Auswertung der vorhandenen Regelsätze wurden alle Regelsätze als unerfüllbar markiert, da alle von der Erkennung einer Verteilungsanomalie abhängen. Dadurch wurde eine der Abbruchbedingungen für den aktuellen Erkennungsvorgang erfüllt – es sind keine erfüllbaren Regelsätze mehr vorhanden – und die regelbasierte Identifikation wurde ohne Ergebnis beendet. Im Anschluss an die regelbasierte Identifikation wurde daher zusätzlich der geometrische Klassifikator ausgeführt, welcher aufgrund der verwendeten Distanzmetrik flexibler ist als das regelbasierte Verfahren. Als Eingabe erhielt der Klassifikator die normierten, quantitativen Ergebnisse der bisher ausgeführten Erkennungsmethoden. Dies waren lediglich die Initialmethode zur Erkennung von Volumenanomalien sowie die Konditionalmethode zur Erkennung von Verteilungsanomalien. Auf Basis dieser Ausgabedaten konnte jedoch nur Normalverkehr identifiziert werden, so dass die Erkennung und Identifikation mit einem False negative-Fehler beendet wurde.

Fallbeispiel 3 – Ausführung weiterer Konditionalmethoden

Als Basis des dritten Fallbeispiels diente ebenfalls die im vorigen Beispiel verwendete Simulation auf Basis von Variante 2. Für dieses Fallbeispiel wurde jedoch die im Entwurf beschriebene, optionale Ausführung weiterer Konditionalmethoden vor Anwendung des Klassifikators genutzt – d. h. nach der erfolglosen regelbasierten Identifikation wurden diejenigen lauffähigen Konditionalmethoden, welche nicht ausgeführt wurden, da sie für die regelbasierte Identifikation keinen Mehrwert aufwiesen, vor der Anwendung des Klassifikators zusätzlich ausgeführt. Durch die zusätzliche Ausführung der Konditionalmethoden zur Erkennung von Protokollanomalien standen dem Klassifikator – neben den Ergebnissen der beiden bereits im vorigen Beispiel ausgeführten Methoden – weitere Ergebnisse in Form normalisierter, quantitativer Ausgabedaten zur Verfügung. Dabei konnte in diesem dritten Fallbeispiel zusätzlich eine Protokollanomalie in Bezug auf das Verhalten eingehender TCP SYN- im Vergleich zu ausgehenden TCP SYN/ACK-Dateneinheiten erkannt werden. Dadurch war der Klassifikator in der Lage, den stattfindenden TCP SYN-DDoS-Angriff trotz einer unvollständigen Anomalie-Erkennung zu identifizieren und die Erkennung und Identifikation doch noch mit einem korrekten Ergebnis abzuschließen.

Zusammenfassung

An den vorgestellten Fallbeispielen zeigt sich der Vorteil der aus zwei Verfahren bestehenden Architektur zur Identifikation von Angriffen. Die regelbasierte Identifikation auf Basis klar definierter Regeln liefert präzise Ergebnisse und vermeidet die Ausführung von Erkennungsmethoden ohne Mehrwert für die Identifikation. Während die regelbasierte Identifikation jedoch im Fall unvollständiger oder fehlerbehafteter Informationen oft scheitert, ist der zusätzlich, nur bei Bedarf ausgeführte Klassifikator in manchen Situationen in der Lage, trotz einer unvollständigen bzw.

Ergebnis	Variante	TCP L	TCP M	TCP H	UDP L	UDP M	UDP H	ICMP L	ICMP M	ICMP H	Σ
Regelbasiert (Exakt)	1	3	12	1	4	1	1	4	3	2	31
	2					1	1	2	3	2	9
	3				7	3	1				11
Regelbasiert (Falsch)	1		3	1							4
	2							2			2
	3				1	3	3				7
Klassifikator (Exakt)	1										0
	2			1							1
	3										0
Klassifikator (Falsch)	1										0
	2			1							1
	3				1						1
Keine Erkennung	1										0
	2	3	15		4						22
	3				1						1

Tabelle 5.3 Identifikationsergebnisse aller durchgeführten Simulationen

fehlerbehafteten Erkennung ein korrektes Identifikationsergebnis zu ermitteln – und damit die Nachteile des regelbasierten Verfahrens abzuschwächen. Dabei hängt die erfolgreiche Identifikation durch den Klassifikator allerdings davon ab, wie stark fehlerbehaftet die Erkennung ist bzw. wie stark die erkannten Anomalien ausgeprägt sind. Zudem konnte im dritten Fallbeispiel gezeigt werden, dass die optionale Ausführung weiterer Konditionalmethoden die Ergebnisse des Klassifikator u. U. dadurch verbessern kann, dass zusätzliche Eingabedaten für weitere Dimensionen zur Verfügung gestellt werden. Die zusätzliche Ausführung der Methoden erzeugt auch zusätzlichen Aufwand für die Durchführung der Anomalie-Erkennung und führt dazu, dass das Ergebnis des Erkennungsvorgangs erst später zur Verfügung steht. Diese Nachteile ergeben sich jedoch nur im Falle eines Scheiterns der regelbasierten Identifikation. Es muss allerdings immer berücksichtigt werden, dass das Ergebnis des Klassifikators mit Hilfe einer Distanzmetrik geschätzt ist und nicht – wie im Fall der regelbasierten Identifikation – präzise die durch die Modellierung vorgegebenen Zusammenhänge zwischen Anomalien und Angriffen erfüllt.

5.2.7.3 Simulative Evaluierung bei unterschiedlichen Angriffen

Abschließend wurde die Evaluierung der Identifikation von Angriffen auf Basis aller drei in Abschnitt 5.2.7.1 definierten Varianten des Simulationsszenarios mit variierenden Parametern durchgeführt. Die für die Durchführung der Simulationen verwendeten Parameter sind in Tabelle 5.2 aufgelistet. Einen Überblick über die Ergebnisse der durchgeführten Simulationen in Bezug auf die Identifikation der jeweils simulierten Angriffe gibt Tabelle 5.3. Die Ergebnisse sind dabei in die einzelnen Varianten sowie zusätzlich in das von den jeweiligen Angriffen verwendete Transportprotokoll und die Angriffs- bzw. Scanningrate der Angriffe unterteilt, wobei `L` Angriffe mit niedriger, `M` Angriffe mit mittlerer und `H` Angriffe mit hoher Rate bezeichnet.

Betrachtet man die Ergebnisse der Identifikation in Variante 1, zeigt sich, dass der simulierte DDoS-Angriff in 31 der 35 durchgeführten Simulationen durch das regelbasierte Verfahren korrekt identifiziert werden konnte, wohingegen das Ergebnis der Identifikation in 4 der durchgeführten Simulationen in Bezug auf den tatsächlich stattfindenden Angriff aufgrund fehlerhafter Anomalie-Erkennungen nicht korrekt war. Die hohe Anzahl korrekter Identifikationen ist vor allem darauf zurückzuführen, dass das Erkennungssystem im Zugangsnetz des Opfer-Systems platziert war. Dadurch konnte dieses zum einen den gesamten Angriffsverkehr beobachten, welcher sich vor dem Opfer aggregiert. Zum anderen konnten Anomalien aufgrund des – im Vergleich zum Netzinneren – deutlich geringeren Hintergrundverkehrs einfacher erkannt werden. Vor allem die simulierten Angriffe auf Basis der Protokolle UDP und ICMP erzeugten vergleichsweise einfach zu erkennende Anomalien, da die Anzahl der beobachteten UDP- und ICMP-Dateneinheiten im Normalverkehr deutlich unter der Anzahl der TCP-Dateneinheiten liegt (s. auch Abschnitt 4.3). Dadurch sind Volumenanomalien im UDP- bzw. ICMP-Aggregat bei gleicher Senderate der Angreifer wesentlich einfacher zu erkennen als im TCP-Aggregat. Die 4 fehlerhaften Identifikationsergebnisse in Variante 1 sind durch Fehler der Initialmethode zur Erkennung von Volumenanomalien bedingt. Diese Initialmethode erkannte in den 4 Fällen fälschlicherweise keine Volumenanomalien im TCP-Aggregat (False negative-Fehler), im UDP-Aggregat hingegen wurden – ebenfalls fälschlicherweise (False positive-Fehler) – Volumenanomalien erkannt. Die aufgrund dieses False positive-Fehlers anschließend gestartete Konditionalmethode zur Erkennung von Verteilungsanomalien erkannte kein eindeutiges Ziel-IP-Präfix. Dies führte zur Identifikation einer Wurmausbreitung – auf Basis der erkannten Anomalien stellt dies zwar das korrekte Identifikationsergebnis dar, in Bezug auf den tatsächlich stattfindenden Angriff ist das Ergebnis jedoch falsch. In diesen Fällen wurde der Klassifikator nicht ausgeführt, da die Menge der erkannten Anomalien auf eine der verfügbaren Regeln zutraf und somit davon ausgegangen werden musste, dass eine korrekte Identifikation stattgefunden hat. Eine solche Identifikation des falschen Angriffs kann nur durch Verbesserung der zugrunde liegenden Anomalie-Erkennung vermieden werden, nicht jedoch durch die Identifikation selbst.

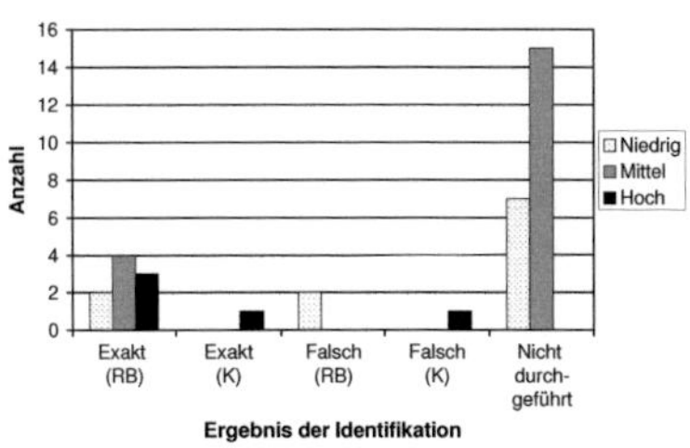

(a) Variante 2 – DDoS-Angriffe

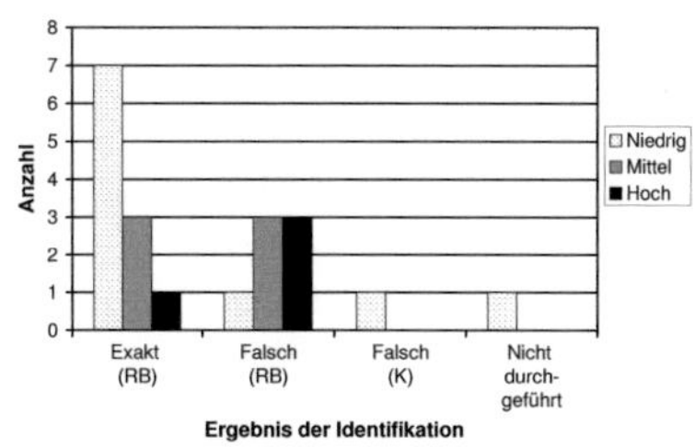

(b) Variante 3 – Wurmausbreitungen

Abbildung 5.12 Identifikationsergebnisse der Varianten 2 und 3 im Überblick

Die Ergebnisse der Identifikation in Variante 2 fasst Abbildung 5.12(a) graphisch zusammen, wobei die Unterteilung in die unterschiedlichen Protokolle der Übersichtlichkeit wegen ausgelassen wurde. Hier zeigt sich, dass durch die Platzierung des Erkennungssystems im Netzinneren sowie die deutlich geringere Anzahl an Zombie-Systemen für eine Vielzahl simulierter Angriffe aufgrund von False negative-Fehlern der Anomalie-Erkennung keine Identifikation durchgeführt wurde – die ausgeführte Initialmethode hat in diesen Fällen keine Volumenanomalie erkannt. Dies betraf vor allem Angriffe mit niedriger und mittlerer Rate. Die detaillierten Ergebnisse aus Tabelle 5.3 zeigen, dass hauptsächlich bei Angriffen über UDP und TCP keine Anomalien erkannt wurden. Im Fall der DDoS-Angriffe über ICMP profitierte die Erkennung von den niedrigen Datenraten des Normalverkehrs im ICMP-Aggregat, wodurch selbst bei niedriger Angriffsrate Anomalien erkannt und die ICMP-DDoS-Angriffe durch das regelbasierte Verfahren (RB) identifiziert werden konnten. In 2 Simulationen wurde der Klassifikator (K) ausgeführt, da die regelbasierte Identifikation kein Ergebnis erzielen konnte. In diesen Fällen wurden vor dem Start des Klassifikators – wie im dritten Beispiel des vorigen Abschnitts beschrieben – zusätzliche Konditionalmethoden ausgeführt, welche in der regelbasierten Identifikation aufgrund ihres fehlenden Mehrwerts nicht berücksichtigt wurden. Dies führte dazu, dass in einer der beiden Simulationen trotz einer fehlerbehafteten Erkennung der korrekte Angriff exakt identifiziert werden konnte. In der zweiten Simulation wurde Normalverkehr klassifiziert – der Klassifikator konnte die Fehler der Erkennung aufgrund der nur schwachen Ausprägung der Protokollanomalie nicht ausgleichen.

Die Ergebnisse der Identifikation der in Variante 3 simulierten Wurmausbreitungen zeigt Abbildung 5.12(b). Die Wurmausbreitungen mit niedriger Scanningrate wurden dabei häufig korrekt identifiziert, da sie ICMP Destination Unreachable-Fehlermeldungen – und dadurch eine vergleichsweise einfach zu erkennende Volumenanomalie im ICMP-Aggregat – auslösen. Die UDP-Scanning-Dateneinheiten selbst verursachten meist keine Volumenanomalie im UDP-Aggregat. Die Wurmausbreitungen mit hohen Scanningraten wurden jedoch häufig falsch identifiziert. Dies ist allerdings nicht auf einen Fehler in der Identifikation zurückzuführen, sondern auf die verwendete einfache Scanning-Methode. Dadurch, dass die initial gewählte, zu scannende IP-Adresse mit jeder gesendeten Dateneinheit um eins erhöht wird, ähnelt das Verkehrsverhalten eines infizierten Systems vor allem bei hohen Scanningraten dem eines Zombie-Systems bei DDoS-Angriffen – der Angreifer sendet viele Dateneinheiten an genau ein Ziel-IP-Präfix. Dadurch wird während des Erkennungsvorgangs eine Verteilungsanomalie erkannt, welche in den Regelsätzen zur Identifikation von DDoS-Angriffen vorhanden ist. Dies führt dann zur regelbasierten Identifikation des falschen Angriffs.

Insgesamt zeigt sich in den durchgeführten Simulationen, dass die Güte des Identifikationsergebnisses, wie zu erwarten war, stark von der Güte der Anomalie-Erkennung abhängt. Werden Anomalien nicht oder falsch erkannt, kann dies zur Identifikation eines falschen Angriffs führen, wenn die Menge der erkannten Anomalien auf einen anderen als den tatsächlich stattfindenden Angriff hindeutet. Das falsche Identifikationsergebnis ist in diesen Fällen allerdings nicht dem zur Identifikation verwendeten Mechanismus geschuldet; vielmehr sollte in diesen Fällen die Erkennung verbessert oder das auf Basis der Modellierung konkretisierte Wissen weiterentwickelt und dadurch die zur Identifikation verwendeten Regeln und Referenzquader präzisiert werden, um falsche Ergebnisse zu vermeiden. Führt die regelbasierte Identifikation bei unvollständiger oder fehlerbehafteter Anomalie-Erkennung zu keinem Ergebnis, d. h. erfüllen die erkannten Anomalien keine der vorhandenen Regeln, ist der in diesem Fall zusätzlich ausgeführte Klassifikator in manchen Situationen in der Lage, trotz der fehlerhaften Anomalie-Erkennung ein korrektes Identifikationsergebnis zu erzeugen. Die sehr seltene Anwendung des Klassifikators in den durchgeführten Simulationen ist darauf zurückzuführen, dass der Raum, welcher durch die Ausgabedaten der derzeit verwendeten Erkennungsmethoden aufgespannt wird, durch die verwendeten Regelsätze weitgehend abgedeckt ist. Es ist jedoch zu erwarten, dass diese Abdeckung im Fall einer Erweiterung des Erkennungssystems um neue Erkennungsmethoden geringer werden wird, so dass sich sowohl die Häufigkeit der Ausführung des Klassifikators als auch dessen Notwendigkeit aufgrund kleinerer Fehler oder Unvollständigkeiten der Erkennung erhöhen wird.

5.3 Dezentrale Kooperation verteilter Erkennungssysteme

Dieser Abschnitt beschreibt den Entwurf sowie die Umsetzung einer dezentralen Kooperation, welche mit dem Ziel entwickelt wurde eine Domänen-übergreifende Kooperation von Erkennungssystemen zu ermöglichen. Im Folgenden werden zuerst existierende Arbeiten zur verteilten Angriffserkennung und Kooperation verteilter Erkennungssysteme beschrieben (s. Abschnitt 5.3.1). Im darauf folgenden Abschnitt 5.3.2 werden die im Rahmen der vorliegenden Arbeit entwickelten Mechanismen zur Realisierung einer dezentralen Kooperation verteilter Erkennungssysteme vorgestellt, bevor in Abschnitt 5.3.2.4 eine Analyse der Angreifbarkeit der entwickelten Kooperation erfolgt. Die entwickelte dezentrale Kooperation wurde in die Simulationsumgebung *ReaSE* integriert (s. Abschnitt 5.3.3). Die Durchführung sowie die Ergebnisse der ausgeführten simulativen Evaluierung werden abschließend in Abschnitt 5.3.4 beschrieben.

5.3.1 Stand der Forschung

Die Anomalie-Erkennung der bereits in Abschnitt 2.4 vorgestellten Erkennungsmethoden erfolgte durch Analyse des lokal beobachteten Verkehrs bzw. basierend auf Daten, welche innerhalb einer Domäne gesammelt werden. Zur Sammlung von Daten werden dabei meist Sensor/Manager-Ansätze genutzt, z. B. in DIADEM [127], Cossack [149] oder TOPAS [18]. Diese beruhen darauf, dass Daten von Sensoren, welche im Netz verteilt sind, gesammelt und an einen zentralen Manager übermittelt werden. Der Manager führt dann die eigentliche Erkennung sowie die Koordination der Sensoren durch. In wenigen Ansätzen, z. B. in [224], führen die Sensoren statt einer reinen Datensammlung zudem eine Vorverarbeitung der beobachteten Daten durch, bevor diese an den Manager kommuniziert werden. In all diesen Ansätzen ist eine Domänen-übergreifende Kooperation nicht möglich, da dies den Austausch sensibler Informationen über die jeweiligen Netze zwischen verschiedenen Betreibern zur Folge hätte. Dies wiederum setzt sowohl aus Gründen der Geheimhaltung als auch aus datenschutzrechtlicher Sicht feste Vertrauensbeziehungen zwischen den Betreibern voraus, welche im Internet jedoch meist nicht gegeben sind.

Katti et al. [98] betrachten vorrangig die Signatur-basierte Erkennung von gezielten Angriffen auf einzelne Sicherheitslücken, wobei verteilte Erkennungssysteme Wissen über erkannte Angreifer austauschen und nach Empfang einer Angriffsbeschreibung Dateneinheiten des Angreifers – d. h. Dateneinheiten, welche auf die empfangene Beschreibung passen – mit Hilfe eines Filters verwerfen. In dieser Lösung wird durch die Installation eines Filters aktiv in die Weiterleitung von Dateneinheiten eingegriffen. Dies geschieht dabei nicht aufgrund einer lokalen Angriffserkennung, sondern durch eine Benachrichtigung durch ein anderes Erkennungssystem. Eine lokale Validierung empfangener Informationen erfolgt nicht. Daher müssen sich kooperierende Erkennungssysteme in einer solchen Lösung gegenseitig vertrauen – ein Einsatz über Domänengrenzen hinweg ist nur möglich, wenn dieses notwendige Vertrauen im Voraus, beispielsweise durch Verträge, aufgebaut wird. Dieses Vorgehen ist für eine Kooperation weniger Domänen im Einzelfall denkbar, für eine netzweite Kooperation jedoch aufgrund des manuellen Aufwands ungeeignet.

Der Ansatz von Lin et. al [113] realisiert eine kooperative, verteilte Angriffserkennung. Ziel der Arbeit ist dabei, eine Signatur-basierte Erkennung auch im Netzinneren zu ermöglichen, indem die Last, welche durch die Überprüfung aller Dateneinheiten anfällt, auf mehrere kooperierende Erkennungssysteme verteilt wird. Hat ein Erkennungssystem noch freie Ressourcen, führt es die Signatur-basierte Erkennung der weiterzuleitenden Dateneinheit selbst durch und markiert die Dateneinheit anschließend als bearbeitet. Stehen keine Ressourcen mehr zur Verfügung, wird die Dateneinheit an das nächste Zwischensystem weitergeleitet. Das letzte Zwischensystem der Sicherheitsdomäne muss sicherstellen, dass die Dateneinheit bearbeitet wurde. Ist dies nicht der Fall, wird sie zu einem Erkennungssystem mit freien Ressourcen umgeleitet, d. h. die Dateneinheit verlässt den eigentlich kürzesten Pfad zum Ziel-System. Auch diese Lösung kann nur innerhalb einer administrativen Domäne angewendet werden, da garantiert werden muss, dass alle Erkennungssysteme dieselbe Signatur-Datenbank verwenden. Zudem muss der Markierung der Dateneinheit vertraut werden.

Bei der Pushback-Methode [90] erfolgt die Erkennung einer Anomalie über die Beobachtung derjenigen Dateneinheiten, welche aufgrund einer Stausituation verworfen werden – das Auftreten einer anormalen Stausituation führt dazu, dass implizit auf das Vorliegen eines DDoS-Angriffs geschlossen wird. Überschreitet die Anzahl der verworfenen Dateneinheiten einen bestimmten, vorgegebenen Schwellenwert, so wird anschließend das Aggregat identifiziert, zu welchem die meisten der verworfenen Dateneinheiten gehören. Bezugspunkt der Aggregatbildung sind hierbei die Ziel-IP-Präfixe, welche aus der lokalen Routing-Tabelle ermittelt werden. Um die Stausituation für die nachfolgenden Systeme in Richtung des vermuteten Opfers zu verringern, wird für das identifizierte Aggregat als Gegenmaßnahme ein Rate Limiter installiert. Der Vorgang der Anomalie-Erkennung und Installation eines Rate Limiters wird so lange iterativ durchgeführt, bis die Anzahl der aufgrund der Stausituation verworfenen Dateneinheiten unter den vorgegebenen Schwellenwert fällt; u. U. werden folglich mehrere verdächtige Aggregate identifiziert. Unter der Annahme, dass die Zwischensysteme im Internet als aktive Knoten fungieren, wird zusätzlich die Beschreibung der identifizierten Angriffe an benachbarte Router in Upstream-Richtung, d. h. in Richtung der Angreifer, signalisiert, welche daraufhin ebenfalls einen Rate Limiter installieren.

Weitere aus der Forschung im Bereich der aktiven Netze hervorgegangene Lösungen sind [29, 32, 196]. Der Ansatz von Sterne et al. [196] basiert auf einer dreistufigen Architektur. Ein *Flood Detector* übernimmt die Anomalie-Erkennung, welche mit Hilfe von Schwellenwerten nach Volumenanomalien sucht. Informationen über erkannte DDoS-Angriffe werden an den *Dispatcher* gesendet. Dieser verteilt auf die aktiven Plattformen so genannte *Networking Nodes*, welche Gegenmaßnahmen ergreifen, indem sie einen Rate Limiter für den erkannten Angriff installieren. AEGIS [29] ist ebenfalls aus drei Komponenten aufgebaut. *Shields* können auf aktive Knoten verteilt werden und klassifizieren dort beobachtete Dateneinheiten in Angriffs- und Normalverkehr. Informationen über erkannte DDoS-Angriffe werden dem *Commander* mitgeteilt, welcher daraufhin *Probes* auf aktive Knoten in Richtung der Angreifer verteilen kann. Diese verwerfen den Angriffsverkehr bereits frühzeitig mit Hilfe eines Filters. Zusätzlich zu den *Shields* analysiert auch der *Commander* den eingehenden Verkehr, um Anomalien zu erkennen, welche erst im aggregierten Verkehr und nicht bereits bei den *Shields* erkennbar sind. IBAN [32] basiert ebenfalls auf aktiven Netzen, fokussiert aber mehr die Erkennung von bekannten Angriffen, welche gezielt einzelne Sicherheitslücken ausnutzen. Hierzu werden auf aktiven Plattformen möglichst nah bei den Endsystemen *Scanner* installiert, welche die jeweiligen Endsysteme auf bekannte Schwachstellen untersuchen, die beispielsweise von Internetwürmern ausgenutzt werden können. Wird ein verwundbares Endsystem gefunden, wird dies dem *Manager* mitgeteilt, welcher daraufhin einen *Blocker* auf den aktiven Knoten verschiebt, welcher dem Endsystem am nächsten liegt. Dieser schützt das Endsystem gezielt vor möglichen Angriffen auf die ermittelte Schwachstelle.

Problematisch an den Ansätzen, welche auf aktiven Netzen basieren, ist die Tatsache, dass die Installation von Filtern und Rate Limitern auf aktiven Knoten durch eine Kooperation ausgelöst und ohne Validierung der empfangenen Daten durchgeführt wird. Dies setzt feste Vertrauensbeziehungen zwischen den Knoten voraus, da aktiv auf Verkehr zugegriffen bzw. Verkehr verworfen wird. Diese Lösungen sind daher nur innerhalb einer Domäne realisierbar. Die Kooperation der verteilten Erkennungssysteme bezieht sich außerdem meist auf die Einleitung von Gegenmaßnahmen und nicht auf die Erkennung von Angriffen. Die eigentliche Erkennung der vorgestellten Ansätze ist meist sehr grobgranular. Die Koordination von Erkennungssystemen hängt nur bei Pushback nicht von einem zentralen Knoten ab.

Die Idee, die Zombie-Systeme, welche einen DDoS-Angriff ausführen, zu identifizieren, um möglichst nahe bei diesen Gegenmaßnahmen einleiten zu können, steht hinter den Traceback-Techniken. Diese führen jedoch meist keine eigene Erkennung durch, sondern fokussieren nur die an eine Erkennung anschließende Kooperation, welche zum Ziel hat, die für den Angriff verwendeten Dateneinheiten zu den ursprünglichen Sendern zurück zu verfolgen. ITRACE [15] ermöglicht einem Empfänger das Erlernen der Lokation eines Zombies durch das zusätzliche Generieren und Versenden von ICMP-ITRACE-Dateneinheiten. Dies erzeugt jedoch durchgängig einen vergleichsweise hohen zusätzlichen Nachrichtenaufwand, auch wenn keine Angriffe stattfinden. Burch [23] hingegen schlägt vor, sämtliche Upstream-Links kurzzeitig zu fluten, um im Fall gespoofter Angriffsdateneinheiten über eine Veränderung der Angriffsrate herauszufinden, auf welchem Link der Angriffsverkehr empfangen wurde. Dies ist jedoch mit hohem Aufwand verbunden und stört u. U. auch legitimen Verkehr. Über Domänengrenzen hinweg ist diese Lösung aufgrund des kurzzeitigen Überflutens von Links nicht anwendbar. In den Lösungen von Snoeren [187] und Baba et al. [9] müssen Zwischensysteme Zustand über weitergeleiteten Verkehr halten. Statt vollständiger Informationen [9] werden beim Hash-based IP Traceback [187] nur Hashwerte der beobachteten Dateneinheiten gespeichert. Im Anschluss an die Erkennung eines Angriffs kann das Opfer alle Upstream-Zwischensysteme nach den Angriffsdateneinheiten befragen und somit deren Pfade rekonstruieren. Dies erzeugt jedoch einen hohen zusätzlichen Aufwand in den Zwischensystemen. Außerdem muss eine Abfrage sehr zeitnah erfolgen, da die Daten nur eine begrenzte Zeit vorgehalten werden. Beim probabilistischen Markieren von Dateneinheiten [75, 174] werden Informationen über das weiterleitende Zwischensystem in die Dateneinheiten eingefügt. Dies ermöglicht es dem Opfer, den Pfad der Angriffsdateneinheiten zu rekonstruieren. Problematisch hierbei ist jedoch, dass bestehende, für andere Daten bestimmte Felder des IP-Kopfes zur Speicherung der Information genutzt werden und dass der Aufwand der Rekonstruktion beim Opfer liegt, welches bereits durch den Angriff überlastet ist. Traceback-Techniken haben sich bis heute vor allem wegen ihres hohen Aufwands und dem benötigten Vertrauen in andere Systeme Domänen-übergreifend nicht durchgesetzt.

CITRA [178] ist ein Rahmenwerk, welches vorrangig zur Rückverfolgung von Angriffen und zur globalen Koordination von Gegenmaßnahmen im Anschluss an die Erkennung eines Angriffs verwendet werden kann. Die Erkennung von Angriffen kann dabei Anomalie- oder Signatur-basiert erfolgen. Kann ein Angriff basierend auf lokalen Beobachtungen erkannt werden, werden die Informationen über diesen Angriff an alle benachbarten Erkennungssysteme sowie an den zentralen *Discovery Coordinator* gesendet. Die Nachbarn können auf den Empfang einer solchen Benachrichtigung durch die Einleitung von Gegenmaßnahmen reagieren und teilen dies ebenfalls dem *Discovery Coordinator* mit. Eine lokale Validierung empfangener Informationen erfolgt nicht, es werden also feste Vertrauensbeziehungen vorausgesetzt. Der *Discovery Coordinator* ist dafür zuständig, sämtliche Gegenmaßnahmen zu koordinieren und weitere Systeme zu informieren, um eine möglichst effektive Bekämpfung sowie die Rückverfolgung des Angriffs zu erreichen. Die Kooperation bezieht sich folglich in dieser Lösung auf die Ergreifung von Gegenmaßnahmen und nicht auf die eigentliche Angriffserkennung. Bei Ausfall des zentralen *Discovery Coordinators* ist eine Kooperation nicht mehr möglich.

Ein Ansatz zur Verteilung von Informationen zwischen vertrauten Systemen wird durch Indra [91] realisiert. Um an der Kooperation teilzunehmen, schließen sich Indra-Erkennungssysteme einem Peer-to-Peer-Netz an, welches zur Verteilung von Informationen über erkannte Angriffe genutzt wird. Dabei werden feste Vertrauensverhältnisse zwischen den Teilnehmern vorausgesetzt. Dies ist zwischen Teilnehmern unterschiedlicher Domänen meist nicht gegeben und muss daher vor einer möglichen Kooperation erst etabliert werden. Ein Plugin-System ermöglicht die Integration verschiedener Erkennungsmethoden, welche in Java implementiert sein müssen und dann innerhalb einer Indra-Instanz ausgeführt werden können. Derzeit liegt der Fokus der Erkennung vorrangig auf Signatur-basierten Methoden. Das notwendige Vorhandensein einer Java VM (engl. Virtual Machine) ist vor allem auf Zwischensystemen meist nicht gegeben, so dass dieser Ansatz vorrangig am Netzrand verwendet wird. Nicht beschrieben wird in dieser Arbeit, wie die Verteilung der Informationen erfolgt und wie auf den Empfang von Informationen reagiert wird. Eine Analyse der Anwendbarkeit dieser Lösung sowie der Angreifbarkeit ist daher nicht möglich.

Zhou et al. [225] stellen in ihrer Arbeit das dezentrale Rahmenwerk zur Erkennung verteilter, großflächiger Angriffe vor. Dieses Rahmenwerk ermöglicht die Verteilung und Korrelation von Informationen über erkannte Angriffe. Der vorgestellte Ansatz soll Domänen-übergreifend anwendbar sein und unterstützt zudem explizit die Kooperation heterogener Erkennungssysteme. Jedes Erkennungssystem schließt sich dabei einem Overlay-Netz an, welches mit Hilfe einer Distributed Hash Table (DHT) Informationen über erkannte Angriffe mit anderen Erkennungssystemen teilt. Dazu speichert jedes Erkennungssystem periodisch den Hashwert einer beschreibenden Eigenschaft des Angriffs, z. B. die IP-Adressen erkannter Zombie-Systeme, in der DHT. Diese dienen der Korrelation von Angriffen, welche durch verschiedene Erkennungssysteme detektiert wurden. Speichern mehrere Erkennungssysteme dieselbe IP-Adresse, wird ein Zähler inkrementiert. Ein hoher Wert des Zählers einer IP-Adresse dient der Bestätigung, dass der erkannte Angriff verteilt stattfindet. Die Kooperation beschränkt sich in dieser Lösung also nur auf die Korrelation lokal erkannter Angriffe. Eine Beseitigung von False negative-Fehlern anderer, an der Kooperation teilnehmender Erkennungssysteme ist nicht möglich.

Bei AAFID [191] erfolgt die Angriffserkennung durch Agenten, welche sich einfach im Netz bewegen können und sich mit Hilfe genetischer Algorithmen weiterentwickeln. Der Austausch von Informationen mehrerer Agenten erfolgt über *Transceiver*, welche Informationen über ein zu schützendes Endsystem sammeln, auswerten und darauf reagieren, indem sie den Agenten bei Bedarf neue Befehle geben. Die *Transceiver* wiederum geben ihre Informationen an die *Monitore* weiter, welche die Verarbeitung der Informationen für das zu schützende Netz übernehmen. Ein Monitor kann sich außerdem mit weiteren Monitoren austauschen und diesen Befehle übermitteln. Insgesamt entsteht so eine Baumstruktur mit einem einzigen Wurzelknoten, welche die Kommunikations- und Befehlsbeziehungen widerspiegelt. Auch in dieser sehr flexiblen Lösung zur Überwachung einzelner Systeme werden folglich starke Vertrauensbeziehungen vorausgesetzt. Der netzweite Einsatz dieser Lösung ist aufgrund der notwendigen Überwachung aller Endsysteme nicht möglich.

Frincke et al. [61] stellen ein Erkennungssystem vor, welches in ein bereits existierendes System zur verteilten Erkennung (HUMMER [60]) das Agenten-basierte System MAGPIE integriert. MAGPIE stellt drei verschiedene Arten von Agenten zur Verfügung, welche selbständig einen Angriffsverdacht verfolgen, Daten sammeln und Gegenmaßnahmen ergreifen können. Informationen über erkannte Angriffe werden an HUMMER kommuniziert. Dieses System zur verteilten Erkennung ermöglicht den Austausch von lokal ermittelten Daten zwischen administrativen Domänen. Dabei wird explizit bedacht, dass nicht notwendigerweise eine Vertrauensbeziehung zwischen den kooperierenden Domänen besteht. Als Lösung für dieses Problem wird ein *Trust Factor* eingeführt, welcher angibt, wie stark das Vertrauen in das sendende System ist. Zusätzlich kann durch lokale Richtlinien geregelt werden, welche Informationen verteilt werden. Wie der *Trust Factor* ermittelt wird und wie er tatsächlich in die Entscheidung über die Weiterverarbeitung der empfangenen Daten einfließt, wird nicht beschrieben. Eine lokale Validierung der empfangenen Daten scheint jedoch nicht angedacht. Auch auf die Realisierung der Kooperation, d. h. das Auffinden von Kooperationspartnern und die verwendete Kommunikationsmethode wird nicht eingegangen.

Eine kooperative Anomalie-basierte Erkennung von DDoS-Angriffen auf Basis einer dreistufigen Architektur stellt die Arbeit von Chen et al. [30] zur Verfügung. Die einzelnen, an der Erkennung teilnehmenden Zwischensysteme nutzen die Change-Point Detection-Methode zur Erkennung von Anomalien. Erkennt ein Zwischensystem eine Anomalie, teilt es diese dem CAT-Server der administrativen Domäne mit, welcher aus den eingehenden Informationen aller Zwischensysteme der Domäne einen Change Aggregation Tree (CAT) erstellt. Zur Erstellung des Baums werden aus den Informationen, welche von verschiedenen Zwischensystemen empfangen wurden, die zeitlichen und räumlichen Abhängigkeiten extrahiert, so dass die Richtung des Angriffs – und damit das angegriffene Ziel-IP-Präfix – ermittelt werden kann. Der für die eigene Domäne ermittelte Baum wird anschließend in Richtung des Opfer-Netzes kommuniziert. Dieses ist mit Hilfe der aus unterschiedlichen Domänen empfangenen Informationen in der Lage, einen globalen Angriffsbaum zu erstellen. Die Kommunikation zwischen den Domänen erfolgt über ein Overlay-Netz, an dem alle CAT-Server der Domänen teilnehmen. Die beim Eintritt in das Overlay ausgehandelten *Trust Level* spiegeln dabei das Vertrauen wider, welches zwischen den Teilnehmern besteht, und wirken sich auf den Informationsgehalt der gesendeten Daten aus. Besteht volles Vertrauen zu den anderen Teilnehmern, werden die Eigenschaften des erkannten Angriffs übermittelt, bei Basisvertrauen werden nur ausgewählte Statistiken gesendet und wenn kein Vertrauen besteht, kann auch keine Kooperation erfolgen.

Die Kooperation des bereits in Abschnitt 2.4.1 vorgestellten Erkennungssystems Cossack [149] basiert nicht auf festen Vertrauensbeziehungen, sondern nimmt voneinander unabhängig agierende Instanzen an, welche empfangene Informationen zuerst validieren. Der Ansatz berücksichtigt allerdings nicht, dass es aufgrund der lokalen Validierung, welche durch die Benachrichtigung über einen Angriff ausgelöst wird, eventuell zu einer Überlastsituation kommen kann oder dass die Kenntnis dieses Mechanismus von Angreifern eventuell ausgenutzt werden kann. Außerdem wird nicht darauf eingegangen, wie die geforderte feingranulare Validierung empfangener Informationen erfolgen soll. Zudem verursacht die Kooperation mittels Multicast aufgrund der geforderten Teilnahme aller Autonomen Systeme am Netzrand einen sehr hohen Kommunikationsaufwand.

Zusammenfassung

Mit DIADEM [127], TOPAS [18] oder der auf Principal Component Analysis basierenden Erkennung [108] wurden bereits in Abschnitt 2.4 einige Sensor/Manager-Ansätze beschrieben. Problematisch an derartigen Lösungen ist zum einen, dass diese meist auf einer zentralen Kontrollinstanz beruhen. Zum anderen werden häufig vergleichsweise große Datenmengen zwischen den beteiligten Entitäten erzeugt werden, welche der Manager nicht nur verarbeiten können muss, sondern die auch das Netz nicht übermäßig beanspruchen dürfen. Einige wenige der vorgestellten Arbeiten, z. B. AAFID [191] oder FIDRAN [82], lösen dieses Problem durch eine Verteilung der Manager-Aufgaben auf mehrere Systeme. Derartige Lösungen können jedoch nur innerhalb einer administrativen Domäne eingesetzt werden, da die ausgetauschten Informationen nur zwischen sich gegenseitig vertrauenden Systemen kommuniziert werden dürfen, um die Geheimhaltung interner Informationen wie Verkehrsmuster, Bandbreiten oder Netzwerk-Strukturen sowie die Einhaltung datenschutzrechtlicher Bestimmungen sicherzustellen. Eine Domänen-übergreifende Kooperation ist nur auf Basis von Verträgen zwischen kooperierenden Betreibern möglich.

Die vorgestellten Ansätze, welche Domänen-übergreifend agieren – beispielsweise Pushback [90] oder die Arbeiten von Katti et al. [98] und von Frincke et al. [61] – kooperieren, indem im Netz verteilte Erkennungssysteme Informationen über die Ergebnisse der lokalen Erkennung austauschen. Dabei basieren die meisten dieser Ansätze auf dem reinen Versenden der Informationen. Empfangende Erkennungssysteme übernehmen die Informationen ungeprüft, z. B. um mit Hilfe von Rate Limitern oder Filtern Gegenmaßnahmen einzuleiten. Eine vorherige lokale Validierung wird nicht durchgeführt. Der Vorteil dieser Lösungen im Vergleich zur verteilten Erkennung der Sensor/Manager-Ansätze liegt darin, dass die ausgetauschte Datenmenge deutlich geringer ist, da nur die Ergebnisse der Erkennung und nicht die Daten, auf denen die Erkennung ausgeführt wird, ausgetauscht werden. Feste Vertrauensbeziehungen zwischen den kooperierenden Erkennungssystemen, z. B. auf Basis von Verträgen, werden aber auch in diesen Lösungen vorausgesetzt, da der Empfang von Informationen direkt eine aktive Beeinflussung des Verkehrs – z. B. das Verwerfen von Dateneinheiten durch Paketfilter oder Rate Limiter – auslöst. Ziel der vorliegenden Arbeit ist jedoch, eine Kooperation von unabhängigen, im Netz verteilten Erkennungssystemen zu etablieren, welche auch im Netzinneren einsetzbar ist und keine festen Vertrauensbeziehungen zwischen den Kooperationspartnern voraussetzt. Nicht vernachlässigt werden darf beim Entwurf einer solchen Lösung die Analyse der Angreifbarkeit der Kooperation, z. B. durch das Versenden gefälschter Informationen, welche in den vorgestellten Arbeiten nur selten durchgeführt wurde.

Vor allem Cossack [149] widmet sich ähnlichen Problemstellungen wie die vorliegende Arbeit. Die von Cossack genutzten Lösungen sollten allerdings gerade in Bezug auf die Flexibilität und Angreifbarkeit der Kooperation, der Kommunikationsmuster und einer erweiterbaren, flexiblen Identifikation überdacht und verbessert werden. Des Weiteren muss dabei berücksichtigt werden, dass die zu entwickelnden Mechanismen auch im Netzinneren anwendbar sein sollen, um eine frühe Erkennung zu ermöglichen.

5.3.2 Dezentrale Kooperation

Die im Folgenden vorgestellte dezentrale Kooperation verteilter Erkennungssysteme [71, 176] kombiniert die Ergebnisse lokaler Beobachtungen und Erkennungen mit Informationen anderer im Netz verteilter Erkennungssysteme zu einer globalen, selbstorganisierenden Angriffserkennung. Die teilnehmenden Systeme agieren dabei unabhängig voneinander. Ziel der Kooperation ist die Reduzierung der False negative-Fehler in globaler Hinsicht, welche vorrangig im Netzinneren aufgrund der meist grobgranularen Erkennung sowie der ungünstigeren Aggregation von Angriffsverkehr auftreten. Feste Vertrauensverhältnisse werden in diesem Ansatz nicht benötigt, da einerseits nur Informationen über erkannte Angriffe ausgetauscht werden statt über den beobachteten Verkehr; andererseits entscheidet jedes Erkennungssystem autonom, wie auf empfangene Informationen reagiert wird. Dabei werden empfangene Informationen nie ungeprüft in die Menge der lokal erkannten Angriffe übernommen. Vielmehr beruht die Kooperation darauf, dass nur diejenigen empfangenen Informationen über laufende Angriffe vom Erkennungssystem berücksichtigt werden, welche nach dem Empfang basierend auf lokalen Beobachtungen validiert werden konnten. Die Validierung – und damit die Beseitigung eines False negative-Fehlers – kann dabei vor allem bei Nutzung einer Erkennung mit schrittweiser Verfeinerung ressourcenschonend erfolgen, indem direkt eine feingranulare Erkennungsmethode zum Nachweis der empfangenen Informationen ausgeführt wird. Aufgrund der Tatsache, dass nur lokal validierte Angriffe vom Erkennungssystem berücksichtigt werden, kann die Reduzierung der False negative-Fehler in globaler Hinsicht nicht garantiert werden. Entscheidet sich ein Erkennungssystem gegen die Validierung einer Angriffsbeschreibung – obwohl der beschriebene Angriff lokal vorliegt und nicht selbständig durch die lokale Erkennung detektiert wurde – wird dieser False negative-Fehler

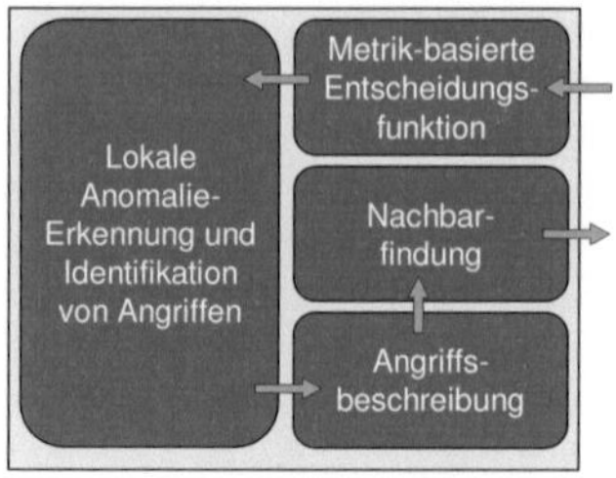

Abbildung 5.13 Architektur eines kooperativen unabhängigen Erkennungssystems

auch durch die Kooperation nicht verhindert. Ein Vorteil dieser Kooperation, welche nur lokal validierte Angriffsbeschreibungen berücksichtigt, liegt darin, dass sich False positive-Fehler eines sendenden Erkennungssystems nicht im Netz ausbreiten können. Eine falsch-positive Angriffsbeschreibung kann bei der lokalen Validierung nicht nachgewiesen werden und wird daher auch nicht in die Menge der erkannten Angriffe aufgenommen. Zudem reduziert die lokale Validierung die Angreifbarkeit der Kooperation – z. B. durch gefälschte Informationen – da durch die Validierung Vertrauen in die Informationen erst lokal erzeugt wird.

Abbildung 5.13 zeigt den Aufbau eines Erkennungssystems, welches an der beschriebenen dezentralen Kooperation teilnimmt. Der Tatsache, dass für die Validierung empfangener Informationen nur begrenzt Ressourcen zur Verfügung stehen, wird durch Anwendung einer *Metrik-basierten Entscheidungsfunktion* Rechnung getragen. Diese trifft auf Basis einer empfangenen Angriffsbeschreibung sowie wichtiger lokaler Faktoren, wie z. B. der Auslastung und der verfügbaren Ressourcen, eine Entscheidung, wie auf den Empfang der Angriffsbeschreibung reagiert werden soll – d. h. ob eine Validierung durchgeführt oder die Benachrichtigung ignoriert wird. Dieses Vorgehen stellt auch sicher, dass ein Erkennungssystem nicht einfach mit der Validierung gefälschter oder fehlerhafter Benachrichtigungen überlastet werden kann und sorgt damit für Robustheit gegen Angriffe.

Die Skalierbarkeit der Kooperation in Bezug auf den erzeugten Kommunikationsaufwand wird dadurch erreicht, dass eine Kommunikation nur mit benachbarten Erkennungssystemen erfolgt. Bestimmt werden die Nachbarn bei Bedarf mit Hilfe eines *Nachbarfindungsverfahrens.* Die Definition des Begriffs Nachbar wird dabei durch das konkret verwendete Nachbarfindungsverfahren festgelegt. Nutzbar sind hierfür beispielsweise pfadgebundene, ringbasierte oder Overlay-Verfahren. Mit Hilfe der bereits vorgestellten Identifikation von Angriffen ist außerdem eine Kooperation zwischen heterogenen Erkennungssystemen möglich. Diese basiert auf dem Austausch von Angriffsbeschreibungen, welche das Ergebnis der lokalen Anomalie-Erkennung und Identifikation von Angriffen darstellt (s. Abbildung 5.1). Die Interpretation einer empfangenen Angriffsbeschreibung – d. h. die Umsetzung des Angriffs auf verfügbare Erkennungsmethoden und Anomalien – erfolgt jeweils lokal mit Hilfe der vorhandenen Spezifizierung von Erkennungsmethoden und Regelsätzen.

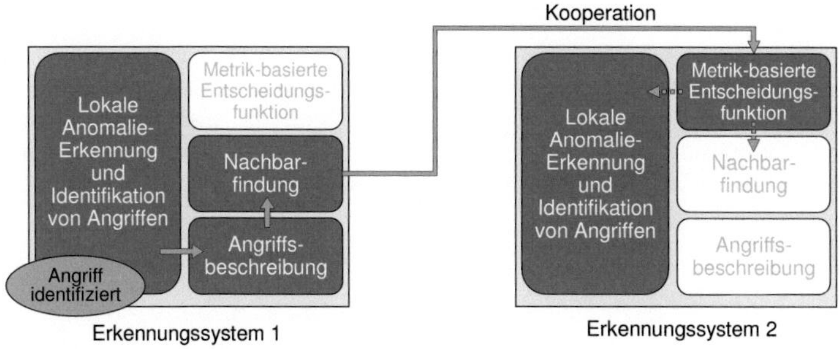

Abbildung 5.14 Ablauf der Kooperation zwischen unabhängigen Erkennungssystemen

Auf die Grundidee und den Entwurf der lokalen Validierung empfangener Informationen wird in Abschnitt 5.3.2.1 eingegangen. Die Metrik-basierte Entscheidungsfunktion, welche nach dem Empfang von Informationen anderer Erkennungssysteme ausgeführt wird, wird in Abschnitt 5.3.2.2 ausführlich beschrieben. Dabei wird vor allem auf diejenigen Parameter eingegangen, welche in eine solche Funktion einfließen können. Außerdem wird der gesamte Prozess der Entscheidungsfindung erläutert bevor in Abschnitt 5.3.2.3 verschiedene Verfahren zur Nachbarfindung sowie deren Eigenschaften und Unterschiede in Bezug auf die dezentrale Kooperation dargestellt werden. Abschließend erfolgt in Abschnitt 5.3.2.4 eine Analyse der Angreifbarkeit der entwickelten dezentralen Kooperation.

5.3.2.1 Prinzip der lokalen Validierung

Aufgrund der Tatsache, dass das Internet sich aus einer Vielzahl von administrativen Domänen – den Autonomen Systemen – zusammensetzt, kann nicht notwendigerweise von Vertrauen zwischen den verschiedenen Domänen ausgegangen werden. Auf Vertrauen basierende Ansätze können daher nur innerhalb einer Domäne angewendet werden bzw. müssen sich im Domänen-übergreifenden Fall auf Verträge gründen. Die in dieser Arbeit entwickelte Kooperation verteilter Erkennungssysteme nutzt daher eine lokale Validierung ausgetauschter Informationen, um eine netzweite – und damit auch Domänen-übergreifende – Kooperation zu realisieren, welche kein Vertrauen zwischen den kommunizierenden Systemen voraussetzt. Die Erkennungssysteme verhalten sich dabei kooperativ, um in globaler Hinsicht eine effektivere Erkennung zu erzielen. Dennoch agiert jedes Erkennungssystem unabhängig von den anderen Kooperationspartnern und trifft autonome Entscheidungen. Diese Eigenschaften ermöglichen eine einfache Einführung der Domänen-übergreifenden Kooperation in bestehende Netze, da beispielsweise keine neuen Verträge zwischen den teilnehmenden Betreibern geschlossen werden müssen. Außerdem kann die Kooperation schrittweise eingeführt werden – eine Teilnahme aller Betreiber ist für eine erfolgreiche Kooperation nicht notwendig.

Abbildung 5.14 zeigt den gesamten Ablauf der dezentralen Kooperation am Beispiel von zwei kooperierenden Erkennungssystemen. Im Anschluss an die erfolgreiche, lokale Erkennung und Identifikation eines Angriffs durch Erkennungssystem 1 wird eine Angriffsbeschreibung erstellt. Die vorherige Identifikation des Angriffs, z. B. mit Hilfe des in Abschnitt 5.2.5 entwickelten Mechanismus, ist notwendig, um die Kooperation nicht auf jeweils gleiche, homogene Erkennungssysteme – d. h. Erkennungssysteme, welche dieselben Erkennungsmethoden verwenden – zu beschränken, sondern auch heterogene Erkennungssysteme zu unterstützen. Die Angriffsbeschreibung kann dabei in einem Format erfolgen, das speziell auf die während der Konkretisierung des verallgemeinerten Modells erstellte Angriffshierarchie abgestimmt ist. Ein Beispiel für ein solches Format wurde bereits in Listing 5.5 dargestellt. Um eine Kooperation mit gänzlich anderen Systemen zu ermöglichen, kann aber auch ein standardisiertes Beschreibungsformat für Angriffe, wie z. B. das Intrusion Detection Message Exchange Format (IDMEF) [44], verwendet werden, welches deutlich umfangreicher und komplexer, aber auch flexibler ist. Unabhängig vom verwendeten Format muss die erstellte Angriffsbeschreibung das Ergebnis der lokalen Anomalie-basierten Angriffserkennung widerspiegeln und die ermittelten Informationen über den laufenden Angriff enthalten. Dabei sollten mindestens die folgenden Informationen enthalten sein:

- Ein Zeitstempel, um das Alter der Informationen ermitteln zu können.
- Die Identität des Erkennungssystems, welches den Angriff erkannt und identifiziert hat, beispielsweise in Form einer IP-Adresse.
- Eine global gültige ID des identifizierten Angriffs. Diese muss Domänen-übergreifend Gültigkeit besitzen, damit eine Kommunikation zwischen unterschiedlichen Erkennungssystemen möglich ist. Die benötigten IDs können beispielsweise durch unabhängige Organisationen wie die IETF oder IANA standardisiert werden.
- Eine Liste von IP-Adressen der Opfer-Systeme.
- Weitere, vom Angriffstyp abhängige Informationen über die Eigenschaften des Angriffs.

Im Anschluss an die Identifikation eines Angriffs und die Erstellung der Angriffsbeschreibung wird diese an alle benachbarten Erkennungssysteme übermittelt. Die Nachbarn werden dabei durch das verwendete Nachbarfindungsverfahren bestimmt. Zusätzlich muss dieses auch die Kommunikationsmuster sowie die Eigenschaften der Kommunikation definieren.

Das Erkennungssystem, welches Informationen über einen laufenden Angriff empfängt, darf diese Informationen aufgrund von fehlendem Vertrauen und der Unabhängigkeit der einzelnen Systeme nicht ohne Überprüfung als eigenes Wissen übernehmen – die Informationen müssen zuerst mit Hilfe lokaler Beobachtungen validiert werden. Hierzu ist zuerst eine Umsetzung des empfangenen Angriffs auf lokal verfügbare Anomalie-Erkennungsmethoden notwendig. Wird ein Erkennungssystem mit Verfeinerung genutzt, erfolgt die Validierung über die Ausführung feingranularer Erkennungsmethoden, welche das Vorliegen der mit dem übermittelten Angriff verknüpften Anomalien nachweisen können. Dies ermöglicht die Erkennung eines Angriffs, welcher durch die grobgranularen Erkennungsmethoden der Basisstufe nicht erkannt wurde, und beseitigt dadurch einen False negative-Fehler. Darüber hinaus können u. U. Ressourcen eingespart werden, indem nur die Erkennungsmethode mit der feinsten Granularität ausgeführt wird – im Vergleich zur selbständigen lokalen Erkennung werden folglich möglichst wenige Erkennungsmethoden zur gezielten Validierung ausgeführt und es wird nicht der gesamte Prozess der schrittweisen Verfeinerung durchlaufen. Konkret bedeutet dies, beispielsweise bei Anwendung der als Grundlage dieser Arbeit dienenden hierarchischen Erkennung mittels Verfeinerung (s. Abschnitt 2.4.1.1), dass bei Empfang einer Angriffsbeschreibung die höchstmögliche Stufe zur Validierung ausgeführt wird. Wird beispielsweise die Beschreibung eines TCP SYN-DDoS-Angriffs empfangen, kann die Erkennungsmethode zur Erkennung von Protokollanomalien im Verhalten der SYN- und SYN/ACK-Dateneinheiten – welche die dritte Stufe der Verfeinerung darstellt (s. Abbildung 2.6) – mit den empfangenen Informationen über das anormale Aggregat sowie das anormale Ziel-IP-Präfix parametrisiert und ausgeführt werden. Kann die Protokollanomalie durch Beobachtung des lokalen Verkehrs nachgewiesen werden, wird der Angriff in die Menge der erkannten Angriffe übernommen. Durch direkte Ausführung der höchstmöglichen Verfeinerungsstufe wurde in diesem Beispiel die Ausführung der Erkennungsmethode der zweiten Stufe eingespart.

Wird statt des in Abschnitt 2.4.1.1 beschriebenen statisch konfigurierten Systems ein Erkennungssystem mit autonomer, adaptiver Ablaufsteuerung und iterativer Identifikation der Angriffe verwendet, kann die empfangene Angriffsbeschreibung mit Hilfe der lokal zur Verfügung stehenden Regelsätze der Identifikation interpretiert werden. Zur Validierung der empfangenen Informationen werden zuerst die Erkennungsmethoden bestimmt, welche die Ausgabedaten liefern, die zur Erfüllung der Regelsätze des empfangenen Angriffs benötigt werden. Anschließend werden die in dieser Menge enthaltenen Konditionalmethoden zur Validierung des Angriffs ausgeführt. Dabei werden die Ausgabedaten der Initialmethoden – welche auf Basis der lokalen Beobachtungen keine Anomalie erkannt haben – mit den empfangenen Informationen belegt. Die Einsparung von Ressourcen im Vergleich zur selbständigen lokalen Erkennung erfolgt hier dadurch, dass nicht alle lauffähigen Konditionalmethoden im iterativen Erkennungsvorgang ausgeführt werden, sondern nur die für die Validierung der empfangenen Informationen relevanten Konditionalmethoden. Im Fall eines gemeldeten TCP SYN-DDoS-Angriff würden beispielsweise nur die Konditionalmethoden zur Erkennung von Verteilungsanomalien in den IP-Präfixen sowie zur Erkennung von Protokollanomalien im Verhältnis von TCP SYN- zu TCP SYN/ACK-Dateneinheiten ausgeführt. Weitere Konditionalmethoden zur Erkennung anderer Protokollanomalien würden nicht ausgeführt, da sie für die Validierung keinen Mehrwert besitzen.

Enthalten die allgemeinen Vorbedingungen der verfügbaren Erkennungsmethoden zusätzlich Informationen zur Granularität der Methoden, kann auch im autonomen, adaptiven Fall bei der Validierung nur diejenige Methode mit der feinsten Granularität berücksichtigt werden. Die benötigten Ausgabedaten anderer Konditionalmethoden werden in diesem Fall aus den empfangenen Informationen gewonnen. Dies reduziert die zur Validierung benötigten Ressourcen sowie die Anzahl der Iterationsschritte zusätzlich, führt aber zu einer höheren Komplexität der Ablaufsteuerung, welche die zur Validierung notwendigen Erkennungsmethoden ermitteln und die Ausgabedaten mit den passenden Werten belegen muss.

5.3.2.2 Metrik-basierte Entscheidungsfindung

Damit die für die Angriffserkennung zur Verfügung stehenden Ressourcen durch die Validierung empfangener Informationen nicht überlastet werden, durchläuft jede empfangene Angriffsbeschreibung beim Empfänger eine *Metrik-basierte Entscheidungsfunktion.* Diese entscheidet anhand verschiedener Parameter, z. B. anhand der empfangenen Informationen oder des aktuellen Zustands des Erkennungssystems, ob eine Validierung der Informationen durchgeführt oder die empfangene Angriffsbeschreibung ignoriert wird. Würde für alle empfangenen Angriffsbeschreibungen eine Validierung auf Basis lokaler Beobachtungen durchgeführt werden, wären Angreifer in der Lage, das Erkennungssystem selbst zu überlasten, indem eine Vielzahl gefälschter oder fehlerhafter Angriffsbeschreibungen an das Erkennungssystem gesendet werden. Durch die notwendigen Validierungen wären die Ressourcen des Erkennungssystems schnell aufgebraucht, so dass möglicherweise nicht nur die Teilnahme an der Kooperation, sondern auch die lokale Angriffserkennung nicht mehr möglich wäre. Die selektive Validierung von Angriffsbeschreibungen sorgt folglich für Robustheit gegenüber den im Angreifermodell definierten Angriffen zweiter Ordnung, d. h. Angriffen auf die Erkennung und Kooperation selbst.

Abbildung 5.15 skizziert den Ablauf der Verarbeitung einer empfangenen Angriffsbeschreibung, in welchen die Anwendung der Metrik-basierten Entscheidungsfunktion eingebettet ist. Nach Empfang einer Angriffsbeschreibung von einem benachbarten Erkennungssystem wird zuerst geprüft, ob der beschriebene Angriff mit einem bereits auf Basis lokaler Beobachtungen selbständig erkannten Angriff übereinstimmt. Falls dies nicht der Fall ist, wird überprüft, ob es sich um ein Duplikat handelt, d. h. ob der beschriebene Angriff mit einer früher erhaltenen Angriffsbeschreibung übereinstimmt. Handelt es sich um ein Duplikat, wird geprüft, ob dieser Angriff bereits validiert wurde. Ist dies der Fall, wird die empfangene Angriffsbeschreibung verworfen, da sämtliche Informationen bereits bekannt sind und die benachbarten Erkennungssysteme früher – d. h. im Anschluss an die erfolgreiche Erkennung bzw. Validierung – über den Angriff informiert wurden. Wurde noch keine Validierung durchgeführt, wird erneut darüber entschieden, ob eine Validierung durchgeführt werden soll. Dieses Vorgehen ist dadurch bedingt, dass sich durch den Empfang der neuen Angriffsbeschreibung die in die Metrik-basierte Entscheidungsfunktion einfließenden Werte für den beschriebenen Angriff ändern – die Entscheidung auf Basis der neuen Werte kann folglich anders ausfallen als vor Empfang der neuen Angriffsbeschreibung.

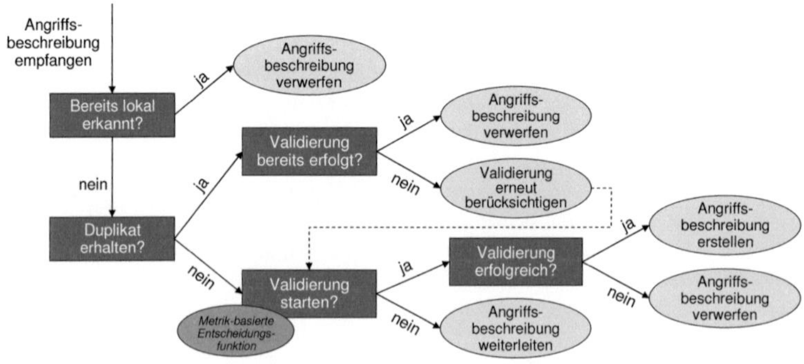

Abbildung 5.15 Ablaufdiagramm der Entscheidungsfindung

Ist die empfangene Angriffsbeschreibung kein Duplikat, wird direkt nach dem Empfang die Metrik-basierte Entscheidungsfunktion ausgeführt. Abhängig vom Ergebnis der Entscheidung wird eine Validierung auf Basis lokaler Beobachtungen eingeleitet und im Fall einer erfolgreichen Validierung eine eigene Angriffsbeschreibung zum Versand an benachbarte Erkennungssysteme erstellt. Im Fall einer fehlgeschlagenen Validierung wird die Angriffsbeschreibung verworfen und nicht an benachbarte Systeme weitergeleitet. Dieses Vorgehen verhindert, dass sich diese Informationen im Fall eines False positive-Fehlers des sendenden Erkennungssystems weiter im Netz ausbreitet. Abhängig vom konkret verwendeten Nachbarfindungsverfahren kann an dieser Stelle jedoch auch ein alternativer Ablauf sinnvoll sein. Erfolgt die Kooperation pfadgebunden in Richtung des Opfer-Systems eines DDoS-Angriffs, kann die Validierung beim nächsten Erkennungssystem beispielsweise aufgrund der Reduzierung des Angriffsverkehrs durch bereits installierte Paketfilter anderer Erkennungssysteme scheitern. Aus der lokal gescheiterten Validierung kann in diesem Fall nicht notwendigerweise ein Rückschluss auf das Vorliegen des Angriffs an weiter entfernten Instanzen gezogen werden, da in den dazwischen liegenden Zwischensystemen weiterer Angriffsverkehr hinzukommen könnte. Daher ist die Weiterleitung der Angriffsbeschreibung trotz gescheiterter Validierung bei pfadgebundener Nachbarfindung sinnvoll – eine globale Verbreitung eines False positive-Fehlers wird bereits dadurch verhindert, dass die Kommunikation gezielt auf wenigen Pfaden in vorgegebene Richtungen erfolgt. Die Angriffsbeschreibung sollte in diesem Fall jedoch um die Zusatzinformation ergänzt werden, dass der Angriff nicht nachweisbar war, so dass dieses Wissen in die Metrik-basierte Entscheidungsfunktion des nächsten Empfängers einfließen kann.

Fällt die Entscheidung, dass keine Validierung durchgeführt wird, ermöglicht die Weiterleitung der empfangenen Angriffsbeschreibung weiteren Erkennungssystemen, welche u. U. weniger ausgelastet sind oder der Angriffsbeschreibung eine höhere Bedeutung beimessen, eine Validierung der Informationen – und damit eventuell die Beseitigung eines False negative-Fehlers. Im Anschluss an die Weiterleitung einer Angriffsbeschreibung werden die empfangenen Informationen über den Angriff außerdem für eine gewisse Zeit gespeichert, um die Erkennung von Duplikaten zu ermöglichen. Erfolgt innerhalb eines vorgegebenen Zeitraums keine Aktualisierung dieser Informationen durch ein empfangenes Duplikat, wird der Eintrag gelöscht – es wird ein Soft State-Ansatz verwendet, um den benötigten Speicherbedarf zu reduzieren.

Parameter der Entscheidungsfunktion

Die Metrik-basierte Entscheidungsfunktion, welche im Verlauf der Bearbeitung von empfangenen Angriffsbeschreibungen eingesetzt wird, entscheidet anhand verschiedener Parameter über die Durchführbarkeit und Wichtigkeit einer Validierung, d. h. sie bestimmt

- ob die Validierung der Informationen unter Berücksichtigung der vorhandenen Ressourcen und der Auslastung des Erkennungssystems derzeit möglich ist und
- ob eine Validierung der Informationen in Bezug auf die Wichtigkeit des beschriebenen Angriffs sinnvoll ist.

Formal trifft die Entscheidungsfunktion E für eine empfangene Angriffsbeschreibung eine Entscheidung über die Durchführung einer Validierung, wobei die Entscheidung auf dem geschätzten Nutzen N der Validierung des beschriebenen Angriffs basiert:

$$E(\text{Angriffsbeschreibung}) = \begin{cases} \text{wahr} & \text{, wenn } N(\text{Angriff}) > 0 \\ \text{falsch} & \text{, wenn } N(\text{Angriff}) \leq 0 \end{cases}$$

Die Nutzenfunktion $N : \mathbb{R}^n \rightarrow \mathbb{R}$ berücksichtigt dabei eine Menge von n Parametern, um den Nutzen der Durchführung einer Validierung in einem quantitativen Wert auszudrücken. Im Folgenden werden verschiedene Parameter beschrieben, welche in die Nutzenfunktion – und damit indirekt auch in die Entscheidungsfunktion – einfließen und zur Bewertung der beiden genannten Aspekte Durchführbarkeit und Wichtigkeit beitragen können. Die einfließenden Parameter werden dabei immer in Bezug auf den beschriebenen Angriff ermittelt.

Zur Beurteilung, ob eine Durchführung der Validierung für eine empfangene Angriffsbeschreibung überhaupt möglich ist, werden die Parameter *aktuelle Auslastung* und *Granularität der Beschreibung* herangezogen:

- Die für die Angriffserkennung verfügbaren Ressourcen beschränken die Anzahl der Validierungen, die parallel durchgeführt werden können. Die aktuelle Auslastung des Erkennungssystems muss daher berücksichtigt werden, um eine Überlastung durch zu viele gleichzeitige Validierungen zu vermeiden. Ist die Auslastung des Systems zu hoch für eine weitere Validierung, muss dieser Parameter die Nutzenfunktion unabhängig von allen weiteren Parametern auf einen Wert setzen können, welcher eine Validierung der empfangenen Angriffsbeschreibung definitiv zurückweist. Die Auslastung muss daher zwingend in jede mögliche Nutzenfunktion einfließen.
- Bildet eine hierarchische Erkennung mittels Verfeinerung die Grundlage der Kooperation, führt eine grobgranulare Angriffsbeschreibung dazu, dass zur Validierung eines Angriffs mehrere Verfeinerungsschritte durchgeführt werden müssen. Im Fall einer feingranularen Angriffsbeschreibung werden aufgrund der geringeren Anzahl an auszuführenden Erkennungsmethoden weniger Ressourcen für eine Validierung benötigt. Auch bei Nutzung der autonomen, adaptiven Ablaufsteuerung bedeutet eine grobgranulare Beschreibung einen höheren Aufwand, da die Angriffe, welche in der Angriffshierarchie Kindknoten des beschriebenen Angriffs sind, bei der Validierung ebenfalls berücksichtigt werden müssen.

Die Einschätzung der Wichtigkeit einer empfangenen Angriffsbeschreibung kann auf den folgenden Parametern beruhen:

- *Beschriebener Angriff*: Die Wichtigkeit einer Angriffsbeschreibung kann beispielsweise aufgrund lokaler Präferenzen des Betreibers abhängig vom Angriffstyp variieren. Zusätzlich kann die Integration der Anomalie-basierten Angriffserkennung in Defense in Depth-Systeme, wie z. B. FIDRAN [82], dazu führen, dass die Validierung bestimmter Angriffstypen, welche nur über die Anomalie-basierte Erkennung detektiert werden können, priorisiert wird.
- *Anzahl empfangener Duplikate*: Wird ein Angriff von mehreren der im Netz verteilten Erkennungssysteme erkannt und gemäß der Kooperation an benachbarte Systeme kommuniziert, kann dies zu Duplikaten führen. Dabei muss zwischen identischen und echten Duplikaten unterschieden werden. *Echte Duplikate* sind Angriffsbeschreibungen unterschiedlicher Systeme, welche denselben Angriff beschreiben. Neben der Wichtigkeit des Angriffs aufgrund der mehrfachen Erkennung steigt mit dem Empfang solch echter Duplikate auch die Wahrscheinlichkeit, dass der beschriebene Angriff lokal nachgewiesen werden kann, da es sich vermutlich um einen verteilten Angriff handelt. *Identische Duplikate*, welche von demselben Sender stammen und denselben Angriff be-

schreiben, werden von der Kooperation nicht berücksichtigt. Identische Duplikate können dadurch entstehen, dass Angriffsbeschreibungen ohne Validierung weitergeleitet werden und auf unterschiedlichen Pfaden bei einem Erkennungssystem ankommen.

- *Distanz zum Sender der Angriffsbeschreibung*: Die Wichtigkeit einer Angriffsbeschreibung kann mit zunehmender Entfernung zwischen Sender und Empfänger abnehmen, beispielsweise wenn die Distanz die Metrik für die Nachbarschaft der kooperierenden Erkennungssysteme darstellt. Bei hoher Distanz kann dann vom Vorliegen eines Angriffs beim Sender nicht mehr darauf geschlossen werden, dass der Angriff mit hoher Wahrscheinlichkeit auch bei einem benachbarten Erkennungssystem vorliegt. Bei einer gerichteten Kommunikation, z. B. in Richtung des Opfer-Systems eines DDoS-Angriffs kann die Distanz hingegen als Maß für die potentielle Aggregation von Angriffsströmen zwischen sendendem und empfangendem Erkennungssystem genutzt werden. Die Wichtigkeit der Beschreibung steigt folglich mit der Distanz, da die Wahrscheinlichkeit steigt, dass zusätzliche Angriffsströme zum erkannten Angriffsstrom hinzukommen.
- *Fehlerverlauf*: Führt ein Erkennungssystem eine Validierung einer Angriffsbeschreibung erfolglos durch und leitet die Angriffsbeschreibung dennoch weiter, sollte dies vor dem Weiterleiten in der Beschreibung vermerkt werden. Diese Information ermöglicht empfangenden Erkennungssystemen das Verwerfen der Angriffsbeschreibung, z. B. wenn mehrfach erfolglos validiert wurde.
- *Validierungsverlauf*: Wird eine Angriffsbeschreibung ohne Validierung an benachbarte Erkennungssysteme weitergeleitet, sollte dies in der Beschreibung vermerkt werden. Diese Information kann ein empfangendes Erkennungssystem beispielsweise nutzen, um die Wichtigkeit der Beschreibung zu erhöhen. Dies stellt sicher, dass die Wahrscheinlichkeit einer Validierung der Angriffsbeschreibung mit jeder Weiterleitung steigt, so dass nach wenigen Weiterleitungen tatsächlich eine Validierung stattfindet.
- *Signifikanz*: Die Signifikanz einer Angriffsbeschreibung leitet sich aus der Lokation des Erkennungssystems ab. Wird im Netzinneren eine Angriffsbeschreibung eines Erkennungssystems empfangen, welches am Netzrand eingesetzt wird, ist die Wahrscheinlichkeit, dass der beschriebene Angriff ebenfalls nachweisbar ist, aufgrund der höheren Datenrate und geringeren Aggregation von Angriffsströmen u. U. deutlich geringer. Als Metrik der Signifikanz kann beispielsweise die lokal anliegende Datenrate verwendet werden.

Die zur Entscheidungsfindung verwendeten Parameter können bezüglich der Art ihrer Ermittlung unterschieden werden. Parameter wie die aktuelle Auslastung oder die Anzahl empfangener Duplikate basieren auf *lokal verfügbaren Informationen*. Weitere Parameter – beispielsweise die Granularität der Beschreibung – können aus der empfangenen *Angriffsbeschreibung* gewonnen werden. Außerdem müssen Parameter, welche nicht lokal ermittelt werden können, z. B. der Validierungs- oder Fehlerverlauf, in der Angriffsbeschreibung enthalten sein. Zudem existieren Parameter, welche zusätzlich zu den lokal verfügbaren Informationen und der empfangenen Angriffsbeschreibung *bei Bedarf* vom empfangenden Erkennungssystem ermittelt werden müssen. Dies betrifft beispielsweise Eigenschaften des Netzes, wie die Distanz zum Sender der Angriffsbeschreibung. Diese kann vom eingesetzten Nachbarfindungsverfahren oder durch zusätzliche Verfahren festgestellt werden.

Welche der vorgestellten Parameter tatsächlich in die Nutzenfunktion einfließen sollten, um eine möglichst sinnvolle Entscheidung über die Durchführung einer Validierung bzw. das Weiterleiten ohne Validierung zu treffen, hängt auch vom genutzten Nachbarfindungsverfahren sowie vom erkannten Angriff ab. Wird die Nachbarfindung beispielsweise pfadgebunden in Richtung des Opfers eines DDoS-Angriffs durchgeführt, ist die Hinzunahme der Distanz zum Sender der Angriffsbeschreibung sinnvoll, da diese die Möglichkeit der Aggregation von Angriffsverkehr widerspiegelt. Bei einer Kommunikation über Overlay-Netze ist ein solcher Zusammenhang aufgrund der nur logischen Lokalität nicht vorhanden. Die Einbeziehung der Distanz in die Nutzenfunktion ist daher weniger wichtig. Beispiele für konkrete Entscheidungsfunktionen mit Fokus auf die Erkennung von DDoS-Angriffen finden sich in Abschnitt 5.3.3.

5.3.2.3 Nachbarfindung und Kommunikation

Die dezentrale Kooperation basiert auf einem selbst-organisierenden Austausch von Informationen über erkannte Angriffe zwischen im Netz verteilten Erkennungssystemen. Die Kooperation erfolgt dabei zwischen benachbarten Erkennungssystemen anstatt zwischen allen an der Kooperation teilnehmenden Erkennungssystemen, um den Kommunikationsaufwand – d. h. die Anzahl der Dateneinheiten, die aufgrund der Kooperation gesendet werden – zu begrenzen. Die Anzahl der Nachbarn sollte dabei möglichst signifikant kleiner sein als die Gesamtzahl der kooperierenden Erkennungssysteme, um die Skalierbarkeit der Kommunikation sicherzustellen.

Zur Durchführung der selbst-organisierenden Kooperation muss ein Erkennungssystem in der Lage sein, benachbarte Systeme aufzufinden, mit denen Angriffsbeschreibungen ausgetauscht werden können. Das eingesetzte *Nachbarfindungsverfahren* ist nach Auffinden von benachbarten Systemen zudem dafür verantwortlich, eine Kommunikationsverbindung mit bestimmten Eigenschaften aufzubauen. Die Kommunikation zwischen kooperierenden Erkennungssystemen sollte dabei möglichst zuverlässig und gesichert sein, d. h. eine zuverlässige Übertragung von Angriffsbeschreibungen sowie einen Integritätsschutz der gesendeten Daten und einen Nachweis der Identität des sendenden Erkennungssystems ermöglichen. Zudem sollte ein Erkennungssystem möglichst wenig Zustand halten müssen, um benachbarte Systeme aufzufinden, d. h. es sollte kein Wissen über die gesamte Topologie zur Nachbarfindung benötigt werden. Die Nachbarfindung sollte außerdem erst bei Bedarf erfolgen. Dies garantiert, dass die Dynamik des Internets, z. B. Veränderungen im Routing oder das Hinzukommen bzw. Wegfallen von Erkennungssystemen, berücksichtigt wird.

Der Entwurf der dezentralen Kooperation sieht keine Festlegung auf genau ein Verfahren zum Auffinden von Nachbarn vor. Die konkrete Definition des Begriffs *Nachbar* erfolgt durch das konkret genutzte Nachbarfindungsverfahren, welches außerdem die zur Kommunikation genutzten Protokolle sowie das verwendete Kommunikationsmuster vorgibt. Die mögliche Austauschbarkeit des Nachbarfindungsverfahrens bietet eine hohe Flexibilität im Hinblick auf die Anpassung der Kooperation an unterschiedliche Randbedingungen und zukünftige Entwicklungen. Beispiele für bekannte Nachbarfindungsverfahren, welche auch im Zusammenhang mit einer dezentralen Kooperation verteilter Erkennungssysteme eingesetzt werden können, sind:

- Manuelle Konfiguration der Nachbarn
- Pfadgebundene Nachbarfindung

- Ringbasierte Nachbarfindung
- Nutzung eines Overlay-Netzes
- Beitritt zu einer Multicast-Gruppe

Einzelne Verfahren, wie z. B. die Nutzung eines Overlay-Netzes oder der Beitritt zu einer Multicast-Gruppe, werden auch in anderen, bereits vorgestellten Ansätzen zur verteilten Angriffserkennung verwendet. Ein Vergleich unterschiedlicher Verfahren erfolgt dabei allerdings nicht. Die Ergebnisse von Arbeiten, welche die unterschiedlichen Nachbarfindungsverfahren bezüglich anderer Problemstellungen vergleichen, können hier zudem nicht genutzt werden, da der Fokus im Rahmen der vorliegenden Arbeit speziell auf den Eigenschaften und Auswirkungen der unterschiedlichen Verfahren in Bezug auf die konzipierte dezentrale Kooperation liegt.

Die *manuelle Konfiguration der Nachbarn* ist lediglich in Situationen nutzbar, in denen die Kooperation nur mit wenigen ausgewählten Systemen stattfinden soll. Zudem sollten sich Nachbarschaften nur selten ändern, da jede Änderung mit einer manuellen Neukonfiguration der Nachbarn des Erkennungssystems verbunden ist – es erfolgt keine selbst-organisierende Nachbarfindung. Dieses Nachbarfindungsverfahren ist folglich hinsichtlich einer netzweiten Kooperation unflexibel und aufwändig und wurde in der Evaluierung daher nicht berücksichtigt.

Bei der *pfadgebundenen Nachbarfindung* erfolgt die Kooperation mit dem nächsten Erkennungssystem, welches auf dem Pfad in eine vorgegebene Richtung liegt. Aufgrund der Tatsache, dass die Richtung der Kooperation bei diesem Nachbarfindungsverfahren vorgegeben werden muss, ist dessen Nutzung vor allem im Anschluss an die Erkennung gerichteter Angriffe sinnvoll, z. B. zur Kommunikation in Richtung des Opfer-Systems. Befindet sich das nächste Erkennungssystem auf dem Pfad jedoch im Zugangsnetz des Opfer-Systems, lässt sich nur selten eine Steigerung der Effektivität erreichen. Sind die Quell-IP-Adressen der Angriffsdateneinheiten nicht gefälscht, kann alternativ auch in Richtung der Angreifer kommuniziert werden – in diesem Fall erfolgt die Kooperation mit mehreren Nachbarn auf unterschiedlichen Pfaden. Die Steigerung der Effektivität mit Hilfe der Kooperation wird dabei allerdings durch die Existenz von Routing-Asymmetrien erschwert. Die pfadgebundene Nachbarfindung erfolgt selbst-organisierend, beispielsweise mit Hilfe eines NSIS Transport Layer Protocol (NTLP), wie dem General Internet Signaling Protocol (GIST) [181].

Die Lokalität der Kommunikation bei der *ringbasierten Nachbarfindung* bezieht sich auf die tatsächliche Topologie des Netzes. Die Kooperation erfolgt dabei mit all denjenigen Erkennungssystemen, welche innerhalb einer vorgegebenen maximalen Entfernung vom Sender liegen. Als Metrik wird meist die Distanz in IP-Hops verwendet. Da die konkrete Anzahl der Erkennungssysteme, mit denen kooperiert wird, von der konkreten Verteilung der Systeme im Netz sowie vom Radius des zur Nachbarfindung verwendeten Rings abhängt, muss bei der Wahl des Ringradius darauf geachtet werden, dass die Skalierbarkeit durch Kommunikation mit nur wenigen Erkennungssystemen gewahrt bleibt. Die ringbasierte Nachbarfindung erfolgt selbst-organisierend, beispielsweise mit Hilfe der Expanding Ring Search [27] oder des NTLP-Protokolls GIST aus dem NSIS-Rahmenwerk. Die ringbasierte Kooperation nutzt die Lokalität – d. h. die Tatsache, dass aufgrund der räumlichen Nähe von Sender und Empfänger eine hohe Wahrscheinlichkeit besteht, dass der Angriff auch bei benachbarten Erkennungssystemen vorliegt. Angriffsbeschreibungen werden daher im Fall einer

Ablehnung der Validierung weitergeleitet. Eine Weiterleitung von Angriffsbeschreibungen, welche durch die lokale Validierung nicht nachgewiesen werden konnten, ist jedoch nicht sinnvoll. Die Kooperation führt also dazu, dass sich Angriffsbeschreibungen nur in der Nähe von Angriffspfaden ausbreiten. Erkennungssysteme in Regionen des Netzes, welche von dem Angriff nicht betroffen sind, werden nur selten benachrichtigt und müssen daher auch keine unnötigen Validierungen durchführen.

Bei der *Nutzung eines Overlay-Netzes* zur Kooperation verteilter Erkennungssysteme bezieht sich die Nachbarfindung nicht mehr auf die eigentliche Topologie des Netzes, sondern auf eine mit Hilfe des genutzten Overlay-Protokolls aufgebaute logische Topologie. Eine räumliche Nähe der kooperierenden Systeme kann mit dem Begriff eines Nachbarn nicht assoziiert werden. Die Nachbarfindung erfolgt im Fall der Nutzung eines Overlay-Netzes selbst-organisierend, z. B. indem die für das Key-Based Routing (KBR) im Overlay-Netz verwendete Nachbar-Tabelle zur Ermittlung von benachbarten Erkennungssystemen genutzt wird. Aufgrund der nur auf die Topologie des Overlay-Netzes bezogenen Nachbarschaft können aus der lokalen Situation keine Rückschlüsse über die Wahrscheinlichkeit des Vorliegens eines Angriffs bei einem benachbarten Erkennungssystem gezogen werden. Um den Kommunikationsaufwand gering zu halten, wird eine Angriffsbeschreibung daher nach Ablehnung der Validierung standardmäßig nicht weitergeleitet. Andererseits kann argumentiert werden, dass die Weiterleitung gerade wegen des nicht vorhandenen Zusammenhangs zu einer Erhöhung der Effektivität führen kann, da sich die Informationen weiter im Netz ausbreiten. Ob die erzielte Effektivität den erhöhten Kommunikationsaufwand für eine optionale Weiterleitung sowohl im Fall einer abgelehnten Validierung, als auch im Anschluss an eine erfolglose Validierung rechtfertigt, muss daher im Rahmen der Evaluierung untersucht werden.

Erfolgt die Nachbarfindung über den *Beitritt zu einer Multicast-Gruppe*, wird eine zu sendende Angriffsbeschreibung an die gesamte Multicast-Gruppe, d. h. an alle Erkennungssysteme, die an der Kooperation teilnehmen, verteilt. Dadurch gehen allerdings sowohl die Grundidee der Kooperation – dass nur mit benachbarten Systemen kooperiert wird – als auch die Skalierbarkeit der Kommunikation verloren, da sich Informationen nicht mehr iterativ im Netz ausbreiten. Die Nachbarfindung erfolgt selbst-organisierend durch den Beitritt zu einer Multicast-Gruppe. Vorteilhaft wirkt sich bei der Multicast-Kommunikation aus, dass die Benachrichtigung aller Erkennungssysteme schnell erfolgt und sich Informationen netzweit ausbreiten. Dies begünstigt allerdings auch die schnelle Ausbreitung von False positive-Fehlern. Im Fall der Multicast-Kooperation hat daher die Entscheidungsfunktion einen hohen Einfluss auf den Ablauf der Kooperation.

Tabelle 5.4 fasst die Eigenschaften der betrachteten Nachbarfindungsverfahren noch einmal kurz zusammen. Berücksichtigt werden dabei die Lokalität der Kommunikation – d. h. der Bezugspunkt der Nachbarschaft –, die durchschnittliche Anzahl an Nachbarn, mit denen direkt kommuniziert wird sowie die Kommunikationsparameter, welche zur Durchführung der jeweiligen Nachbarfindung benötigt werden.

Abschätzung des Kommunikationsaufwands der Kooperation

Im Folgenden sei die Anzahl der Erkennungssysteme, welche einen Angriff durch lokale Beobachtungen bzw. durch Validierung einer erhaltenen Angriffsbeschreibung

Nachbarfindung	Lokalität	Anzahl Nachbarn	Benötigte Konfiguration	Besonderheiten
Manuell	beliebig	Gering	Nachbarn	Nicht selbst-organisierend
Pfadgebunden	Underlay	Gering	Richtung	-
Ringbasiert	Underlay	Variiert	Ringradius	-
Overlay-Netz	Overlay	Gering	Mindestanzahl Nachbarn	Optionale Weiterleitung
Multicast	-	Hoch	Multicast-Gruppe	

Tabelle 5.4 Eigenschaften der unterschiedlichen Nachbarfindungsverfahren

erkennen, mit E bezeichnet. n sei die Anzahl aller Erkennungssysteme, N die durchschnittliche Anzahl von Nachbarn eines Erkennungssystems. Zudem bezeichnet V_A die absolute Häufigkeit abgelehnter Validierungen sowie V_E die Anzahl erfolgloser Validierungen.

Mit Hilfe dieser, vom konkreten Anwendungsszenario abhängigen Werte kann der Kommunikationsaufwand A, welcher durch die Kooperation bei Nutzung der unterschiedlichen Nachbarfindungsverfahren verursacht wird, abgeschätzt werden. Als Einheit wurde hierbei die Anzahl an gesendeten Angriffsbeschreibungen gewählt. Nimmt man die in Listing 5.5 dargestellte Angriffsbeschreibung als Referenz, kann zudem die Größe einer mit XML spezifizierten, UTF-8-kodierten Angriffsbeschreibung mit ca. 500 Byte abgeschätzt werden. Der Kommunikationsaufwand berücksichtigt dabei nicht die zum eigentlichen Auffinden der Nachbarn benötigten Dateneinheiten, da diese vom konkret verwendeten Protokoll zur Realisierung der Nachbarfindungsverfahren abhängen.

- Pfadgebundene Kooperation

$$A = E * X_E + V_A * X_E + V_E * X_E \tag{5.12}$$

  Jedes Erkennungssystem, welches einen Angriff erkannt hat, versucht die Angriffsbeschreibung in X Richtungen zu kommunizieren. Dabei wird angenommen, dass durchschnittlich nur in X_E Richtungen tatsächlich ein weiteres Erkennungssystem auf dem Pfad liegt. Wird die Nachbarfindung durch das GIST-Protokoll realisiert, werden zusätzlich zum Senden der eigentlichen Angriffsbeschreibung zwei weitere Dateneinheiten zum Auffinden des nächsten Erkennungssystems auf einem Pfad benötigt.

- Ringbasierte Kooperation

$$A = E * N + V_A * N \tag{5.13}$$

  Die durchschnittliche Anzahl der Nachbarn N eines Erkennungssystems hängt bei der ringbasierten Kooperation stark von der tatsächlichen Verteilung der Systeme sowie der Topologie und dem konfigurierten Ringradius ab. Die Varianz dieses Wertes kann daher u. U. hoch sein.

- Kooperation über Overlay-Netze

$$A = E * N + V_A * N + V_E * N \tag{5.14}$$

Die Weiterleitung einer Angriffsbeschreibung nach Ablehnung einer Validierung (V_A) oder im Anschluss an eine erfolglose Validierung (V_E) ist bei dieser Nachbarfindung optional nutzbar. Eine untere Schranke für die durchschnittliche Anzahl der Nachbarn N wird durch die konfigurierte Mindestanzahl vorgegeben (s. Tabelle 5.4).

- Kooperation mittels Multicast

$$A = E * (n - 1) \tag{5.15}$$

Da bei der Kooperation über eine Multicast-Gruppe eine Angriffsbeschreibung direkt an alle Erkennungssysteme verteilt wird, erfolgt weder nach abgelehnter noch nach erfolgloser Validierung eine Weiterleitung.

Ein Vergleich des Kommunikationsaufwands der unterschiedlichen Nachbarfindungsverfahren ohne Berücksichtigung eines konkreten Szenarios ist nur wenig aussagekräftig, da der tatsächlich verursachte Aufwand stark von der konkreten Verteilung der Erkennungssysteme und den Pfaden zwischen diesen abhängt. Zudem hat die konkret genutzte Entscheidungsfunktion großen Einfluss auf die Anzahl abgelehnter Validierungen V_A und beeinflusst dadurch den Kommunikationsaufwand. Zu erwarten ist jedoch, dass die Kooperation mittels Multicast einen vergleichsweise hohen Aufwand verursacht, wohingegen eine pfadgebundene Kooperation, welche nur in wenige Richtungen kommuniziert, nur einen geringen Aufwand erzeugt. Der Aufwand der Overlay-Kooperation ist in der Standardvariante ohne Weiterleitung bei ähnlicher Nachbarschaftsstruktur etwas geringer als derjenige der ringbasierten Kooperation.

5.3.2.4 Analyse der Angreifbarkeit der dezentralen Kooperation

Die Analyse der Angreifbarkeit der entworfenen Mechanismen gründet sich auf das in Abschnitt 2.5.2 erstellte Angreifermodell bei Angriffen zweiter Ordnung, d. h. Angriffen auf die Erkennung selbst sowie die Kooperation von Erkennungssystemen. Dabei wird vor allem betrachtet, inwiefern ein Angreifer die Kooperation und deren Mechanismen – welche als bekannt vorausgesetzt werden – ausnutzen kann, um die Erkennung und Validierung von Angriffen zu verhindern. Mögliche Ziele eines Angreifers können dabei die folgenden sein:

- Überlastung eines Erkennungssystems
- Gezielte Beeinflussung der Metrik-basierten Entscheidungsfindung
- Verhindern der Kooperation durch Unterdrücken von Angriffsbeschreibungen

Überlastung eines Erkennungssystems

Angriffe mit dem Ziel der Überlastung eines Erkennungssystems können sich sowohl gegen die Verfügbarkeit des Systems, auf welchem die Angriffserkennung ausgeführt wird, als auch gegen die Verfügbarkeit des Erkennungssystems in Bezug auf die Teilnahme an der dezentralen Kooperation richten. Um Angriffe zu verhindern, welche sich gegen die Verfügbarkeit des Systems richten, muss sichergestellt werden, dass die für die Angriffserkennung verfügbaren Ressourcen unabhängig von der Last der lokalen Erkennung und der Last der Validierungen, welche aufgrund der Kooperation durchgeführt werden, nicht überschritten werden. Dies ist sogar noch wichtiger, wenn das Erkennungssystem z. B. mit Hilfe programmierbarer Plattformen auf einem Router oder einem anderen Wirtsystem ausgeführt wird. Die Verfügbarkeit des Wirtsystems darf durch mögliche Angriffe gegen das Erkennungssystem nicht in Mitleidenschaft gezogen werden. Angriffe, welche sich direkt gegen das Wirtsystem richten und dadurch die Verfügbarkeit des Erkennungssystems einschränken, werden in der Analyse nicht berücksichtigt. Hierfür muss das Wirtsystem selbst geeignete Schutzmechanismen bereitstellen.

In existierenden Ansätzen, welche wie z. B. Cossack [149] ebenfalls auf einer lokalen Validierung empfangener Informationen basieren, kann ein Angreifer eine Überlastung des Erkennungssystems erreichen, indem eine Vielzahl gefälschter Angriffsbeschreibungen an das Erkennungssystem gesendet wird. Die lokale Validierung sämtlicher empfangener Informationen führt zur Überlastung des Systems. Derartige Angriffe sind nicht möglich, wenn die Erkennungssysteme die in der vorliegenden Arbeit konzipierte dezentrale Kooperation nutzen. Sämtliche empfangenen Angriffsbeschreibungen durchlaufen darin zuerst die Metrik-basierte Entscheidungsfunktion. Diese entscheidet darüber, ob eine Validierung der Informationen durchgeführt oder abgelehnt wird. Die Entscheidung wird dabei nicht nur basierend auf der aktuellen Auslastung des Erkennungssystems getroffen, sondern berücksichtigt weitere Parameter wie die Granularität der empfangenen Informationen, die Art des Angriffs oder die Entfernung des Senders, um zu beurteilen, ob die Informationen wichtig sind und tatsächlich validiert werden sollen. Bei hoher Auslastung des Systems wird eine Validierung neuer Angriffsbeschreibungen abgelehnt, um die Verfügbarkeit des Systems sicher zu stellen. Diese Vorgehensweise gewährleistet, dass die verfügbaren Ressourcen nicht durch eine Vielzahl an Validierungen überlastet werden. Die Anwendung der Metrik-basierten Entscheidungsfunktion garantiert durch die explizite Berücksichtigung der Auslastung außerdem, dass ausreichend Ressourcen für die lokale Anomalie-Erkennung und Identifikation reserviert werden. Damit wird verhindert, dass die Verfügbarkeit der lokalen Erkennung durch Teilnahme an der Kooperation angreifbar wird. Selbst Angriffe, welche die Verfügbarkeit eines Erkennungssystems in Bezug auf die Teilnahme an der Kooperation erfolgreich einschränken, können lediglich die Beseitigung von False negative-Fehlern verhindern. Die Verfügbarkeit der lokalen Erkennung kann jedoch nicht beeinflusst werden.

Beeinflussung der Entscheidungsfindung

Die Anwendung einer Metrik-basierten Entscheidungsfunktion kann zwar die Überlastung eines Erkennungssystems verhindern. Nicht verhindert werden kann jedoch, dass ein Angreifer durch das Senden gefälschter Angriffsbeschreibungen eine erhöhte Last auf einem Erkennungssystem erzeugt bzw. eine ständige, hohe Auslastung durch die Validierung gefälschter Angriffsbeschreibungen induziert. Ein solcher Angriff zielt darauf ab, die Validierung einer Angriffsbeschreibung, welche den Empfänger über einen stattfindenden Angriff benachrichtigt, durch das Senden gefälschter Angriffsbeschreibungen zu verhindern. Die Beeinflussung des angegriffenen Erkennungssystems basiert dabei darauf, dass der Standard-Angreifer die Funktionsweise der Metrik-basierten Entscheidungsfindung kennt.

Der Angreifer kann versuchen, die Validierung einer legitimen Beschreibung dadurch zu verhindern, dass er über einen längeren Zeitraum viele Angriffsbeschreibungen sendet, welche eine höhere Wichtigkeit als die legitimen Angriffsbeschreibungen haben. Gelingt dies, ist das angegriffene Erkennungssystem nicht mehr in der Lage, durch die Kooperation False negative-Fehler zu beseitigen. Da die für die lokale Erkennung verfügbaren Ressourcen von der Kooperation nicht beeinflusst werden, führt ein solcher Angriff jedoch auch nicht zu einer Verschlechterung der Effektivität. Zudem kann das Erkennungssystem weiterhin als Sender selbständig erkannter Angriffe an der Kooperation teilnehmen und durch die Weiterleitung legitimer Angriffsbeschreibungen für die Verbreitung der Beschreibungen sorgen.

Das willkürliche Senden vieler gefälschter Angriffsbeschreibungen durch einen Angreifer, das den beschriebenen Angriff erst ermöglicht, kann durch verschiedene Maßnahmen erschwert bzw. eingeschränkt werden: Crypto Puzzles, Plausibilitätstests oder die Beobachtung des Verhaltens der an der Kooperation teilnehmenden Erkennungssysteme. Voraussetzung für all diese Maßnahmen ist die Anwendung kryptographischer Mittel – d. h. die Kommunikation zwischen Erkennungssystemen muss gesichert erfolgen. So muss sichergestellt werden, dass ein Angreifer seine Identität nicht beliebig wechseln und sich folglich auch nicht als ein bereits existierendes Erkennungssystem ausgeben kann, ohne dieses vorher zu korrumpieren. Der Nachweis der Identität kann beispielsweise über eine Zertifikatinfrastruktur [1] (PKI, engl. Public Key Infrastructure) erreicht werden, welche einem Sender ermöglicht, zu beweisen, dass die gesendete Angriffsbeschreibung tatsächlich von ihm stammt. Existiert keine solche Infrastruktur, können beispielsweise statistisch eindeutige und kryptographisch verifizierbare (SUCV, engl. statistically unique and cryptographically verifiable) IP-Adressen [129] verwendet werden um die Identität auf Netzwerkschicht nachzuweisen. Alternativ können Netzbetreiber vor der Teilnahme an der Kooperation mit möglichen Kommunikationspartnern Schlüsselmaterial austauschen, welches zum Schutz der Identität verwendet wird. Zusätzlich zum Nachweis der Identität sollte ein Integritätsschutz der gesendeten Angriffsbeschreibung, z. B. mit Hilfe eines kryptographischen Hashwerts [137], angewendet werden. Dieser verhindert, dass ein Angreifer Beschreibungen von anderen Erkennungssystemen verändern kann. Zudem verhindert dies das Wiedereinspielen abgehörter Angriffsbeschreibungen, da ein solcher Integritätsschutz in Verbindung mit einem in den Angriffsbeschreibungen jeweils enthaltenen Zeitstempel eine Erkennung veralteter Beschreibungen ermöglicht. Hierzu muss allerdings eine Zeitsynchronisation der kooperierenden Erkennungssysteme zur Verfügung stehen.

Ein Angreifer muss also vor Durchführung eines Angriffs ein an der Kooperation teilnehmendes Erkennungssystem korrumpieren und kann sich nicht einfach als ein solches maskieren. Erst dann kann der Angreifer mit Hilfe dieses legitimen Erkennungssystems eigene Angriffsbeschreibungen erstellen und versenden. Dadurch kann eine Angriffsbeschreibung nachweisbar einem bestimmten Sender zugeordnet werden. Angreifer, welche die anderen, an der Kooperation teilnehmenden Erkennungssysteme mit gefälschten Angriffsbeschreibungen überfluten, können daher u. U. durch Beobachtung des Verhaltens aller Kommunikationspartner identifiziert werden – beispielsweise aufgrund einer ungewöhnlich hohen Anzahl an gesendeten Angriffsbeschreibungen mit sehr hoher Wichtigkeit. Zudem können Angreifer eventuell mit Hilfe von Plausibilitätstests der in der Angriffsbeschreibung enthaltenen Informationen identifiziert werden, da ein Angreifer Werte verwenden muss, welche eine sehr hohe Wichtigkeit sicherstellen. Eine weitere Möglichkeit, das Senden vieler gefälschter Angriffsbeschreibungen zu verhindern, ist die Nutzung von Crypto Puzzles. Der Empfänger einer Angriffsbeschreibung sendet dazu dem Sender ein Crypto Puzzle, welches dieser lösen muss, bevor die Angriffsbeschreibung durch den Empfänger tatsächlich bearbeitet wird. Dies verzögert jedoch auch die Bearbeitung legitimer Angriffsbeschreibungen.

Alternativ zu dem Angriff, bei dem die Validierung legitimer Angriffsbeschreibungen durch das Senden vieler gefälschter Angriffsbeschreibungen verhindert werden soll, kann ein Angreifer – um unentdeckt zu bleiben – auch versuchen, die Entscheidungen eines Erkennungssystems gezielt durch Senden einzelner gefälschter Angriffsbeschreibungen zu beeinflussen. Um eine solche gezielte Beeinflussung zu realisieren, benötigt ein Angreifer zum einen Zugriff auf mehrere Erkennungssysteme, um echte Duplikate zu erzeugen. Zum anderen kann der Angreifer lediglich diejenigen Werte der Entscheidungsfunktion direkt beeinflussen, die aus der Angriffsbeschreibung gewonnen werden, wie z. B. der beschriebene Angriff, der bisherige Validierungsverlauf oder die Signifikanz des Senders. Die Entscheidungsfunktion basiert jedoch nicht nur auf den Werten der Angriffsbeschreibung, sondern nutzt zusätzlich lokal verfügbare Informationen, z. B. die Auslastung des Systems oder die Anzahl empfangener Duplikate. Des Weiteren fließen Eigenschaften der Kommunikation, wie die Distanz zwischen den Kommunikationspartnern, ein. Die Auslastung des anzugreifenden Erkennungssystems ist für einen Angreifer weder vorhersagbar noch gezielt beeinflussbar – wenn nicht eine Vielzahl an gefälschten Beschreibungen gesendet werden soll. Die Anzahl der echten Duplikate, welche ein Angreifer direkt erzeugen kann, ist zwar über die Anzahl korrumpierten Erkennungssysteme steuerbar, nicht aber die Anzahl der Duplikate, welche zusätzlich durch die Weiterleitung gemäß der Funktionsweise der dezentralen Kooperation entstehen. Die Distanz des Senders ist ebenfalls schwer zu beeinflussen, da diese von der Lokation des korrumpierten Erkennungssystems sowie vom dynamischen Routing im Internet abhängt. Insgesamt kann ein Angreifer folglich zwar versuchen, die Entscheidungsfindung eines Erkennungssystems gezielt zu beeinflussen – eine vorhersagbare Beeinflussung mit Hilfe weniger gefälschter Angriffsbeschreibungen ist jedoch praktisch kaum umsetzbar, da der Angreifer nur einen Teil der Parameter der Entscheidungsfunktion direkt beeinflussen und mögliche Wechselwirkungen aller kooperierenden Erkennungssysteme nicht abschätzen kann.

Verhinderung der Kooperation

Die dezentrale Kooperation verteilter Erkennungssysteme kann entweder durch das Löschen der Angriffsbeschreibungen, welche von einem Erkennungssystem im Anschluss an die lokale Erkennung eines Angriffs gesendet werden, verhindert werden oder dadurch, dass ein Auffinden benachbarter Erkennungssysteme unterbunden wird. Ein Standard-Angreifer ist gemäß des in dieser Arbeit verwendeten Angreifermodells nicht in der Lage, beliebigen Verkehr im Netz abzuhören oder zu manipulieren. Für einen Angreifer ist es folglich unmöglich, sämtliche Angriffsbeschreibungen der dezentralen Kooperation zu löschen bzw. das Auffinden von Nachbarn generell zu unterbinden, da hierzu Zugriff auf Zwischensysteme, welche die betreffenden Dateneinheiten weiterleiten, notwendig wäre. Hat der Angreifer ein Erkennungssystem korrumpiert, welches an der Kooperation teilnimmt, ist er allerdings in der Lage, sämtliche eingehenden Angriffsbeschreibungen zu verwerfen anstatt sie protokollkonform an die eigenen Nachbarn weiterzuleiten. Ein solches Verhalten kann durch die Kooperation weder verhindert noch erkannt werden, da kein Feedback-Mechanismus vorgesehen ist, der einem Sender die Weiterleitung bzw. Bearbeitung von dessen

Angriffsbeschreibungen bestätigt. Aufgrund der Tatsache, dass die Kooperation zwischen unabhängig voneinander agierenden Instanzen erfolgt, ist es jedoch möglich, dass eine Angriffsbeschreibung auch über andere Pfade zu einem Erkennungssystem gelangt. Das Löschen einzelner Angriffsbeschreibungen durch einen Angreifer ist folglich keine Garantie dafür, dass die Informationen nicht dennoch bei seinen Nachbarn ankommen.

5.3.3 Implementierung

Die Umsetzung der dezentralen Kooperation erfolgte mit Hilfe des Netzwerksimulators OMNeT++ und der bereits beschriebenen Simulationsumgebung *ReaSE*. Ziel der Implementierung ist die simulative Evaluierung der entwickelten Mechanismen sowie ein Vergleich verschiedener Nachbarfindungsverfahren. Zu diesem Zweck wurde die dezentrale Kooperation direkt in die Simulationsumgebung *ReaSE* integriert. Eine Integration in das Rahmenwerk *Distack* wäre ebenfalls möglich gewesen, da dieses als Entität in OMNeT++ geladen werden kann. Dies hätte allerdings auch viele Seiteneffekte aufgrund der Berücksichtigung sämtlicher Abläufe und Probleme der lokalen Anomalie-Erkennung, der adaptiven Ablaufsteuerung sowie der Identifikation von Angriffen zur Folge. Zudem muss für die Evaluierung der Kooperation eine Vielzahl an Erkennungssystemen in jedes einzelne Simulationsszenario integriert werden. Die Ausführung einer *Distack*-Instanz pro Erkennungssystem würde dabei einen deutlich höheren Aufwand verursachen als die direkte Integration der Mechanismen in die Simulationsumgebung. Im Rahmen der vorliegenden Arbeit wurde daher aus den genannten Gründen darauf verzichtet, die Kooperation direkt in *Distack* zu implementieren, um eine Fokussierung auf die Eigenschaften der dezentralen Kooperation und damit eine aussagekräftige Evaluierung zu ermöglichen, ohne die bereits in der Evaluierung der Identifikation aufgezeigten Probleme einer fehlerbehafteten lokalen Erkennung und Identifikation berücksichtigen zu müssen. Hierfür wurde eine vereinfachte Version der Anomalie-Erkennung und Identifikation von Angriffen in *ReaSE* integriert. Zusätzlich wurden verschiedene Nachbarfindungsverfahren sowie die gesamte Funktionalität der Kooperation direkt innerhalb der Simulationsumgebung implementiert.

5.3.3.1 Erweiterung von *ReaSE* um eine kooperative Angriffserkennung

Die Erweiterung der Simulationsumgebung *ReaSE* um die Mechanismen der dezentralen Kooperation lässt sich in die drei Komponenten des Entwurfs unterteilen:

- Lokale *Validierung* empfangener Informationen sowie lokale Erkennung und Identifikation
- Unabhängigkeit und Robustheit der Erkennungssysteme durch die Metrikbasierte *Entscheidungsfunktion*
- *Nachbarfindung* und Kommunikation mit anderen Erkennungssystemen

Abbildung 5.16 zeigt die UML-Modellierung der in OMNeT++ als Simple Modules implementierten Klassen am Beispiel der ringbasierten Kooperation. Die Funktionalitäten der einzelnen Klassen sowie deren Abbildung auf die genannten Komponenten wird im Folgenden erläutert. Dabei wird auch auf die angenommenen Vereinfachungen eingegangen, welche eine Auswertung der Ergebnisse mit Fokus auf die dezentrale Kooperation ermöglichen. Zudem werden die Parallelen zu einer möglichen Integration in das Rahmenwerk *Distack* aufgezeigt. Die Machbarkeit einer Portierung in das Rahmenwerk wurde bereits exemplarisch für die ringbasierte Nachbarfindung nachgewiesen. Dies wird jedoch im Rahmen dieser Arbeit nicht weiter ausgeführt, da die Portierung für die durchzuführende Evaluierung nicht relevant ist.

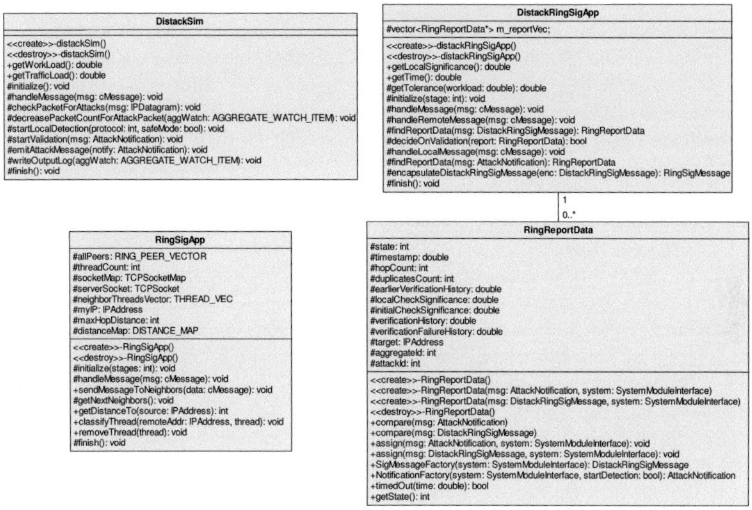

Abbildung 5.16 UML-Diagramm der ringbasierten Kooperation

Lokale Validierung, Erkennung und Identifikation

Die lokale Anomalie-Erkennung und Identifikation von Angriffen wird realisiert durch das Simple Module `DistackSim`. Dieses führt die Erkennung von Volumenanomalien in unterschiedlichen Aggregaten durch und ist eine exakte Nachbildung der Funktionalität der in *Distack* bereits implementierten Initialmethode zur Erkennung von Volumenanomalien. Die Erkennung einer Volumenanomalie löst dabei – wie in der bisher betrachteten hierarchischen Anomalie-Erkennung bzw. in der iterativen Identifikation von Angriffen – die Ausführung weiterer feingranularer Erkennungsmethoden aus. Im Gegensatz zu der in *Distack* integrierten feingranularen Anomalie-Erkennung, welche im Anschluss an die Detektion einer Volumenanomalie Methoden zur Erkennung von Verteilungs- und Protokollanomalien startet, wurde die Verfeinerung der in *ReaSE* integrierten Erkennung stark vereinfacht: Es wird angenommen, dass die feingranulare Anomalie-Erkennung optimal arbeitet, wobei der Tatsache, dass diese eine gewisse Laufzeit benötigt, durch Nutzung eines Zeitgebers Rechnung getragen wird – die Erkennung und Identifikation erfolgt also nicht instantan. Im Anschluss an die Erkennung einer Volumenanomalie wird hierfür ein Zeitgeber gestartet, welcher die eigentliche feingranulare Anomalie-Erkennung ersetzt. Nach Ablauf dieses Zeitgebers gelten sämtliche, während dieser Zeit tatsächlich stattfindenden Angriffe des verdächtigen Aggregats als erkannt und korrekt identifiziert. Die feingranulare Anomalie-Erkennung ist folglich optimal. Mit Hilfe dieser Vereinfachung hat die Güte der lokalen Anomalie-Erkennung nur noch geringen Einfluss auf die Evaluierung der Kooperation. Lediglich die False positive- und False negative-

Fehler, welche durch die eingesetzte Initialmethode zur Erkennung von Volumenanomalien verursacht werden, bleiben erhalten. Da die Auswirkungen der Kooperation auf genau diese Werte evaluiert werden sollen, schränken die Vereinfachungen die Auswertung nicht ein.

Um die beschriebene optimale feingranulare Erkennung realisieren zu können, werden Dateneinheiten, welche zu einem Angriff gehören, mit einer eindeutigen ID des Angriffs markiert. Die feingranulare Erkennung kann mit Hilfe dieser Markierung während deren Laufzeit feststellen, welche Angriffe im verdächtigen Aggregat aktuell stattfinden und lokal beobachtet werden können. All diese Angriffe gelten nach Ablauf des Zeitgebers als erkannt und identifiziert. Findet während dieser Zeit kein Angriff statt, wird der Erkennungsvorgang als False positive-Fehler gekennzeichnet – dies entspricht bei der in *Distack* implementierten Erkennung der Situation, dass die feingranulare Erkennung keine weiteren Anomalien detektieren kann und die Identifikation mit dem Ergebnis „Normalverkehr“ endet. In einer solchen Situation wird ebenfalls angenommen, dass die feingranulare Erkennung optimal arbeitet und dadurch False positive-Fehler der Initialmethode als Normalverkehr identifiziert. Falsch-positive Erkennung werden daher nicht durch die Kooperation an die eigenen Nachbarn kommuniziert. Die Markierung der Angriffsdateneinheiten ermöglicht zudem eine zuverlässige quantitative Analyse der False negative-Fehler eines Erkennungssystems, da während der Simulation protokolliert werden kann, welches Erkennungssystem einen Angriff theoretisch hätte detektieren können – d. h. welches Erkennungssystem auf mindestens einem Angriffspfad lag. Außerdem wird erst durch die Markierung der Angriffsdateneinheiten eine Rückkopplung zur Erkennung von Volumenanomalien – und dadurch eine Erkennung überlagerter Angriffe, d. h. Angriffe, welche sich zeitlich überschneiden – möglich. Für mögliche Realisierungen einer solchen Rückkopplung in echten Netzen unter Berücksichtigung begrenzter Ressourcen sei auf [51] verwiesen.

Neben der lokalen Erkennung und Identifikation von Angriffen ist im Simple Module `DistackSim` außerdem die lokale Validierung empfangener Angriffsbeschreibungen implementiert. Um die Funktionalitäten der lokalen Erkennung und der Kooperation getrennt zu halten, erfolgt der Austausch von Informationen zwischen diesen beiden Komponenten – wie auch bei *Distack* – über interne Nachrichten (`AttackNotification`). Erhält die Erkennung von der Kooperation den Auftrag, eine Angriffsbeschreibung zu validieren, wird durch Aufruf der Methode `startAttackDetection()` direkt die feingranulare Erkennung des beschriebenen Angriffs gestartet. Auch die Validierung nutzt dabei die bereits beschriebene Vereinfachung durch die Annahme einer optimalen Erkennung und die Nutzung eines Zeitgebers. Konnten während der Laufzeit dieses Zeitgebers Dateneinheiten des beschriebenen Angriffs lokal beobachtet werden, gilt die Validierung als erfolgreich. Nach Durchführung einer Validierung wird eine interne Nachricht an die Kooperation gesendet, welche das Ergebnis der Validierung enthält. Die Kooperation ist dann für die weitere Bearbeitung dieser Information zuständig. Auch die selbständige lokale Erkennung eines Angriffs wird der Kooperation durch eine interne Nachricht signalisiert, so dass diese die Kooperation mit benachbarten Erkennungssystemen durchführen kann.

Dezentrale Kooperation

Die eigentliche Funktionalität der Kooperation – realisiert durch das Simple Module `DistackRingSigApp` – stellt das Bindeglied zwischen der lokalen Erkennung und Validierung und der konkreten Kommunikation mit benachbarten Erkennungssystemen dar. Da die zur Entscheidungsfindung genutzte Metrik-basierte Entscheidungsfunktion sich je nach eingesetzter Nachbarfindung unterscheiden kann, muss die Kooperation von jedem Nachbarfindungsverfahren implementiert werden. Die zwei Aufgaben des resultierenden Simple Modules sind:

- Die Verarbeitung von Informationen der lokalen Erkennung
- Die Verarbeitung von empfangenen Angriffsbeschreibungen

Detektiert das Erkennungssystem selbständig einen Angriff, wird diese Information an die Kooperation signalisiert. Dies führt dazu, dass in der Methode `handleLocalMessage()` eine Angriffsbeschreibung erstellt wird, welche neben der Beschreibung des Angriffs selbst weitere für den Empfänger der Beschreibung notwendige Informationen enthält – beispielsweise die Signifikanz des Senders. Auch im Fall einer Validierung empfangener Informationen erfolgt die Signalisierung des Ergebnisses an die Kooperation. Abhängig vom Ergebnis kann diese die Angriffsbeschreibung aktualisieren und an die benachbarten Erkennungssysteme senden. Im Fall einer erfolgreichen Validierung wird immer eine Angriffsbeschreibung gesendet. Die Overlay-Kooperation kann zudem optional auch im Fall einer erfolglosen Validierung eine Angriffsbeschreibung an die Nachbarn senden. Die pfadgebundene Kooperation tut dies hingegen standardmäßig – nach Aktualisierung des Fehlerverlaufs der Angriffsbeschreibung. Die zu sendende Angriffsbeschreibung wird an die Nachbarfindung übergeben, welche das tatsächliche Senden an die Nachbarn durchführt.

Wird eine Angriffsbeschreibung von einem Nachbarn empfangen, wird zuerst in der Methode `handleRemoteMessage()` überprüft, ob der beschriebene Angriff unbekannt ist oder ob es sich um ein Duplikat handelt, d. h. um die Beschreibung eines bereits bekannten Angriffs. Unterschieden werden hierbei zusätzlich identische und echte Duplikate. Bei einem bekannten Angriff hängt die weitere Bearbeitung davon ab, ob eine früher empfangene Beschreibung dieses Angriffs bereits validiert wurde (s. Abbildung 5.15). Ist dies nicht der Fall oder handelt es sich um eine bisher unbekannte Beschreibung, wird die Metrik-basierte Entscheidungsfunktion (`checkForValidation()`) ausgeführt. Entscheidet diese, dass eine Validierung durchgeführt werden soll, wird die lokale Erkennung benachrichtigt. Bei Ablehnung einer Validierung kann abhängig vom verwendeten Nachbarfindungsverfahren eine Weiterleitung an die eigenen Nachbarn veranlasst werden. Die Kooperation muss zudem zur Erkennung von Duplikaten für jede Angriffsbeschreibung Zustand aufbauen. Dies erfolgt mit Hilfe der Klasse `RingReportData`, welche die Speicherung aller notwendigen Informationen über lokal erkannte Angriffe und empfangene Angriffsbeschreibungen ermöglicht. Hierzu gehört neben der Speicherung der Eigenschaften des Angriffs auch die Sammlung aller für die Metrik-basierte Entscheidung bzw. das Senden an benachbarte Erkennungssysteme notwendigen Daten. Einmal erstellte Reports werden dabei nach dem Soft State-Prinzip wieder gelöscht, wenn innerhalb von zwei Minuten keine Aktualisierung der Informationen erfolgt.

Nachbarfindung und Kommunikation

Die eigentliche Kommunikation mit benachbarten Erkennungssystemen sowie das Auffinden der Kommunikationspartner wird im Simple Module `RingSigApp` implementiert. Hierzu stellt dieses der Kooperation die Methode `sendMessageTo-`

`Neighbors()` zur Verfügung, welche die eigentliche Nachbarfindung kapselt und das Senden einer Angriffsbeschreibung durchführt. Zudem ist die Nachbarfindung u. U. in der Lage, die für die Metrik-basierte Entscheidungsfunktion benötigten Eigenschaften des Netzes, wie z. B. die Entfernung zwischen den Kommunikationspartnern in IP-Hops, zur Verfügung zu stellen. Auch dieses Simple Module muss für jedes Nachbarfindungsverfahren separat implementiert werden, da sich die einzelnen Verfahren in ihren Mechanismen und Protokollen unterscheiden. Die Nachbarfindung und Kommunikation entspricht folglich dem Architektur-Baustein `Communication` des *Distack*-Rahmenwerks, welcher mit Hilfe der definierten generischen Schnittstelle (s. Abschnitt 3.3.1) die Integration unterschiedlicher Kommunikationsmethoden und Nachbarfindungsverfahren ermöglicht.

In der Evaluierung der Kooperation wird bezüglich des Aufwands lediglich auf den Kommunikationsaufwand eingegangen, der durch das Versenden von Angriffsbeschreibungen verursacht wird. Der Aufwand der Nachbarfindung wird dabei vernachlässigt, da dieser abhängig vom konkret verwendeten Protokoll variieren kann. An dieser Stelle wurden daher auch Vereinfachungen bei der Implementierung der Nachbarfindung angenommen: Die Nachbarfindung erfolgt für das ringbasierte Verfahren sowie für die Kooperation durch Overlay-Netze und Multicast über eine zentrale Instanz der Simulation. Im Fall der ringbasierten Nachbarfindung existiert beispielsweise innerhalb einer Simulation eine Instanz der Entität `RingManager`. Bei dieser meldet sich jedes Erkennungssystem, welches an der Kooperation teilnimmt, während der Initialisierung der Simulation an. Nach Abschluss dieser Initialisierung berechnet der Manager die jeweils kürzesten Pfade zwischen allen Erkennungssystemen. Daraufhin kann er jedem einzelnen Erkennungssystem diejenigen benachbarten Systeme sowie deren Entfernung mitteilen, welche sich innerhalb des konfigurierten Ringradius befinden. Ebenso erfolgt für die anderen Nachbarfindungsverfahren die Auswahl von Overlay-Nachbarn bzw. die Berechnung des Multicast-Baums über die zentralen Entitäten `OverlayManager` und `MulticastManager`. Die Wahl der Nachbarn im Overlay-Netz erfolgt dabei zufällig und richtet sich nach der vorgegebenen Mindestanzahl an Nachbarn. Eine vollständige Erreichbarkeit kann aufgrund der zufälligen Auswahl nicht garantiert werden. Keine Vereinfachung wurde lediglich bei der pfadgebundenen Nachbarfindung angenommen. Das Auffinden eines benachbarten Systems erfolgt dabei nach Vorbild des GIST-Protokolls aus dem NSIS-Rahmenwerk. Hierbei wird eine UDP Query-Dateneinheit mit gesetzter Router Alert-Option in Richtung des Opfer-Systems gesendet. Das nächste Erkennungssystem auf dem Pfad erkennt die Query-Dateneinheit durch die gesetzte Router Alert-Option und baut eine TCP-Verbindung mit dem anfragenden System auf. Die Übertragung der Angriffsbeschreibung erfolgt anschließend über diese Verbindung.

Die Nutzung einer zentralen Manager-Entität für die Nachbarfindung ist lediglich eine Vereinfachung, welche in der Simulation angewendet wird. Für einen Einsatz in realen Netzen ist eine solche Instanz ungeeignet, da diese einerseits einen Single-Point-of-Failure darstellt und andererseits für ein Szenario ohne feste Vertrauensbeziehungen ungeeignet ist. Zur selbst-organisierenden Nachbarfindung können in realen Netzen z. B. die in Abschnitt 5.3.2.3 angesprochenen Verfahren verwendet werden.

Die Kommunikation mit benachbarten Erkennungssystemen bei Nutzung einer Multicast-Gruppe erfolgt nach Vorbild des NICE-Protokolls [12], einem hierarchischen

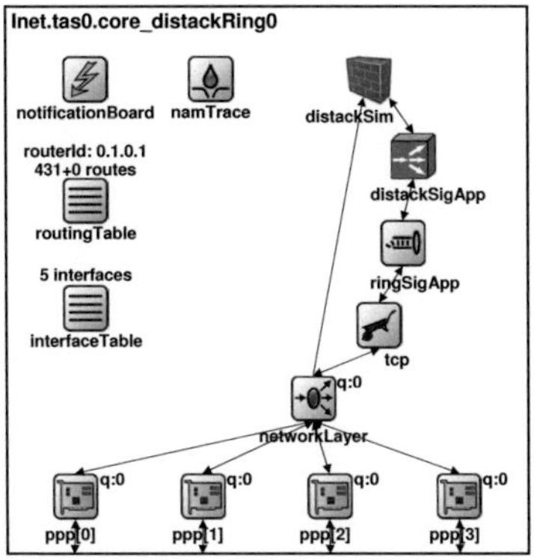

Abbildung 5.17 Erkennungssystem mit ringbasierter Kooperation in OMNeT++

Multicast-Protokoll. Die im Netz verteilten Erkennungssysteme werden dabei in Cluster organisiert. Ein ausgewähltes System jedes Clusters – der so genannte Clusterhead – leitet eine empfangene Angriffsbeschreibung an alle anderen Systeme innerhalb des Clusters weiter. Zusätzlich wird zu den Clusterheads aller anderen Cluster ein Verteilbaum aufgebaut, über welchen Angriffsbeschreibungen gesendet werden. Die Bildung der Cluster erfolgt durch die Zugehörigkeit zu einem Autonomen System. Der Clusterhead eines jeden AS wird zufällig gewählt.

Die Zusammenhänge der drei vorgestellten Simple Modules zur Umsetzung der dezentralen Kooperation stellt abschließend Abbildung 5.17 dar. Die Abbildung zeigt exemplarisch das zur Evaluierung der Kooperation verwendete Compound Module `distackRing`, welches ein Erkennungssystem mit ringbasierter Kooperation realisiert. Die Netzwerkschicht wurde dabei derart verändert, dass Kopien aller beobachteten Dateneinheiten an das Simple Module `distackSim` zur Durchführung der lokalen Anomalie-basierten Erkennung weitergegeben werden. Lokal erkannte bzw. validierte Angriffe werden an das Simple Module `distackRingSigApp` kommuniziert, welches eine Entscheidung über deren weitere Verarbeitung trifft. Zusätzlich führt dieses die Verarbeitung empfangener Angriffsbeschreibungen sowie die Anwendung der Metrik-basierten Entscheidungsfunktion aus. Das Auffinden benachbarter Erkennungssysteme zur Kooperation sowie die eigentliche Kommunikation erfolgen über das Simple Module `ringSigApp`. Letzteres ist auf Anwendungsschicht angesiedelt, d. h. die Kommunikation basiert auf vorhandenen Transportprotokollen.

5.3.3.2 Metrik-basierte Entscheidungsfindung

Im Folgenden wird kurz für die unterschiedlichen Nachbarfindungsverfahren die jeweils verwendete Entscheidungsfunktion erläutert. Die Definition der Entscheidungsfunktion orientierte sich dabei an den in Abschnitt 5.3.2.2 vorgestellten Parametern sowie an den Zielen und Eigenschaften der einzelnen Nachbarfindungsverfahren, welche in Abschnitt 5.3.2.3 eingeführt wurden. Der Einfluss der Entscheidungsfunktion auf die Effektivität und den Ablauf der dezentralen Kooperation wird zudem im Rahmen der simulativen Evaluierung untersucht, indem für die unterschiedlichen Nachbarfindungsverfahren beobachtet wird, welche Auswirkungen Änderungen an der Entscheidungsfunktion haben.

Ein Parameter, welcher unabhängig von der Nachbarfindung in die Entscheidungsfunktion einfließen muss, ist die lokale Auslastung des Erkennungssystems, da dieser das System vor Überlast schützt. Die Auslastung A wird prozentual gemessen und mit Hilfe einer Toleranzfunktion T in der Entscheidungsfunktion genutzt. Die Auslastung bezieht sich dabei auf diejenigen Ressourcen, die der Angriffserkennung für die Kooperation zur Verfügung stehen. Die Toleranzfunktion ist definiert als:

$$T(A) = \begin{cases} 0{,}9 - A, & \text{wenn } 0 \leq A \leq 0{,}4 \\ (0{,}9 - A)^3, & \text{wenn } 0{,}4 < A \leq 0{,}9 \\ 0, & \text{wenn } 0{,}9 < A < 1 \\ -\infty, & \text{wenn } A \geq 1 \end{cases} \tag{5.16}$$

Das exponentielle Abfallen der Funktion bei Werten zwischen 0,4 und 0,9 dient bereits frühzeitig als Schutz vor Überlast-Situationen, da hierdurch bei steigender Auslastung verstärkt Validierungen abgelehnt werden. Durch das Setzen des Wertes auf $-\infty$ ist zudem garantiert, dass bei voller Auslastung keine weiteren Validierungen mehr gestartet werden. Zudem fließt die Verkehrslast des empfangenden Erkennungssystems bei allen Nachbarfindungsverfahren als negativer Nutzen in die Entscheidungsfunktion ein, da bei höherer Verkehrslast die Durchführung einer feingranularen Anomalie-Erkennung aufwändiger ist.

- Ringbasierte Kooperation

  $$N = 1{,}5^{-\text{Distanz}} * \text{InitialeSignifikanz} + N_{\text{alt}} - (1 - T(A)) * \text{Verkehrslast} \tag{5.17}$$

  Ziel der ringbasierten Kooperation ist die Ausnutzung der Lokalität benachbarter Erkennungssysteme, da davon ausgegangen wird, dass vom Vorliegen eines Angriffs beim Sender mit hoher Wahrscheinlichkeit auf das Vorliegen bei benachbarten Systemen geschlossen werden kann. Daher fließt die Distanz zwischen zwei Erkennungssystemen in die Entscheidungsfunktion der ringbasierten Kooperation als Exponent ein, um den Nutzen bei hoher Entfernung überproportional zu senken. Zusätzlich berücksichtigt wird die Signifikanz des Erkennungssystems, welches den Angriff tatsächlich erkannt hat (Initiale Signifikanz). Dies sorgt dafür, dass Erkennungssysteme im Netzinneren eine Validierung erst durchführen, wenn mehrere Angriffsbeschreibungen von Erkennungssystemen am Netzrand empfangen wurden und die Wahrscheinlichkeit hoch ist, dass es sich um einen verteilten, großflächigen Angriff handelt. Die Anzahl empfangener Duplikate wird indirekt bei der Entscheidungsfindung berücksichtigt, indem der bei früheren Entscheidungen berechnete Nutzen N_{alt} als weiterer Parameter einfließt.

- Kooperation durch Overlay-Netze

  $$N = \frac{\text{InitialeSignifikanz}}{\alpha} + N_{\text{alt}} - (1 - T(A)) * \text{Verkehrslast} \tag{5.18}$$

  Im Unterschied zur ringbasierten Kooperation wird die Distanz bei einer Kooperation über Overlay-Netze nicht berücksichtigt, da diese aufgrund der nur logischen Nachbarschaft keine Aussagekraft besitzt. Die Signifikanz wird zudem durch einen Parameter α reduziert, welcher sich aus der Anzahl der Nachbarn berechnet. Bei höherer Anzahl an Nachbarn sinkt dadurch der Nutzen, so dass der Einfluss der Anzahl an echten Duplikaten auf die Entscheidungsfunktion steigt. Dies soll vor allem bei steigender Anzahl an Nachbarn eine zu häufige Validierung von einzelnen Angriffsbeschreibungen verhindern.

- Kooperation mittels Multicast

$$N = 1{,}5^{-\text{Distanz}} * \text{Signifikanz} + N_{\text{alt}} - (1 - T(A)) * \text{Verkehrslast} \tag{5.19}$$

Genutzt wird bei der Multicast-Kooperation dieselbe Entscheidungsfunktion wie bei der ringbasierten, welche die Distanz sowie die Signifikanz des Senders berücksichtigt. Auch bei der Multicast-Kooperation wird folglich vorrangig in der Nähe des Senders validiert. Weiter entfernte Erkennungssysteme führen eine Validierung erst nach Empfang von Duplikaten oder bei Angriffsbeschreibungen mit hoher Signifikanz durch. Da bei Multicast keine Weiterleitung durchgeführt wird, muss nicht zwischen der Signifikanz des ursprünglichen Senders und derjenigen des weiterleitenden Systems unterschieden werden.

- Pfadgebundene Kooperation

$$\begin{aligned} N = & \frac{\text{Signifikanz} + \text{Verkehrslast}}{2} * \text{Distanz} * \\ & \max\left(\frac{\text{InitialeSignifikanz}}{\text{Verkehrslast}} * 0{,}5^{\text{Fehlerverlauf}}; 1\right) * 2^{\text{Duplikate}} + \\ & \text{Validierungsverlauf} + 2 * N_{\text{alt}} - (1 - T(A)) * \text{Verkehrslast} \end{aligned} \tag{5.20}$$

Die Entscheidungsfunktion der pfadgebundenen Kooperation ist deutlich komplexer als die bisher betrachteten Funktionen, da zum einen nur eine Kooperation in Richtung des Opfer-Systems erfolgt und zum anderen auch bei fehlgeschlagenen Validierungen weitergeleitet wird. Daher fließen in diese Entscheidungsfunktion sämtliche in Abschnitt 5.3.2.2 vorgestellten Parameter ein. Es wird folglich nicht nur die Signifikanz des Senders betrachtet, sondern auch die des weiterleitenden Systems sowie Fehler- und Validierungsverlauf einer Angriffsbeschreibung. Zudem fließt die Anzahl empfangener Duplikate exponentiell in die Entscheidung ein, da bei der pfadgebundenen Kooperation mit nur wenigen Duplikaten zu rechnen ist. Für eine ausführliche Erklärung der Herleitung der pfadgebundenen Entscheidungsfunktion sei an dieser Stelle auf [176] verwiesen.

5.3.4 Evaluierung

In diesem Abschnitt erfolgt die quantitative Auswertung der Kooperation im Hinblick auf die Anzahl der im gesamten Netz von allen vorhandenen Erkennungssystemen erkannten Angriffe. Die Effektivität der Kooperation kann folglich daran gemessen werden, wie stark die Anzahl der global erkannten Angriffe im Vergleich zur Situation ohne Kooperation ansteigt. Dabei bedeutet die Anzahl der global erkannten Angriffe nicht – wie bei vielen der in Abschnitt 5.3.1 vorgestellten Arbeiten – dass das Vorliegen eines Angriffs lediglich bekannt ist, sondern, dass das Vorliegen eines Angriffs selbständig erkannt oder aufgrund einer Benachrichtigung lokal nachgewiesen wurde.

Die Auswertung der Effektivität der Kooperation erfolgt in Bezug auf die in Abschnitt 5.3.2.3 vorgestellten unterschiedlichen Nachbarfindungsverfahren, deren Effektivität und Aufwand im Folgenden gegenüber gestellt und miteinander verglichen wird. Dabei werden ausschließlich die vier selbst-organisierenden Verfahren berücksichtigt; die manuelle Konfiguration der Nachbarn wird nicht betrachtet, da diese für eine praktische Anwendung in einer netzweiten Kooperation zu unflexibel ist. Um die Funktionsweise der dezentralen Kooperation im Detail aufzeigen zu können, werden in Abschnitt 5.3.4.2 der Ablauf sowie erste Ergebnisse des Vergleichs der unterschiedlichen Nachbarfindungsverfahren am Beispiel zweier einfacher Szenarien der Größe 5 000 und 50 000 Systeme ausführlich erläutert. Die Evaluierung der Kooperation erfolgt dabei simulativ. Abschließend wird in Abschnitt 5.3.4.3 eine simulative Evaluierung der Kooperation verteilter Erkennungssysteme in verschiedenen komplexeren Szenarien präsentiert. Zudem erfolgt hierbei auch eine Variation ausgewählter Parameter und Eigenschaften verschiedener Nachbarfindungsverfahren.

5.3.4.1 Methodik

Die zur simulativen Evaluierung der Kooperation verwendeten Szenarien wurden mit den Werkzeugen von *ReaSE* erstellt. Die Simulationszeit aller Simulationen beträgt 30 Minuten (1 800 s). Zur Erklärung des Ablaufs und der ersten Ergebnisse der Kooperation im folgenden Abschnitt wurden zwei einfache Szenarien verwendet. Zum einen wurde eine Topologie mit 5 075 Systemen erstellt, welche aus 10 Autonomen Systemen mit jeweils insgesamt ca. 500 End- und Zwischensystemen besteht. Die Erzeugung von Hintergrundverkehr beruht auf den in Abschnitt 4.3 vorgestellten acht Verkehrsprofilen. Diese werden von den 3 638 Client-Systemen genutzt, um Kommunikationsverbindungen zu den in die Topologie integrierten 200 Server-Systemen aufzubauen. Zusätzlich wurden zufällig ca. 2 % der 4 000 Endsysteme durch DDoS-Zombies ersetzt, welche zur Simulationszeit 1 000 s beginnen, einen TCP SYN-DDoS-Angriff auf `WebServer127` in Stub AS 5 auszuführen. Abschließend wurden 4 Erkennungssysteme auf Zwischensystemen der Topologie platziert. Alle Erkennungssysteme liegen dabei auf mindestens einem Angriffspfad.

Das zweite, im folgenden Abschnitt verwendete einfache Szenario basiert auf einer Topologie mit ca. 50 000 Systemen, welche auf 50 Autonome Systeme aufgeteilt sind. In dieses Szenario wurden 79 DDoS-Zombies integriert, welche einen TCP SYN-DDoS-Angriff auf einen Webserver ausführen. Die Angriffsrate wurde dabei im Vergleich zum ersten Szenario von 20 Dateneinheiten/s auf 100 Dateneinheiten/s erhöht, da wegen der höheren Anzahl an Endsystemen auch der Hintergrundverkehr im Netzinneren stärker ist. Zudem wurden 9 Erkennungssysteme auf Zwischensysteme in verschiedenen Autonomen Systemen platziert – 6 dieser Erkennungssysteme liegen auf mindestens einem Angriffspfad. In diesem zweiten Szenario sind daher auch False run-Fehler möglich, d. h. die Kooperation kann lokale Validierungen auslösen, welche den gemeldeten Angriff nicht nachweisen können.

Zur Beurteilung der Effektivität und des Aufwands der Kooperation unter Verwendung unterschiedlicher Nachbarfindungsverfahren und Entscheidungsfunktionen wurden die folgenden Werte herangezogen:

- ***Angriffe Gesamt:*** Dieser Wert gibt an, wie viele Angriffe in globaler Hinsicht im Optimalfall erkannt und identifiziert werden können. Ein Erkennungssystem kann einen Angriff genau dann durch eine feingranulare Anomalie-Erkennung detektieren, wenn es auf mindestens einem Angriffspfad liegt. Die Gesamtzahl der Angriffe setzt sich folglich aus der Summe aller Erkennungssysteme, die einen Angriff erkennen und identifizieren können, über alle simulierten Angriffe zusammen.

- ***Lokal Erkannt:*** Dieser Wert gibt die Anzahl der Erkennungssysteme an, welche einen Angriff selbständig mit Hilfe der lokalen, hierarchischen Anomalie-Erkennung detektieren und identifizieren konnten.
- ***Erkannt durch Benachrichtigung:*** Empfängt ein Erkennungssystem im Rahmen der Kooperation eine Angriffsbeschreibung, kann nach Ausführung der Metrik-basierten Entscheidungsfunktion eine Validierung der Informationen stattfinden. Die Anzahl der Angriffe, welche aufgrund einer solchen Validierung erkannt wurden, wird in diesem Wert gespeichert.
- ***Zu sendende Beschreibungen:*** Dieser Wert gibt die Anzahl der im gesamten Netz zur Durchführung der Kooperation zu sendenden Angriffsbeschreibungen an. Dies beinhaltet sowohl selbst erstellte Angriffsbeschreibungen als auch Angriffsbeschreibungen, welche nur weitergeleitet werden – z. B. weil keine Validierung durchgeführt wurde. Dieser Wert berücksichtigt dabei nicht die Tatsache, dass die Beschreibung an mehrere Nachbarn gesendet wird, sondern zählt lediglich die aus Sicht der Anwendung zu sendenden Beschreibungen.
- ***Erhaltene Beschreibungen:*** Die Anzahl der Angriffsbeschreibungen, welche bei sämtlichen Erkennungssystemen im gesamten Netz empfangen werden, beinhaltet sowohl die identischen als auch die echten Duplikate. Duplikate entstehen dabei, wenn zwei benachbarte Systeme denselben Angriff lokal erkennen und kommunizieren oder wenn Angriffsbeschreibungen weitergeleitet werden. Dieser Wert berücksichtigt alle tatsächlich gesendeten Angriffsbeschreibungen aus Sicht des Netzes und ist daher meist ein Vielfaches der zu sendenden Beschreibungen.
- ***Für Validierung Entschieden:*** Dieser Wert gibt an, wie häufig die Metrik-basierte Entscheidungsfunktion, welche nach Empfang einer unbekannten oder zuvor noch nicht validierten Angriffsbeschreibung ausgeführt wird, entschieden hat, die Informationen zu validieren.
- ***Gegen Validierung Entschieden:*** Ist die aktuelle Auslastung des Erkennungssystems sehr hoch oder die Wichtigkeit der empfangenen Angriffsbeschreibung gering, lehnt die Entscheidungsfunktion eine Validierung ab.
- ***False run-Fehler:*** Führt ein Erkennungssystem, welches nicht auf einem Angriffspfad liegt, eine Validierung einer empfangenen Angriffsbeschreibung durch, wird von einem False run-Fehler gesprochen. Die Kooperation verursacht in diesem Fall eine feingranulare Validierung, obwohl kein Angriff vorliegt. Ein False run-Fehler kann aber auch vorliegen, wenn durch die Kooperation ein False positive-Fehler eines Erkennungssystems – d. h. ein Angriff, der nicht existiert – an die Nachbarn kommuniziert wird.
- ***False negative-Fehler:*** Dieser Wert gibt die Anzahl der Erkennungssysteme an, welche auf einem Angriffspfad liegen, den Angriff aber weder lokal noch durch Benachrichtigung erkannt haben. Als False negative-Fehler trotz Benachrichtigung werden dabei diejenigen Situationen bezeichnet, in denen ein Erkennungssystem eine Angriffsbeschreibung empfangen, die Validierung jedoch aufgrund der Metrik-basierten Entscheidung abgelehnt hat – die notwendigen Informationen zur Beseitigung des False negative-Fehlers lagen folglich vor, wurden aber nicht genutzt.

Die Ergebnisse aller Simulationen einer Variante – welche über das Szenario, das verwendete Nachbarfindungsverfahren, die Entscheidungsfunktion sowie weitere variierte Parameter definiert ist – wurden über alle Seeds gemittelt. Zusätzlich wurden pro Variante die 95 %-Konfidenzintervalle aller Werte berechnet. Diese beiden Kennzahlen wurden für sämtliche, in den Abbildungen der folgenden Abschnitte enthaltenen Werte zur Darstellung verwendet.

5.3.4.2 Ablauf und erste Ergebnisse am Beispiel zweier einfacher Simulationsszenarien

Mit Hilfe des ersten, einfachen Szenarios der Größe 5 000 Systeme, in welchem 4 Erkennungssysteme zufällig im Netzinneren platziert wurden, werden im Folgenden der Ablauf sowie die Eigenschaften der dezentralen Kooperation aufgezeigt. Dabei wurden zuerst fünf unterschiedliche Varianten dieses Szenarios evaluiert, welche sich in dem verwendeten Nachbarfindungsverfahren unterscheiden: pfadgebundene und ringbasierte Nachbarfindung sowie Nachbarfindung durch Overlay-Netze und Multicast. Zudem wurde eine Variante ohne Kooperation simuliert, welche als Referenz für die Bewertung der Effektivität der Kooperation dient. Die zur Durchführung der Simulationen verwendeten Konfigurationen und Variationen stellt Tabelle 5.5 dar, wobei zusätzlich für jedes Nachbarfindungsverfahren die in den folgenden Abbildungen verwendeten Kürzel definiert sind. Sämtliche Simulationen wurden mit jeweils 25 Seeds durchgeführt.

Nachbarfindung	Kürzel	Konfiguration	Weitere Variationen
-	None	-	-
Pfadgebunden	Path	Richtung: Opfer	-
Ringbasiert	Ring	Ringradius: 3	Ringradius: 2, 4, 7
Overlay-Netz	Overlay	Anzahl Nachbarn: 1	Anzahl Nachbarn: 2, 3
Multicast	Multicast	Multicast-Baum	-

Tabelle 5.5 Simulierte Varianten des einfachen Szenarios der Größe 5 000

Die Nachbarschaftsbeziehungen der 4 Erkennungssysteme dieses Szenarios für die unterschiedlichen evaluierten Nachbarfindungsverfahren zeigt Abbildung 5.18. Bei der pfadgebundenen Nachbarfindung erfolgt eine Kooperation in Richtung des Opfer-Systems – erkennt z. B. Erkennungssystem 1 des AS 2 den simulierten Angriff durch lokale Beobachtungen, kann kein Nachbar zur Kooperation gefunden werden, da kein weiteres Erkennungssystem auf dem Pfad zum Opfer-System liegt. Für die ringbasierte Kommunikation sind sowohl die Nachbarschaftsbeziehungen für den Ringradius 2 als auch für den Radius 3 dargestellt. In diesem Szenario zeigt sich, dass die selbst-organisierende Nachbarfindung nicht notwendigerweise alle Erkennungssysteme im Netz in die Kooperation einbezieht – beispielsweise wenn der Ringradius zu klein gewählt ist. Bei einem Ringradius von 2 nimmt Erkennungssystem 2 des AS 4 aufgrund der Distanz zu den anderen Erkennungssystemen nicht an der Kooperation teil. Bei einem Radius von 3 kann hingegen jedes Erkennungssystem in mehreren Schritten mit jedem anderen kooperieren. In diesem Szenario sollte daher mindestens ein Radius von 3 gewählt werden. Bei der Nachbarfindung mit Hilfe eines Overlay-Netzes nehmen alle Erkennungssysteme an der Kooperation teil, da jedes Erkennungssystem eine Mindestanzahl an Nachbarn haben muss. Bei ungünstiger

Wahl der Nachbarn, z. B. für Seed 6, kann allerdings eine Partitionierung in mehrere Gruppen auftreten. Dass sich die Beziehungen bei Nutzung eines Overlay-Netzes zwischen einzelnen Seeds unterscheiden, liegt daran, dass die Nachbarn zu Beginn der Simulation zufällig gewählt werden. Eine Partitionierung sollte bei einer höheren Mindestanzahl an Nachbarn jedoch nur selten auftreten. Bei Nutzung eines realen Overlay-Netzes muss das eingesetzte Protokoll eine Partitionierung verhindern. Der zur Kooperation mittels Multicast verwendete Verteilbaum ist in Abbildung 5.18(d) dargestellt. Die Wurzel des Verteilbaums auf Ebene der Clusterheads bildet dabei Erkennungssystem 0 des AS 1, welches die Clusterheads aller weiteren ASe direkt erreicht. Die Verteilung von Multicast-Dateneinheiten an untergeordnete Systeme kann lediglich innerhalb von AS 1 erfolgen.

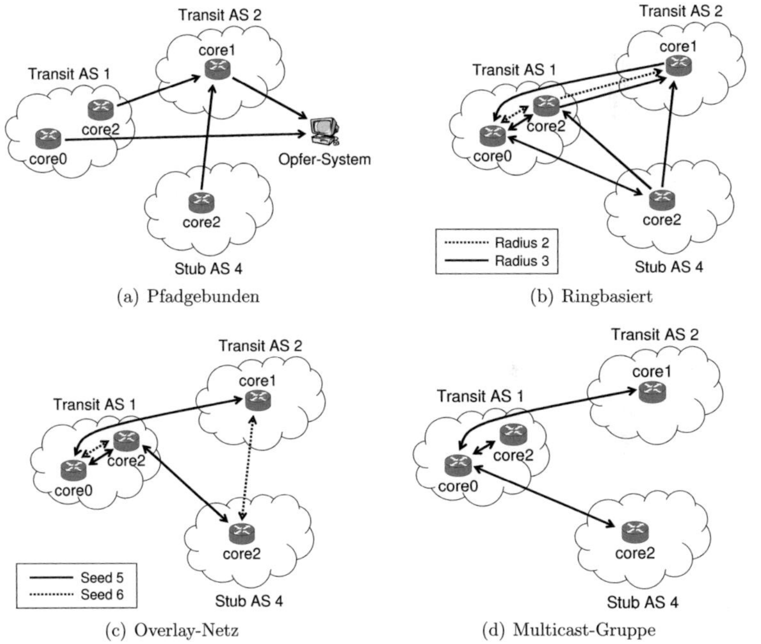

Abbildung 5.18 Nachbarschaftsbeziehungen der unterschiedlichen Nachbarfindungsverfahren

Im Folgenden wird zuerst der Ablauf einer Simulation am Beispiel der ringbasierten Nachbarfindung ausführlich erläutert, bevor auf die Ergebnisse aller in diesem Szenario durchgeführten Simulationen eingegangen wird. Die ringbasierte Kooperation wurde dabei mit einem Ringradius von 3 durchgeführt, d. h. es bestanden die in Abbildung 5.18(b) dargestellten Nachbarschaftsbeziehungen. Im Verlauf der Simulation traten insgesamt 17 False positive-Fehler in allen beobachteten Aggregaten auf, welche allerdings wie beschrieben durch das Tagging der Angriffsdateneinheiten als solche erkannt und nicht an benachbarte Erkennungssysteme kommuniziert wurden – dies entspricht dem Fall, dass nur eine Volumenanomalie und keine feingranularen

Anomalien erkannt werden können, so dass der Identifikationsvorgang mit der Erkennung von Normalverkehr endet. Der tatsächlich stattfindende DDoS-Angriff löst zum Zeitpunkt 1 006 s eine Volumenanomalie in Erkennungssystem 1 des AS 2 – im Folgenden als System 1/2 bezeichnet – aus, woraufhin die Erkennung feingranularer Anomalien gestartet wird. Zum Zeitpunkt 1 007 s löst der Angriff außerdem Volumenanomalien in den Erkennungssystemen 0 und 2 des AS 1 aus. Zum Zeitpunkt 1 010 s ist die feingranulare Anomalie-Erkennung in System 1/2 beendet und der laufende Angriff wird korrekt als TCP SYN-DDoS-Angriff auf den Webserver mit der IP-Adresse 0.6.0.128 identifiziert. Das Erkennungssystem sendet anschließend die Beschreibung des Angriffs an seinen einzigen Nachbarn – System 0/1. Nach dem Empfang der Angriffsbeschreibung führt System 0/1 die Metrik-basierte Entscheidungsfunktion aus. Die Auslastung des Systems ist gering, da lediglich 1 feingranulare lokale Erkennung läuft. Die Signifikanz der Angriffsbeschreibung ist hoch, da der Sender ein Core-Router ist. Die Entfernung der beiden Kommunikationspartner beträgt 3 IP-Hops. Die Anwendung dieser Werte auf die Entscheidungsfunktion resultiert in einem Nutzen von $N = 98{,}58$, d. h. die Validierung der empfangenen Informationen soll durchgeführt werden. Da jedoch bereits eine lokale feingranulare Erkennung für das beschriebene Aggregat durchgeführt wird, wird keine zusätzliche Validierung gestartet. Zum Zeitpunkt 1 011 s ist die feingranulare Erkennung mit der Identifikation des laufenden Angriffs beendet – die Erkennung wird jedoch nicht als Erkennung durch Benachrichtigung gewertet, da die feingranulare Erkennung aufgrund einer lokalen Volumenanomalie bereits gestartet war. Der erkannte Angriff wird anschließend an die benachbarten Systeme 2/1 und 2/4 kommuniziert. Der Ablauf bei System 2/1 ist ähnlich: Der Nutzen $N = 99{,}03$ der empfangenen Angriffsbeschreibung spricht für eine Validierung, eine lokale feingranulare Erkennung läuft aber bereits, so dass die Validierung nicht gestartet wird. Bei System 2/4 spricht der Nutzen mit $N = 113{,}33$ ebenfalls für eine Validierung. Da hier noch keine feingranulare Erkennung im TCP-Aggregat läuft, wird die Validierung der empfangenen Informationen gestartet. Zum Zeitpunkt 1 012 s endet die feingranulare Erkennung der Systeme 0/1 und 2/1 mit der Identifikation des Angriffs. Die Validierung von System 2/4 endet zum Zeitpunkt 1 016 s mit dem Nachweis des Angriffs. Insgesamt ist es somit allen 4 Erkennungssystemen möglich, den laufenden Angriff zu erkennen und zu identifizieren, wobei die Erkennung einmal durch die Kooperation ausgelöst wurde. Im Referenzszenario ohne Kooperation konnte System 2/4 den stattfindenden TCP SYN-DDoS-Angriff nicht durch die lokale hierarchische Anomalie-Erkennung detektieren. Die Kooperation ermöglichte folglich in globaler Hinsicht die Beseitigung eines False negative-Fehlers und erreichte dadurch eine Steigerung der Effektivität von 75 % auf 100 %.

Abbildung 5.19(a) zeigt die Ergebnisse der gerade ausführlich beschriebenen Variante dieses Szenarios (Ring-3) über alle Seeds. Zudem sind die Ergebnisse der weiteren Varianten der ringbasierten Nachbarfindung dargestellt, in welchen der Ringradius gemäß den in Tabelle 5.5 aufgelisteten Werten variiert wurde. Die Abbildung zeigt neben der Gesamtzahl der global beobachtbaren Angriffe die Anzahl der lokal sowie der durch Benachrichtigung erkannten Angriffe. Dabei zeigt lediglich die Variante mit Ringradius 2 eine deutlich geringere Effektivität als die anderen Varianten. Dies ist der Tatsache geschuldet, dass aufgrund des zu klein gewählten Ringradius nicht alle Erkennungssysteme an der Kooperation teilnehmen. Daher liegt der Mittelwert der Anzahl erkannter Angriffe lediglich bei 2,8, wobei durchschnittlich 0,28 Erkennungen

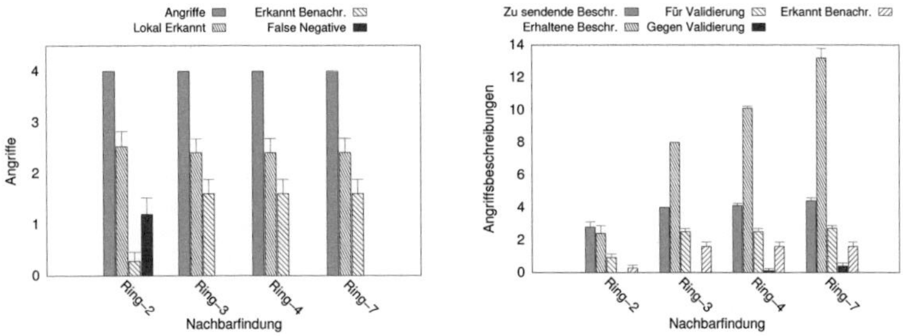

(a) Effektivität (b) Aufwand

Abbildung 5.19 Ringbasierte Nachbarfindung bei unterschiedlichen Radien

nur durch die Kooperation ermöglicht wurden. In den anderen Varianten liegt die Effektivität der Kooperation – der Anteil der durch Benachrichtigung erkannten Angriffe an der Gesamtzahl erkennbarer Angriffen – mit 40 % statt 7 % deutlich höher und ermöglicht die Erkennung aller Angriffe in globaler Hinsicht.

Abbildung 5.19(b) zeigt den durch die Kooperation verursachten Kommunikationsaufwand sowie die Ergebnisse der Entscheidungsfunktion. Zusätzlich ist die Anzahl der durch Benachrichtigung erkannten Angriffe eingezeichnet. Die Ergebnisse zeigen, dass bei den Varianten mit Ringradius 4 und 7 trotz der geringen Auslastung der Erkennungssysteme Validierungen abgelehnt wurden. Dies ist auf den exponentiellen Einfluss der Distanz, welcher bei der Definition der Entscheidungsfunktion die Lokalität der Kooperation sicherstellen sollte, zurückzuführen: Die Validierung wurde vor allem bei Angriffsbeschreibungen mit einer hohen Distanz abgelehnt. Dieser Effekt konnte jedoch vorrangig bei der Kommunikation zwischen Transit ASen beobachtet werden. In Situationen, in denen eine Angriffsbeschreibung mit hoher Distanz von einem Transit AS zu einem Stub AS kommuniziert wurde, fiel aufgrund der hohen Signifikanz der Beschreibung doch die Entscheidung für eine Validierung, d. h. die Signifikanz hatte in diesem Fall mehr Einfluss als die Distanz.

Der Anstieg der erhaltenen Angriffsbeschreibungen ist zum einen der Weiterleitung nach Ablehnung einer Validierung, zum anderen der höheren durchschnittlichen Anzahl an Nachbarn geschuldet. Insgesamt zeigt sich in diesem Szenario, dass ein höherer Ringradius – 3 statt 2 – die Effektivität erhöht, da keine unerreichbaren Systeme mehr vorhanden sind. Eine weitere Erhöhung des Radius hingegen steigert vor allem den erzeugten Kommunikationsaufwand, nicht aber die Effektivität, da diese bereits bei 100 % liegt. Der Ringradius sollte daher im Allgemeinen mindestens so gewählt werden, dass alle Erkennungssysteme an der Kooperation teilnehmen, d. h. keine unerreichbaren Erkennungssysteme mehr existieren. Der Radius sollte zudem nur soweit erhöht werden, dass die dadurch erzielte Steigerung der Effektivität den zusätzlichen Aufwand rechtfertigt. Im beschriebenen einfachen Szenario ist daher ein Radius von 3 zu empfehlen. Sehr ähnliche Ergebnisse konnten auch bei der Auswertung der verschiedenen Varianten der Nachbarfindung über ein Overlay-Netz beobachtet werden: Die Erhöhung der Mindestanzahl an Nachbarn trägt bis zu einem gewissen Grad zur Steigerung der Effektivität bei und führt bei zu hohen Werten vor allem zu mehr Aufwand.

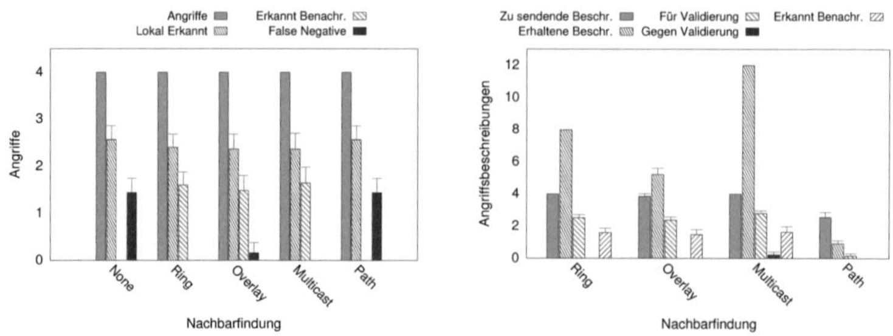

(a) Effektivität (b) Aufwand

Abbildung 5.20 Alle Nachbarfindungsverfahren im ersten, einfachen Szenario

Abbildung 5.20(a) stellt die Effektivität aller Nachbarfindungsverfahren gegenüber, wobei die Konfigurationen aus Tabelle 5.5 für die einzelnen Verfahren zugrunde gelegt wurden – die zusätzlichen Variationen sind in dieser Abbildung nicht berücksichtigt. Die Abbildung zeigt, dass die Kooperation nur im Fall der pfadgebundenen Nachbarfindung nicht zur Behebung von False negative-Fehlern beiträgt. Dies liegt daran, dass keiner der Signalisierungspfade über Erkennungssystem 2 des AS 4 läuft, so dass dieses nur als Sender an der Kooperation teilnehmen kann. Gerade dieses Erkennungssystem ist jedoch nicht in der Lage, den Angriff lokal zu erkennen und würde von der Kooperation als Empfänger von Angriffsbeschreibungen profitieren. Im Allgemeinen trägt die pfadgebundene Kooperation in Szenarien mit wenigen Erkennungssystemen kaum zur Beseitigung von False negative-Fehlern bei, da nur selten weitere Erkennungssysteme auf dem Pfad zum Opfer-System liegen. Zudem liegen diese meist im Zugangsnetz des Opfers und erkennen den Angriff daher auch ohne Kooperation.

Die anderen Nachbarfindungsverfahren unterscheiden sich in diesem kleinen Szenario in ihrer Effektivität nur geringfügig. Nur die Overlay-Kooperation erreicht aufgrund einer Simulation, in der eine Partitionierung auftrat, lediglich eine Effektivität von 96 %. Bei allen drei Verfahren zeigt sich, dass die Anzahl der lokal erkannten Angriffe im Vergleich zum Referenzszenario ohne Kooperation leicht zurückgeht. Dies lässt sich dadurch begründen, dass in einigen Situationen ein Erkennungssystem durch die Kooperation in der Lage ist, einen Angriff ca. 1-2 s früher zu erkennen als dies durch die lokale Erkennung geschehen wäre. Dieser Effekt war bei der Auswertung des folgenden Szenarios der Größe 50 000 noch deutlicher zu sehen, wobei die Erkennung von Angriffen durch die Kooperation in diesem größeren Szenario bis zu ca. 10 s früher möglich war.

Die Effektivität der Kooperation ist bei Multicast mit 41 % geringfügig höher als die der ringbasierten (40 %) und der Kooperation über Overlay-Netze (37 %). Dies ist darauf zurückzuführen, dass die Verteilung einer Angriffsbeschreibung über Multicast am schnellsten erfolgt. In Abbildung 5.20(b) zeigt sich, dass dies zu Lasten des Kommunikationsaufwands geht, welcher bei der Multicast-Kooperation aufgrund der Kommunikation mit allen anderen Erkennungssystemen am höchsten ist. Der geringere Aufwand der Overlay-Kooperation im Vergleich zur ringbasierten Nachbarfindung lässt sich dadurch erklären, dass im Overlay-Netz jedes Erkennungssystem durchschnittlich nur 1,25 Nachbarn hat, beim ringbasierten Verfahren hingegen durchschnittlich 2 Nachbarn existieren. Da in beiden Verfahren – u. U. über mehrere Schritte – mit allen anderen Erkennungssystemen kommuniziert werden kann, erreicht die Overlay-Kommunikation in diesem einfachen Szenario bei geringerem Aufwand annähernd dieselbe Effektivität. Die Abbildung zeigt zudem, dass auch im Fall der pfadgebundenen Nachbarfindung eine Kooperation versucht wird – d. h. Angriffsbeschreibungen gesendet werden sollen – aber nur in wenigen Fällen tatsächlich ein Erkennungssystem auf dem Pfad zum Opfer des Angriffs liegt. Da nach jeder lokalen Erkennung eine Nachbarfindung gestartet wird, aber nur in wenigen Fällen ein Empfänger vorhanden ist, ist die Zahl der zu sendenden Angriffsbeschreibungen größer als die der erhaltenen Beschreibungen.

Szenario der Größe 50 000

In das zweite, einfache Szenario, welches aus 50 000 Systemen besteht, wurden 9 Erkennungssysteme integriert, von denen nur sechs auf einem Angriffspfad liegen. Die verbleibenden drei können den simulierten Angriff nicht erkennen. Ausgewertet wurden auch in diesem Szenario die vier bereits betrachteten Nachbarfindungsverfahren sowie ein Referenzszenario ohne Kooperation. Jede simulierte Variante wurde dabei mit 15 Seeds durchgeführt. Bei der ringbasierten Kooperation wurde ein Ringradius von 4 verwendet. Weitere Varianten mit Ringradien von 3, 5, und 7 wurden ebenfalls ausgeführt. Die Mindestanzahl an Nachbarn bei der Kooperation über ein Overlay-Netz war auf 2 gesetzt, wobei zusätzliche Varianten mit den Werten 3, 5 und 7 evaluiert wurden.

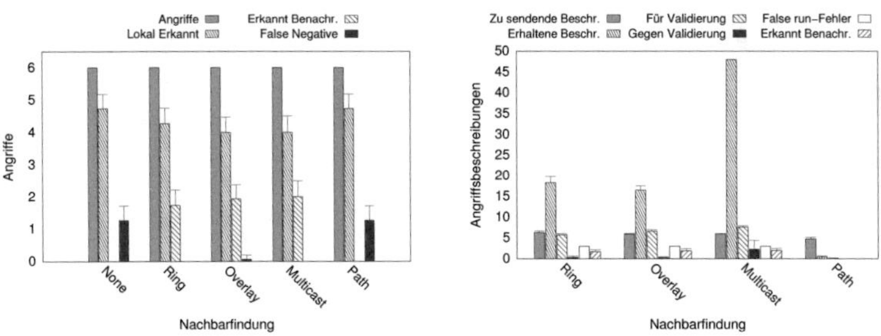

(a) Effektivität (b) Aufwand

Abbildung 5.21 Alle Nachbarfindungsverfahren im zweiten, einfachen Szenario

Abbildung 5.21 zeigt die Ergebnisse der Hauptvarianten aller Nachbarfindungsverfahren. Betrachtet man das Referenzszenario, zeigt sich, dass bereits ohne Kooperation durchschnittlich 5 der 6 Erkennungssysteme den stattfindenden Angriff durch lokale Beobachtung erkennen. Die Kooperation kann folglich nur eine geringe Steigerung der Effektivität in globaler Hinsicht erzielen. Gerade im Bereich der Angriffserkennung ist eine Verbesserung der Effektivität aber in jedem Fall wünschenswert. Dabei muss jedoch darauf geachtet werden, dass in derartigen Szenarien, in welchen nur leichte Verbesserungen möglich sind, der nötige Aufwand in einem sinnvollen Verhältnis zum Ertrag steht. Betrachtet man den in Abbildung 5.21(b) dargestellten Aufwand der Kooperation, zeigt sich, dass selbst bei der Kooperation mittels

Multicast lediglich 48 Angriffsbeschreibungen empfangen werden. Dies entspricht bei einer geschätzten Größe von 500 Byte pro Beschreibung einem Datenaufwand von lediglich 24 kB.

Auch in diesem Szenario erreichen alle Verfahren außer der pfadgebundenen Kooperation eine Effektivität von nahezu 100 % – nur bei der Kooperation über Overlay-Netze kam es in einer der Simulationen zu einem False negative-Fehler, welcher auch durch die Kooperation nicht behoben werden konnte. Dieser wurde nicht durch eine Partitionierung, sondern durch eine ungünstige Nachbarschaftsstruktur ausgelöst – das Erkennungssystem, welches den Angriff nicht lokal erkennen konnte, war nur mit Erkennungssystemen benachbart, welche auf keinem Angriffspfad lagen. In diesem Fall kann ein höherer Wert für die Mindestanzahl der Nachbarn zu einer höheren Effektivität führen. Alternativ hätte die Weiterleitung nach gescheiterter Validierung, welche bei der Overlay-Kooperation optional vorgesehen ist, u. U. den False negative-Fehler beseitigen können. Die Anzahl der lokal erkannten Angriffe ist bei allen drei Verfahren mit einem Wert von ca. 4 kleiner als der des Referenzszenarios (4,73). Daran lässt sich sehr deutlich erkennen, dass die Kooperation nicht nur zur Beseitigung von False negative-Fehlern geeignet ist, sondern in einigen Fällen auch eine frühere Erkennung von Angriffen ermöglicht. Die Erkennung erfolgt dabei bis zu 10 s früher.

Betrachtet man den in Abbildung 5.21(b) dargestellten Aufwand der unterschiedlichen Nachbarfindungsverfahren, zeigt sich, dass die ringbasierte und die Overlay-Kooperation ähnlich viele Angriffsbeschreibungen senden bzw. erhalten. Dies ist darauf zurückzuführen, dass beide eine durchschnittliche Anzahl von ca. 2,5 Nachbarn aufweisen. Der etwas höhere Aufwand der ringbasierten Kooperation wird dadurch ausgelöst, dass – im Gegensatz zum Standardverhalten der Overlay-Netze – bei Ablehnung einer Validierung die Angriffsbeschreibung weitergeleitet wird. Der Aufwand der Multicast-Kooperation liegt deutlich über dem Aufwand der restlichen Verfahren, da bei letzteren die durchschnittliche Anzahl an Nachbarn deutlich kleiner ist als die gesamte Anzahl an Erkennungssystemen. Die bei Multicast vollzogene Abkehr von der ursprünglichen Idee der skalierbaren Nachbarfindung und Kommunikation mit wenigen anderen Systemen in direkter Nachbarschaft wirkt sich auf den Aufwand negativ aus. Die vergleichsweise hohe Anzahl abgelehnter Validierungen resultiert aus der Tatsache, dass direkt mit allen anderen Erkennungssystemen kommuniziert wird. Eine Angriffsbeschreibung mit geringer Wichtigkeit wird folglich gleich von vielen Erkennungssystemen abgelehnt. Bei den anderen Verfahren erfolgt eine Ablehnung nur durch wenige benachbarte Systeme – die Wahrscheinlichkeit einer Ausbreitung zu allen Erkennungssystemen ohne weitere Bearbeitung ist aufgrund der schrittweisen Verbreitung gering. Zudem werden bei Multicast häufiger Angriffsbeschreibungen zwischen Erkennungssystemen mit einer großen Distanz kommuniziert. Der exponentielle Einfluss der Distanz in die Entscheidungsfunktion erhöht die Wahrscheinlichkeit abgelehnter Validierungen zusätzlich.

Die Anzahl der False run-Fehler liegt für alle Nachbarfindungsverfahren – außer der pfadgebundenen Kooperation – konstant bei 3, d. h. auch die Erkennungssysteme, welche nicht auf einem Angriffspfad liegen, führen aufgrund der Kooperation eine feingranulare Validierung durch. Der Vorteil dieser Validierung ist, dass der Angriff von diesen Erkennungssystemen nicht als aktiv angenommen wird und weiteren Aufwand wie den Einsatz eines Filters oder Rate Limiters auslöst – wie dies bei vielen existierenden Ansätzen der Fall wäre. Hätte es sich bei der Angriffsbeschreibung um einen False positive-Fehler gehandelt, hätte sich diese fehlerhafte Information aufgrund der lokalen Validierung nicht weiter verbreitet.

Zusätzlich zum Vergleich der unterschiedlichen Nachbarfindungsverfahren wurden auch in diesem Szenario verschiedene Varianten der ringbasierten sowie der Kooperation über Overlay-Netze evaluiert. Bei der Auswertung der unterschiedlichen Varianten der ringbasierten Kooperation, welche sich in den vorgegebenen Ringradien unterschieden, zeigt sich, dass in allen Varianten eine Effektivität von 100 % erreicht wird. Auch wenn in den Varianten mit größeren Radien ein leichter Anstieg der durchschnittlich durch Kooperation erkannten Angriffe zu erkennen ist, ist in diesem Szenario die Nutzung des kleineren Ringradius von 3 zu empfehlen, da dieser bei hoher Effektivität den geringsten Aufwand verursacht. Die genauen Werte sind zur Vollständigkeit in Abbildung C.1 im Anhang dargestellt. Im Fall der Overlay-Kommunikation wird eine Effektivität von 100 % erst mit mindestens 3 Nachbarn erreicht. Mit steigender Mindestanzahl an Nachbarn kann jedoch beobachtet werden (s. Abbildung 5.22(a)), dass Angriffe durch die Kooperation oft früher erkannt werden als im Referenzszenario ohne Kooperation. In diesem Szenario muss daher bei der Konfiguration der Overlay-Kooperation eine Entscheidung zwischen Aufwand und möglichst früher Erkennung getroffen werden.

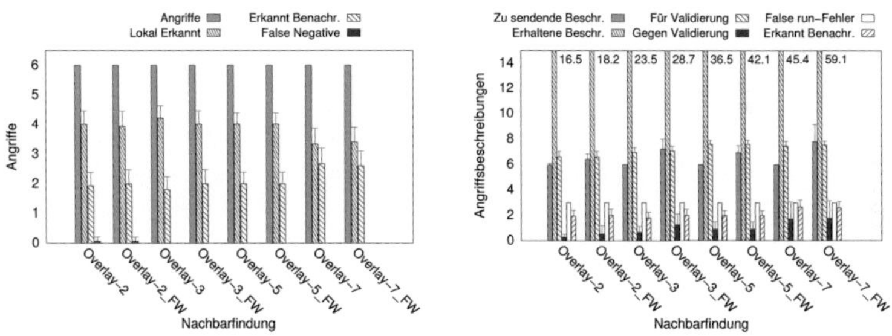

(a) Effektivität (b) Aufwand – Ausschnitt

Abbildung 5.22 Nachbarfindung über ein Overlay-Netz im zweiten Szenario

Abbildung 5.22 stellt abschließend die Ergebnisse der Standardvariante der Overlay-Kooperation denen der optionalen Variante (FW), welche im Fall einer abgelehnten Validierung die Angriffsbeschreibung weiterleitet, gegenüber. In dem hier betrachteten einfachen Szenario schlägt sich die zusätzliche Weiterleitung jedoch nicht in einer Erhöhung der Effektivität nieder, da nur sehr wenige Erkennungssysteme vorhanden sind und Validierungen nur selten abgelehnt werden. In diesen Fällen werden die weitergeleiteten Angriffsbeschreibungen meist aufgrund ihrer geringen Wichtigkeit auch bei anderen Erkennungssystemen abgelehnt und führen daher nicht zu einer früheren Erkennung. Eine konkrete Aussage über den Nutzen der optionalen Weiterleitung bei der Overlay-Kooperation kann folglich erst mit den Resultaten der komplexeren Szenarien des folgenden Abschnitts getroffen werden.

5.3.4.3 Simulative Evaluierung der dezentralen Kooperation

Für die umfassendere Evaluierung der dezentralen Kooperation verteilter Erkennungssysteme wurden die bereits bei der Evaluierung der Eigenschaften von *ReaSE* verwendeten je drei Szenarien der Größen 10 000, 50 000 und 100 000 genutzt (s. Tabelle 4.4). Zusätzlich zu den bereits enthaltenen Client- und Server-Systemen wurden zufällig ca. 3 % der Zwischensysteme durch Erkennungssysteme sowie ca. 6 ‰ der Client-Systeme durch DDoS-Zombies ersetzt. In den Szenarien der Größe 50 000 sind dadurch beispielsweise ca. 250 DDoS-Zombies sowie ca. 300 Erkennungssysteme vorhanden. Die DDoS-Zombies führen einen TCP SYN-DDoS-Angriff mit einer Angriffsrate von 20 Dateneinheiten/s aus. Als Opfer des Angriffs wurde für jedes Szenario zufällig ein Webserver ausgewählt, welcher für alle Varianten des Szenarios verwendet wurde. Die Standardvarianten der jeweiligen Nachbarfindungsverfahren nutzten einen Ringradius von 5 und eine Mindestanzahl der Overlay-Nachbarn von 2.

Im ersten Schritt wurden die erstellten Simulationsszenarien verwendet, um in diesen – im Vergleich zur Evaluierung des vorherigen Abschnitts – komplexeren Szenarien mit mehr Erkennungssystemen erneut eine Gegenüberstellung der vier Nachbarfindungsverfahren durchzuführen. Dies dient dazu, die bisherigen Ergebnisse zu bestätigen bzw. zu vertiefen. Hierzu werden im Folgenden vor allem die Ergebnisse des Szenarios mit 50 000 Systeme und 50 ASen ausführlich diskutiert. Die Ergebnisse weiterer Simulationsszenarien der Größe 50 000 mit 20 ASen (s. Abbildung C.2) sowie der Größe 10 000 (s. Abbildung C.3) und 100 000 (s. Abbildung C.4) finden sich in Anhang C und zeigen, dass die im Folgenden gemachten Aussagen auch in den weiteren evaluierten Szenarien gültig sind. Sämtliche in dieser Arbeit beschriebenen Szenarien wurden dabei jeweils mit 15 Seeds durchgeführt.

Abbildung 5.23 zeigt die Ergebnisse der Evaluierung für zwei der Szenarien der Größe 50 000, welche sich in der Anzahl der Autonomen Systeme, auf die sich die End- und Zwischensysteme aufteilen, unterscheiden. Die Effektivität der Kooperation auf Basis unterschiedlicher Nachbarfindungsverfahren für das Szenario mit 20 ASen ist in Abbildung 5.23(a) dargestellt. In diesem Szenario liegen nur 11 der 263 Erkennungssysteme auf einem Angriffspfad. Nur die Kooperation mittels Multicast kann alle False negative-Fehler der lokalen Erkennung beseitigen. Die Kooperation über ein Overlay-Netz steigert die Effektivität lediglich minimal. Dies hängt damit zusammen, dass die Angriffsbeschreibung ohne Bezug auf räumliche Nähe und nur an wenige – durchschnittlich 2,6 Nachbarn – verteilt wird. Die Wahrscheinlichkeit, dass der zufällig gewählte Nachbar eines der wenigen Systeme auf einem Angriffspfad ist, ist dabei sehr gering. Die Beobachtung, dass die Overlay-Kooperation in der Standardvariante in Szenarien, in welchen nur ein geringer Anteil der Erkennungssysteme auf einem Angriffspfad liegt, meist aufgrund der ungünstigen Nachbarschaftsstruktur schlecht abschneidet, bestätigte sich auch in den weiteren Simulationen. Die ringbasierte Kooperation konnte durchschnittlich 1,6 False negative-Fehler beseitigen. Hierbei fällt auf, dass bei der ringbasierten Kooperation mehr False negative-Fehler hätten beseitigt werden können – durchschnittlich 2,3 False negative-Fehler traten weiterhin auf, obwohl die Informationen über den laufenden Angriff dem Erkennungssystem durch die Kooperation vorlagen. Die Validierung wurde hierbei – wie bei der Definition der Entscheidungsfunktion beabsichtigt – vor allem von Erkennungssystemen im Netzinneren abgelehnt, da die erhaltene Angriffsbeschreibung aufgrund der Signifikanz des Senders als nicht wichtig genug eingestuft wurde. Aufgrund

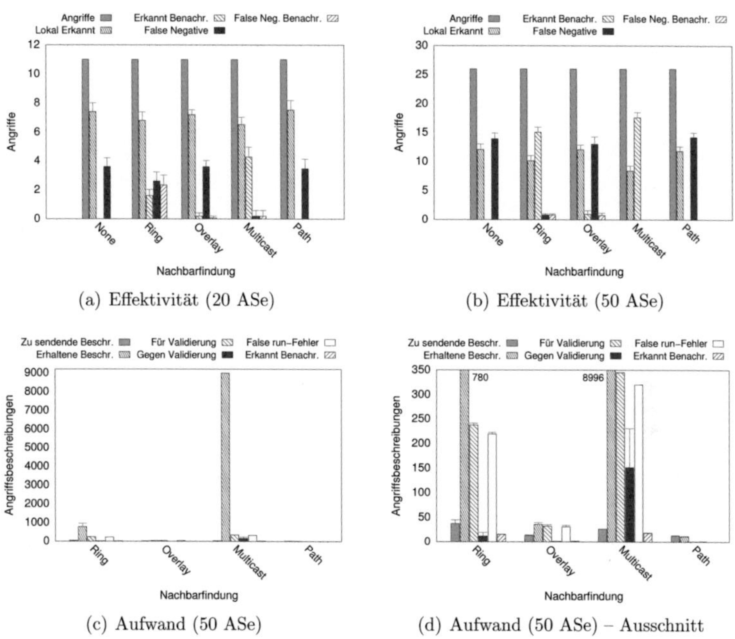

(a) Effektivität (20 ASe)

(b) Effektivität (50 ASe)

(c) Aufwand (50 ASe)

(d) Aufwand (50 ASe) – Ausschnitt

Abbildung 5.23 Alle Nachbarfindungsverfahren in Szenarien der Größe 50 000

der geringen Anzahl an Erkennungssystemen auf Angriffspfaden wurden jedoch nicht genügend Duplikate empfangen, um von einem verteilten Angriff auszugehen.

Im Szenario mit 50 ASen tritt bei Anwendung der ringbasierten Kooperation nur 1 False negative-Fehler auf, der hätte beseitigt werden können (s. Abbildung 5.23(b)). In 15 weiteren Erkennungssystemen wurde die Validierung hingegen durchgeführt, so dass die Effektivität durch die Kooperation signifikant gesteigert werden konnte. Der Unterschied zum vorigen Szenario liegt darin, dass zum einen wesentlich mehr Systeme auf Angriffspfaden liegen. Zum anderen erkennen wenige Erkennungssysteme im Netzinneren den Angriff selbständig, wodurch auch Angriffsbeschreibungen mit hoher Signifikanz gesendet werden. Diese führen verstärkt zu Validierungen im Netzinneren und dadurch zu der deutlich höheren Effektivität. An diesen beiden Szenarien zeigt sich, dass selbst bei gleicher Konfiguration der Nachbarfindung und Entscheidungsfunktion abhängig von den jeweiligen Gegebenheiten – der Verteilung und Lokation der Erkennungssysteme oder der Signifikanz derjenigen Erkennungssysteme, welche einen Angriff lokal erkennen bzw. validieren – deutliche Unterschiede im Ablauf und in den Ergebnissen der dezentralen Erkennung auftreten können. Soll die Abhängigkeit der Entscheidungsfunktion von der Signifikanz des Senders abgeschwächt werden, ist dies über eine Veränderung der zur Kooperation verwendeten Entscheidungsfunktion möglich. Auf ein Beispiel zu den Auswirkungen einer geänderten Entscheidungsfunktion wird im Verlauf dieses Abschnitts noch eingegangen.

Die Abbildungen 5.23(c) und 5.23(d) zeigen außerdem den durch die Kooperation erzeugten Aufwand des Szenarios mit 50 ASen. Hierbei ist deutlich zu sehen, dass die Kooperation mittels Multicast – wie bereits bei der Aufwandsabschätzung in Abschnitt 5.3.2.3 vermutet – mit 8 996 erhaltenen Angriffsbeschreibungen den höchsten Kommunikationsaufwand verursacht. Dies ist darauf zurückzuführen, dass jede der 26 zu sendenden Angriffsbeschreibungen an alle anderen 346 Erkennungssysteme gesendet wird. Zudem fällt auf, dass bei Multicast trotz der häufigen Ablehnungen einer Validierung, welche aufgrund der Definition der Entscheidungsfunktion zu erwarten waren, alle Erkennungssysteme im Laufe der Simulation eine Validierung durchführen. Dies ist auf die bei einem verteilten, großflächigen Angriff auftretenden vielen Duplikate – welche daraus entstehen, dass jedes erkennende System die Angriffsbeschreibung an alle anderen sendet – zurückzuführen. Einerseits resultiert dies in einer hohen Effektivität, andererseits aber auch in der hohen Anzahl von 320 False run-Fehlern.

Die ringbasierte Kooperation liegt mit durchschnittlich 780 empfangenen Angriffsbeschreibungen deutlich unter dem Aufwand der Multicast-Kooperation, da hierbei lediglich mit wenigen benachbarten Systemen direkt kommuniziert wird – die durchschnittliche Anzahl an Nachbarn beträgt in diesem Szenario 7,5. Dennoch schneidet die ringbasierte Kooperation in Bezug auf die Effektivität nur geringfügig schlechter ab. Zudem treten hier nur 219 False run-Fehler auf. Dies liegt daran, dass sich die Angriffsbeschreibungen aufgrund der Lokalität der Kommunikation bei der ringbasierten Nachbarfindung vor allem entlang der Angriffspfade ausbreiten. Eine erfolglose Validierung führt dazu, dass die Beschreibung nicht weitergeleitet wird und somit auch nicht in Teile des Netzes gelangt, welche vom Angriff nicht betroffen sind. Wie stark sich die Angriffsbeschreibungen dabei abseits der Angriffspfade ausbreiten, hängt vom gewählten Ringradius ab. Die ringbasierte Kooperation ist vor allem in Szenarien mit vielen Erkennungssystemen wesentlich besser für die dezentrale Erkennung gerichteter Angriffe geeignet als die Nutzung einer Multicast-Gruppe.

Dass die tatsächliche Anzahl erhaltener Beschreibungen bei der ringbasierten Kooperation von der Aufwandsabschätzung (s. Abschnitt 5.3.2.3) – welche in einem Wert von ca. 250 Beschreibungen resultiert – deutlich abweicht, liegt an der hohen Varianz der Anzahl an Nachbarn. Erkennungssysteme im Netzinneren haben aufgrund ihrer zentralen Lage signifikant mehr Nachbarn als die durchschnittliche Anzahl von 7,5 Nachbarn. In diesem Szenario existiert beispielsweise ein Erkennungssystem mit 80 und eines mit 61 Nachbarn. Diese nehmen aufgrund ihrer zentralen Lage außerdem häufiger an der Kooperation teil, so dass der tatsächliche Aufwand deutlich über der Aufwandsabschätzung liegt. Im Fall der Kooperation über ein Overlay-Netz trifft die Aufwandsabschätzung hingegen ziemlich genau zu, da hier nur kleinere Abweichungen von der durchschnittlichen Anzahl an Nachbarn auftreten. Da außerdem in der Standardvariante keine Weiterleitung von Angriffsbeschreibungen erfolgt, verursacht die Overlay-Kooperation mit nur 36 erhaltenen Angriffsbeschreibungen bei einer Mindestanzahl von 2 Nachbarn nur einen äußerst geringen Aufwand. Dies wirkt sich zwar positiv auf die Anzahl der False run-Fehler aus, ermöglicht aber auch nur eine geringe Steigerung der Effektivität durch die Kooperation.

Wie bereits bei den einfachen Szenarien beobachtet, besitzt die pfadgebundene Kooperation nur eine sehr geringe Effektivität, da meist nur wenige Erkennungssysteme auf dem Pfad zum Opfer-System liegen. Zudem haben Erkennungssysteme in Richtung des Opfers, welche in dessen Nähe lokalisiert sind, aufgrund der Aggregation

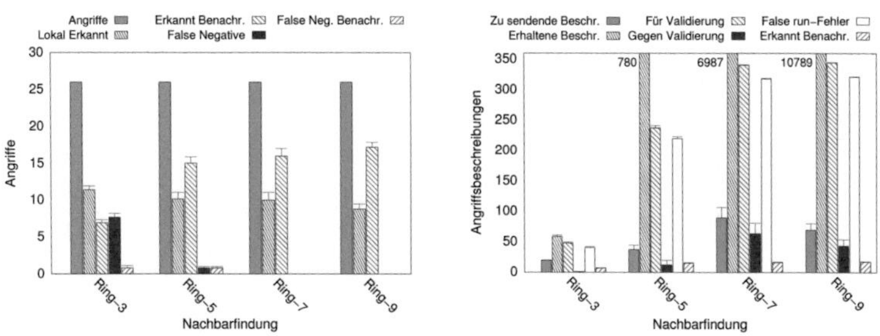

(a) Effektivität (50 ASe) (b) Aufwand (50 ASe) – Ausschnitt

Abbildung 5.24 Ringbasierte Nachbarfindung im Szenario der Größe 50 000

der Angriffsströme den Angriff häufig bereits selbständig erkannt. Dennoch ermöglicht die pfadgebundene Kooperation in einigen der evaluierten Szenarien (s. Abbildung C.4) die Beseitigung weniger False negative-Fehler bei sehr geringem Aufwand.

Variation des Ringradius

Die folgenden Ergebnisse stellen eine Fortführung der bereits im vorigen Abschnitt in den einfachen Szenarien durchgeführten Variation des Ringradius dar. Das hierbei verwendete Szenario der Größe 50 000 unterscheidet sich von dem einfachen Szenario aus Abschnitt 5.3.4.2 darin, dass deutlich mehr Erkennungssysteme (347) im Netz vorhanden sind. Die evaluierten Variationen des Szenarios nutzen die Ringradien 3, 5, 7, und 9. Hierbei war vor allem zu beobachten, dass die durchschnittliche Anzahl an Nachbarn mit steigendem Ringradius stark anstieg. Während ein Erkennungssystem bei einem Radius von 5 IP-Hops noch durchschnittlich 7,5 Nachbarn hatte, stieg dieser Wert auf 38,1 bzw. 125,1 bei den Ringradien 7 und 9. Die Ergebnisse der verschiedenen Variationen stellt Abbildung 5.24 dar. Die relativ hohe Anzahl an False negative-Fehlern bei einem Ringradius von 3 ist darauf zurückzuführen, dass bei einer durchschnittlichen Anzahl von 0,85 Nachbarn viele Erkennungssysteme (177) nicht an der Kooperation teilnehmen, da für diese keine Nachbarn existieren. Bei einem höheren Ringradius von 5 liegt die Effektivität jedoch bereits bei 97 %. Eine weitere Erhöhung des Radius führt dazu, dass mehr Angriffe aufgrund der Kooperation früher erkannt werden. Betrachtet man den verursachten Aufwand, stellt die Nutzung des Radius 5 insgesamt einen sehr guten Tradeoff dar, da zwar 1 False negative-Fehler nicht beseitigt werden kann, aber auch nur ca. 780 Angriffsbeschreibung empfangen werden. Zudem bleibt die Lokalität der Kooperation gewahrt, so dass nur 219 False run-Fehler auftreten. Die Kooperation auf Basis eines höheren Radius erzeugt mit 6 987 bzw. 10 789 erhaltenen Angriffsbeschreibungen einen signifikant höheren Aufwand, welcher vorrangig durch unnötige Duplikate und False run-Fehler verursacht wird.

Variation der Overlay-Kooperation

Um die Auswirkungen der Mindestanzahl an Overlay-Nachbarn sowie der optionalen Weiterleitung bei abgelehnter Validierung untersuchen zu können, wurde für die Kooperation über Overlay-Netze zum einen die Standardvariante ohne Weiterleitung

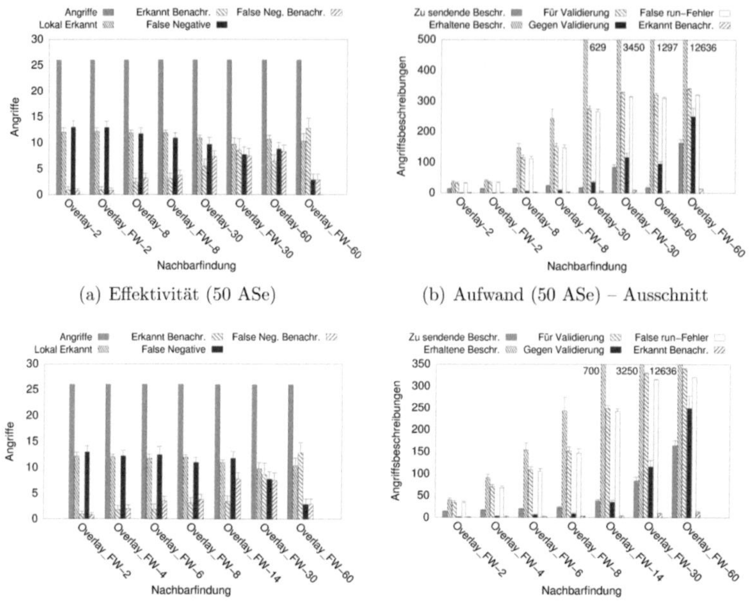

(a) Effektivität (50 ASe)

(b) Aufwand (50 ASe) – Ausschnitt

(c) Effektivität (50 ASe)

(d) Aufwand (50 ASe) – Ausschnitt

Abbildung 5.25 Kooperation über ein Overlay-Netz im Szenario der Größe 50 000

mit den Werten 2, 8, 30 und 60 für die Mindestanzahl an Nachbarn durchgeführt. Zum anderen wurde die Variante mit Weiterleitung bei abgelehnter Validierung mit den Werten 2, 4, 6, 8, 14, 30 und 60 simuliert. Hierbei wurden Angriffsbeschreibungen zusätzlich mit einem Time-to-Live-Wert von 3 versehen, d. h. eine Angriffsbeschreibung wurde maximal dreimal weitergeleitet.

Die Abbildungen 5.25(a) und 5.25(b) zeigen einen Vergleich der Effektivität und des Aufwands der beiden Varianten – ohne Weiterleitung und mit Weiterleitung nach abgelehnter Validierung (FW) – bei unterschiedlichen Konfigurationen der Mindestanzahl an Nachbarn. Eine Steigerung der Effektivität durch die Weiterleitung lässt sich erst bei einer hohen Anzahl an Nachbarn erkennen. Dass die Weiterleitung jedoch bei allen Konfigurationen etwas bewirkt, zeigt sich dadurch, dass die Anzahl der False negative-Fehler, die hätten beseitigt werden können, im Vergleich zur Standardvariante ansteigt. Zudem wird der Eindruck, dass die optionale Weiterleitung von Angriffsbeschreibungen keinen Nutzen hat, dadurch erweckt, dass die durch die Weiterleitung ausgelösten, zusätzlichen Validierungen fast nur von Erkennungssystemen durchgeführt werden, welche nicht auf einem Angriffspfad liegen – dies ist bereits bei mindestens 8 Nachbarn an den zusätzlichen 35 False run-Fehlern zu sehen. Ein Grund hierfür ist, dass die False negative-Fehler in diesem Szenario vorrangig an Erkennungssystemen im Netzinneren auftreten. Diese erhalten durch die Weiterleitung zwar mehr Duplikate – allerdings nicht genug, um sich für eine Validierung zu entscheiden. Zudem zeigt sich hier, dass die Weiterleitung aufgrund der

Nachbarschaft, welche von der Topologie unabhängig ist, häufig an Erkennungssysteme erfolgt, welche nicht auf einem Angriffspfad liegen. Ein Vergleich des Aufwands der beiden Varianten zeigt außerdem, dass nicht nur die Effektivität, sondern auch der Kommunikationsaufwand durch die Weiterleitung von Angriffsbeschreibungen vor allem bei einer hohen Mindestanzahl an Nachbarn stark ansteigt. Während der Anstieg bei einer Mindestanzahl von 30 Nachbarn von 629 auf 3250 erhaltene Angriffsbeschreibungen noch vergleichsweise moderat ausfällt, steigt der Aufwand bei 60 Nachbarn von 1 297 auf 12 636 Beschreibungen. Der Grund für dieses Verhalten wird anhand des nächsten Szenarios erläutert.

In den Abbildungen 5.25(c) und 5.25(d) sind die Effektivität sowie der Aufwand bei Variation der Mindestanzahl an Nachbarn unter Anwendung der optionalen Weiterleitung nach einer abgelehnten Validierung dargestellt. Dabei zeigt sich, dass die Anzahl empfangener Angriffsbeschreibungen sich in der Overlay-Variante mit Weiterleitung überproportional erhöht. Dies liegt daran, dass zum einen die Anzahl der Nachbarn, an welche eine Angriffsbeschreibung gesendet bzw. weitergeleitet wird, steigt. Zum anderen fließt die Anzahl der Nachbarn mit negativem Gewicht in die Entscheidungsfunktion ein, so dass die Anzahl der Ablehnung einer Validierung – und dadurch wiederum die Anzahl der Weiterleitungen – ebenfalls steigt. Bei einer Mindestanzahl von 60 Nachbarn werden daher insgesamt 12 636 Angriffsbeschreibungen empfangen. Dabei verhindert die Einführung des TTL-Wertes und das Setzen auf einen vergleichsweise kleinen Wert von 3 sogar einen noch höheren Aufwand – im Fall eines TTL-Wertes von 6 steigt die Anzahl empfangener Beschreibungen bei mindestens 60 Nachbarn sogar auf 20 740. Bei genauerer Analyse des Kommunikationsaufwands ergibt sich zudem, dass der hohe Aufwand vorrangig durch identische Duplikate ausgelöst wird, d. h. durch Angriffsbeschreibungen, welche von mehreren Erkennungssystemen weitergeleitet und dadurch auf unterschiedlichen Pfaden mehrfach empfangen werden. Im Fall der Mindestanzahl von 60 und TTL 3 sind beispielsweise 7 836 der 12 636 Angriffsbeschreibungen identische Duplikate, wohingegen bei einer Mindestanzahl von 14 lediglich 77 identische Duplikate auftreten. Dies zeigt, dass die gewählte Entscheidungsfunktion für eine hohe Mindestanzahl an Nachbarn eher ungeeignet ist, da eine Validierung empfangener Angriffsbeschreibungen zu häufig abgelehnt wird und dadurch eine Verbreitung nutzloser identischer Duplikate verursacht.

Ausschließliche Erkennung im Netzinneren

In den bisher betrachteten Szenarien dieses Abschnitts wurden Erkennungssysteme zufällig und gleichverteilt auf Zwischensystemen platziert – unabhängig davon, ob es sich um Edge-, Gateway- oder Core-Router handelte. Die selbständige Erkennung von Angriffen fand dabei häufig an den Erkennungssystemen am Rand des Netzes statt, so dass vor allem die Erkennungssysteme im Netzinneren von der Kooperation profitieren konnten. In den folgenden Variationen der Szenarien wurden Erkennungssysteme daher nur im Netzinneren auf Core-Routern platziert, um zu evaluieren, ob die kooperative Angriffserkennung auch ohne die Erkennungssysteme am Netzrand nutzbar ist. Hierzu wurden zufällig ca. 2 % der Zwischensysteme in den Szenarien der Größe 50 000 und 100 000 durch Erkennungssysteme ersetzt, wobei nur Core-Router zur Ersetzung berücksichtigt wurden.

Auffällig ist in diesen Szenarien der im Vergleich zu den vorherigen Szenarien enorm hohe Aufwand der ringbasierten Kooperation (s. Abbildung 5.26(b)). Deren Anzahl

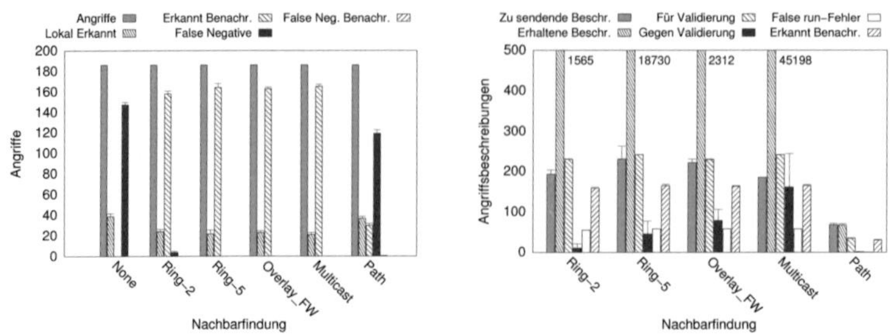

(a) Effektivität (50 ASe) (b) Aufwand (50 ASe) – Ausschnitt

Abbildung 5.26 Nachbarfindung im Netzinneren eines Szenarios der Größe 50 000

erhaltener Angriffsbeschreibungen liegt im Szenario der Größe 50 000 mit 50 ASen mit einem Wert von 18 730 zwar noch immer deutlich unter dem Aufwand der Multicast-Kooperation (45 198), aber auch signifikant über dem Aufwand der Overlay-Kooperation (2 312). Letztere wurde dabei zur besseren Vergleichbarkeit mit optionaler Weiterleitung nach abgelehnter Validierung sowie einer Mindestanzahl von 8 Nachbarn durchgeführt. Hatte die ringbasierte Kooperation im vorigen Szenario noch durchschnittlich 7,5 Nachbarn bei einem Ringradius von 5, liegt der Durchschnitt in diesem Szenario bei ca. 70 Nachbarn. Da Erkennungssysteme nur auf Core-Routern vorhanden sind, befinden sich wesentlich mehr Erkennungssysteme in räumlicher Nähe zueinander. Daher verursacht die ringbasierte Kooperation deutlich mehr Aufwand als die Kooperation über ein Overlay-Netz. Eine weitere Ursache für den hohen Aufwand der ringbasierten Kooperation ist die hohe Varianz der Anzahl an Nachbarn. Im Szenario mit Ringradius 5 beträgt die maximale Anzahl an Nachbarn 172. Reduziert man den Ringradius auf 2 – die durchschnittliche Anzahl an Nachbarn beträgt dann 7,2 – ist der Aufwand mit 1 565 erhaltenen Beschreibungen sogar niedriger als der Aufwand der Overlay-Kooperation. Allerdings müssen bei reduziertem Radius auch False negative-Fehler in Kauf genommen werden. Insgesamt zeigt dies, dass sich bei einer Kooperation, welche nur im Netzinneren stattfindet, die Nachbarschaftsstruktur z. T. stark von anderen Szenarien unterscheiden kann. Dies muss bei der Konfiguration eines Nachbarfindungsverfahren für einen möglichen Einsatz in realen Netzen bedacht werden. Insgesamt erzielt die Kooperation im Netzinneren aber ähnliche Ergebnisse wie in den vorigen Szenarien.

In dem betrachteten Szenario zeigt zudem auch die pfadgebundene Kooperation eine deutliche Steigerung der Effektivität gegenüber der Situation ohne Kooperation (s. Abbildung 5.26(a)). Dies ist dadurch zu erklären, dass mit einer deutlich höheren Wahrscheinlichkeit weitere Erkennungssysteme auf dem Pfad zum Opfer-System liegen – vor allem, da in diesem Szenario mit 186 der 244 Erkennungssysteme weit mehr Systeme auf Angriffspfaden liegen als dies im vorigen Szenario der Fall war. Im Vergleich zu den bisher dargestellten Ergebnissen zeigt außerdem die Overlay-Kooperation eine deutliche höhere Effektivität. Auch in diesem Fall ist der Grund hierfür die hohe Anzahl an Erkennungssystemen auf Angriffspfaden: Eine gesendete Angriffsbeschreibung kann von empfangenden Erkennungssystemen häufig lokal validiert werden und verbreitet sich dadurch deutlich stärker im Netz, so dass der

Nachteil der fehlenden Nachbarschaft im Underlay ausgeglichen wird. Die am Beispiel des Szenarios der Größe 50 000 beschriebenen Ergebnisse wurden durch die Ergebnisse der weiteren simulierten Szenarien bestätigt.

In einer weiteren Variation dieses Szenarios, in welchem Erkennungssysteme nur auf Core-Routern platziert wurden, wurde von der bisherigen Annahme Abstand genommen, dass vergleichsweise viele Erkennungssysteme im Netz vorhanden sind. Um eine Auswertung des Nutzens und der Effektivität der dezentralen Kooperation auch bei spärlicher Verteilung von Erkennungssystemen im Netzinneren durchzuführen, wurden in je ein Szenario der Größe 50 000 und 100 000 nur ca. 40 Erkennungssysteme zufällig auf Core-Router verteilt. Dies entspricht etwa einem Anteil von 4 ‰ bzw. 2 ‰ der Zwischensysteme. Auch in dieser Variante konnten durch die Nutzung der dezentralen Kooperation – außer bei der pfadgebundenen Nachbarfindung – eine Effektivität von nahezu 100 % erreicht werden. Die Effektivität der pfadgebundenen Nachbarfindung war in dieser Variante wieder weniger stark ausgeprägt, da bei einer so geringen Anzahl an Erkennungssystemen die Wahrscheinlichkeit, in Richtung des Opfers-Systems mit weiteren Erkennungssystemen kooperieren zu können, gering ist. Insgesamt zeigt sich in diesem Szenario, dass die praktische Anwendung der Multicast-Kooperation in Szenarien mit wenigen Erkennungssystemen möglich ist, da in derartigen Szenarien der Aufwand vergleichsweise niedrig ist. In diesem Szenario war dieser beispielsweise mit 1 462 erhaltenen Angriffsbeschreibungen im Vergleich zu 605 bei der ringbasierten Kooperation noch akzeptabel. Die detaillierten Ergebnisse dieser Variante finden sich in Abbildung C.5 im Anhang.

Simulation mehrerer Angriffe

Abschließend wurden in drei der verwendeten Szenarien der Größe 50 000 und 100 000 mehrere DDoS-Angriffe simuliert, um zu untersuchen, wie sich die dezentrale Kooperation in einem komplexen Szenario verhält, in dem nicht alle Zombie-Systeme an genau einem Angriff teilnehmen und in dem Erkennungssysteme u. U. auch auf mehreren Angriffspfaden liegen. Zusätzlich zu dem bisher simulierten Angriff, welcher zum Zeitpunkt 1 000 s beginnt, wurden daher zwei weitere DDoS-Angriffe zu den Zeitpunkten 1 050 s und 1 300 s gestartet. Um zu entscheiden, welche der im jeweiligen Szenario vorhandenen Zombie-Systeme an welchem der Angriffe teilnehmen, wurden die von *ReaSE* zur Verfügung gestellten Möglichkeiten genutzt: Jedes Zombie-System trifft zu Beginn des ersten Angriffs mit einer bestimmten Wahrscheinlichkeit die Entscheidung, an dem Angriff teilzunehmen. Werden weitere Angriffe gestartet, entscheidet jedes bereits aktive System mit einer bestimmten Wahrscheinlichkeit, ob es an dem neuen Angriff teilnimmt. Ein Zombie-System kann jedoch zu einem Zeitpunkt nur an genau einem Angriff teilnehmen. Die Wahrscheinlichkeit der Teilnahme wurde in den durchgeführten Simulationen auf 70 %, die Wahrscheinlichkeit, dass ein bereits aktives Zombie-System an einem neu gestarteten Angriff teilnimmt, auf 30 % gesetzt. Die Opfer-Systeme der drei simulierten TCP SYN-DDoS-Angriffe befanden sich jeweils in unterschiedlichen Autonomen Systemen. Zur Kooperation über Overlay-Netze wurde wieder die Variante mit optionaler Weiterleitung, TTL 3 und mindestens 8 Nachbarn verwendet.

Die Ergebnisse der Simulationen dieses Szenarios stellt Abbildung 5.27 dar. Betrachtet man die Effektivität der unterschiedlichen Nachbarfindungsverfahren in Abbildung 5.27(a), ist zu erkennen, dass die Anzahl der durch die Kooperation beseitigten

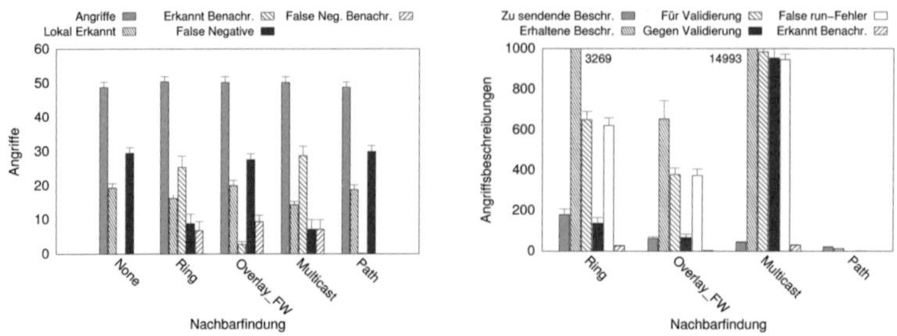

(a) Effektivität (50 ASe)

(b) Aufwand (50 ASe) – Ausschnitt

Abbildung 5.27 Nachbarfindung bei mehreren Angriffen im Szenario der Größe 50 000

False negative-Fehler bei der Kooperation mittels Multicast zwar am höchsten ist, die Kooperation mit ringbasierter Nachbarfindung aber ähnlich gut abschneidet. Die Erklärung für dieses Ergebnis findet sich, wenn die simulierten DDoS-Angriffe einzeln betrachtet werden. Dabei zeigt sich, dass die Kooperation mittels Multicast bei der Erkennung der ersten beiden Angriffe eine Effektivität von 100 % erreicht – und damit wie in der gesamten bisherigen Evaluierung besser als die ringbasierte Kooperation abschneidet. Beim dritten Angriff erkennen jedoch in 10 Simulationsläufen nur durchschnittlich 5 der 16 möglichen Erkennungssysteme den stattfindenden Angriff. Da diese sich vorrangig am Netzrand befinden, reicht weder deren Signifikanz noch die Anzahl an Duplikaten, um eine Validierung auf den Erkennungssystemen im Netzinneren anzustoßen. Die ringbasierte Kooperation schneidet hier durchschnittlich etwas besser ab. Insgesamt verursacht die ringbasierte Kooperation auch in dieser Variation des Szenarios aufgrund der Lokalität der Kooperation im Vergleich zur Multicast-Kooperation weniger Aufwand in Bezug auf die erhaltenen Angriffsbeschreibungen sowie die ausgelösten False run-Fehler.

Die Kooperation über ein Overlay-Netz weist nur eine vergleichsweise geringe Effektivität auf. Aufgrund der von der Topologie losgelösten Nachbarschaftsbeziehungen nutzt die Kooperation im Hinblick auf die Erkennung der letzten beiden Angriffe nur sehr wenig, da Angriffsbeschreibungen nur an Erkennungssysteme gesendet werden, welche nicht auf Angriffspfaden liegen. Diese führen eine Validierung durch und verwerfen die Beschreibung anschließend aufgrund der erfolglosen Validierung. Eine Steigerung der Effektivität kann in diesem Fall durch die im Entwurf ebenfalls vorgesehene, optionale Weiterleitung nach erfolglosen Validierungen erreicht werden. Die detaillierten Ergebnisse dieser Variante sowie der Vergleich aller Overlay-Varianten finden sich in Abbildung C.6 im Anhang. Insgesamt hat sich bei diesem Vergleich gezeigt, dass die zusätzliche Weiterleitung bei erfolgloser Validierung den Nachteil, dass Nachbarschaftsbeziehungen nur auf einer rein logischen Ebene existieren, ausgleichen und die Effektivität deutlich steigern kann. Diese Steigerung wird jedoch durch einen überproportionalen Anstieg des Kommunikationsaufwands sowie eine höhere Anzahl an False run-Fehlern erkauft. Dies führt dazu, dass der Aufwand ähnlich hoch ist wie bei der Multicast-Kooperation. Werden zudem beide Optionen genutzt, d. h. es erfolgt sowohl bei abgelehnten als auch bei erfolglosen Validierungen eine Weiterleitung, liegt der Aufwand sogar deutlich über dem der Multicast-Kooperation, da Angriffsbeschreibungen an alle Erkennungssysteme verteilt werden und zusätzlich Duplikate möglich sind.

Variation der Entscheidungsfunktion

In einem letzten Szenario werden abschließend die bisher verwendeten Entscheidungsfunktionen der ringbasierten Kooperation sowie der Kooperation über Overlay-Netze und mittels Multicast (s. Abschnitt 5.3.3.2) variiert. Dieses Szenario dient dazu, die Auswirkungen zu untersuchen, die eine Veränderung der Enscheidungsfunktion einerseits auf das Verhalten der einzelnen Erkennungssysteme und andererseits auf das globale Verhalten der dezentralen Kooperation hat. Hierzu wurde das vorige Szenario mit mehreren simulierten Angriffen verwendet, in welchem auffiel, dass trotz der dezentralen Kooperation vergleichsweise viele False negative-Fehler auftraten. Die notwendigen Angriffsbeschreibungen zur Durchführung einer Validierung lagen dabei durch die Kooperation meist lokal vor, die Validierung wurde jedoch von der Metrik-basierten Entscheidungsfunktion abgelehnt. Die Ablehnung der Validierung war dabei auf die geringe Wichtigkeit der erhaltenen Angriffsbeschreibung zurückzuführen, welche wiederum vor allem durch die Signifikanz und die Distanz des Senders beeinflusst wird. Die Entscheidungsfunktionen sollten daher so verändert werden, dass eine häufigere und frühere Validierung – und somit u. U. eine Beseitigung der trotz Benachrichtigung aufgetretenen False negative-Fehler – erreicht wird. Zu diesem Zweck wurde der Einfluss der Signifikanz auf die Entscheidung reduziert, indem die Wichtigkeit einer Angriffsbeschreibung mit einem konstanten Faktor von 5 zusätzlich erhöht wurde. Zudem wurde der negative Einfluss einer hohen Distanz reduziert. Dies führte im Fall der ringbasierten Kooperation zur folgenden veränderten Entscheidungsfunktion:

$$N = 1{,}5^{-\frac{\text{Distanz}}{2}} * \text{InitialeSignifikanz} * 5 + N_{\text{alt}} - (1 - T(A)) * \text{Verkehrslast} \quad (5.21)$$

Die Gegenüberstellung der ursprünglichen und der neuen Entscheidungsfunktion für die drei unterschiedlichen Nachbarfindungsverfahren in Bezug auf Effektivität und Aufwand stellt Abbildung 5.28 dar. Dabei zeigt sich mit Blick auf die Effektivität der Kooperation, dass die Anzahl der False negative-Fehler, für welche die notwendigen Informationen lokal vorlagen, mit der veränderten Entscheidungsfunktion tatsächlich bei allen Verfahren gesunken ist. Des Weiteren ist die Anzahl der abgelehnten Validierungen – wie durch die Veränderung der Entscheidungsfunktion beabsichtigt – stark zurückgegangen. Vor allem bei der ringbasierten Kooperation fällt allerdings auf, dass die Effektivität der Kooperation insgesamt nur leicht von 50,3 % auf 52,7 % gestiegen ist, wobei in 7 der 15 Simulationsläufe sogar weniger False negative-Fehler beseitigt wurden als mit der ursprünglichen Entscheidungsfunktion. Ausgelöst wird dieses Phänomen durch die Tatsache, dass sich eine Angriffsbeschreibung aufgrund der geringeren Anzahl abgelehnter Validierungen im Netz nicht mehr so stark verbreitet, sondern von den benachbarten Erkennungssystemen direkt validiert wird. Ist die Validierung erfolglos, wird die Angriffsbeschreibung nicht mehr weitergeleitet. Im schlechtesten Fall liegt keines der benachbarten Systeme auf einem Angriffspfad, so dass die Angriffsbeschreibung nicht über die direkte Nachbarschaft hinaus bekannt wird. Bei der Simulation mit Seed 4 traf genau dies zu, so dass es hier bei 5 selbständigen Erkennungen des dritten Angriffs zu 28 False Run-Fehlern,

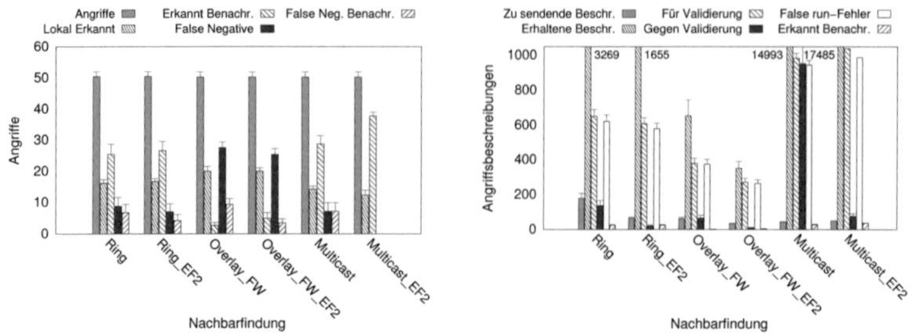

(a) Effektivität (50 ASe) (b) Aufwand (50 ASe) – Ausschnitt

Abbildung 5.28 Variation der Entscheidungsfunktion im Szenario der Größe 50 000 bei mehreren Angriffen

aber auch zu keiner Reduzierung der False negative-Fehler kam. Die etwas geringere Effektivität der Kooperation mit der veränderten Entscheidungsfunktion geht insgesamt mit einem deutlich gesunkenen Aufwand einher. Da durchschnittlich nur ca. 22 statt 138 Validierungen abgelehnt werden, halbiert sich die Anzahl der erhaltenen Angriffsbeschreibungen von 3 269 auf 1 655. Zudem treten aufgrund der geringeren Verteilung der Informationen im Netz weniger False run-Fehler auf. Am Beispiel der ringbasierten Kooperation zeigt sich, dass die lokalen Auswirkungen einer veränderten Entscheidungsfunktion gut abgeschätzt werden können und dadurch eine Einflussnahme auf den Ablauf der Kooperation möglich wird. Die globalen Auswirkungen der Kooperation sind jedoch aufgrund gegenseitiger Wechselwirkungen aller beteiligten Erkennungssysteme nur schwer vorher zu sagen.

Auch bei der Kooperation über ein Overlay-Netz sinkt der Aufwand mit der veränderten Entscheidungsfunktion deutlich. Dass die Effektivität dennoch leicht ansteigt, liegt daran, dass durch den geringeren Einfluss der Signifikanz auf die Entscheidungsfunktion häufiger auch Erkennungssysteme im Netzinneren erhaltene Angriffsbeschreibungen validieren. Die Erkennungssysteme auf Core-Routern erhalten zwar nur noch halb so viele Angriffsbeschreibungen wie mit der ursprünglichen Entscheidungsfunktion, führen aber doppelt so oft eine Validierung durch. Insgesamt steigt dadurch die Effektivität der Kooperation trotz geringerem Aufwand. Am einfachsten vorhersagbar sind die Veränderungen bei der Kooperation mittels Multicast, da sich veränderte lokale Abläufe nicht iterativ auf andere Erkennungssysteme auswirken: Die Veränderung der Entscheidungsfunktion führt dazu, dass häufiger eine Validierung erhaltener Angriffsbeschreibungen durchgeführt wird. Die dadurch steigende Effektivität führt zu weiteren gesendeten Angriffsbeschreibungen, welche wiederum als echte Duplikate die Wahrscheinlichkeit einer lokalen Validierung bei anderen Erkennungssystemen erhöhen. Die Effektivität steigt folglich signifikant, wobei im Fall der Kooperation mittels Multicast durch die höhere Anzahl beseitigter False negative-Fehler auch der Kommunikationsaufwand steigt. Insgesamt lässt sich also durch Veränderung der Entscheidungsfunktion Einfluss auf den Ablauf der Kooperation nehmen. Die Vorhersagbarkeit der globalen Auswirkungen hängt allerdings auch davon ab, welches Nachbarfindungsverfahren zur Kooperation verwendet wird.

6. Zusammenfassung und Ausblick

Die Zielsetzung der vorliegenden Arbeit war die Entwicklung einer effektiven dezentralen Erkennung verteilter, großflächiger Angriffe im Internet. Dabei wurde von existierenden Erkennungssystemen ausgegangen, welche auf Basis des lokal beobachteten Verkehrs eine hierarchische Anomalie-Erkennung mit schrittweiser Verfeinerung durchführen. Die Erkennungssysteme befinden sich vorrangig im Netzinneren statt am Netzrand – d. h. näher an den Angreifern statt in den Zugangsnetzen der Opfer-Systeme. Zudem sind die Erkennungssysteme im gesamten Internet verteilt – die Erkennungssysteme gehören folglich zu unterschiedlichen Domänen und werden von unterschiedlichen Betreibern kontrolliert. Dies macht Lösungen notwendig, welche die Heterogenität von Erkennungssystemen in Bezug auf die eingesetzten Anomalie-Erkennungsmethoden explizit berücksichtigen. Zudem muss beachtet werden, dass zwischen unterschiedlichen Domänen meist keine festen Vertrauensbeziehungen bestehen. Die vorhandenen Erkennungssysteme müssen daher unabhängig voneinander agieren können, um eine Domänen-übergreifende Lösung zu erreichen.

6.1 Ergebnisse der Arbeit

Die im Rahmen dieser Arbeit vorgestellte, dezentrale Kooperation verteilter Erkennungssysteme ermöglicht die Beseitigung von False negative-Fehlern der an der Kooperation teilnehmenden Erkennungssysteme. Die konzipierte dezentrale Kooperation verbessert die Effektivität der Angriffserkennung in globaler Hinsicht, indem Erkennungssysteme, welche einen laufenden Angriff durch lokale Beobachtungen nicht selbständig detektieren können, mit Hilfe der Kooperation diesen False negative-Fehler beseitigen können. Dabei profitieren von der Kooperation vor allem Erkennungssysteme im Netzinneren, welche meist höhere Fehlerraten aufweisen als Erkennungssysteme am Netzrand. Ein sogar noch höherer Mehrwert der Kooperation als bei den untersuchten, gerichteten DDoS-Angriffen ist zudem bei ungerichteten

Angriffen, wie z. B. Wurmausbreitungen, zu erwarten. Im Gegensatz zu existierenden Arbeiten ermöglicht die entwickelte dezentrale Kooperation die Verbesserung der Angriffserkennung auch über Domänengrenzen hinweg, ohne gegenseitiges Vertrauen zwischen den kooperierenden Erkennungssystemen vorauszusetzen. Die Autonomie und Unabhängigkeit eines Erkennungssystems bleibt dadurch gewahrt, dass Informationen über erkannte Angriffe zwar ausgetauscht werden, den Informationen jedoch erst dann vertraut wird, wenn diese mit Hilfe eigener, lokaler Beobachtungen validiert werden konnten. Feste, im Voraus etablierte Vertrauensbeziehungen sind folglich nicht notwendig. Die Robustheit gegen Angriffe auf die Kooperation und gegen eine Überlastung der verfügbaren Ressourcen stellt die Anwendung einer Metrik-basierten Entscheidungsfunktion sicher, welche über die Ausführung der Validierung einer empfangenen Angriffsbeschreibung entscheidet. Dabei wird der Nutzen einer Validierung einer empfangenen Angriffsbeschreibung anhand verschiedener Parameter beurteilt. Dieses Vorgehen sorgt dafür, dass eine Validierung nur bei hoher Wahrscheinlichkeit, dass es sich um einen verteilten Angriff handelt, welcher auch lokal nachweisbar ist, ausgeführt wird. Neben den verfügbaren Ressourcen werden als Parameter für die Entscheidungsfunktion sowohl lokale als auch von anderen Erkennungssystemen empfangene Informationen berücksichtigt. Das Auffinden von Kooperationspartnern erfolgt selbst-organisierend. Die Kooperation beschränkt sich in der entworfenen Lösung zudem auf die direkte Kommunikation mit benachbarten Erkennungssystemen und kommuniziert nicht, wie bei existierenden Lösungen, sämtliche Informationen direkt an alle anderen Erkennungssysteme. Dies ermöglicht eine skalierbare Kooperation. Den deutlich geringeren Kommunikationsaufwand bei ähnlich hoher Effektivität einer solchen, auf der Lokalität der Kommunikation basierenden Nachbarfindung zeigt beispielsweise der im Rahmen der Evaluierung durchgeführte Vergleich einer ringbasierten Kooperation mit einer Kooperation mittels Multicast. Zudem breiten sich Angriffsbeschreibungen, welche falsch-positive Informationen beinhalten, aufgrund der Lokalität der Kommunikation nicht im gesamten Netz aus und werden von den empfangenden Erkennungssystemen als solche erkannt.

Der Tatsache, dass gerade bei einer Domänen-übergreifenden Kooperation von heterogenen Erkennungssystemen – d. h. Erkennungssystemen, welche aufgrund verschiedener technischer Ausstattung, Lokation oder Präferenzen der Betreiber unterschiedliche Anomalie-Erkennungsmethoden einsetzen – ausgegangen werden muss, wird durch eine, vor der Kooperation stattfindende Identifikation von Angriffen Rechnung getragen. Die Identifikation stellt dabei einen lokalen Mechanismus dar, welcher auf Basis erkannter Anomalien auf die Art und die Eigenschaften des Angriffs, welcher diese Anomalien ausgelöst hat, schließt. Das Ergebnis der Identifikation – der erkannte Angriff – bildet dann die Grundlage für ein semantisches Verständnis der an der dezentralen Kooperation teilnehmenden Erkennungssysteme. Im Gegensatz zu existierenden Ansätzen baut die in dieser Arbeit entworfene Identifikation von Angriffen auf einem verallgemeinerten Modell der an einer Anomalie-basierten Angriffserkennung beteiligten Entitäten auf. Dieses Modell ermöglicht eine Identifikation, welche nicht nur bestimmte, meist unvollständige Abbildungen einer erkannten Anomalie auf einen Angriff berücksichtigt, sondern auch über die jeweiligen Arbeiten hinaus gehende Zusammenhänge und Abhängigkeiten nutzt. Ein weiterer Vorteil ist, dass sich die Identifikation gut in hierarchische Erkennungssysteme integrieren lässt, welche als Grundlage dieser Arbeit verwendet werden. Dabei kann mit Hilfe des verallgemeinerten Modells eine autonome und adaptive Ablaufsteuerung der iterativen Identifikation realisiert werden. Diese macht manuelle Eingriffe überflüssig und spart Ressourcen ein, indem die Ausführung von Erkennungsmethoden, welche in einer bestimmten Situation keinen Mehrwert haben, automatisch vermieden wird. Dies konnte auch in der durchgeführten simulativen Evaluierung gezeigt werden.

Um eine Evaluierung der konzipierten Mechanismen zur Erkennung verteilter, großflächiger Angriffe im Internet durchführen zu können, wurde eine Umgebung benötigt, die zum einen realitätsnahe Randbedingungen aufweist. Zum anderen muss die Evaluierung in großen Netzen möglich sein, damit die charakteristischen Eigenschaften der zu erkennenden verteilten Angriffe nachgebildet werden können. Als beste Lösung erweist sich dabei eine simulative Evaluierung. Hierfür existierte bisher jedoch noch keine geeignete Simulationsumgebung. Daher wurden im Rahmen dieser Arbeit die Simulationsumgebung *ReaSE* sowie das Rahmenwerk zur Angriffserkennung *Distack* konzipiert und umgesetzt. Die Simulationsumgebung – eine Erweiterung des Netzwerksimulators OMNeT++ – stellt verschiedene Werkzeuge zur Erstellung realitätsnaher Simulationsszenarien zur Verfügung. Berücksichtigt werden hierbei die Erstellung Internet-ähnlicher, hierarchischer Topologien, die Generierung von Hintergrundverkehr sowie die Nachbildung verteilter, großflächiger Angriffe. Der Nachweis, dass die erzeugten Simulationsszenarien realistische Eigenschaften – wie Powerlaw-verteilte Knotengrade in den Topologien oder die Selbstähnlichkeit des Hintergrundverkehrs – aufweisen, wurde im Rahmen der Auswertung der einzelnen Werkzeuge erbracht. Die Simulationsumgebung ermöglicht damit die bisher nicht mögliche kontrollierbare und reproduzierbare simulative Evaluierung auf Basis großer Netze mit realistischen Randbedingungen.

Das Rahmenwerk *Distack* fügt sich nahtlos in die entwickelte Simulationsumgebung ein und bietet Nutzern die Möglichkeit zur einfachen Integration verschiedener Methoden zur Angriffs- und Anomalie-Erkennung. Mit *Distack* wurde zudem eine Plattform geschaffen, um diese zu evaluieren und einander unter vergleichbaren Bedingungen gegenüber zu stellen. Dieses Ziel wurde dadurch erreicht, dass das Rahmenwerk dem Nutzer Funktionalitäten – wie z. B. den Netzzugriff, das Parsen von Dateneinheiten, die Kommunikation mit anderen Erkennungssystemen und die Konfiguration der Angriffserkennung – zur Verfügung stellt. Die eigentliche Angriffserkennung kann vom Nutzer mit Hilfe der definierten generischen Schnittstellen des Rahmenwerks einfach in kleine, leichtgewichtige Module integriert werden. Komplexere Funktionalität wird durch die Nutzer-definierte Komposition dieser Module erreicht, welche auch die Wiederverwendbarkeit einmal implementierter Funktionalitäten sichert. Zudem sind Architektur-Bestandteile, wie z. B. die konkrete Kommunikationsmethode, aufgrund des gewählten Komponenten-basierten Ansatzes der Architektur einfach austauschbar. Das Rahmenwerk zeichnet sich durch eine hohe Flexibilität und Erweiterbarkeit aus, welche in Bezug auf die Angriffserkennung durch ein datenzentrisches Nachrichtensystem sowie eine lose Kopplung der Module an das Rahmenwerk erreicht wurde. Die Netzwerk-Abstraktion des Rahmenwerks ermöglicht zudem den transparenten Einsatz der Angriffserkennung in unterschiedlichen Umgebungen wie Netzwerksimulatoren oder realen Linux-basierten Systemen. Eine solche, einfache Umsetzung einmal implementierter Lösungen in unterschiedliche Umgebungen war in dieser Form mit existierenden Werkzeugen bisher nicht möglich. In Kombination mit der Simulationsumgebung *ReaSE* bietet das Rahmenwerk somit einen geeigneten und einfach zu nutzenden Rahmen für eine Evaluierung verschiedener Methoden zur Anomalie- und Angriffserkennung in realistischen und großen Netzen.

Zusammenfassend lässt sich feststellen, dass die Zielsetzung der Arbeit erreicht wurde: Einerseits realisiert die lokale Identifikation von Angriffen auf Basis erkannter Anomalien zusammen mit der Kooperation verteilter, heterogener Erkennungssysteme eine effektive dezentrale Erkennung verteilter, großflächiger Angriffe. Andererseits ermöglichen das Rahmenwerk sowie die Werkzeuge zur Erstellung realistischer Simulationsszenarien eine aussagekräftige Evaluierung der entwickelten Mechanismen in Internet-ähnlichen Netzen.

6.2 Ausblick

Derzeit steht die Weiterentwicklung des Internets international im Fokus zahlreicher Forschungsarbeiten, wobei die so genannten Clean Slate-Ansätze [168] auch die bisher verwendete Schichtenarchitektur in Frage stellen. Als vielversprechende Lösungen werden dabei dienstorientierte Architekturen sowie eine auf die jeweiligen Dienste zugeschnittene Protokollkomposition gesehen. In weiterführenden Arbeiten könnte daher untersucht werden, inwiefern eine Anwendung der in dieser Arbeit entwickelten Mechanismen zur Angriffserkennung, welche stark auf die Nutzung in IP-basierten Netzen zugeschnitten sind, in neuartigen Architekturen möglich und sinnvoll ist. Zudem können die Auswirkungen und Anforderungen, welche sich aus den neuen Architekturen und Kommunikationsparadigmen für die Anomalie-basierte Erkennung von Angriffen bzw. Fehlverhalten im Allgemeinen und für die Kooperation verteilter Erkennungssysteme ergeben, analysiert werden. Dabei kann das entwickelte Rahmenwerk genutzt werden, um praktische Untersuchungen der entwickelten Mechanismen, z. B. auf Basis der im Rahmen des G-Lab-Projektes [203] aufgebauten Experimentierplattform für das Internet der Zukunft, durchzuführen.

Im Rahmen dieser Arbeit wurden zudem die Grundlagen für eine ressourcenbewusste iterative Identifikation geschaffen. Dabei vertieft sich die Arbeit nicht in die Fragestellung, anhand welcher Metriken verfügbare Ressourcen, die Auslastung des Erkennungssystems oder der Ressourcenbedarf eingesetzter Anomalie-Erkennungsmethoden spezifiziert werden können. Erst die Entwicklung solcher Metriken ermöglicht jedoch die Nutzung dieser Parameter im Rahmen der autonomen, adaptiven Ablaufsteuerung der Identifikation, beispielsweise zur Auswahl geeigneter Anomalie-Erkennungsmethoden in heterogenen Erkennungssystemen. Die Entwicklung geeigneter Metriken könnte daher in weiterführenden Arbeiten durchgeführt werden.

Die Entwurfsentscheidung, dass die Kommunikation bei der dezentralen Kooperation nur lokal begrenzt erfolgt, führt dazu, dass sich False positive-Fehler der Anomalie-Erkennung nicht im gesamten Netz ausbreiten. Zudem können empfangende Erkennungssysteme diese aufgrund der lokalen Validierung als fehlerhafte Information erkennen. Wie erste Simulationen diesbezüglich zeigten, werden dadurch deutlich weniger False positive-Fehler in globaler Hinsicht durch die Kooperation ausgelöst als dies bei existierenden Ansätzen der Fall ist. Eine weitere Reduzierung solcher Fehler kann eventuell durch einen Feedback-Mechanismus erreicht werden, indem Erkennungssysteme, welche erhaltene Angriffsbeschreibungen lokal nicht validieren konnten, die Information über die gescheiterte Validierung an den Sender der Angriffsbeschreibung zurückliefern. Mit Hilfe dieses Feedbacks wäre auch der ursprüngliche Sender in der Lage, seine falsch-positive Erkennung als solche zu erkennen. Eine solche Erweiterung könnte in zukünftigen Arbeiten entwickelt werden.

A. Benutzbarkeit durch GUIs

Eine der Anforderungen bei der Entwicklung der für die Evaluierung der entworfenen Mechanismen notwendigen Werkzeuge *Distack* (s. Abschnitt 3) und *ReaSE* (s. Kapitel 4) war die Benutzbarkeit. Dies ist vor allem im Hinblick auf die Veröffentlichung der Werkzeuge als Open Source-Software notwendig, um interessierten Benutzern einen einfachen Zugang zu ermöglichen. Daher wurden sowohl für *Distack* – das Rahmenwerk zur verteilten Angriffserkennung – als auch für *ReaSE* – welches realistische Simulationsszenarien für den diskreten Ereignis-Simulator OMNeT++ erstellt – graphische Benutzeroberflächen (GUIs) entwickelt, welche dem Benutzer eine einfach zu bedienende Schnittstelle zu den dahinter stehenden Implementierungen bieten. Diese GUIs werden in den beiden folgenden Abschnitten A.2 und A.1 kurz anhand einiger Beispiele und Screenshots vorgestellt.

A.1 *Distack*

Distack, ein Rahmenwerk zur lokalen und verteilten Angriffserkennung, ermöglicht die einfache und flexible Integration neuer Mechanismen und Methoden zur Angriffserkennung. Im Anschluss an die Implementierung eigener Methoden zur Angriffserkennung innerhalb der Modulumgebung von *Distack* muss das Rahmenwerk konfiguriert werden. Die Konfiguration besteht aus drei Kategorien (s. Abschnitt 3.2.3.2): allgemeine Einstellungen, Modul- und Channel-Konfiguration. Die in Abbildung A.1 dargestellte GUI erleichtert dem Benutzer die Konfiguration einer *Distack*-Instanz, indem mögliche Parameter sowie erlaubte Werte vorgegeben werden. Zudem können die Besonderheiten unterschiedlicher Laufzeitumgebungen berücksichtigt werden, indem unter `Configuration Type` zusätzliche spezielle Umgebungen zur Verfügung gestellt werden. Dies ist notwendig, da *Distack* durch die integrierte Netzwerk-Abstraktion in verschiedenen Laufzeitumgebungen genutzt werden kann – beispielsweise in Linux-basierten Systemen oder in einem Netzwerksimulator. Falls *Distack*

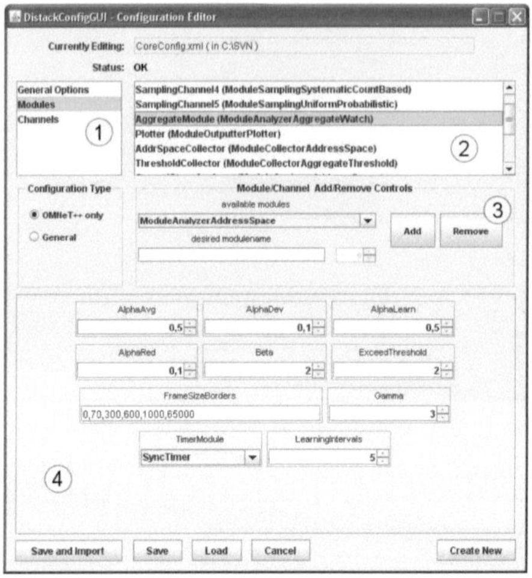

Abbildung A.1 Konfiguration einer *Distack*-Instanz

in einer Simulation verwendet werden soll, werden die hierfür nicht benötigten Konfigurationsparameter, wie z. B. die Verkehrsquelle, ausgeblendet. Im linken, oberen Fenster ① kann die zu bearbeitende Kategorie ausgewählt werden. Beispielhaft ist in der Abbildung die Modul-Konfiguration ausgewählt. In diesem Fall werden die bereits vorhandenen Module im rechten, oberen Fenster ② dargestellt. Zusätzlich können neue Module hinzugefügt oder vorhandene Module gelöscht werden ③. Im unteren, zentralen Fenster ④ können außerdem die Modul-spezifischen Parameter konfiguriert werden.

Soll das *Distack*-Rahmenwerk im Rahmen einer simulativen Evaluierung der implementierten Methoden zur Angriffserkennung genutzt werden, sind in einer Simulation meist viele *Distack*-Instanzen vorhanden. Diese müssen in skalierbarer Weise konfigurierbar sein. Ein weiteres Fenster der *Distack*-GUI erleichtert daher

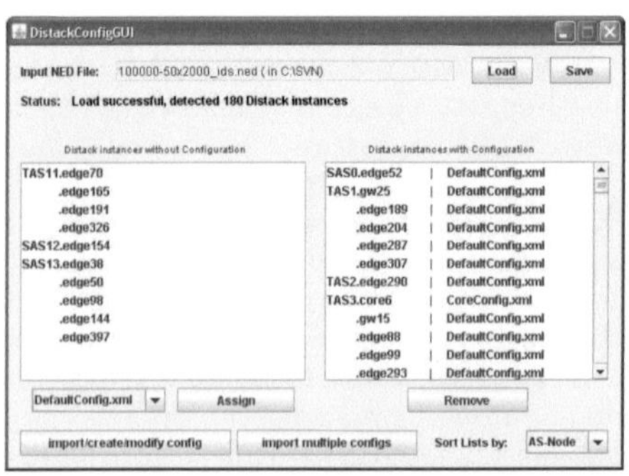

Abbildung A.2 Zuweisung von Konfigurationen an simulierte *Distack*-Instanzen

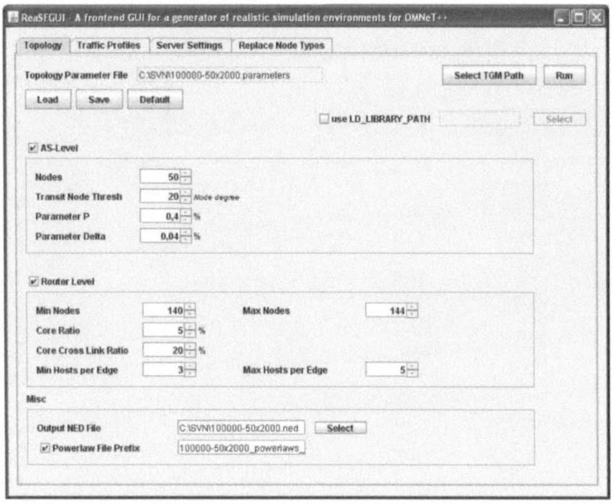

Abbildung A.3 Konfiguration der zu erstellenden Topologien

die Zuweisung von bereits erstellten Konfigurationen an die in einem Simulationsszenario vorhandenen *Distack*-Instanzen. Die GUI berücksichtigt dabei, dass meist nicht alle Instanzen unterschiedlich konfiguriert werden sollen, sondern eine Konfiguration oft einer Gruppe von Instanzen zugewiesen wird. Das in Abbildung A.2 dargestellte Fenster liest daher die zur Simulation zu verwendende NED-Datei ein und stellt im linken Fenster alle noch nicht konfigurierten *Distack*-Instanzen dar. Im rechten Fenster werden die bereits konfigurierten Instanzen sowie die zugewiesenen Konfigurationen – im Beispiel die Konfigurationsdateien *CoreConfig.xml* für Core-Router und *DefaultConfig.xml* für Edge- und Gateway-Router – angezeigt. Über die Dropdown-Box *Sort Lists by* können die in der Topologie vorhandenen Instanzen nach unterschiedlichen Sortierkriterien gruppiert werden, z. B. nach der Rolle des Routers oder, wie in der Abbildung dargestellt, nach der Zugehörigkeit zu Autonomen Systemen. Dies erleichtert die Zuweisung einer Konfiguration an eine Gruppe von *Distack*-Instanzen.

A.2 *ReaSE*

ReaSE betrachtet im Rahmen der Erstellung realistischer Simulationsszenarien die drei Aspekte Topologien, Hintergrundverkehr und Angriffsverkehr. Abbildung A.3 zeigt das erste Fenster der zur Konfiguration der Werkzeuge von *ReaSE* entwickelten GUI. Innerhalb dieses Fensters werden die zur Erstellung Internet-ähnlicher Topologien benötigten Parameter spezifiziert. Der Benutzer kann wählen, ob eine AS-Level-Topologie, eine Router-Level-Topologie oder eine hierarchische Topologie – bestehend aus Autonomen Systemen, die jeweils eine Router-Level-Topologie enthalten – erstellt werden soll. Letzteres wird aufgrund der Realitätsnähe empfohlen und ist in der Abbildung selektiert. Sämtliche vom Benutzer spezifizierten Parameter für die Topologie-Erstellung werden zusätzlich in einer Konfigurationsdatei gespeichert, die zu einem späteren Zeitpunkt erneut geladen und bearbeitet werden kann. Nachdem der Pfad zu dem C++-Programm, welches die Erstellung der Topologie durchführt, vom Benutzer angegeben wurde, wird eine NED-Datei erstellt, die von OMNeT++ genutzt werden kann.

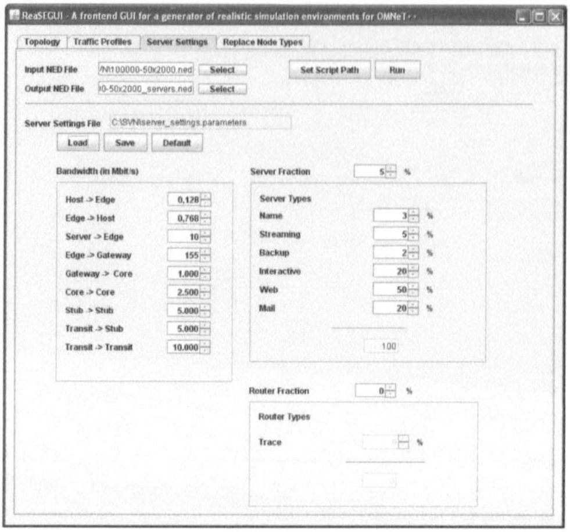

Abbildung A.4 Konfiguration der zu integrierenden Client und Server-Entitäten

Das in Abbildung A.4 dargestellte Fenster ermöglicht dem Benutzer zum einen die Spezifikation der Bandbreiten zwischen unterschiedlichen Hierarchie-Ebenen der Topologie. In der Abbildung werden zwischen Endsystemen und Edge-Routern beispielsweise asymmetrische DSL-Links mit einer Upload-Bandbreite von 128 kbit/s und einer Download-Bandbreite von 768 kbit/s spezifiziert. Zum anderen wird in diesem Fenster spezifiziert, welche Server-Entitäten im Simulationsszenario enthalten sein sollen und welchen Anteil an der Gesamtmenge der Systeme diese einnehmen. Zur Verfügung stehen derzeit Name-, Streaming-, Backup-, Interactive-, Web- und Mail-Server. Die nicht als Server genutzten Endsysteme agieren in der Simulation als Client-Systeme. Router können in diesem Schritt durch so genannte `TraceRouter` ersetzt werden. Diese schreiben Informationen über den beobachteten Verkehr, z. B. die Anzahl der beobachteten Dateneinheiten, in eine Log-Datei. Als Eingabe für diesen Schritt der Topologie-Erstellung wird automatisch die im ersten Fenster erzeugte NED-Datei vorgeschlagen. Das in Abbildung A.5 gezeigte Fenster ermöglicht abschließend das gezielte Ersetzen bestimmter Entitäten durch andere Entitäten. Dies wird beispielsweise zur Erzeugung von Angriffsverkehr benötigt, da hierfür spezielle Angreifer wie `DDoSZombies` oder `WormHosts` vorhanden sein müssen. Im Beispiel der Abbildung werden 4 % der in der Topologie vorhandenen Client-Systeme durch DDoS-Angreifer sowie 1 % der vorhandenen Router durch *Distack*-Instanzen zur Angriffserkennung ersetzt.

Als Resultat der bisher beschriebenen Fenster erhält der Benutzer eine NED-Datei, die sämtliche zur Evaluierung der Angriffserkennung notwendigen Entitäten enthält und direkt von OMNeT++ geladen werden kann. Die Verkehrsprofile, welche für die innerhalb der Simulation automatisch erfolgende Generierung von Hintergrundverkehr benötigt werden, können ebenfalls mit Hilfe der GUI definiert und in eine Konfigurationsdatei gespeichert werden. Abbildung A.6 zeigt die derzeit vorhandenen Verkehrsprofile, die auf verschiedenen Transportprotokollen basieren. Auf das UDP-Protokoll bauen die Profile für Streaming- und Nameserver-Verkehr

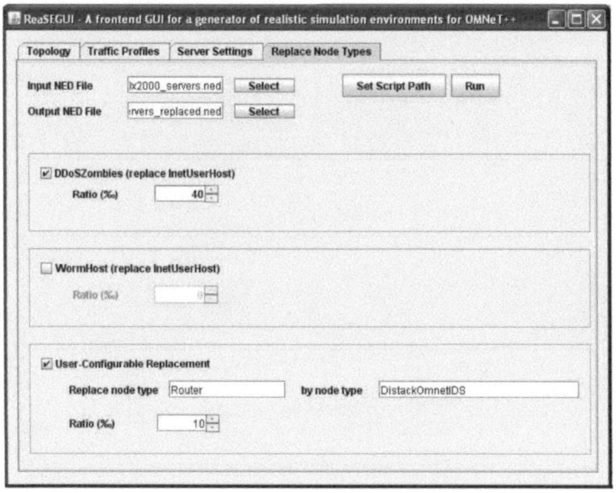

Abbildung A.5 Integration zusätzlicher Entitäten

auf. Die Profile für Backup-, Web-, Interactive- und Mail-Verkehr nutzen das TCP-Protokoll. Neben den Profilen, die eine Server-Entität als Kommunikationspartner erfordern, ermöglichen die Profile *UDP Misc* und *Ping* die direkte UDP- bzw. ICMP-basierte Kommunikation zwischen zwei Client-Systemen. Die Definition der vorhandenen Profile wurde in Anlehnung an [146] getroffen. Jedes Verkehrsprofil spezifiziert, zusätzlich zu einer eindeutigen ID und einer Beschreibung – die Eigenschaften der Kommunikation sowie die Wahrscheinlichkeiten für die Auswahl des Profils (`Selection Probability`) und die Kommunikation über AS-Grenzen hinweg (`WAN Probability`). Die Werte, welche die Länge der gesendeten Dateneinheiten sowie die Wartezeiten zwischen Anfragen bzw. Flows betreffen, dienen als Location-Parameter einer Paretoverteilung. Als Shape-Parameter der Paretoverteilung wird ein fester Wert von 1 für die Wartezeiten und 3 für die Länge der Dateneinheiten genutzt. Um auch die Anzahl an Antworten pro Anfrage bzw. Anfragen pro Flow zufällig zu variieren, wird der spezifizierte Wert um einen zufälligen, auf Basis einer Normalverteilung $N(0,1)$ ermittelten Wert erhöht.

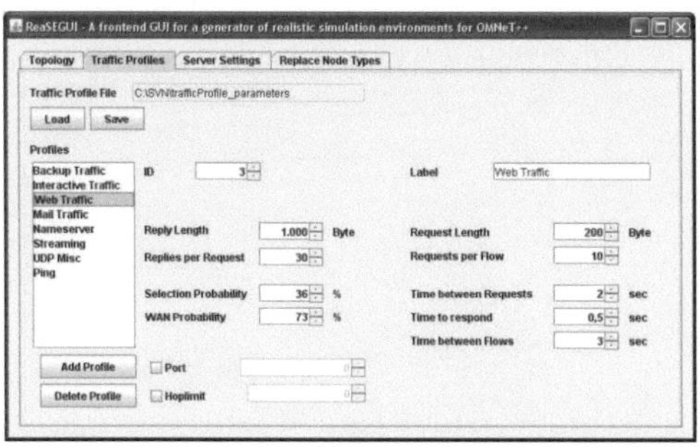

Abbildung A.6 Konfiguration der zu nutzenden Verkehrsprofile

B. Zur Identifikation verwendbare Konkretisierung des verallgemeinerten Modells

Die in Abschnitt 5.2 beschriebene Identifikation von Angriffen auf Basis lokal erkannter Anomalien gründet sich auf das in dieser Arbeit entworfene verallgemeinerte Modell der an der Angriffserkennung beteiligten Entitäten Anomalie-Erkennungsmethode, Anomalie und Angriff. Dabei basiert die autonome, adaptive Ablaufsteuerung der iterativen Identifikation auf der Modellierung der Anomalie-Erkennungsmethoden. Die eigentliche Identifikation erfolgt mit Hilfe von zwei Verfahren: ein regelbasiertes Verfahren sowie ein nicht-parametrischer, geometrischer Klassifikator, welcher nur bei Bedarf – d. h. wenn die vorausgehende regelbasierte Identifikation kein Ergebnis liefern konnte – ausgeführt wird. Beide Verfahren basieren auf der Modellierung der Angriffe, welche mit Hilfe notwendiger und optionaler Anomalien beschrieben werden. Zusätzlich zur Modellierung der Angriffe und Anomalien wird außerdem die aus dieser Modellierung abgeleitete Angriffshierarchie verwendet, welche Wissen über die Zusammenhänge verschiedener modellierter Angriffe enthält. Das folgende Listing B.1 zeigt die für die iterative Identifikation von Angriffen verwendete Konfigurationsdatei, welche das Resultat der Konkretisierung des verallgemeinerten Modells in Form einer XML-Spezifikation enthält. Die Konfiguration besteht aus mehreren Teilen:

- ***Detection Methods:*** Konkretisierung der Vorbedingungen, Ein- und Ausgabedaten der verfügbaren Anomalie-Erkennungsmethoden. Dieses Wissen wird vom Koordinator zur Ablaufsteuerung genutzt und ermöglicht eine autonome Entscheidung über die als nächstes auszuführende Anomalie-Erkennungsmethode. Ein fest vorgegebener Ablauf wird dadurch nicht mehr benötigt. Die Konfigurationsdaten wurden hierbei nicht berücksichtigt, da diese bereits vor dem Start des Erkennungssystems zur Verfügung stehen müssen und daher keine Bedeutung für die Entscheidungen der Ablaufsteuerung haben.

- ***Rulesets:*** Die Regelsätze dienen der Identifikation eines Angriffs. Sind alle Regeln eines Regelsatzes erfüllt, gilt der durch die Regel beschriebene Angriff als identifiziert. Mit Hilfe der Regelsätze kann der Koordinator außerdem eine Teil-Identifikation durchführen sowie die Ablaufsteuerung derart erweitern, dass Erkennungsmethoden ohne Mehrwert nicht ausgeführt werden.
- ***Attack Hierarchy:*** Die Angriffshierarchie gibt die Zusammenhänge zwischen verschiedenen Angriffen wider und wird benötigt, um während der iterativen Identifikation Ergebnisse, welche eine Generalisierung eines anderen Ergebnisses darstellen, zu entfernen.
- ***Classifier Config:*** Kann das regelbasierte Verfahren keinen Angriff identifizieren, wird anschließend ein geometrischer Klassifikator ausgeführt. Die Dimensionen des Raums werden durch die Ausgabedaten der verfügbaren Erkennungsmethoden definiert. Referenzquader repräsentieren bekannte, beschreibbare Angriffe. Die Definition dieser Referenzquader wird – wie auch bereits die Regelsätze – aus der Modellierung abgeleitet.

```
<systemConfig>

  <!-- ++++++++++++++++++++++++ -->
  <!-- Detection Methods        -->
  <!-- ++++++++++++++++++++++++ -->

  <detectionMethods>
    <dm id="1" name="SyncTimer" >
    </dm>

    <dm id="2" name="ThresholdDetector" >
      <output>
        <param name="Alert" type="bool" />
        <param name="SuspiciousAggregates" type="complex" />
        <param name="TcpAlert" type="int" />
        <param name="UdpAlert" type="int" />
        <param name="IcmpAlert" type="int" />

        <!-- Classifier Output -->
        <param name="TcpClassifierOutput" type="double" />
        <param name="UdpClassifierOutput" type="double" />
        <param name="IcmpClassifierOutput" type="double" />
      </output>
    </dm>

    <dm id ="3" name="AddrDistCollector" >
    </dm>

    <dm id="4" name="ThresholdCollector" >
    </dm>

    <!-- Conditional Methods -->

    <dm id="5" name="AddrDistAnalyzer" >
      <input>
        <param name="Alert" outValue="true" op="==" />
      </input>

      <preconditions>
        <precondition_set>
          <precondition dm_id="3" state="running" outValue="true" op="==" />
        </precondition_set>
      </preconditions>

      <output>
        <param name="DistributedAttack" type="bool" />
        <param name="VictimPrefixes" type="int" />
```

```
    <param name="VictimPrefixVector" type="complex" />

    <!-- Classifier Output -->
    <param name="VictimPrefixesClassifierOutput" type="double" />
    <param name="DistributedClassifierOutput" type="double" />
  </output>
</dm>

<dm id="6" name="TcpSynAckDetector" >
  <input>
    <param name="TcpAlert" outValue="0" op=">" />
    <param name="VictimPrefixes" outValue="1" op="==" />
  </input>

  <output>
    <param name="TcpSynAck" type="bool" />
    <param name="VictimAddressVector" type="complex" />

    <!-- Classifier Output -->
    <param name="TcpSynAckClassifierOutput" type="double" />
  </output>
</dm>

<dm id="7" name="TcpSynDetector" >
  <input>
    <param name="TcpAlert" outValue="0" op=">" />
    <param name="VictimPrefixes" outValue="1" op="==" />
  </input>

  <output>
    <param name="TcpSyn" type="bool" />
    <param name="VictimAddressVector" type="complex" />

    <!-- Classifier Output -->
    <param name="TcpSynClassifierOutput" type="double" />
  </output>
</dm>

<dm id="8" name="TcpSynFinDetector" >
  <input>
    <param name="TcpAlert" outValue="0" op=">" />
    <param name="VictimPrefixes" outValue="1" op="==" />
  </input>

  <output>
    <param name="TcpSynFin" type="bool" />
    <param name="VictimAddressVector" type="complex" />

    <!-- Classifier Output -->
    <param name="TcpSynFinClassifierOutput" type="double" />
  </output>
</dm>

<dm id="9" name="TcpRstDetector" >
  <input>
    <param name="TcpAlert" outValue="0" op=">" />
    <param name="VictimPrefixes" outValue="1" op=">" />
  </input>

  <output>
    <param name="TcpRst" type="bool" />
    <param name="VictimAddressVector" type="complex" />

    <!-- Classifier Output -->
    <param name="TcpRstClassifierOutput" type="double" />
  </output>
</dm>

<dm id="10" name="UdpEchoDetector" >
  <input>
    <param name="UdpAlert" outValue="0" op=">" />
    <param name="VictimPrefixes" outValue="1" op="==" />
  </input>
```

```
    <output>
      <param name="UdpEcho" type="bool" />
      <param name="VictimAddressVector" type="complex" />

      <!-- Classifier Output -->
      <param name="UdpEchoClassifierOutput" type="double" />
    </output>
  </dm>

  <dm id="11" name="IcmpReqDetector" >
    <input>
      <param name="IcmpAlert" outValue="0" op=">" />
      <param name="VictimPrefixes" outValue="1" op="==" />
    </input>

    <output>
      <param name="IcmpRequestReply" type="bool" />
      <param name="VictimAddressVector" type="complex" />

      <!-- Classifier Output -->
      <param name="IcmpRequestReplyClassifierOutput" type="double" />
    </output>
  </dm>

  <dm id="12" name="IcmpRepDetector" >
    <input>
      <param name="IcmpAlert" outValue="0" op=">" />
      <param name="VictimPrefixes" outValue="1" op="==" />
    </input>

    <output>
      <param name="IcmpReplyRequest" type="bool" />
      <param name="VictimAddressVector" type="complex" />

      <!-- Classifier Output -->
      <param name="IcmpReplyRequestClassifierOutput" type="double" />
    </output>
  </dm>

  <dm id="13" name="IcmpPortUnreachDetector" >
    <input>
      <param name="Alert" outValue="true" op="==" />
      <param name="VictimPrefixes" outValue="1" op=">" />
    </input>

    <output>
      <param name="IcmpPortUnreach" type="bool" />
      <param name="VictimAddressVector" type="complex" />

      <!-- Classifier Output -->
      <param name="IcmpPortUnreachClassifierOutput" type="double" />
    </output>
  </dm>

  <dm id="14" name="IcmpDestUnreachDetector" >
    <input>
      <param name="Alert" outValue="true" op="==" />
      <param name="VictimPrefixes" outValue="1" op=">" />
    </input>

    <output>
      <param name="IcmpDestUnreach" type="bool" />
      <param name="VictimAddressVector" type="complex" />

      <!-- Classifier Output -->
      <param name="IcmpDestUnreachClassifierOutput" type="double" />
    </output>
  </dm>
</detectionMethods>

<!--++++++++++++++++++++++++-->
<!-- Rulesets              -->
<!--++++++++++++++++++++++++-->
```

```xml
<rulesets>
  <!-- TCP DDoS ATTACK -->
  <rs ad_id="1">
    <rule outName="TcpAlert" outValue="0" op=">" />
    <rule outName="VictimPrefixes" outValue="1" op="==" />
  </rs>

  <!-- UDP DDoS ATTACK -->
  <rs ad_id="2">
    <rule outName="UdpAlert" outValue="0" op=">" />
    <rule outName="VictimPrefixes" outValue="1" op="==" />
  </rs>

  <!-- ICMP DDoS ATTACK -->
  <rs ad_id="3">
    <rule outName="IcmpAlert" outValue="0" op=">" />
    <rule outName="VictimPrefixes" outValue="1" op="==" />
  </rs>

  <!-- SYN FLOODING -->
  <rs ad_id="4">
    <rule outName="TcpAlert" outValue="0" op=">" />
    <rule outName="VictimPrefixes" outValue="1" op="==" />
    <rule outName="TcpSyn" outValue="true" op="==" />
  </rs>
  <rs ad_id="4">
    <rule outName="TcpAlert" outValue="0" op=">" />
    <rule outName="VictimPrefixes" outValue="1" op="==" />
    <rule outName="TcpSynFin" outValue="true" op="==" />
  </rs>

  <!-- SYN-ACK FLOODING -->
  <rs ad_id="5">
    <rule outName="TcpAlert" outValue="0" op=">" />
    <rule outName="VictimPrefixes" outValue="1" op="==" />
    <rule outName="TcpSynack" outValue="true" op="==" />
  </rs>

  <!-- RST FLOODING -->
  <rs ad_id="6">
    <rule outName="TcpAlert" outValue="0" op=">" />
    <rule outName="VictimPrefixes" outValue="1" op="==" />
    <rule outName="TcpRst" outValue="true" op="==" />
  </rs>

  <!-- UDP ECHO -->
  <rs ad_id="7">
    <rule outName="UdpAlert" outValue="0" op=">" />
    <rule outName="VictimPrefixes" outValue="1" op="==" />
    <rule outName="UdpEcho" outValue="true" op="==" />
  </rs>

  <!-- ICMP REQUEST FLOODING-->
  <rs ad_id="8">
    <rule outName="IcmpAlert" outValue="0" op=">" />
    <rule outName="VictimPrefixes" outValue="1" op="==" />
    <rule outName="IcmpReplyRequest" outValue="true" op="==" />
  </rs>

  <!-- ICMP REPLY FLOODING-->
  <rs ad_id="9">
    <rule outName="IcmpAlert" outValue="0" op=">" />
    <rule outName="VictimPrefixes" outValue="1" op="==" />
    <rule outName="IcmpRequestReply" outValue="true" op="==" />
  </rs>

  <!-- WORM PROPAGATION -->
  <rs ad_id="10">
    <rule outName="IcmpAlert" outValue="0" op=">" />
    <rule outName="VictimPrefixes" outValue="1" op=">" />
    <rule outName="IcmpPortUnreach" outValue="true" op="==" />
  </rs>

  <!-- WORM PROPAGATION -->
```

```
  <rs ad_id="10">
    <rule outName="IcmpAlert" outValue="0" op=">" />
    <rule outName="VictimPrefixes" outValue="1" op=">" />
    <rule outName="IcmpDestUnreach" outValue="true" op="==" />
  </rs>

  <!-- WORM PROPAGATION (UDP) -->
  <rs ad_id="11">
    <rule outName="UdpAlert" outValue="0" op=">" />
    <rule outName="VictimPrefixes" outValue="1" op=">" />
    <rule outName="IcmpPortUnreach" outValue="true" op="==" />
  </rs>

  <rs ad_id="11">
    <rule outName="UdpAlert" outValue="0" op=">" />
    <rule outName="VictimPrefixes" outValue="1" op=">" />
    <rule outName="IcmpDestUnreach" outValue="true" op="==" />
  </rs>

  <!-- WORM PROPAGATION (TCP) -->
  <rs ad_id="12">
    <rule outName="TcpAlert" outValue="0" op=">" />
    <rule outName="VictimPrefixes" outValue="1" op=">" />
    <rule outName="IcmpPortUnreach" outValue="true" op="==" />
  </rs>

  <rs ad_id="12">
    <rule outName="TcpAlert" outValue="0" op=">" />
    <rule outName="VictimPrefixes" outValue="1" op=">" />
    <rule outName="IcmpDestUnreach" outValue="true" op="==" />
  </rs>
</rulesets>

<!--++++++++++++++++++++++-->
<!-- Attack Hierarchy      -->
<!--++++++++++++++++++++++-->

<attackDefinitions>
  <!-- Parent ID of 0 means that there is no parent node -->

  <!-- TCP-Attack -->
  <ad id="1" parentId="0" name="TCP-Angriff" />

  <!-- UDP-Attack -->
  <ad id="2" parentId="0" name="UDP-Angriff" />

  <!-- ICMP-Attack -->
  <ad id="3" parentId="0" name="ICMP-Angriff" />

  <!-- TCP Syn Flooding-->
  <ad id="4" parentId="1" name="TCP SYN Flooding-Angriff" />

  <!-- TCP Syn-Ack Flooding-->
  <ad id="5" parentId="1" name="TCP SYN-ACK Flooding-Angriff" />

  <!-- RST Flooding-Angriff-->
  <ad id="6" parentId="1" name="TCP RST Flooding-Angriff" />

  <!-- UDP-Echo Angriff -->
  <ad id="7" parentId="2" name="UDP ECHO Flooding-Angriff" />

  <!-- ICMP-Request-Flooding Angriff -->
  <ad id="8" parentId="3" name="ICMP Request Flooding-Angriff" />

  <!-- ICMP-Reply-Flooding Angriff -->
  <ad id="9" parentId="3" name="ICMP-Reply-Flooding Angriff" />

  <!-- Wurmausbreitung -->
  <ad id="10" parentId="0" name="Wurmausbreitung" />

  <!-- Wurmausbreitung -->
  <ad id="11" parentId="10" name="UDP-Wurmausbreitung" />

  <!-- Wurmausbreitung -->
```

```
    <ad id="12" parentId="10" name="TCP-Wurmausbreitung" />

    <!-- Flash Crowd -->
    <ad id="13" parentId="0" name="Flash Crowd" />

    <!-- Portscan -->
    <ad id="14" parentId="0" name="Portscan" />

    <!-- Horizontaler Portscan -->
    <ad id="15" parentId="14" name="Horizontaler Portscan" />

    <!-- Vertikaler Portscan -->
    <ad id="16" parentId="14" name="Vertikaler Portscan" />
  </attackDefinitions>

  <!--++++++++++++++++++++++-->
  <!-- Classifier Config    -->
  <!--++++++++++++++++++++++-->

  <classifierConf>
    <params>
      <!-- Define the Dimension upon which the classifier has to work on -
          references a double valued output parameter of a dm -->

      <!-- Volume Anomalies -->
      <dim id="1" name="TcpClassifierOutput" />
      <dim id="2" name="UdpClassifierOutput" />
      <dim id="3" name="IcmpClassifierOutput" />

      <!-- Distribution Anomalies -->
      <dim id="4" name="VictimPrefixesClassifierOutput" />
      <dim id="5" name="DistributedClassifierOutput" />

      <!-- Protocol Anomalies -->
      <dim id="6" name="TcpSynClassifierOutput" />
      <dim id="7" name="TcpSynAckClassifierOutput" />
      <dim id="8" name="TcpSynFinClassifierOutput" />
      <dim id="9" name="TcpRstClassifierOutput" />
      <dim id="10" name="UdpEchoClassifierOutput" />
      <dim id="11" name="IcmpRequestReplyClassifierOutput" />
      <dim id="12" name="IcmpReplyRequestClassifierOutput" />
      <dim id="13" name="IcmpPortUnreachClassifierOutput" />
      <dim id="14" name="IcmpDestUnreachClassifierOutput" />
    </params>

    <initials>
      <!-- Define the initial regions for attacks to classify, -->
      <!-- Missing values have default minVal and maxVal of 0 -->

      <!-- Normal Traffic -->
      <centroid ad_id="0">
      <!-- No Anomalies -->
      </centroid>

      <!-- TCP ATTACK -->
      <centroid ad_id="1">
        <param dim_id="1" minVal="50" maxVal="100" />
        <param dim_id="3" minVal="0" maxVal="50" /> <!-- Might see some ICMP -->
        <param dim_id="4" minVal="100" maxVal="100" />
      </centroid>

      <!-- UDP ATTACK -->
      <centroid ad_id="2">
        <param dim_id="2" minVal="50" maxVal="100" />
        <param dim_id="3" minVal="0" maxVal="50" />
        <param dim_id="4" minVal="100" maxVal="100" />
      </centroid>

      <!-- ICMP ATTACK -->
      <centroid ad_id="3">
        <param dim_id="3" minVal="50" maxVal="100" />
        <param dim_id="4" minVal="100" maxVal="100" />
      </centroid>
```

```
      <!-- SYN FLOODING -->
      <centroid ad_id="4">
        <param dim_id="1" minVal="50" maxVal="100" />
        <param dim_id="3" minVal="0" maxVal="50" />
        <param dim_id="4" minVal="100" maxVal="100" />
        <param dim_id="6" minVal="50" maxVal="100" />
        <param dim_id="8" minVal="75" maxVal="100" />
      </centroid>

      <!-- SYN-ACK FLOODING -->
      <centroid ad_id="5">
        <param dim_id="1" minVal="50" maxVal="100" />
        <param dim_id="3" minVal="0" maxVal="50" />
        <param dim_id="4" minVal="100" maxVal="100" />
        <param dim_id="7" minVal="75" maxVal="100" />
      </centroid>

      <!-- RST FLOODING -->
      <centroid ad_id="6">
        <param dim_id="1" minVal="50" maxVal="100" />
        <param dim_id="3" minVal="0" maxVal="50" />
        <param dim_id="4" minVal="100" maxVal="100" />
        <param dim_id="9" minVal="75" maxVal="100" />
      </centroid>

      <!-- UDP ECHO FLOODING -->
      <centroid ad_id="7">
        <param dim_id="2" minVal="50" maxVal="100" />
        <param dim_id="3" minVal="0" maxVal="50" />
        <param dim_id="4" minVal="100" maxVal="100" />
        <param dim_id="10" minVal="75" maxVal="100" />
      </centroid>

      <!-- ICMP REQUEST FLOODING -->
      <centroid ad_id="8">
        <param dim_id="3" minVal="50" maxVal="100" />
        <param dim_id="4" minVal="100" maxVal="100" />
        <param dim_id="11" minVal="75" maxVal="100" />
      </centroid>

      <!-- ICMP REPLY FLOODING -->
      <centroid ad_id="9">
        <param dim_id="3" minVal="50" maxVal="100" />
        <param dim_id="4" minVal="100" maxVal="100" />
        <param dim_id="12" minVal="75" maxVal="100" />
      </centroid>

      <!-- UDP WORM ATTACK-->
      <centroid ad_id="10">
        <param dim_id="2" minVal="50" maxVal="100" />
        <param dim_id="3" minVal="50" maxVal="100" />
        <param dim_id="13" minVal="75" maxVal="100" />
        <param dim_id="14" minVal="75" maxVal="100" />
      </centroid>

      <!-- TCP WORM ATTACK-->
      <centroid ad_id="11">
        <param dim_id="1" minVal="50" maxVal="100" />
        <param dim_id="3" minVal="50" maxVal="100" />
        <param dim_id="13" minVal="75" maxVal="100" />
        <param dim_id="14" minVal="75" maxVal="100" />
      </centroid>
    </initials>
  </classifierConf>
</systemConfig>
```

Listing B.1 Konfigurationsdatei der Anomalie-basierten Identifikation von Angriffen

C. Weitere Evaluierungsergebnisse der dezentralen Kooperation

In Abschnitt 5.3.4 dieser Arbeit erfolgte die simulative Evaluierung der dezentralen Kooperation verteilter Erkennungssysteme. Hierfür wurden zuerst zwei einfache Simulationsszenarien der Größe 5 000 und 50 000 genutzt, um die Abläufe zu erläutern und einen ersten Vergleich der unterschiedlichen Nachbarfindungsverfahren durchzuführen. In der anschließenden umfassenderen Evaluierung wurden komplexere Simulationsszenarien ausgewertet sowie verschiedene Variationen der Nachbarfindungsverfahren und Szenarien evaluiert. Die im Folgenden präsentierten Abbildungen dienen hauptsächlich der Bestätigung, dass die in Abschnitt 5.3.4.3 am Beispiel eines Szenarios ausführlich diskutierten Ergebnisse auch in anderen Szenarien gültig sind. Die Abbildungen dienen daher vorrangig dazu, die in der Evaluierung erläuterten Ergebnisse zu stützen.

Abbildung C.1 zeigt die Evaluierungsergebnisse der ringbasierten Nachbarfindung bei Variation des vorgegebenen Ringradius im einfachen Szenario der Größe 50 000. Der jeweilige Ringradius zum Auffinden von benachbarten Erkennungssystemen wurde auf die Werte 3, 4, 5 und 7 gesetzt. Im Szenario vorhanden waren 9 Erkennungssysteme, von denen lediglich 6 auf einem Angriffspfad lagen. Die Effektivität aller Varianten ist dabei sehr ähnlich – es konnte lediglich bei höheren Radien ein minimaler Anstieg der Effektivität der Kooperation durch einige früher erkannte Angriffe im Vergleich zum Radius 3 festgestellt werden. Der Aufwand hingegen steigt mit höherem Ringradius, da jedes Erkennungssystem, welches einen Angriff erkannt bzw. validiert hat, durchschnittlich mit mehr Nachbarn kommuniziert. Zudem steigt die Anzahl abgelehnter Validierungen aufgrund der durchschnittlich höheren Distanz, welche exponentiell in die Entscheidungsfunktion einfließt.

Den Aufwand der unterschiedlichen Nachbarfindungsverfahren im Szenario der Größe 50 000 mit 20 ASen zeigt Abbildung C.2. Grundlage der Simulationen bildete hierbei das in der umfassenderen Evaluierung verwendete Szenario der Größe 50 000, in

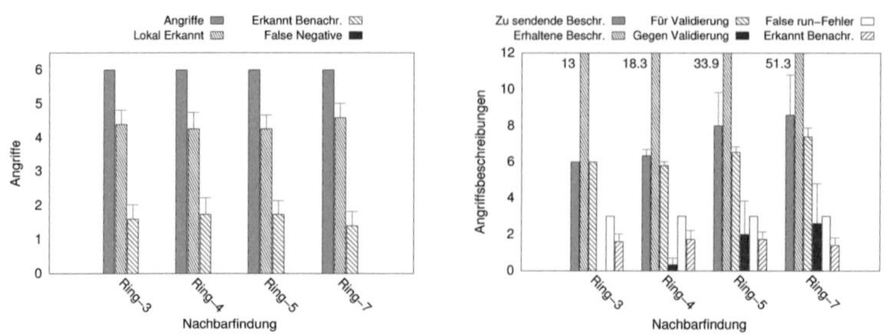

(a) Effektivität (b) Aufwand – Ausschnitt

Abbildung C.1 Ringbasierte Nachbarfindung bei unterschiedlichen Radien

welchem 263 Erkennungssysteme auf zufällig ausgewählten Zwischensystemen platziert wurden. Die Effektivität der Nachbarfindungsverfahren dieses Szenarios wurde bereits in Abbildung 5.23(a) dargestellt. Die Darstellung des zugehörigen Aufwands dient hier der Vollständigkeit und zeigt, dass sich die Ergebnisse grundsätzlich nicht von den in der Evaluierung präsentierten Ergebnissen des Szenarios mit 50 ASen unterscheiden. Die absoluten Werte des Aufwands unterscheiden sich lediglich aufgrund der unterschiedlichen Anzahl an Erkennungssystemen auf Angriffspfaden.

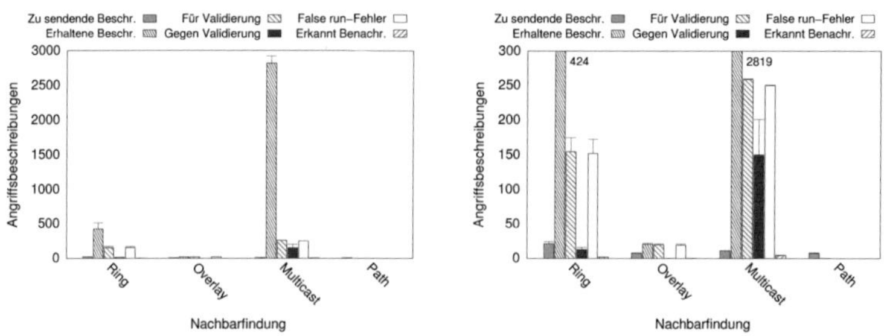

(a) Aufwand (20 ASe) (b) Aufwand (20 ASe) – Ausschnitt

Abbildung C.2 Aufwand der Nachbarfindung im Szenario der Größe 50 000

Die Präsentation und Interpretation der Ergebnisse bezüglich der simulativen Evaluierung der dezentralen Kooperation erfolgte in Abschnitt 5.3.4.3 vorrangig auf Basis des Szenarios der Größe 50 000 mit 50 ASen. Die Abbildungen C.3 und C.4 zeigen die Ergebnisse weiterer, für die Evaluierung der Kooperation verwendeter Szenarien. Dabei lässt sich gut erkennen, dass die in Abschnitt 5.3.4.3 präsentierten Ergebnisse repräsentativ für alle evaluierten Szenarien sind. Im dem vergleichsweise kleinen Szenario der Größe 10 000 mit 10 ASen zeigt sich bereits, dass der Aufwand der Multicast-Kooperation deutlich höher ist als bei den anderen Nachbarfindungsverfahren. Zudem ist hier bereits zu sehen, dass die ringbasierte Kooperation einen höheren Aufwand als die Overlay-Kooperation verursacht. Dies ist auf die höhere

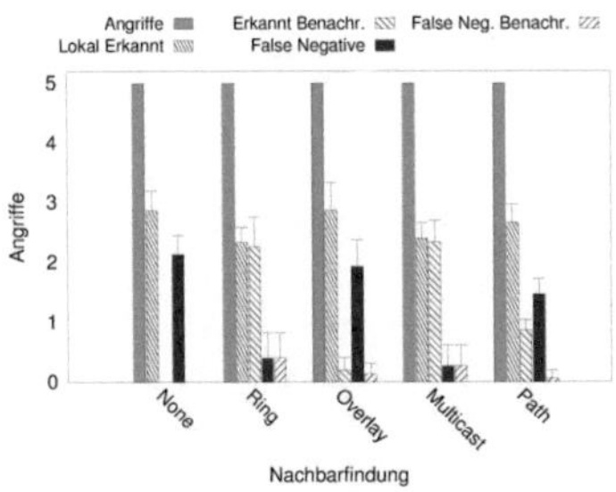

(a) Effektivität (10 ASe)

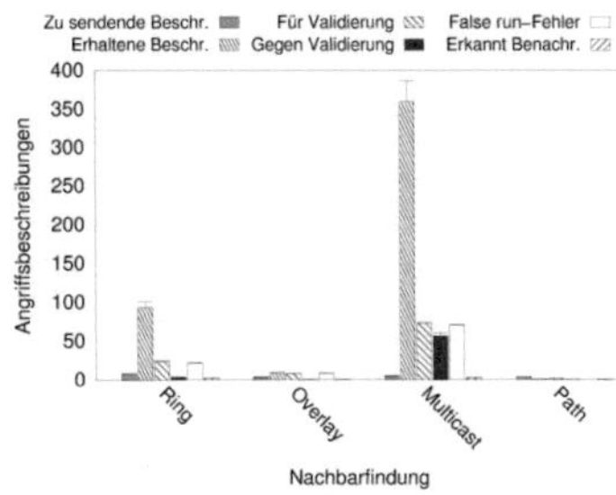

(b) Aufwand (10 ASe)

Abbildung C.3 Nachbarfindung im Szenario der Größe 10 000

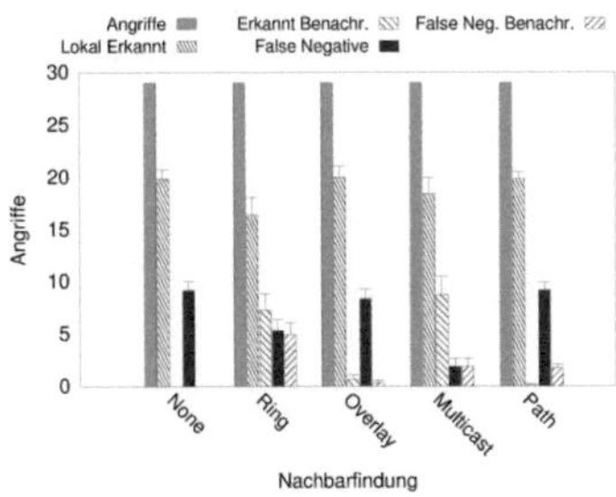

(a) Effektivität (20 ASe)

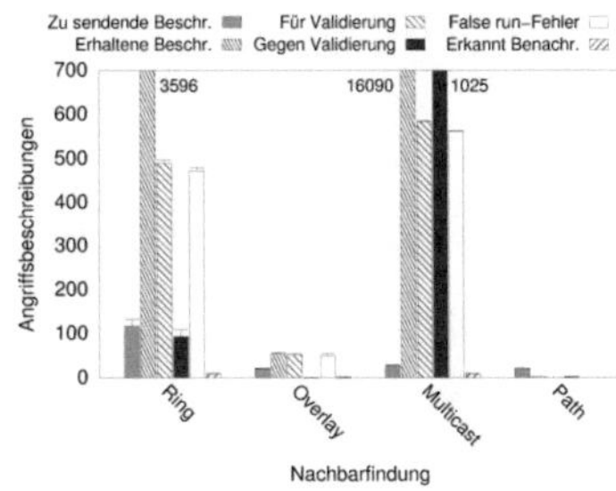

(b) Aufwand (20 ASe) – Ausschnitt

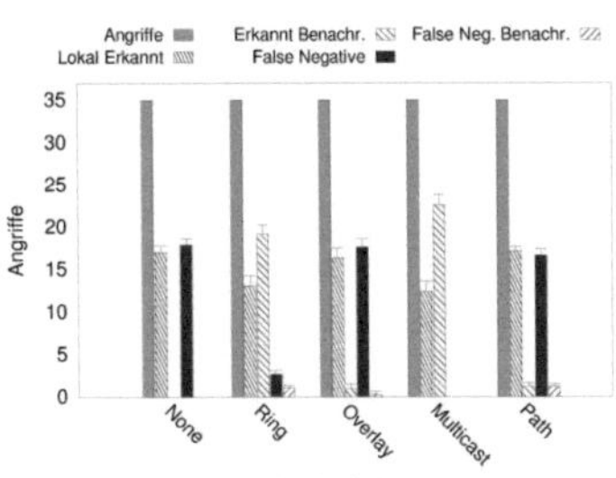

(c) Effektivität (50 ASe)

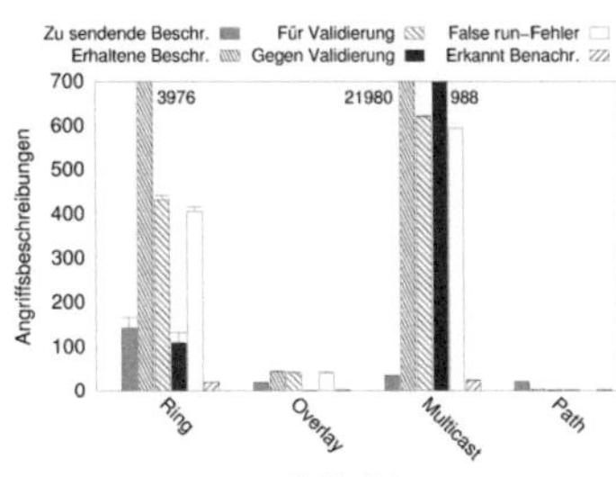

(d) Aufwand (50 ASe) – Ausschnitt

Abbildung C.4 Nachbarfindung in Szenarien der Größe 100 000 durchschnittliche Anzahl an Nachbarn sowie die höhere Varianz der Anzahl benachbarter Erkennungssysteme zurückzuführen.

In den Ergebnissen der Szenarien der Größe 100 000 mit 20 bzw. 50 ASen ist ebenfalls zu sehen, dass die Ergebnisse den in Abschnitt 5.3.4.3 präsentierten Ergebnisse ähneln. Aufgrund der unterschiedlichen Randbedingungen – unterschiedliche Topologien, Anzahl der ASe, Verteilung der Angreifer und Erkennungssysteme – sind kleinere Unterschiede in den Ergebnissen der verschiedenen Szenarien natürlich vorhanden. Beispielsweise ermöglicht auch die pfadgebundene Kooperation in den dargestellten Szenarien der Größe 100 000 eine geringe Steigerung der Effektivität. Zudem ist im Szenario mit 20 ASen auch die Multicast-Kooperation nicht in der Lage, alle False negative-Fehler zu beseitigen. In den wenigen Fällen, in welchen False negative-Fehler nicht beseitigt werden können, liegen die zur Erkennung des Angriffs notwendigen Informationen durch die Kooperation jedoch lokal bereits vor – es wurde lediglich die Validierung der erhaltenen Angriffsbeschreibungen abgelehnt.

Abbildung C.5 zeigt die Ergebnisse eines Szenarios der Größe 50 000 mit 50 ASen, in welchem Erkennungssysteme nur auf Core-Routern platziert wurden. Zwischensysteme in den Zugangsnetzen der Endsysteme, d. h. Edge- und Gateway-Router, wurden nicht berücksichtigt. Zudem wurden im Unterschied zu den in der Evaluierung verwendeten Szenarien nur wenige Erkennungssysteme (44) in das simulierte Netz integriert. Auch in diesem Szenario konnten durch die Kooperation – außer bei Anwendung der pfadgebundenen Nachbarfindung – nahezu alle False negative-Fehler der lokalen Erkennung beseitigt werden. Da in diesem Szenario nur im Netzinneren Erkennungssysteme vorhanden sind, sind die Unterschiede in der Signifikanz der Erkennungssysteme – welche in Form der am Erkennungssystem anliegenden Datenrate gemessen wird – wesentlich geringer als in denjenigen Szenarien, in welchen die Erkennungssysteme zufällig auf alle Zwischensysteme verteilt wurden. Dadurch kommt es in diesem Szenario auch zu vergleichsweise wenigen Ablehnungen einer Validierung.

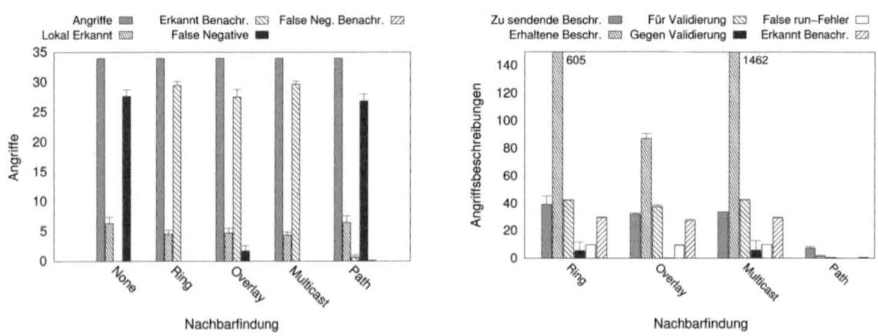

(a) Effektivität (50 ASe)

(b) Aufwand (50 ASe) – Ausschnitt

Abbildung C.5 Nachbarfindung im Szenario der Größe 50 000 mit wenigen Erkennungssystemen auf Core-Routern

Abschließend wurde ein Vergleich der verschiedenen Varianten der Kooperation über ein Overlay-Netz durchgeführt. Die Grundlage dieses Vergleichs bildet ebenfalls das Szenario der Größe 50 000 mit 50 ASen, wobei drei TCP SYN-DDoS-Angriffe simuliert werden, welche zu den Zeitpunkten 1 000 s, 1 050 s und 1 300 s starten. Die

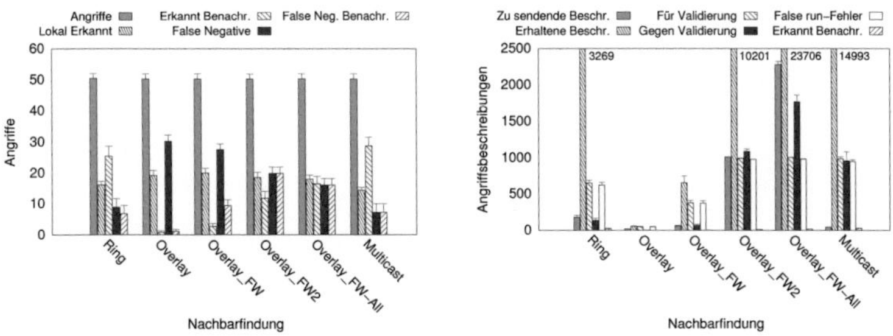

(a) Effektivität (50 ASe) (b) Aufwand (50 ASe) – Ausschnitt

Abbildung C.6 Varianten der Kooperation über ein Overlay-Netz im Szenario der Größe 50 000 bei mehreren Angriffen

347 vorhandenen Erkennungssysteme sind zufällig auf alle Zwischensysteme verteilt. Abbildung C.6 zeigt die Ergebnisse der simulativen Evaluierung. Dargestellt werden die Standardvariante ohne Weiterleitung von Angriffsbeschreibungen, die optionale Weiterleitung nach abgelehnter Validierung (FW), die optionale Weiterleitung nach erfolgloser Validierung (FW2) sowie die Weiterleitung in beiden Fällen (FW-All). Zusätzlich werden die Ergebnisse der ringbasierten Kooperation und der Kooperation mittels Multicast dargestellt, um eine bessere Einordnung zu ermöglichen. Dabei zeigt sich, dass bereits die Weiterleitung nach abgelehnter Validierung zu einem Anstieg der Effektivität führt. Zudem steigt die Anzahl der False run-Fehler, bei denen die notwendigen Informationen aufgrund der Kooperation lokal vorlagen, an. Die optionale Weiterleitung nach erfolgloser Validierung (FW2) führt zu einem deutlich stärkeren Anstieg der Effektivität und der False run-Fehler trotz Benachrichtigung. Dies zeigt, dass bei der Overlay-Kooperation eine Weiterleitung von Angriffsbeschreibungen sinnvoll und effektiv ist, da aus einer lokal erfolglosen Validierung nicht auf das Vorliegen eines Angriffs bei benachbarten Systemen geschlossen werden kann. Die Steigerung der Effektivität führt allerdings gerade in Szenarien, in denen nur ein kleiner Teil aller Erkennungssysteme auf Angriffspfaden liegt, zu einem stark erhöhten Aufwand. Hierbei zeigt sich, dass in Bezug auf die Erkennung von DDoS-Angriffen die ringbasierte Kooperation aufgrund der Lokalität der Kommunikation bei geringerem Aufwand dennoch eine höhere Effektivität erzielt. Die Overlay-Kooperation mit Weiterleitung in beiden Situationen (FW-All) führt zu einem weiteren Anstieg der Effektivität – der Aufwand ist dabei mit 23 706 erhaltenen Angriffsbeschreibungen sogar deutlich höher als bei der Kooperation mittels Multicast (14 993). Der Nutzen steht bei dieser Variante folglich in keinem Verhältnis zum Aufwand.

Literaturverzeichnis

[1] ADAMS, CARLISLE und S. LLOYD: *Understanding PKI: Concepts, Standards, and Deployment Considerations.* Addison-Wesley Longman, 2. Auflage, Januar 2003.

[2] ALBERT, RÉKA und A.-L. BARABÁSI: *Emergence of Scaling in Random Networks.* Science, 286(5439):509–512, Oktober 1999.

[3] ALDERSON, DAVID, L. LI, W. WILLINGER und J. C. DOYLE: *Understanding internet topology: principles, models, and validation.* IEEE/ACM Transactions on Networking, 13(6):1205–1218, Dezember 2005.

[4] AMAZON.COM: *Amazon.com announces fourth quarter sales 2008.* http://phx.corporate-ir.net/phoenix.zhtml?c=97664&p=irol-newsArticle&ID =1250070&highlight=, Januar 2009.

[5] ANTONATOS, SPYROS, K. G. ANAGNOSTAKIS und E. P. MARKATOS: *Generating realistic workloads for network intrusion detection systems.* SIGSOFT Software Engineering Notes, 29(1):207–215, Januar 2004.

[6] ARBOR NETWORKS: *Worldwide Infrastructure Security Report.* http://www.arbornetworks.com/report, November 2008.

[7] ARI, ISMAIL, B. HONG, E. L. MILLER, S. A. BRANDT und D. D. LONG: *Managing flash crowds on the Internet.* In: *Proc. of the 11th IEEE/ACM International Symposium on Modeling, Analysis and Simulation of Computer Telecommunications Systems (MASCOTS)*, Seiten 246–249, Orlando, FL, USA, Oktober 2003.

[8] AVALLONE, STEFANO, D. EMMA, A. PESCAPÈ und G. VENTRE: *A Practical Demonstration of Network Traffic Generation.* In: *Proc. of the 8th International Conference on Internet and Multimedia Systems and Applications (IMSA)*, Seiten 138–143, Kauai, Hawaii, USA, August 2004.

[9] BABA, TATSUYA und S. MATSUDA: *Tracing network attacks to their sources.* IEEE Internet Computing, 6(2):20–26, März 2002.

[10] BAGRODIA, RAJIVE, R. MEYER, M. TAKAI, Y. AN CHEN, X. ZENG, J. MARTIN und H. Y. SONG: *Parsec: A Parallel Simulation Environment for Complex Systems.* IEEE Computer, 31(10):77–85, 1998.

[11] BAKER, FRED und P. SAVOLA: *Ingress Filtering for Multihomed Networks.* RFC 3704, Internet Engineering Task Force (IETF), März 2004.

[12] BANERJEE, SUMAN, B. BHATTACHARJEE und C. KOMMAREDDY: *Scalable Application Layer Multicast.* In: *Proc. of ACM SIGCOMM*, Seiten 205–217, Pittsburgh, PA, USA, Oktober 2002.

[13] BARRY, BAZARA: *Intrusion Detection with OMNeT++.* In: *Dig. Proc. of the 2nd International Conference on Simulation Tools and Techniques (SIMUTools)*, Rome, Italy, März 2009.

[14] BAUMGART, INGMAR, B. HEEP und S. KRAUSE: *OverSim: A Flexible Overlay Network Simulation Framework.* In: *Proc. of 10th IEEE Global Internet Symposium (GI)*, Seiten 79–84, Anchorage, AK, USA, Mai 2007.

[15] BELLOVIN, STEVE, M. LEECH und T. TAYLOR: *ICMP Traceback Messages.* Internet Draft, Internet Engineering Task Force (IETF), Februar 2003. Work in Progress.

[16] BLASS, ERIK-OLIVER und Z. BENENSON: *Das ZeuS-Angreifermodell.* Technischer Bericht TM-2008-1, Institut für Telematik, Universität Karlsruhe (TH), Februar 2008.

[17] BOLZONI, DAMIANO, S. ETALLE und P. HARTEL: *POSEIDON: a 2-tier anomaly-based network intrusion detection system.* In: *Proc. of the 4th IEEE International Workshop on Information Assurance (IWIA)*, Seiten 144–156, Royal Holloway, UK, April 2006.

[18] BRAUN, LOTHAR und G. MÜNZ: *Netzbasierte Angriffs- und Anomalieerkennung mit TOPAS.* 1. GI FG SIDAR Graduierten-Workshop über Reaktive Sicherheit, SIDAR-Report SR-2006-01, Juli 2006.

[19] BRAY, TIM, J. PAOLI, C. M. SPERBERG-MCQUEEN, E. MALER und F. YERGEAU: *Extensible Markup Language (XML) 1.0 (Fifth Edition).* http://www.w3.org/XML/, November 2008.

[20] BREITWIESER, JANNIS: *Anomalie-basierte Identifikation von Angriffen im Internet.* Diplomarbeit, Institut für Telematik, Universität Karlsruhe (TH), November 2007. Betreuer: M. Zitterbart, T. Gamer.

[21] BU, TIAN und D. TOWSLEY: *On distinguishing between Internet power law topology generators.* In: *Proc. of 21st Conference of the IEEE Computer and Communications Societies (INFOCOM)*, Seiten 638–647, New York, NY, USA, Juni 2002.

[22] BUNDESVERBAND INFORMATIONSWIRTSCHAFT, TELEKOMMUNIKATION UND NEUE MEDIEN E.V. (BITKOM): *Elektronische Bürgerdienste immer beliebter.* http://www.bitkom.org/de/presse/56204_52671.aspx, Juni 2008.

[23] BURCH, HAL: *Tracing Anonymous Packets to Their Approximate Source.* In: *Proc. of the 14th USENIX conference on System administration (LISA)*, Seiten 319–328, Seattle, WA, USA, Dezember 2000.

[24] CAMPBELL, PHILIP L.: *The Denial-of-Service Dance.* IEEE Security and Privacy, 3(6):34–40, November 2005.

[25] CAO, JIN, W. S. CLEVELAND, Y. GAO, K. JEFFAY, F. D. SMITH und M. WEIGLE: *Stochastic models for generating synthetic HTTP source traffic.* In: *Proc. of IEEE INFOCOM*, Seiten 1546–1557, Hongkong, März 2004.

[26] CARL, GLENN, G. KESIDIS, R. R. BROOKS und S. RAI: *Denial-of-Service Attack-Detection Techniques.* IEEE Internet Computing, 10(1):82–89, Januar 2006.

[27] CHANG, NICHOLAS B. und M. LIU: *Controlled flooding search in a large network.* IEEE/ACM Transactions on Networking, 15(2):436–449, 2007.

[28] CHAUM, DAVID L.: *Untraceable electronic mail, return addresses, and digital pseudonyms.* Communications of the ACM, 24(2):84–90, 1981.

[29] CHEN, ERIC Y.: *AEGIS: An Active-Network-Powered Defense Mechanism against DDoS Attacks.* In: *Proc. of the IFIP-TC6 Third International Working Conference on Active Networks (IWAN)*, Seiten 1–15, Philadelphia, PA, USA, September 2001.

[30] CHEN, YU, K. HWANG und W.-S. KU: *Collaborative Detection of DDoS Attacks over Multiple Network Domains.* IEEE Transactions on Parallel and Distributed Systems, 18(12):1649–1662, Dezember 2007.

[31] CHOI, HYUNSANG und H. LEE: *PCAV: Internet Attack Visualization on Parallel Coordinates.* In: *Proc. of 7th International Conference on Information and Communications Security (ICICS)*, Seiten 454–466, Beijing, China, Dezember 2005.

[32] CHOLTER, WILLIAM LA, P. NARASIMHAN, D. STERNE, R. BALUPARI, K. DJAHANDARI, A. MANI und S. MURPHY: *IBAN: Intrusion Blocker Based on Active Networks.* In: *Proc. of the DARPA Active Networks Conference and Exposition (DANCE)*, Seiten 182–192, San Francisco, CA, USA, Mai 2002.

[33] CISCO SYSTEMS: *Defeating DDoS attacks.* White Paper, Juli 2004.

[34] CLARK, DAVID D., C. PARTRIDGE, R. T. BRADEN, B. DAVIE, S. FLOYD, V. JACOBSON, D. KATABI, G. MINSHALL, K. K. RAMAKRISHNAN, T. ROSCOE, I. STOICA, J. WROCLAWSKI und L. ZHANG: *Making the world (of communications) a different place.* SIGCOMM Computer Communication Review, 35(3):91–96, Juli 2005.

[35] COMPUTER EMERGENCY RESPONSE TEAM: *CERT Advisory CA-1996-26 Denial-of-Service Attack via ping.* http://www.cert.org/advisories/CA-1996-26.html, Dezember 1997.

[36] COMPUTER EMERGENCY RESPONSE TEAM: *CERT Advisory CA-1999-04 Melissa Macro Virus.* http://www.cert.org/advisories/CA-1999-04.html, März 1999.

[37] Computer Emergency Response Team: *CERT Advisory CA-1996-21 TCP SYN Flooding and IP Spoofing Attacks.* http://www.cert.org/advisories/CA-1996-21.html, November 2000.

[38] Computer Emergency Response Team: *CERT Advisory CA-1998-01 Smurf IP Denial-of-Service Attacks.* http://www.cert.org/advisories/CA-1998-01.html, März 2000.

[39] Consortium, PlanetLab: *PlanetLab – An open platform for developing, deploying, and accessing planetary-scale services.* http://www.planet-lab.org/, September 2009.

[40] Cormode, Graham und S. Muthukrishnan: *What's new: finding significant differences in network data streams.* IEEE/ACM Transactions on Networking, 13(6):1219–1232, Dezember 2005.

[41] Crovella, Mark E. und A. Bestavros: *Self-similarity in World Wide Web traffic: evidence and possible causes.* IEEE/ACM Transactions on Networking, 5(6):835–846, Dezember 1997.

[42] Damas, Joao und F. A. C. Neves: *Preventing Use of Recursive Nameservers in Reflector Attacks.* RFC 5358, Internet Engineering Task Force (IETF), Oktober 2008.

[43] Davie, Bruce und J. Medvedn: *A Programmable Overlay Router for Service Provider Innovation.* In: *Proc. of the 2nd ACM SIGCOMM Workshop on Programmable Routers for Extensible Services of TOmorrow (PRESTO)*, Seiten 1–6, Barcelona, Spain, August 2009.

[44] Debar, Herve, D. A. Curry und B. S. Feinstein: *The Intrusion Detection Message Exchange Format (IDMEF).* RFC 4765, Internet Engineering Task Force (IETF), März 2007.

[45] Dietrich, Isabel: *OMNeT++ Traffic Generator*, September 2006. http://www7.informatik.uni-erlangen.de/~isabel/omnet/modules/TrafGen/.

[46] Dittrich, David: *The „Tribe Flood Network" distributed denial of service attack tool*, Oktober 1999. http://staff.washington.edu/dittrich/misc/tfn.analysis.

[47] Doar, Matthew B.: *A better model for generating test networks.* In: *Proc. of Global Telecommunications Conference (GLOBECOM)*, Seiten 86–93, London, UK, November 1996.

[48] Dolev, Danny und A. C. Yao: *On the security of public key protocols.* In: *Proc. of the IEEE 22nd Annual Symposium on Foundations of Computer Science (SFCS)*, Seiten 350–357, Nashville, TN, USA, Oktober 1981. IEEE Computer Society.

[49] Douligeris, Christos und A. Mitrokotsa: *DDoS Attacks and Defense Mechanisms: Classification and State-of-the-Art.* Computer Networks: The International Journal of Computer and Telecommunications Networking, 44(5):643–666, April 2004.

[50] DRESSLER, FALKO, G. MÜNZ und G. CARLE: *CATS: Cooperating Autonomous Detection Systems.* In: *1st IFIP TC6 WG6.6 International Workshop on Autonomic Communication (WAC)*, Berlin, Germany, Oktober 2004.

[51] DUDEK, DENISE: *Anomalie-basierte Erkennung überlagerter DDoS-Angriffe.* Diplomarbeit, Institut für Telematik, Universität Karlsruhe (TH), Dezember 2006. Betreuer: M. Zitterbart, T. Gamer.

[52] DUGAN, JON und M. KUTZKO: *Iperf.* NLANR/DAST, http://sourceforge.net/projects/iperf, April 2008.

[53] EDDY, WESLEY M.: *Defenses Against TCP SYN Flooding Attacks.* Cisco Internet Protocol Journal, 8(4):2–16, Dezember 2006.

[54] EITZEN, LUIS ARMIN: *Zustandsvisualisierung einer Anomalie-basierten Angriffserkennung.* Studienarbeit, Institut für Telematik, Universität Karlsruhe (TH), Mai 2008. Betreuer: M. Zitterbart, T. Gamer, D. Dudek.

[55] EUROPEAN COMMISSION: *Preparing Europe's digital future. i2010 Mid-Term Review – Volume: ICT Country Profiles*, April 2008.

[56] FALOUTSOS, MICHALIS, P. FALOUTSOS und C. FALOUTSOS: *On power-law relationships of the Internet topology.* Computer Communication Review, 29(4):251–262, Oktober 1999.

[57] FENNER, BILL, G. HARRIS und M. RICHARDSON: *Libpcap.* http://sourceforge.net/projects/libpcap/, Dezember 2003.

[58] FERGUSON, PAUL und D. SENIE: *Network Ingress Filtering: Defeating Denial of Service Attacks which employ IP Source Address Spoofing.* RFC 2827, Internet Engineering Task Force (IETF), Mai 2000.

[59] FRALEIGH, CHUCK, S. MOON, B. LYLES, C. COTTON, M. KHAN, D. MOLL, R. ROCKELL, T. SEELY und C. DIOT: *Packet-level traffic measurements from the sprint ip backbone.* IEEE Network, 17(6):6–16, November 2003.

[60] FRINCKE, DEBORAH, D. TOBIN, J. MCCONNELL, J. MARCONI und D. POLLA: *A framework for cooperative intrusion detection.* In: *Proc. of the 21st National Information Systems Security Conference*, Seiten 361–373, Arlington, VA, USA, Oktober 1998.

[61] FRINCKE, DEBORAH und E. WILHITE: *Distributed Network Defense.* In: *Proceedings of the 2001 IEEE Workshop on Information Assurance and Security*, Seiten 236–238, West Point, NY, Juni 2001.

[62] FUHRMANN, THOMAS, T. HARBAUM, M. SCHÖLLER und M. ZITTERBART: *AMnet 2.0: An Improved Architecture for Programmable Networks.* In: *Proc. of the International Workshop on Active Networks (IWAN)*, Seiten 162–176, Zürich, Switzerland, Dezember 2002.

[63] GAMER, THOMAS: *A System for in-Network Anomaly Detection.* In: *Proc. of 15th ITG/GI Fachtagung Kommunikation in Verteilten Systemen (KiVS)*, Seiten 275–282, Bern, Switzerland, Februar 2007.

[64] GAMER, THOMAS: *Anomaly-based Identification of Large-scale Attacks.* In: *To Appear in: Proc. of IEEE Global Telecommunications Conference (GlobeCom)*, Honolulu, HI, USA, Dezember 2009.

[65] GAMER, THOMAS und C. P. MAYER: *Large-scale Evaluation of Distributed Attack Detection.* In: *Digital Proc. of 2nd International Workshop on OMNeT++*, Rome, Italy, März 2009.

[66] GAMER, THOMAS, C. P. MAYER und C. FALLER: *Distack – A Framework for Distributed Attack Detection.* Open Source-Webseite, http://www.tm.uka.de/distack, Mai 2009.

[67] GAMER, THOMAS, C. P. MAYER und M. SCHÖLLER: *PktAnon – Packet Trace Anonymiszation.* Open Source-Webseite, http://www.tm.uka.de/PktAnon, März 2009.

[68] GAMER, THOMAS, C. P. MAYER und M. SCHÖLLER: *PktAnon – A generic Framework for Profile-based Traffic Anonymization.* Praxis der Informationsverarbeitung und Kommunikation (PIK), 31(2):76–81, Juni 2008.

[69] GAMER, THOMAS, C. P. MAYER und M. ZITTERBART: *Distack—A Framework for Anomaly-based Large-scale Attack Detection.* In: *Proc. of 2nd International Conference on Emerging Security Information, Systems and Technologies (SECURWARE)*, Seiten 34–40, Cap Esterel, France, August 2008.

[70] GAMER, THOMAS und M. SCHARF: *Realistic Simulation Environments for IP-based Networks.* In: *Digital Proc. of 1st International Workshop on OMNeT++*, Marseille, France, März 2008.

[71] GAMER, THOMAS, M. SCHARF und M. SCHÖLLER: *Collaborative Anomaly-based Attack Detection.* In: *Proc. of 2nd International Workshop on Self-Organizing Systems (IWSOS)*, Seiten 280–287, English Lake District, UK, September 2007.

[72] GAMER, THOMAS, M. SCHÖLLER und R. BLESS: *An extensible and flexible System for Network Anomaly Detection.* In: *Proc. of 1st International IFIP TC6 Conference on Autonomic Networking (AN)*, Seiten 97–108, Paris, France, September 2006.

[73] GAMER, THOMAS, M. SCHÖLLER und R. BLESS: *A Granularity-adaptive System for in-Network Attack Detection.* In: *Proc. of the IEEE / IST Workshop on Monitoring, Attack Detection and Mitigation*, Seiten 47–50, Tuebingen, Germany, September 2006.

[74] GONZALES, JOSE M. und V. PAXSON: *Enhancing network intrusion detection with integrated sampling and filtering.* In: *Proc. of the 9th international symposium on recent advances in intrusion detection (RAID)*, Seiten 272–289, Hamburg, Germany, September 2006.

[75] GOODRICH, MICHAEL T.: *Probabilistic packet marking for large-scale IP traceback.* IEEE/ACM Transactions on Networking, 16(1):15–24, 2008.

[76] GREGOR, DOUGLAS: *Boost Signals Library.* http://www.boost.org/libs/signals, Mai 2004.

[77] HARES, SUSAN und D. KATZ: *Administrative Domains and Routing Domains: A Model for Routing in the Internet.* RFC 1136, Internet Engineering Task Force (IETF), Dezember 1989.

[78] HARVAN, MATUS und J. SCHÖNWÄLDER: *Prefix- and Lexicographical-order-preserving IP Address Anonymization.* In: *Proc. of Network Operations and Management Symposium (NOMS)*, Seiten 519–526, Vancouver, Canada, April 2006.

[79] HEBERLEIN, L. TODD und M. BISHOP: *Attack Class: Address Spoofing.* In: *Proc. of the 19th National Information Systems Security Conference*, Seiten 371–377, Baltimore, MD, USA, Oktober 1996.

[80] HEISE ZEITSCHRIFTEN VERLAG GMBH & CO. KG: *Heise online Newsticker.* http://www.heise.de.

[81] HESS, ANDREAS, H.-F. GEERDES und R. WESSALY: *Intelligent Distribution of Intrusion Prevention Services on Programmable Routers.* In: *Proc. of 25th IEEE International Conference on Computer Communications (INFOCOM)*, Seiten 1–11, Barcelona, Spain, April 2006.

[82] HESS, ANDREAS, M. JUNG und G. SCHÄFER: *FIDRAN: a flexible intrusion detection and response framework for active networks.* In: *Proc. of 8th IEEE International Symposium on Computers and Communication (ISCC)*, Seiten 1219–1224, Kiris-Kemer, Turkey, Juli 2003.

[83] HOLZ, THOMAS, M. MEIER und H. KÖNIG: *An Efficient Intrusion Detection System Design.* In: *Proc. of the Information Security for South Africa Conference (ISSA)*, Muldersdrift, South Africa, Juli 2002.

[84] HOLZ, THORSTEN, M. STEINER, F. DAHL, E. BIERSACK und F. FREILING: *Measurements and mitigation of peer-to-peer-based botnets: a case study on storm worm.* In: *Proc. of the 1st Usenix Workshop on Large-Scale Exploits and Emergent Threats (LEET)*, Seiten 1–9, San Francisco, CA, USA, April 2008. USENIX Association.

[85] HUNTER, STUART J.: *The Exponentially Weighted Moving Average.* Journal of Quality Technology, 18(4):203–210, 1986.

[86] HUSSAIN, ALEFIYA, J. HEIDEMANN und C. PAPADOPOULOS: *A Framework for Classifying Denial of Service Attacks-extended.* Technischer Bericht ISI-TR-2003-569b, USC/Information Sciences Institut, Juni 2003.

[87] HUSTON, GEOFF: *A Decade in the Life of the Internet.* Cisco Internet Protocol Journal, 11(2):7–18, Juni 2008.

[88] HYUN, YOUNG: *The Archipelago Measurement Infrastructure.* In: *Presentation at the 7th CAIDA/WIDE Workshop*, Cooperative Association for Internet Data Analysis (CAIDA), San Diego Supercomputer Center, CA, USA, November 2006.

[89] INITIATIVE 21: *(N)ONLINER Atlas 2009*, Juni 2009.

[90] IOANNIDIS, JOHN und S. M. BELLOVIN: *Implementing Pushback: Router-Based Defense Against DDoS Attacks.* In: *Proc. of Network and Distributed System Security Symposium (NDSS)*, San Diego, CA, USA, Februar 2002.

[91] JANAKIRAMAN, RAMAPRABHU, M. WALDVOGEL und Q. ZHANG: *Indra: A peer-to-peer approach to network intrusion detection and prevention.* In: *Proc. of 12th International Workshop on Enabling Technologies: Infrastructure for Collaborative Enterprises (WETICE)*, Seiten 226–231, Linz, Austria, Juni 2003.

[92] *Java Network Simulator - JNS (Version 1.7).* http://jns.sourceforge.net/, Juli 2002.

[93] JOHN, WOLFGANG und S. TAFVELIN: *Analysis of internet backbone traffic and header anomalies observed.* In: *Proc. of the 7th ACM SIGCOMM Conference on Internet Measurement (IMC)*, Seiten 111–116, San Diego, California, USA, Oktober 2007.

[94] JOHN, WOLFGANG, S. TAFVELIN und T. OLOVSSON: *Trends and Differences in Connection-Behavior within Classes of Internet Backbone Traffic.* In: *Proc. of 9th International Conference on Passive and Active Network Measurement (PAM)*, Seiten 192–201, Cleveland, OH, USA, April 2008.

[95] JOHNSON, BOBBIE: *Million dollar student faces web blackmail.* The Guardian News and Media Limited, http://www.guardian.co.uk/technology/2006/jan/19/hacking.security, Januar 2006.

[96] JONSSON, KRISTJAN: *HttpTools: A Toolkit for Simulation of Web Hosts in OMNeT++.* In: *Digital Proc. of 2nd International Workshop on OMNeT++*, Rome, Italy, März 2009.

[97] JUNG, JAEYEON, B. KRISHNAMURTHY und M. RABINOVICH: *Flash crowds and denial of service attacks: characterization and implications for CDNs and web sites.* In: *Proc. of the 11th International Conference on World Wide Web (WWW)*, Seiten 293–304, Mai 2002.

[98] KATTI, SACHIN, B. KRISHNAMURTHY und D. KATABI: *Collaborating Against Common Enemies.* In: *Proc. of Internet Measurement Conference (IMC)*, Seiten 365–378, Berkeley, CA, USA, Oktober 2005.

[99] KESSLER, GARY C.: *Defenses Against Distributed Denial of Service Attacks.* Submitted as the practical exercise in partial fulfillment for the SANS/GIAC Security Essentials Certification (GSEC), http://www.garykessler.net/library/ddos.html, November 2000.

[100] KIENZLE, DARRELL M.: *Recent Worms: A Survey and Trends.* In: *Proc. of the ACM Workshop on Rapid Malcode*, Seiten 1–10, Washington DC, USA, Oktober 2003.

[101] Kim, Inhwan, H. Choi und H. Lee: *Botnet Visualization using DNS Traffic.* In: *Proc. of 9th International Workshop on Information Security Applications (WISA)*, Jeju Island, Korea, September 2008.

[102] Kompella, Ramana R., S. Singh und G. Varghese: *On Scalable Attack Detection in the Network.* IEEE/ACM Transactions on Networking, 15(1):14–25, Februar 2007.

[103] Kotenko, Igor V. und A. Ulanov: *Simulation of Internet DDoS Attacks and Defense.* In: *Proc. of 9th Information Security Conference (ISC)*, Seiten 327–342, Samos Island, Greece, August 2006.

[104] Koukis, Dimitris, S. Antonatos, D. Antoniades, E. P.Markatos und P. Trimintzios: *A Generic Anonymization Framework for Network Traffic.* In: *Proc. of IEEE International Conference on Communications (ICC)*, Seiten 2302–2309, Istanbul, Turkey, Juni 2006.

[105] Kreibich, Christian: *Broccoli – The Bro client communications library.* http://www.icir.org/christian/broccoli/index.html, Januar 2007.

[106] Krempl, Stefan: *Bundeskabinett verabschiedet Gesetz zum biometrischen Personalausweis.* http://www.heise.de/newsticker/Bundeskabinett-verabschiedet-Gesetz-zum-biometrischen-Personalausweis–/meldung/113204, Juli 2008.

[107] Labib, Khaled und V. R. Vemuri: *NSOM: A Tool To Detect Denial Of Service Attacks Using Self-Organizing Maps.* Technischer Bericht, Department of Applied Science, University of California, Davis, U.S.A., Juli 2004.

[108] Lakhina, Anukool: *Diagnosing Network-Wide Traffic Anomalies.* In: *Proc. of Applications, technologies, architectures, and protocols for computer communications*, Seiten 219–230, Portland, Oregon, USA, August 2004.

[109] Lakhina, Anukool, M. Crovella und C. Diot: *Mining anomalies using traffic feature distributions.* SIGCOMM Comput. Commun. Rev., 35(4):217–228, Oktober 2005.

[110] Leder, Felix und T. Werner: *Know Your Enemy: Containing Conficker.* Technischer Bericht, The Honeynet Project, April 2009.

[111] Leland, Will E., M. S. Taqqu, W. Willinger und D. V. Wilson: *On the self-similar nature of Ethernet traffic (extended version).* IEEE/ACM Transactions on Networking, 2(1):1–15, Februar 1994.

[112] Li, Lun, D. Alderson, W. Willinger und J. Doyle: *A first-principles approach to understanding the internet's router-level topology.* In: *Proc. of ACM SIGCOMM*, Seiten 3–14, Portland, Oregon, USA, September 2004.

[113] Lin, Wei, L. Xiang, D. Pao und B. Liu: *Collaborative Distributed Intrusion Detection System.* In: *Proc. of 2nd International Conference on Future Generation Communication and Networking (FGCN)*, Seiten 172–177, Dezember 2008.

[114] MAHADEVAN, PRIYA, D. KRIOUKOV, M. FOMENKOV, B. HUFFAKER, X. DIMITROPOULOS, KC CLAFFY und A. VAHDAT: *Lessons from Three Views of the Internet Topology.* Technischer Bericht, Cooperative Association for Internet Data Analysis (CAIDA), 2005.

[115] MAHONEY, MATTHEW V.: *Network traffic anomaly detection based on packet bytes.* In: *Proc. of the 2003 ACM Symposium on Applied Computing (SAC)*, Seiten 346–350. ACM, März 2003.

[116] MANIKOPOULOS, CONSTANTINE und S. PAPAVASSILIOU: *Network Intrusion and Fault Detection: A Statistical Anomaly Approach.* IEEE Communications Magazine, 40(10):76–82, Oktober 2002.

[117] MARIN, GERALD A.: *Network Security Basics.* IEEE Security and Privacy, 3(6):68–72, November 2005.

[118] MARSAN, MARCO A., R. L. CIGNO, M. MUNAFÒ und A. TONIETTI: *Simulation of ATM Computer Networks with CLASS.* In: *Proc. of 7th International Conference on Modelling Techniques and Tools for Computer Performance Evaluation*, Seiten 159–179, Vienna, Austria, Mai 1994.

[119] MAYER, CHRISTOPH P.: *Datenschutzkonforme Anonymisierung von Datenverkehr auf einem Vermittlungssystem.* Studienarbeit, Institut für Telematik, Universität Karlsruhe (TH), Juli 2006. Betreuer: M. Zitterbart, T. Gamer, M. Schöller.

[120] MAYER, CHRISTOPH P.: *Framework zur Anomalie-basierten Angriffserkennung durch verteilte Instanzen.* Diplomarbeit, Institut für Telematik, Universität Karlsruhe (TH), November 2007. Betreuer: M. Zitterbart, T. Gamer.

[121] MCCREARY, SEAN und KC CLAFFY: *Trends in Wide Area IP Traffic Patterns: A View from Ames Internet Exchange.* Technischer Bericht, Cooperative Association for Internet Data Analysis (CAIDA), San Diego Supercomputer Center, University of California, 2000.

[122] MCPHERSON, DANNY: *Ahh, The Ease of Introducing Global Routing Instability.* Arbor Networks Security Blog, http://asert.arbornetworks.com/2009/02/ahh-the-ease-of-introducing-global-routing-instability, Februar 2009.

[123] MEDINA, ALBERTO, A. LAKHINA, I. MATTA und J. BYERS: *BRITE: An Approach to Universal Topology Generation.* In: *Proc. of the International Workshop on Modeling, Analysis and Simulation of Computer and Telecommunications Systems (MASCOTS)*, Seiten 346–353, Cincinnati, OH, USA, August 2001.

[124] MINSHALL, GREG: *tcpdpriv.* http://ita.ee.lbl.gov/html/contrib/tcpdpriv.html, 1996. Stand des aktuellen Release (1.2): Okt. 2005.

[125] MIRKOVIC, JELENA und P. REIHER: *A taxonomy of DDoS attack and DDoS defense mechanisms.* SIGCOMM Computer Communication Review, 34(2):39–53, 2004.

[126] MIRKOVIC, JELENA und P. REIHER: *D-WARD: A Source-End Defense against Flooding Denial-of-Service Attacks.* IEEE Transactions on Dependable and Secure Computing, 2(3):216–232, September 2005.

[127] MÜNZ, GERHARD, A. FESSI, G. CARLE, O. PAUL, D. GABRIJELCIC, Y. CARLINET, S. YUSUF, M. SLOMAN, P. SAGMEISTER, G. DITTMANN und J. VAN LUNTEREN: *DIADEM Firewall: Web Server Overload Attack Detection and Response.* In: *Proc. of Broadband Europe (BBEurope)*, Bordeaux, France, Dezember 2005.

[128] *Mobility Framework.* http://mobility-fw.sourceforge.net/, Januar 2007.

[129] MONTENEGRO, GABRIEL und C. CASTELLUCCIA: *Statistically Unique and Cryptographically Verifiable (SUCV) Identifiers and Addresses.* In: *Proc. of the 9th Annual Network and Distributed System Security Symposium (NDSS)*, Februar 2002.

[130] MOORE, DAVID, V. PAXSON, S. SAVAGE, C. SHANNON, S. STANIFORD und N. WEAVER: *The Spread of the Sapphire/Slammer Worm.* Technischer Bericht, CAIDA, ICSI, Silicon Defense, UC Berkeley EECS and UC San Diego CSE, Februar 2003.

[131] MOORE, DAVID, C. SHANNON, D. J. BROWN, G. M. VOELKER und S. SAVAGE: *Inferring Internet denial-of-service activity.* ACM Transactions on Computer Systems, 24(2):115–139, Mai 2006.

[132] MOORE, DAVID, C. SHANNON und K. C. CLAFFY: *Code-Red: a case study on the spread and victims of an internet worm.* In: *Proc. of Internet Measurement Workshop*, Seiten 273–284, Marseille, France, November 2002.

[133] MORARIU, CRISTIAN und B. STILLER: *DiCAP: Distributed Packet Capturing architecture for high-speed network links.* In: *Proc. of 33rd IEEE Conference on Local Computer Networks (LCN)*, Seiten 168–175, Montreal, Canada, Oktober 2008.

[134] MORRIS, ROBERT T.: *A Weakness in the 4.2BSD Unix TCP/IP Software.* Technical Report Computer Science #117, AT&T Bell Labs, Februar 1985.

[135] MUUSS, MIKE und T. SLATTERY: *Test TCP (TTCP).* http://ftp.arl.mil/ftp/pub/ttcp/, Oktober 1985.

[136] NAMESTNIKOV, YURI: *The economics of botnets.* Analysis on Viruslist.com, Kapersky Lab, Juli 2009.

[137] NATIONAL INSTITUTE OF STANDARDS AND TECHNOLOGY: *The Keyed-Hash Message Authentication Code (HMAC).* Federal Information Processing Standards Publication, FIPS PUB 198, März 2002.

[138] NESSUS: *Nessus – the Network Vulnerability Scanner.* http://www.nessus.org, Mai 2009.

[139] NETWORKSIMS.COM: *NetworkSims (Version 3.8.2).* http://networksims.com, Dezember 2008.

[140] *The Network Simulator ns-2 (Version 2.33).* http://www.isi.edu/nsnam/ns/, April 2008.

[141] *The ns-3 network simulator (Version 3.4).* http://www.nsnam.org/, April 2009.

[142] Nucci, Antonio und S. Bannerman: *Controlled Chaos.* IEEE Spectrum, 44(12):42–48, Dezember 2007.

[143] OPNET Technologies: *OPNET Modeler.* http://www.opnet.com/solutions/network_rd/modeler.html, 2009.

[144] Oregon, University of: *Route Views Project.* http://www.routeviews.org.

[145] Pago eTransaction Services GmbH: *Pago Report 2008.* http://www.pago.de/index.php?id=3490, Juli 2008.

[146] Pang, Ruoming, M. Allman, M. Bennett, J. Lee, V. Paxson und B. Tierney: *A first look at modern enterprise traffic.* In: *Proc. of the Internet Measurement Conference (IMC)*, Seiten 15–28, Berkeley, CA, USA, Oktober 2005. USENIX Association.

[147] Pang, Ruoming, M. Allman, V. Paxson und J. Lee: *The Devil and Packet Trace Anonymization.* In: *Proc. of ACM SIGCOMM*, Seiten 29–38, Pisa, Italy, Januar 2006.

[148] Pang, Ruoming und V. Paxson: *A High-level Programming Environment for Packet Trace Anonymization and Transformation.* In: *Proc. of the 2003 conference on Applications, technologies, architectures, and protocols for computer communications*, Seiten 339–351, Karlsruhe, Germany, August 2003.

[149] Papadopoulos, Christos, R. Lindell, J. Mehringer, A. Hussain und R. Govindan: *COSSACK: Coordinated Suppression of Simultaneous Attacks.* In: *Proc. of DARPA Information Survivability Conference and Exposition (DISCEX)*, Seiten 2–13, Washington, DC, USA, April 2003.

[150] Park, Kihong, G. Kim und M. Crovella: *On the relationship between file sizes, transport protocols, and self-similar network traffic.* In: *Proc. of International Conference on Network Protocols*, Seiten 171–180, Columbus, OH, USA, Oktober 1996.

[151] Patrikakis, Charalampos, M. Masikos und O. Zouraraki: *Distributed Denial of Service Attacks.* Cisco Internet Protocol Journal, 7(4):13–35, Dezember 2004.

[152] Paxson, Vern: *An analysis of using reflectors for distributed denial-of-service attacks.* SIGCOMM Computer Communication Review, 31(3):38–47, Juli 2001.

[153] Paxson, Vern und S. Floyd: *Wide area traffic: the failure of Poisson modeling.* IEEE/ACM Transactions on Networking, 3(3):226–244, Juni 1995.

[154] PAXSON, VERN und S. FLOYD: *Why we don't know how to simulate the Internet.* In: *Proc. of the 29th Conference on Winter Simulation (WSC)*, Seiten 1037–1044, Atlanta, Georgia, United States, Dezember 1997.

[155] P.E. MCKENNEY, D.Y. LEE, B.A. DENNY: *Traffic Generator Software Release Notes.* Technischer Bericht, SRI International and USC/ISI Postel Center for Experimental, Januar 2002.

[156] PHILLIPS, JOHN: *Overview of Nimda.* Technischer Bericht, SANS Institute, Februar 2003.

[157] PORRAS, PHILLIP, H. SAIDI und V. YEGNESWARAN: *An analysis of conficker's logic and rendezvous protocol.* Technischer Bericht, SRI International, Februar 2009.

[158] POSTEL, J.: *Internet Control Message Protocol.* RFC 792, Internet Engineering Task Force (IETF), September 1981.

[159] POSTEL, J.: *Transmission Control Protocol.* RFC 793, Internet Engineering Task Force (IETF), September 1981.

[160] QUYEN, LE THE, M. ZHANIKEEV und Y. TANAKA: *Anomaly Identification Based on Flow Analysis.* In: *Proc. of IEEE Region 10 Conference (TENCON)*, Seiten 1–4, Hongkong, China, November 2006.

[161] RAMASWAMY, RAMASWAMY und T. WOLF: *High-Speed Prefix-Preserving IP Address Anonymization for Passive Measurement Systems.* IEEE/ACM Transactions on Networking, 15(1):26–39, Februar 2007.

[162] RAMEY, ROBERT: *Boost Serialization Library.* http://www.boost.org/libs/serialization, November 2004.

[163] REKHTER, YAKOV, T. LI und S. HARES: *A Border Gateway Protocol 4 (BGP-4).* RFC 4271, Internet Engineering Task Force (IETF), Januar 2006.

[164] REYNOLDS, JOYCE K.: *The Helminthiasis of the Internet.* RFC 1135, Internet Engineering Task Force (IETF), Dezember 1989.

[165] RINGBERG, HAAKON, M. ROUGHAN und J. REXFORD: *The Need for Simulation in Evaluating Anomaly Detectors.* SIGCOMM Computer Communication Review, 38(1):55–59, Januar 2008.

[166] RIPE NETWORK COORDINATION CENTER (NCC): *YouTube Hijacking: A RIPE NCC RIS case study.* http://www.ripe.net/news/study-youtube-hijacking.html, Februar 2008.

[167] RISH, IRINA: *An empirical study of the naive Bayes classifier.* In: *Proc. of Workshop on Empirical Methods in Artificial Intelligence (IJCAI)*, Seiten 41–46, Seattle, WA, USA, August 2001.

[168] ROBERTS, JAMES: *The clean-slate approach to future Internet design: a survey of research initiatives.* Annals of Telecommunications, 5-6(64):271–276, Juni 2009.

[169] Roemer, Bernd: *BonnTraffic: A modular framework for generating synthetic traffic for network simulations*, November 2005. http://web.informatik.uni-bonn.de/IV/bomonet/BonnTraffic.htm.

[170] Roesch, Martin: *Snort*. http://www.snort.org, April 2009.

[171] Rolland, Chloé, J. Ridoux, B. Baynat und V. Borrel: *Using LiTGen, a realistic IP traffic model, to evaluate the impact of burstiness on performance.* In: *Digital Proc. of the 1st international conference on Simulation tools and techniques for communications, networks and systems (Simutools)*, Marseille, France, März 2008.

[172] Ruf, Lukas, A. Wagner, K. Farkas und B. Plattner: *A Detection And Filter System for Use Against Large-Scale DDoS Attacks In the Internet-Backbone.* In: *Proc. of 6th Annual Internation Working Conference on Active Networking (IWAN)*, Seiten 169–187, Lawrence Kansas, USA, Oktober 2004.

[173] Sass, Detlef und S. Junghans: *I^2MP – An architecture for hardware supported high-precision traffic measurement.* In: *Proc. of the 13th GI/ITG Conference on Measurement, Modeling, and Evaluation of Computer and Communication Systems (MMB)*, Nürnberg, Germany, März 2006.

[174] Savage, Stefan, D. Wetherall, A. Karlin und T. Anderson: *Practical network support for IP traceback.* SIGCOMM Computer Communication Review, 30(4):295–306, Oktober 2000.

[175] Scalabe Network Technologies: *QualNet.* http://www.qualnet.com/products/, März 2008.

[176] Scharf, Michael: *Effektivität einer koordinierten Angriffserkennung in simulierten IP-Netzen.* Diplomarbeit, Institut für Telematik, Universität Karlsruhe (TH), Dezember 2007. Betreuer: M. Zitterbart, T. Gamer.

[177] Schmerl, Sebastian und M. Vogel: *Efficient Analysis Distribution for Intrusion Detection.* In: *Proc. of the NATO IST-076 Symposium on Information Assurance for Emerging and Future Military Systems*, Seiten 2.1–2.7, Ljubljana, Slovenia, Oktober 2008.

[178] Schnackenberg, Dan, H. Holliday, R. Smith, K. Djahandari und D. Sterne: *Cooperative Intrusion Traceback and Response Architecture (CITRA).* In: *Proc. of DARPA Information Survivability Conference & Exposition II (DISCEX)*, Seiten 56–68, Anaheim, CA, USA, Juni 2001.

[179] Schöller, Marcus, T. Gamer, R. Bless und M. Zitterbart: *An Extension to Packet Filtering of Programmable Networks.* In: *Proc. of 7th International Working Conference on Active Networking (IWAN)*, Seiten 121–131, Sophia Antipolis, France, November 2005.

[180] Scholtes, Ingo, J. Botev, M. Esch, A. Höhfeld, H. Schloss und B. Zech: *TopGen - internet router-level topology generation based on technology constraints.* In: *Dig. Proc. of the 1st International Conference on Simulation Tools and Techniques (SIMUTools)*, Marseille, France, März 2008. ICST.

[181] SCHULZRINNE, HENNING und R. HANCOCK: *GIST: General Internet Signalling Transport.* Internet Draft (Work in Progress), Internet Engineering Task Force (IETF), Juni 2009.

[182] SEKAR, VYAS, N. DUFFIELD, O. SPATSCHECK, , J. VAN DER MERWE und H. ZHANG: *LADS: Large-scale Automated DDoS detection System.* In: *Proc. of USENIX Technical Conference*, Seiten 171–184, Boston, MA, USA, Juni 2006.

[183] SHAKHNAROVICH, GREGORY, T. DARRELL und P. INDYK: *Nearest-Neighbor Methods in Learning and Vision.* The MIT Press, 2005.

[184] SIGANOS, GEORGOS, M. FALOUTSOS, P. FALOUTSOS und C. FALOUTSOS: *Power laws and the AS-level Internet Topology.* IEEE/ACM Transactions on Networking, 11(4):514–524, August 2003.

[185] SIMULCRAFT INC.: *OMNEST – The OPEN Simulator (Version 4.0).* http://www.omnest.com/, 2009.

[186] SLAGELL, ADAM, K. LAKKARAJU und K. LUO: *FLAIM: A Multi-level Anonymization Framework for Computer and Network Logs.* In: *Proc. of 20th USENIX Large Installation System Administration Conference (LISA)*, Seiten 63–77, Washington, DC, USA, Dezember 2006.

[187] SNOEREN, ALEX C.: *Hash-based IP traceback.* In: *Proc. of ACM SIGCOMM*, Seiten 3–14, San Diego, CA, USA, August 2001.

[188] SOMMER, ROBIN: *Bro: An Open Source Network Intrusion Detection System.* In: *Proc. of the 17th DFN-Arbeitstagung über Kommunikationsnetze*, Seiten 273–288, Düsseldorf, Germany, Juni 2003.

[189] SOMMER, ROBIN und V. PAXSON: *Exploiting independent state for network intrusion detection.* In: *Proc. of 21st Annual Computer Security Applications Conference (ACSAC)*, Seiten 59–71, Tucson, AZ, USA, Dezember 2005.

[190] SOURCEFIRE: *Sourcefire Defense Center.* http://www.sourcefire.com/products/3D/defense_center, 2009.

[191] SPAFFORD, EUGENE H. und D. ZAMBONI: *Intrusion detection using autonomous agents.* Computer Networks, 34(4):547–570, Oktober 2000.

[192] SPITZNER, LANCE: *Honeypots: Definitions and Value of Honeypots.* http://www.tracking-hackers.com, Mai 2003.

[193] SPITZNER, LANCE: *Know Your Enemy: Honeynets.* honeynet Project, http://www.honeynet.org, Mai 2006.

[194] SPRING, NEIL, R. MAHAJAN, D. WETHERALL und T. ANDERSON: *Measuring ISP topologies with rocketfuel.* IEEE/ACM Transactions on Networking, 12(1):2–16, Februar 2004.

[195] STANIFORD, STUART, V. PAXSON und N. WEAVER: *How to 0wn the Internet in Your Spare Time.* In: *Proc. of the 11th USENIX Security Symposium*, Seiten 149–167, San Francisco, CA, USA, August 2002.

[196] STERNE, DAN, K. DJAHANDARI, R. BALUPARI, W. L. CHOLTER, B. BABSON, B. WILSON, P. NARASIMHAN und A. PURTELL: *Active Network Based DDoS Defense.* In: *Proc. of the DARPA Active Networks Conference and Exposition (DANCE)*, Seiten 193–203, San Francisco, CA, USA, Mai 2002.

[197] STEWART, RANDALL R.: *Stream Control Transmission Protocol.* RFC 4960, Internet Engineering Task Force (IETF), September 2007.

[198] SUTTER, HERB und A. ALEXANDRESCU: *Boost Pool Library.* http://www.boost.org/libs/pool, Dezember 2006.

[199] SYMANTEC CORPORATION: *Symantec Security Response: W32.Blaster.Worm.* http://www.symantec.com/security_response/writeup.jsp?docid=2003-081113-0229-99, August 2003.

[200] THE KOREA TIMES: *High-Speed Internet Keeps Drawing Users.* http://www.koreatimes.co.kr/www/news/tech/2007/07/133_6834.html, Juli 2007.

[201] TOP LAYER NETWORKS: *Intelligence Distribution System Balancer – IDSB.* http://www.toplayer.com/content/products/intrusion_detection/ids_balancer.jsp, 2009.

[202] TORSTEN BRAUN, THOMAS STAUB und R. GANTENBEIN: *VirtualMesh: An Emulation Framework for Wireless Mesh Networks in OMNeT++.* In: *Dig. Proc. of the 2nd International Workshop on OMNeT++*, Rome, Italy, März 2009.

[203] TRAN-GIA, PHUOC, A. FELDMANN, R. STEINMETZ, JÖRGEBERSPÄCHER, M. ZITTERBART, P. MÜLLER und H. SCHOTTEN: *G-Lab Phase 1 - Studien und Experimentalplattform für das Internet der Zukunft.* White Paper, Federal Ministry of Education and Research, Januar 2009. Available at http://www.german-lab.de.

[204] VARGA, ANDRÁS: *The OMNeT++ Discrete Event Simulation System.* In: *Proc. of the 15th European Simulation Multiconference (ESM)*, Seiten 319–324, Prague, Czech Republic, Juni 2001.

[205] VARGA, ANDRÁS: *INET Framework.* http://www.omnetpp.org/pmwiki/index.php?n=Main.INETFramework, September 2007.

[206] VARGA, ANDRÁS und R. HORNIG: *An overview of the OMNeT++ simulation environment.* In: *Dig. Proc. of the 1st International Conference on Simulation Tools and Techniques (SIMUTools)*, Marseille, France, März 2008.

[207] ØVERLIER, LASSE, T. BREKNE und A. ÅRNES: *Non-expanding Transaction Specific Pseudonymization for IP Traffic Monitoring.* In: *Proc. of Cryptology and Network Security (CANS)*, Seiten 261–273, Xiamen, China, Dezember 2005.

[208] VISHWANATH, KASHI VENKATESH und A. VAHDAT: *Realistic and responsive network traffic generation.* In: *Proc. of ACM SIGCOMM*, Seiten 111–122, Pisa, Italy, September 2006.

[209] VOGEL, MICHAEL, S. SCHMERL und H. KÖNIG: *Analyseverlagerung in IDS-Overlaynetzen.* Praxis der Informationsverarbeitung und Kommunikation (PIK), 32(3):188–200, Juli 2009.

[210] WAIBEL, FRANK: *Das Internet-Analyse-System (IAS) als Komponente einer IT-Sicherheitsarchitektur.* In: *Tagungsband zum 11. Deutschen IT-Sicherheitskongress*, Bonn, Germany, Mai 2009.

[211] WANG, JISHENG, D. J. MILLER und G. KESIDIS: *Efficient Mining of the Multidimensional Traffic Cluster Hierarchy for Digesting, Visualization, and Anomaly Identification.* IEEE Journal on Selected Areas in Communications, 24(10):1929–1941, Oktober 2006.

[212] WANG, KE und S. J. STOLFO: *Anomalous payload-based network intrusion detection.* In: *Proc. of 7th International symposium on recent advances in intrusion detection (RAID)*, Seiten 203–222, Sophia Antipolis, France, September 2004.

[213] WANG, WEI und R. BATTITI: *Identifying Intrusions in Computer Networks with Principal Component Analysis.* In: *Proc. of the First International Conference on Availability, Reliability and Security (ARES)*, Seiten 270–279, Vienna, Austria, April 2006.

[214] WAXMAN, BERNARD M.: *Routing of multipoint connections.* IEEE Journal on Selected Areas in Communications, 6(9):1617–1622, Dezember 1988.

[215] WILLINGER, WALTER, M. S. TAQQU, R. SHERMAN und D. V. WILSON: *Self-similarity through high-variability: statistical analysis of ethernet LAN traffic at the source level.* In: *Proc. of ACM SIGCOMM*, Seiten 100–113, Cambridge, MA, United States, September 1995.

[216] WINICK, JARED und S. JAMIN: *Inet-3.0: Internet Topology Generator.* Technischer Bericht UM-CSE-TR-456-02, University of Michigan, Juli 2002.

[217] YEUNG, DIT-YAN und Y. DING: *Host-Based Intrusion Detection Using Dynamic and Static Behavioral Models.* Pattern Recognition, 36(1):229–243, Januar 2003.

[218] YOOK, SOON-HYUNG, H. JEONG und A.-L. BARABÁSI: *Modeling the Internet's large-scale topology.* PNAS, 99(21):13382–13386, Oktober 2002.

[219] YU, WEIDER D., S. NARGUNDKAR und N. TIRUTHANI: *A phishing vulnerability analysis of web based systems.* In: *Proc. of IEEE Symposium on Computers and Communications (ISCC)*, Seiten 326–331, Marrakech, Morocco, Juli 2008.

[220] ZANERO, STEFANO: *Behavioral intrusion detection.* In: *Proc. of international symposium on computer and information sciences (ISCIS)*, Seiten 657–666, Kemer-Antalya, Turquie, Oktober 2004.

[221] ZARASKA, KRZYSZTOF: *PreludeIDS: current state and development perspectives.* http://www.prelude-ids.org, September 2008.

[222] ZEGURA, ELLEN W., K. L. CALVERT und S. BHATTACHARJEE: *How to model an internetwork.* In: *Proc. of IEEE INFOCOM*, Seiten 594–602, San Francisco, CA, USA, März 1996.

[223] ZENG, XIANG, R. BAGRODIA und M. GERLA: *GloMoSim: a Library for Parallel Simulation of Large-scale Wireless Networks.* In: *Proc. of the 12th Workshop on Parallel and Distributed Simulations (PADS)*, Seiten 154–161, Banff, Alberta, Canada, Mai 1998.

[224] ZHANG, WEI, S. TENG und X. FU: *Scan attack detection based on distributed cooperative model.* In: *Proc. of 12th International Conference on Computer Supported Cooperative Work in Design (CSCW)*, Seiten 743–748, April 2008.

[225] ZHOU, CHENFENG VINCENT, S. KARUNASEKERA und C. LECKIE: *Evaluation of a Decentralized Architecture for Large Scale Collaborative Intrusion Detection.* In: *Proc. of 10th IFIP/IEEE International Symposium on Integrated Network Management (IM)*, Seiten 80–89, Mai 2007.

[226] ZHOU, SHI und R. J. MONDRAGÓN: *Accurately modeling the internet topology.* Physical Review E, 70(6):066108, Dezember 2004.

[227] ZHOU, SHI und R. J. MONDRAGON: *The Rich-Club Phenomenon In The Internet Topology.* IEEE Communications Letters, 8(3):180–182, März 2004.

[228] ZHOUA, SHI, G. ZHANG, G. ZHANG und Z. ZHUGE: *Towards a Precise and Complete Internet Topology Generator.* In: *Proc. of International Conference on Communications, Circuits and Systems (ICCCAS)*, Seiten 1830–1834, Guilin, China, Juni 2006.

[229] ZOU, CLIFF CHANGCHUN, W. GONG und D. TOWSLEY: *Code red worm propagation modeling and analysis.* In: *Proc. of the 9th ACM conference on Computer and Communications Security (CSS)*, Seiten 138–147, Washington, DC, USA, November 2002.

[230] ZSEBY, TANJA, M. MOLINA, N. G. DUFFIELD, S. NICCOLINI und F. RASPALL: *Sampling and Filtering Techniques for IP Packet Selection.* Internet Draft, Internet Engineering Task Force (IETF), Juli 2008. Work in Progress.

Stichwortverzeichnis